王旭烽

丝路百城传

特立，不独行

"丝路百城传"丛书编委会和编辑部

编委会

主　任：杜占元

常务副主任：陆彩荣

副主任：刘传铭

委　员：（按姓氏笔画排序）

丁　方　万俊人　马汝军　王卫民　王子今

王邦维　王守常　吕章申　邬书林　刘文飞

齐东方　李敬泽　连　辑　邱运华　辛　峰

张　帆　张　炜　陈德海　胡开敏　徐天进

徐贵祥　诺罗夫（乌）　　黄　卫　龚鹏程

阎晓宏　彭明哲　葛剑雄　谢　刚

编辑部

主　任：马汝军　胡开敏

副主任：邹懿男　文　芳

委　员：简以宁　蔡莉莉　陈丝纶

出版说明

2013年，中国国家主席习近平向世界提出共建"一带一路"的倡议。自提出以来，"一带一路"倡议深刻影响世界，逐渐从理念转化为行动，从愿景转变为现实，建设成果丰硕，得到国际社会热烈响应。

古丝绸之路打开了各国各民族交往的窗口，书写了人类文明进步的历史篇章。新时代共建"一带一路"的实践，为沿线国家和地区相向而行、互学互鉴提供了平台，促进了不同国家和地区、不同民族、不同文化、不同文明的深入交流。

城市是人类文明的结晶。"一带一路"沿线的城市中，蕴藏着人类千年的历史、多元的文化和无尽的动人故事。我们希望通过出版"丝路百城传"，展现每座城市独一无二的历史和性格，汇聚出丰富多彩、生动可感的"一带一路"大格局，增进文化交流和文明互鉴。

这是一次前所未有的出版探索，我们虽竭尽全力，也深知有诸多不足。期待这套丛书能够得到读者的喜欢，也期待更多的读者、作者、专家、学者等各界朋友们对我们的出版工作给予指正。

"丝路百城传"丛书编辑部

目前发现的最早的杭州照片之一

杭州钱江新城

杭州西湖全景

杭州西湖近景

杭州西溪

杭州奥体中心

江边的之江大学

湖山堂（纪念司徒雷登父亲司徒尔）Stewart Memorial

桑蚕

九和染坊前晒染布

油纸伞作坊

木材市场和运河

码头上的龙

石屋洞佛龛（外部）

雷峰塔及净慈寺的和尚

文前彩色照片由叶彬松摄；黑白历史照片由吕䏝提供。

THE
BIOGRAPHY
Of
HANGZHOU

住 在 天 堂

杭州 传

王旭烽——— 著

总　序

如果说丝绸之路研究让我们洞见了一部全新的世界史，一定会有人表示惊讶与质疑；

如果说城市的创造是迄今为止人类文明进程中最伟大的事情，则一定会得到人们普遍的支持与认同。

"丝路百城传"丛书的策划正是发轫于这样一个历史观的文化叙述：

丝绸之路是一条无路之路；

丝绸之路是一条既古老又年轻，"不知其始为始，不知其终为终"的漫漫长路；

丝绸之路是一条历史时空里时隐时现，变动不居，连点成线，连线成网的超级公路；

丝绸之路是点实线虚，点变线变，点之兴衰即线之存亡的交通形态，那些关山阻隔，望洋兴叹的城市，便如一颗颗璀璨的明珠镶嵌在路；

丝绸之路是一个文化概念，叠加其上的影像曾被不同国家不同民族的人们呼作：铜铁之路、纸张之路、皮毛之路、黄金之路、朝贡之路、宗教之路；

丝绸之路是中西文明交流与传播、邦国拓展、民族融合之路，也是西方探秘中国、解码东方之路，更是我们反躬自问："我是谁？我从哪里来？我向何处去？"的寻根之路、回家之路；

丝绸之路是今日中国走向世界的新起点、新思路，是"一带一路"中国倡议走向人类命运共同体的未来之路……

无可否认，一个世纪以来，丝路研究之话语为李希霍芬、斯文·赫定、斯坦因、伯希和、大谷光瑞、于格、橘瑞超、芮乐伟·韩森、彼得·弗兰科潘等东西方人所主导。然而半个世纪以来的大国崛起，正在使"夫唯不争"之中国快速走向文化振兴。我们要将《大唐西域记》《真腊风土记》的传统正经补史、继绝往圣、启迪民智、传播正信，同时也将丝绸之路城市传文学以实为说、以城为据、芳菲想象、拒绝平庸的创作视为新使命、新挑战。让"城市传"这样一个文学体裁开出新时代的鲜花。

凭谁问：昆仑巍峨、河源滔滔、玉山储秀、戍堡寂寞；

凭谁问：旌节刻恨、驼铃悠远、琵琶起舞、古调胡旋；

凭谁问：秦汉何在、唐宋可甄、东西接引、前路正新；

凭谁问：八剌沙衮今何在？罗马的钟声谁敲响；

凭谁问：撒马尔罕的金桃今何在？帕米尔上的通天塔何时建成、何时倾倒；

凭谁问：伊斯兰世界的科学造诣何时传到了巴黎和伦敦；

凭谁问：鉴真大师眼中奈良和京都的樱花几谢几开；

凭谁问：乌拉尔河上何时传来了伏尔加河的纤夫号子；

凭谁问：杭州湾的帆樯何时穿越马六甲风云……

诗人说：这条路是唐诗和宋词的吟唱，是太阳和月亮的战争；

军人说：这条路是旌旗翻卷的沙漠，是铁骑踏破的血原；

商人说：这条路是关涉洞开的集市，是金盏银樽的盛宴；

僧侣说：这条路是信仰鲜花盛开的祭坛，是生命涅槃的乡路……

一个个城市的前世今生，一个个城市的天际线风景，一个个城市的盛衰之变，一个个城市的躁动与激情，一个个城市的风物淳美与人文精彩，一个个城市的悲欢离合，一个个城市的内动力发掘与外开拓展望，一个个城市的往事与沉思，一个个城市的魅惑和绝世风华……

从长安到罗马（大陆卷）和从杭州湾到地中海（海洋卷）是卷帙浩繁的"丝路百城传"系列丛书的框架结构，也是所有参与写作的中外作家和编辑们共同绘制的新丝路蓝图。《尚书·舜典》有"浚咨文明"之句，孔疏曰："经纬天地曰文，照临四方曰明。"《论语·雍也》曰："质胜文则野，文胜质则史，文质彬彬，然后君子。"又《易经·贲卦·象辞》曰："刚柔交错，天文也；文明以止，人文也。观乎天文，以察时变；观乎人文，以化成天下。"故文化乃"人文化成"而以文教化"圣人之教也"。"周虽旧邦，其命维新"，丛书编纂与出版岂非正当其事、正当其时也！

读者朋友们，没有踏上丝路，你的家就是世界；踏上丝路，世界才是你的世界、你的家园……唯祈丛书阅读能助君踏上这样一个个奇妙无比的旅程。

丝绸之路从远古走向未来，我们的努力也将永无休止。

刘传铭

戊戌谷雨前五日于松江放思楼

目 录

写在前面的话语 / 1

第一章　琢玉为剑的古越人
　　五万年前的一枚人类犬齿 / 11
　　跨湖桥下的独木舟 / 13
　　水润玉琢的良渚古国 / 16
　　吴山鼙鼓震钱唐 / 21

第二章　秦汉天虽高　皇帝亦不远
　　首下江南的皇帝是他 / 29
　　七王之乱的始作俑者 / 32
　　先生之风山高水长 / 35
　　相濡以沫与相忘江湖 / 40

第三章　浪涛不尽千古风流人物
　　富春江畔瓜桥埠 / 45
　　生子当如孙仲谋 / 47
　　坐断东南发力民生 / 51
　　门泊东吴万里船 / 52
　　龙门古镇后裔栖 / 54

第四章　暮春三月莺飞草长
　　永嘉南渡金瓯裂 / 59
　　"南朝四百八十寺" / 60

梦儿亭古传名谢 / 62
葛岭真人抱朴子 / 66
钱塘苏小是乡亲 / 68

第五章　乱花渐欲迷人眼
钱唐从此唤杭州 / 76
一条人工大河的诞生 / 78
相国亭下数六井 / 82
且向钱塘湖上去 / 86
红袖织绫夸柿蒂 / 92
樱桃樊素口　杨柳小蛮腰 / 95
唐代的杭州"市长"们 / 98

第六章　一个家族与他的都城
挑盐的汉子掌杭州 / 108
塑料兄弟断袍割席 / 110
唐王朝的"免死金牌"/ 112
腰鼓形的杭州城 / 114
惊心动魄的叛军造反 / 116
素车白马过钱塘 / 120
陌上花开缓缓归 / 125
承上启下的钱氏儿孙 / 130
向着天堂的祈祷 / 134
九九归一纳土大统 / 138

第七章　江南佳丽第一州

　　天堂时代就此开始 / 146
　　梅妻鹤子的隐士文化 / 148
　　范仲淹的山高水长 / 152
　　苏东坡修出的杭州之眉 / 155
　　从钱塘少年至《梦溪笔谈》/ 159
　　方腊起义与《水浒》人物 / 164

第八章　八千里路云和月

　　还不如直接去杭州 / 173
　　风吹雨打凤凰山 / 177
　　一市秋茶说岳王 / 180
　　朝廷的内卷与外怯 / 184
　　三吴都会自古繁华 / 192
　　诗画江南从此始 / 195
　　鞋儿破帽儿破袈裟破 / 198
　　杭州禅寺与日本茶道 / 204
　　婉约中的豪放 / 209
　　皋亭山与文天祥 / 214

第九章　那是一座地上的天城

　　马可·波罗眼中的杭州 / 221
　　落日下的余晖 / 224
　　元朝的杭州石刻印记 / 226
　　朱丹溪的滋阴说 / 229

凤凰寺与阿老丁的遗风 / 232

书生意气丹青手 / 235

元末杭州的农民义军 / 238

第十章　花团湮灭锦簇中

织机中生出的"资本萌芽" / 243

杨孟瑛治西湖 / 247

在杭州讲故事的人们 / 252

落在玉盘上的大珠小珠 / 255

牡丹花下一往情深 / 259

吴山越水花鸟精神 / 261

三台山前祭于谦 / 265

西子湖头有我师 / 269

第十一章　立马旗营三百年

旗下营的来龙去脉 / 277

天子御驾下江南 / 279

火器兵家钱塘人 / 281

李卫的花信风 / 283

剑气箫心龚自珍 / 286

清空传音浙西词 / 290

建造阮公墩的人 / 294

杭派的园林与庄园 / 296

丁氏兄弟与文渊阁 / 300

杨乃武与小白菜 / 303

咫尺金石间的大师 / 307

红顶商人胡雪岩 / 312

西湖边的洋教 / 319

拱宸桥的日租界 / 321

最后的清吟 / 323

第十二章　三千年未遇之变局

为我名山留片席 / 330

山长和他的学子 / 334

秋风秋雨西子湖 / 339

鲁迅先生和"木瓜之役" / 347

杭州的光复 / 352

自有青山埋忠骨 / 357

翩翩蝴蝶梦 / 363

修铁路的布衣都督 / 368

天涯五友唱《送别》 / 370

两个遗老的爱恨情仇 / 378

西泠印社的创立 / 382

第十三章　五四运动以来的浙江

孕育风云的引领人 / 389

黑暗里透出一线光 / 393

石破天惊的"一师风潮" / 399

迷人的晨辰闪烁夜空 / 401

首次农民运动与总发起人 / 406

秋之白华与神秘紫罗兰 / 413

杭州皮市巷三号 / 421

生在杭州的美国大使 / 422
从雨巷走出的杭州文人 / 424
最早引入《资本论》的国学大师 / 429
首届西湖国际博览会 / 431
钱塘江大桥的传奇 / 437
西湖上空的战鹰 / 441
浙江大学的抗日远征 / 444

第十四章　人间天堂美丽家园
春风杨柳万千条 / 456
春天里的故事 / 463
撸起袖子加油干 / 467
鲜花怒放的精神家园 / 470
让世界在中国"窗口"杭州停眸 / 474

尾声：诗意地栖居在大地上 / 480

后记 / 483

参考文献 / 485

写在前面的话语

我们想知道一座城市的故事,这座城市,就是我们的家园。哲学家把诗意地居住在大地上作为人类的理想。这方诗意地居住,不可能不包括与人类生活相契合的环境。从这一角度观感,生活在杭州是幸福的。

关于杭州,有些最基本的常识是必须先知道的:杭州位于中国东南沿海,从地图上看,她置于中国这只"大公鸡"的肚囊一带、浙江省北部、钱塘江下游、京杭大运河南端。从世界地图上看,杭州自然是在东方,是一个亚热带地区的四季分明的美丽城市。城市的经纬度我们也不要忽视:她处在北纬30度15分、东经120度10分。这样,您走遍全世界,只要打开地图,一眼就能看到她。

作为浙江省的省会,杭州目前的市区总面积16596平方千米,其中市辖区面积4876平方千米,辖9个市辖区、2个县,代管2个县级市,共84个街道、86个镇、23个乡;946个社区、2069个行政村;其中市辖区共有73个街道、42个镇、882个社区、942个行政村。人口在1220.4万人左右。

杭州当然是一座古老的城市,没有一个建立过王朝首都的城市不是古老的,若从秦朝设钱唐县算起,杭州已经有2200多岁了。她是浙江省政治、经济、文化、教育、交通和金融中心,长江三角洲城市群中心城市之一、环杭州湾大湾区城市、杭州都市圈城市、中国重要的电子商务中心。

我们还应该为这座城市名扬天下的美称而自豪：人间天堂。上有天堂，下有苏杭，这是一句家喻户晓的民间美誉。人们之所以称她为天堂，在于杭州有西湖。西湖是作为天堂明珠而象征在人间的，总面积约60平方公里的西湖风景区，作为联合国双遗产的全球名胜，吸引着全中国乃至全世界的人们。

杭州是水的世界。粗粗算来，有四种水可以例举：一为钱塘江水，以北源新安江起算，全长588.73公里；以南源衢江上游马金溪起算，全长522.22公里。它是我们吴山越水的母亲河，从杭州城边擦身而过。随着城市的扩大，钱塘江两岸崛起了杭州的新城，已然和老杭州城融为一体。

二为西湖，今天的西湖，总面积6.38平方公里，因位于杭州城西南，人称西湖。其实，西湖就在杭州的怀抱里，和这个城市血肉相连。2011年6月，西湖申遗成功。

三是大运河，大运河又通称京杭大运河，它北通北京，南接杭州，全长1797公里。京杭大运河杭州段，南起三堡船闸，北至武林头，长23.6公里，流域面积730平方公里。2014年，中国大运河项目成功入选《世界文化遗产名录》，成为中国第46个世界遗产项目。

四是市河，十条市河共38.8公里，构建成"人家尽枕河"的江南漪涟城景。

要说我们的城市，先得从钱塘江说起。空中鸟瞰，此江折成一个"之"字，故曾被称为"之江""折江"；又因水流凶险，江中有巨石如鬼，人称罗刹石，遂亦被唤作"罗刹江"；还因为这条江流经古钱唐县，因名"钱唐江"。也就是今天的"钱塘江"。

沧海桑田，罗刹石终究沉入江底，而"折江"之"折"亦因水而演进成"浙"，江域之间的大地山川，因江得名，终成宋代"两浙路"的命名来源，明初，顺理成章立为"浙江"省名。这10万平方公里的土地，从此唤作浙江，而"浙江"这条最初的江名，却在《山海经》中被记载下来的"钱唐江"取代了。

曾经当过浙江大学校长的竺可桢先生，在他的《杭州西湖生成的原因》一文中说：假使我们能追想钱塘江初形成时候的情形，一切冲击土尚未沉淀下来时，现在的杭州所在的地方，还是一片汪洋，是东海的一条边岸，是接纳钱塘江的地方，海水和江水在这里混为一体，而西湖，不过是钱塘江口附近的一个小小弯儿。后来钱塘江沉淀的泥沙，慢慢把弯口塞住，变成了一个潟湖，这就是西湖的前身。当杭州还浸润在水中时，只有几座山露在水面。那孤零成岛的是孤山，南北相对成海岬的，是今天南边的吴山和北边的宝石山。

钱塘江和西子湖离得很近，她俩和大海也挨得很近。所以我们可以这样比喻说，西湖是大海的婴儿，又是钱塘江的小妹妹。

没有钱塘江就没有西湖，所以，我们把钱塘江称为母亲河。浙西开化深山老林里的莲花尖，乃浙、皖、赣三省交界处，钱塘江南源的源头所在地。一条山涧从密林深处泻下，直向远方。在这里，只需要用一只脚跨过涧水，您就可以宣布：我一步就跨过了钱塘江！沿着开化山涧，那曾经是全中国相思鸟栖息最多的马金溪畔，再往前走，便进入了有蔗田和桑园泽被两岸的常山港。

而钱塘江的另一源头北源，则是从安徽休宁而来的。源头一段人称新安江，江面总会生出神秘的白雾，而两岸风光则使人想起柳宗元的"欸乃一声山水绿"，想起李白的"借问新安江，水清何如此"。只是来不及继续诗人们的好奇了，我们又驶向了梅城至闻家堰的富春江。南北朝吴均的《与朱元思书》曾述："风烟俱净，天山共色。从流飘荡，任意东西。自富阳至桐庐一百许里，奇山异水，天下独绝。水皆缥碧，千丈见底。游鱼细石，直视无碍。急湍甚箭，猛浪若奔。夹岸高山，皆生寒树，负势竞上，互相轩邈，争高直指，千百成峰。泉水激石，泠泠作响；好鸟相鸣，嘤嘤成韵。蝉则千转不穷，猿则百叫无绝。鸢飞戾天者，望峰息心；经纶世务者，窥谷忘反。横柯上蔽，在昼犹昏；疏条交映，有时见日。"

请想一想这番景象吧：烟雾消散尽净，天山融为一色。乘船漂荡，任尔东西。青白色的江水，清澈见底，游动的鱼儿、细小的石子，历历在目；湍急的水流比箭还快，凶猛的巨浪像飞奔的骏马……

再往前，钱塘江进入闻家堰至澉浦的最后江段。蜿蜒八百里吴山越水，纵览十万两浙大地，行程605公里的钱塘江终于在杭州湾澎湃入海。站在澉浦的山头遥望江海汇合，生命的须臾与江河的万古，万千情怀涌上心头。

从杭州的名称由来，也可看出它和水的关系。"杭"通"航"，便有了渡河或渡船的意思。《诗·卫·河广》篇中即有"谁谓河广，一苇渡之"之说。

杭，被解释成船，意为方舟，又可被理解为并舟。并舟，想来是两船相并的意思吧。《词源》中正是这样解释的。汉代许慎说："杭者，方舟也，并舟也。"明朝钱塘人田汝成的《西湖游览志余》，把方舟理解为"浮桥"，他说："所谓方舟，殆今浮桥是也。盖神禹至此，溪壑萦回，造杭以渡，越人思之，且传其制，遂名余杭耳。"

儒家经典著作《礼》说："大夫，方舟。士，特舟。"如果地域也可以分等级，杭州就是王朝的臣僚大夫了。

提起方舟，人们最可联想的却是《圣经》。那里面有一个名叫诺亚的好人，上帝用洪水灭绝人类的时候，提前告诉了他，他花几年时间造了一艘大船，保住了一家人和许多动物的性命。那是一片汪洋之中唯一的船，世称"诺亚方舟"。

那么，我们可不可以这样说：杭者，汪洋中的一条船。坐在船上的却不是诺亚，他比诺亚更勇敢仁慈，他就是大禹。当诺亚面对洪水躲进船舱时，传说我们的大禹，却在神州大地上疏而导之，与洪水搏斗。治了水，请了各路诸侯，要到会稽山聚一聚。一路水行，来到吴越怀山襄陵之地，也就是我们现在杭州所在的地方，其时此地，正是一片汪洋的大海，有些小岛，靠近海边，大禹便舍舟登陆。航通杭，从此这个地方就叫作禹杭。禹、余同音，后称余杭。

西湖是杭州的一个湖，但多少年来，杭州在世人心目中，和西湖几乎是同一个意思。说杭州，仿佛就得从西湖说起，这才顺理成章。许多年后，这个城市建立州治的地方，正式命名为杭州。

两千年前，西湖是不叫西湖的，北边的保俶山和南边的吴山，刚刚由海岬变成拥抱湖水的手臂，它是一个潟湖，湖面可大着呢。湖水就一直漫到了灵隐脚下。后来江湖虽然分开，但江水壮观依旧，所以才有"楼观沧海日，门对浙江潮"的吟哦吧。

根据《史记·秦始皇本纪》记载，公元前210年，始皇出游……过丹阳，又到了钱唐。这个叫钱唐的地方，就是今天的杭州，杭州这个地方从此才开始有了文字的记载。

秦始皇那个时代，今天杭州的东南江干一带，还浸泡在海里面。水面辽阔，钱塘江的江形都还尚未最终形成呢。传说秦始皇来到今天的宝石山下，用缆绳把他坐的龙舟系在一块巨大的石头上，石头便有了生命的纹路，它活了，开始有了自己的故事和传奇。据说南宋权臣贾似道住在葛岭，和宋皇宫隔湖相望，听到朝钟一响，他就下湖上船，用大锦缆绞动盘车，船就驶得飞快，系缆的石桩，就是秦始皇缆船用过的。后来这块石头又被镌为半身佛像，贴了黄金，筑了大殿，取了个名叫大石佛院，几经毁建，现在依旧还原了那依稀刻有痕迹的大石本相，隐在宝石山间，眺看西子湖沧海桑田。

610年，也就是隋大业六年，杭州历史上一件划时代的大事发生，中国的大版图上，多了一条贯穿南北的大运河。这条河的南端，正是杭州。杭州的繁荣，从此拉开了序幕。

杭州人所传颂的李泌开六井，却并非就地掘水，而是从西湖中用暗渠引来六处的大水池，杭州人择水群居，这才形成一个城市的气候。

一旦我们明白了杭州从远古时代开始的历史，再来想象最初的杭州，那就是一片海水与星点的岛礁，哪有什么桃红柳绿的西湖，哪有什么美轮美奂的天堂啊！

杭州是从水里漂来的，直到今天，它依旧是一只漂浮在水面的船舰。

我们已经知道，唐以前的杭州是被称为钱唐的，到了宋代柳永咏诵杭州的词《望海潮》则说：东南形胜，三吴都会，钱塘自古繁华。"钱唐"因避讳谐改为"钱塘"。

钱唐这个词第一次出现在史书里，伴随着秦始皇的出游。不过史学家们说，钱唐这个县的创立，很可能还要提前12年，也就是公元前222年，秦国取得了楚国的江南，初设会稽郡时。

不过秦时的钱唐和南宋的首都临安是不能比的。那时钱唐非常小，和临近的富阳差不多大，不过是会稽郡的一个小小属县罢了。可以说，从秦汉到六朝的八百年间，钱唐，始终只是一个无足称道的山中小县。

按说钱唐这个地方靠水而居，介于两浙之间，有着天然的港口，是个开拓发展的好地方，为什么在那么长的时间里默默无闻呢？

原来那时候杭州江干一带水面辽阔，那江海交汇处还在今日富阳呢，钱唐基本浸泡在水里，城邑只能建在今天灵隐山麓一带。一个还泡在水里的地方，怎么发展扩大呢？

真正开始把这个地方称为杭州，是在隋朝开始的，算起来，也有一千四百年的历史了。

隋开皇九年（589），隋灭陈，废除钱唐郡，设置了杭州。隋代杭州州治经历了三迁：开始设在余杭，开皇十年（590）移居至钱唐城（约今天杭州武林门一带），开皇十一年（591）复移州于柳浦西，州治才定下来。柳浦在江干一带，与浙东运河起点萧山西兴一江之隔，又是大运河的起点。交通的便利，使杭州走上了发展的道路。

入唐后，"钱唐"避讳，从此称为"钱塘"。而中唐之后，杭州便以"东南名郡"见称于世了。虽然已有了些许名声，但和一等的城市扬州和二等的城市越州、苏州相比，它依然只是一个三流的城市。从三流到一流，有功之人，当属吴越的钱氏，吴越国建杭州为国都，称为"西府"。钱氏一族的保境安民之策，使中国大地上有了一块在战火中休养生息的土地。北宋年间，杭州已成为东南第一州。南宋就更不用说了，皇朝在此建都，杭州成为当时世界上最大的城市。

鼎盛之后，是文明的衰落，虽然这种衰落的下滑速度并不明显，但与一个人口曾经达到100万人的世界大都市相比，杭州在地位和实力上，毕竟还是走下坡路了。元朝以后，杭州在政治上退回到东南第一州的地位。到明代，再退至于一个省会城市。

我们现在可以通过简明的叙述，勾勒出杭州的历程。她原来是一个大海湾，然后成了一片沼泽地，我们的祖先陆续来了，在这里住下。水退了下去，陆地浮了上来，人越来越多，从山中小县进入江干大郡，再进入吴越国及两浙路路治时代，基本以省会城市定型，经历元、明、清，直至民国，然后，一个与以往任何朝代都断然不相同的新时代——中华人民共和国,终于到来了!

今天,我们的城市也是一座年轻的城市,和中国的许多城市一样,她正在发展扩充。我们已经知道她很美丽了,但是我们还要强调她是富饶的。她的文化,因为有着南宋以降吹来的遗风,带着自己深刻的印记。这是一座相当强调世俗生活精美艺术化的城市。这里的人们,对吃穿住行,有着似乎超出寻常的强烈兴趣。因此,说她是一座典型的消费城市,那是不会错的。不过这里的人们并不奢侈,杭州人是很勤劳的,同时他们也非常会玩儿。当然他们又是智慧的。在诸多的文化领域里,比如历史、国学、文学、艺术、美术、园林、宗教、大数据等领域,这座城市都走出了自己的大师。

作为一座城市的传记,本书并非从严谨的史学工作者视野撰写。虽然全书的脉络基本按照时序年代而下,但笔者抱着描绘故乡母亲的心情,使全书更像是一本关于杭州的带有史话风格的热情话语。

雷峰塔

The
Biography
of
HangZhou

杭州传

第一章 琢玉为剑的古越人

（约5万年前—前223）

"良渚古城遗址"项目经世界遗产委员会审议获准列入世界遗产名录

今天的杭州市，辖区 4876 平方千米，辖 9 个市辖区、2 个县，代管 2 个县级市。我们先从一枚牙齿说起。这枚五万年前的牙齿，就是在杭州辖区建德发现的。别小看这枚牙齿，这可是在我们这块故土上最早发现的人类身体的一部分，他来自我们渺不可及的遥远年代生活过的祖先，是浙江杭州考古领域里的重要发现。

五万年前的一枚人类犬齿

这枚牙齿，出土于已经过去了的那个特殊时代。1974 年，"文化大革命"已进入第 8 个年头。那年冬天，一批科学考古人员从杭州出发，他们分别来自中国科学院古脊椎动物研究所、古人类研究所以及浙江博物馆。这一行数人行程明确，他们直奔建德县一个名叫乌龟洞的地方。

乌龟洞坐落在今天建德市李家镇新桥村后。这个发育于上石炭纪时代的石灰岩中的溶洞，有 7 米多深、4 米多宽，寒冷、阴暗、浅陋，洞顶的大部分已经坍塌。但在考古队员眼里，这座溶洞是神奇的、美丽的、灵动的，考古工作者以诗一般的心灵演绎远古的故事。

早在 20 世纪 60 年代，就有人来这里考察，据说还发现了人类的牙齿化石。这一次如果在考察中能得到证实，将在浙江旧石器时代历史上体现何等重大的意义啊。

可惜他们还是来晚了一步，考古队员兴奋中又不免有些懊丧，就在几天前，又有村民在洞里挖掘龙骨（哺乳动物化石），把发掘现场破坏了。

乌龟洞的地层是这样的：最上层是灰黄色砂质土，紧挨着的是紫红色黏土，接着是黄红色黏土夹碎石碎屑，然后是胶结坚硬黄红色堆积，再往下是紫色黏土。我们知道，考古发掘是有严格程序的，地层不按秩序而遭到破坏，对考古发掘来说，是致命的无可挽回的损失。

难道就这样空手而归吗？队员们一遍又一遍地在一片狼藉的岩洞里搜寻。渐渐地，人们紧锁的眉头舒展了，岩洞的边缘果然还有一些未被开掘的地表，第一块动物化石出土了，这是一块猕猴骨的化石，又有一块麂骨的化石，接着猪、牛、羊的化石也出土了，喜讯不断传来，竟然挖出一块大熊猫的化石。

你看，这是什么？有人惊呼，哦……人们屏住了呼吸，睁大眼睛……

这是一颗人牙化石！经鉴定，这枚右上排上犬齿系男性所有，年龄在三十岁左右，与北京猿人的上犬齿相比，这颗犬齿的形状和结构有了明显进化。但和现代人相比，这颗牙齿冠略大，牙根也不像现代人那样成桩型，显得更粗壮，与旧石器时代晚期的柳江人相近。因而得出的结论是：这颗人的右上犬齿化石，是一颗处在人类进化阶梯上的晚期智人的古人类牙齿。因其在杭州建德发现，考古界将这一时期的人类正式命名为建德人。

浙江省的人类历史，据多年的研究和考察，八千年前就有发达的人类文化，已是毋庸置疑。但究竟可以上溯到多远的年代呢？这正是古人类考古工作者在一直苦苦追寻的。建德乌龟洞发现的智人化石，是杭州地区、也是浙江首次发现旧石器时代人类的化石。

这是一枚意义深远的牙齿！它带来了人类生命的消息，初露浙江远古文化的端倪，它证实了在那遥远的不可思议的年代里，"浙人"的祖先已经在这块土地上生活。我们终于能明确宣称：在地处中国东南的浙江大地上，早在五万年前的旧石器时代晚期，人类就已经在这里安家落户了。这枚建德古人类牙齿，因为它显赫的地位，作为国宝级文物，被请进了中国历史博物馆。

2000年，考古工作者的目光开始移向毗邻建德的桐庐县印渚镇延村。在两个钟乳岩洞穴里，考古工作者发现了明显被人工砸过的动物骨骼化石及许多木炭层的痕迹——这是用过火的证据。洞中出土了5片智人头盖骨石、一枚智人臼齿，同时出土的还有三四十件动物化石，考证时间，处于距今约一万至两万年的旧石器时代晚期。

在那悠长的岁月里，我们杭州的先民，眼睛像鹰一般犀利，身手像豹一样敏捷。白天，他们的独木舟在宝石山下的波涛中出没，他们赤裸的双脚在北高峰的密林中追逐；傍晚，他们在飞来峰的钟乳洞里、玉皇山的紫来洞里、翁家山的烟霞洞里燃起篝火，岩洞里弥漫着猎物的肉香，孩子们笑了，人们欢快地跳起舞来；夜深了，人们依偎着进入梦乡……

然而，熊熊的篝火仍在跳动，红红的火焰就这样引燃了良渚文明的曙光。

跨湖桥下的独木舟

浙江文明曙光，深入鸿蒙，直追远古。史称"古有三圣，越占其二"。舜培嘉禾，使人免于茹毛饮血；禹治洪水，使人免于为鱼鳖……旧石器时代曾经熊熊燃烧的山洞篝火渐渐熄灭了，新石器时期的新火，开始露出了它火炽的热情。当那些乌龟洞里的先人走出崇山峻岭，他们会迈向哪里呢？先民们选中了河流的两岸，一座无名之桥突然一夜爆款，跨湖桥文化从此诞生，在浙江史前文化谱系中，上承上山文化，下启河姆渡文化，从而建立起浙江区域文化的多元新格局，将深入研究中华民族文化文明史推向更高的层次，把杭州的历史推前至七八千年前。

跨湖桥新石器时代遗址，位于杭州萧山城区西南约4公里的城厢街道湘湖村，因古湘湖的上湘湖和下湘湖之间有一座跨湖之桥而命名。这个新石器时代文化遗址堆积厚2—3米，碳14测年距今7000—8000年。遗址的西南约3公里为钱塘江、富春江与浦阳江三江交汇处，在此形成曲折之形流入东海。

遗址面积数万平方米，出土有陶器、石器、骨器和木器，釜、豆、盆、钵、甑、罐等陶器群，形制别致，彩陶较多，有机质文物保存良好，令人叹为观止的庞然大物独木舟出土，堪称"中华第一舟"。

跨湖桥遗址是一种新的文化类型；出土的千余粒栽培稻谷米实物，将浙江的栽培稻历史提前1000年；而盛有煎煮过茎枝类的小陶釜，说明先民们已认识到自然物材的药用价值，对中草药煎药起源研究具有重要意义。出土的植物种实中有一粒茶叶种子，表皮呈黑褐色，其外观与今杭州地区的龙井茶树单室茶果种子形状非常接近，而体积大小则完全相符合。这颗茶树种子，是与橡子、陶器等新石器时代人类活动遗物一起出土于文化层中的。不妨遥想，如果它是人类的采集物，那上面应当留存着先民之手的温度吧！

在这里出土了数十件石器、上百件古木器、上千件动物残骸和不计其数的陶片，人们开玩笑说：保存得那么好的兽骨，现在重新拿来炖汤，说不定还能炖出鲜味呢！出土的骨针精致到家，其中有一枚长9厘米，直径只有2毫米，完全可以用来缝我们今天的被子。

众多的动物遗骸信息告诉我们，动物构成了古跨湖桥人经济生活的重要内容。而在生活用具中，则越来越多地加入了人的智慧，苇编的簸箕、带圈足的木盘、镶在石器上的木柄。虽然跨湖桥的骨耜装柄采用的是插装法，而不是河姆渡的捆装法，但择水而居的古跨湖桥人和河姆渡人一样，都已经进入了农耕时代。

2009年11月，浙江省文物局发表了跨湖桥博物馆楼卫撰写的《"世界第一舟"——萧山跨湖桥遗址独木舟及其遗迹》一文，全文如下。

自1990年6月首次发掘以来，跨湖桥遗址先后经过三次考古发掘，其中2002年发掘出土的独木舟及其相关遗迹具有重要的考古价值，引起业内的高度关注。经碳14和热释光测定，该独木舟距今约7000—8000年，是迄今发现最早的独木舟，充分证明中国大陆东南沿海是世界上发明、使用独木舟最早的地区之一，堪称"世界第一舟"。

该独木舟是用整棵马尾松加工而成的，残长约560厘米、宽约52厘米，舟体平均厚度在2—3厘米，呈东北—西南向摆放，东北端保存基本完整，船头上翘，宽约29厘米，另一端已被破坏。舟弧收面及底部的上翘面十分光洁，加工痕迹不清。船内离船头一米处有一片面积较大的黑焦面，西北侧舷内也有面积较小的黑焦面，应是借助火焦法挖掘船体的证据。船体非常轻薄，底部与船舷厚度均为2.5厘米。船舷从船头起仅保留了约110厘米（船头的船舷已损坏），其余侧舷以整齐的形式残去，残面与木料纵向纹理相合，残面延伸刚好处于侧舷折收的位置，可以看出独木舟的深度比较均匀。

在独木舟周围有规律地分布着一些木桩和桩洞，木桩材质包括松木、栎木、酸枣木和枫香木等。舟体东北端底部垫有一根未经加工的松树杆横木，中部偏南的底部枕有一块上部平整的大石块。由于在发掘过程中决定实施原址保护，发掘没有继续，所以舟体底部及木桩的许多情况和数据都无法获得。从遗迹现场分析，木桩应该是用来固定舟体的，而枕石与横向垫木则是出于保持平稳的需要。

独木舟东南侧有一堆木头，分为加工木材和形状不一的自然树枝两种。其中加工木材又可分为剖木与整木。这些木材都被均匀剖割，很可能是用锋利的石器凿、砍、削而成，说明当时加工木材的技术已比较成熟。

在独木舟两侧各发现一片木桨，其中一片保存完整，长约140厘米，桨柄宽约6—8厘米、厚约4厘米。桨板宽16厘米、厚2厘米。柄部有一方孔，长3.3厘米、宽1.8厘米，上下凿穿，孔沿及孔壁十分光整，无磨损痕迹。另一片保存情况较差。值得一提的是，独木舟周围有多块席状编织物，经鉴定系禾科类植物编织而成的。这些编织物的用料和编织方法与现在江南一带的席类编织物非常相似。专家推测，这些编织物可能被固定在独木舟上，起到类似今天乌篷船"篷儿"的作用，也可能是簸箕。

此舟位于遗址的第九层。该地层有机质遗物丰富，属于湖边堆积性质。由此可以推测，独木舟当时是摆放在湖岸边的，且位置与湖堤走向相同。根据独木舟的摆放方式、周围木材的加工状况、生产工具比较集中出现等现象分析，这里原来很可能是一处与独木舟有关的加工或修理现场。因此，独木舟的存在并不是一种孤立现象，而与所处环境、湖泊之间存在着一种相互关联、密不可分的共存关系。萧山跨湖桥遗址独木舟及其相关遗迹的发现，将对我国造船史、交通史及世界造船史的研究产生重大而深远的影响。

跨湖桥文化遗址，作为一种独立的文化类型，把浙江文明史提前到八千年前的新石器时代早期，和距今一万年前的浙江上山文化一样，是目前浙江省境内最早的新石器时代文化遗址之一。2001年，因跨湖桥遗址文化面貌的独特新颖，被评为"2001年度全国十大考古新发现"，2004年12月，中国正式向世界宣布了"跨湖桥文化"的命名。

水润玉琢的良渚古国

究竟在哪一个年代，我们的祖先终于感到了乌龟洞的不够宽畅，跨湖桥的不够辽阔呢？他们毫不犹豫地告别了昨日的岩洞与河滩，向原野走去。

新石器时代到来了。当北京的山顶洞、西安的半坡村这些人类最初的文明火花在中华大地闪现的时候，我们在最近的地方，看到了这块土地上远古先民们的篝火。

是的，早在六千年前，杭州的先民就在这里升起炊烟。可是，在一个相当长的时段里，有人一直认为，中国的东南沿海一带，直到夏、商、周还是一片蛮荒之地，远远落后于黄河流域的中原，要说浙江早在新石器时代就有相当发达的文化简直是匪夷所思。

斗转星移，沧海桑田，六千年前的那一幕幕活剧在历史的尘埃中被深深掩埋。而良渚文化的提出，显示了它与龙山文化区分开来，有其自身的演变、发展序列的文化区域。这意味着，早在四五千年前，就有人在"杭州"定居，而且就是土著的杭州人创造了良渚文化。

在那澈滟的河滩上，升起了文明之光。当宁绍平原上先民的生活画卷一页页展开，杭嘉湖平原间远祖辉煌的文明，也同时展现在五月明媚的阳光下。年代约始于距今六千多年湖州邱城遗址，五千年前的嘉兴马家浜文化，四千多年前的杭州余杭良渚文化……我们这些家园的后裔们，已经在平原的大地深处，强烈地感应到那悠久而熟悉的祖先的气息。

今日杭州城西，从老和山下浙江大学玉泉校区的校园起，向西北方向延伸，经古荡、勾庄、水田畈到余杭区良渚、安溪、长命、北湖四个乡镇，都是良渚文化遗存的所在地。这块呈东西狭长状的原野，背倚天目山，面对钱塘江，小丘罗列，湖沼密布，土壤肥沃，苕溪自西向东在这里穿过。原野上矗立着许多大小不等的土墩，千百年来农民在土墩上面耕作，春播秋收，习以为常，有多少人会拄锄而思：那些土墩，究竟是什么呢？

这些人们熟视无睹的小土墩，于1936年终于引起一位年轻人的注意。他是一位在西湖博物馆供职的普通职员，那年才25岁，名叫施昕更（1911—1939），恰是良渚本土之人。他从小就有机会看见农人翻地时眼前的土下不时地总会有黑陶片出现。成年后他在博物馆工作，并多次参与了考古队良渚一带的发掘考察。经专家指点，老师共论，他们终于得出结论：这是一个原始人类生活的遗址。这意味着，早在4000多年前就有人在"杭州"定居，千年之谜，就这样从一个默默无闻的小人物开始，被神奇地揭开了。1938年，施昕更出版了《良渚——杭县第二区黑陶遗址初步报告》，成为良渚遗址的第一个发现者，探索良渚文化和良渚文明的先驱。在论文中他这样写道："浙江的黑陶或许是较晚于山东，而亦不妨假定是古代沿海平原地域文化沟通发展及民族迁徙繁衍之痕迹，浙江黑陶文化可以说是在这种情形下面的传播关系而产生的……"时至今日，施昕更的论点仍不失其参考价值，在当时更让人们耳目一新。

1959年，夏鼐正式提出"良渚文化"的概念。随之而来的正式命名，证实了良渚是有其自身演变、发展序列的文化区。

良渚文化的器物早期以黑陶著称，20世纪70年代在良渚反山和瑶山考古发掘中，已发现各类遗址100多处，共同构成了分布密、类型多、规格高的遗址群落。学者们称之为"良渚遗址"，它是探索中国文明起源，实证中华五千年文明的一片"圣地"。大批制作精美的玉器，有装饰用的冠形器、玉璜、玉管、锥形器、玉镯、玉带；动物饰件玉鸟、玉龟、玉鱼、玉璋；有象征着神权的玉琮；有象征着财富的玉璧；有象征着军权的玉钺……玉器上那些精妙至极的花纹，在后来的商、周青铜器上屡屡见到。这片原野上早就有人发现过玉器，但人们一直以为是汉代器物，至多上溯到周代。可这次出土的玉器达3000多件，占全部随葬器物的90%以上。人们在这一灿烂辉煌的文明面前，激动得目瞪口呆！

汉代许慎曰："玉有五德，润泽以温，仁之方也；䚡理自外，可以知中，义之方也；其声舒扬，专以远闻，智之方也；不挠而折，勇之方也；锐廉而不技，洁之方也。"在中国的传统文化中，玉是神圣的。玉散射着幽幽之光，神秘而又诡谲，如此不可思议地埋藏在反山的土墩深处。它长约90米、宽约30米，考古确证是经人工堆筑而成的，土方达2万立方米左右。这座土筑高台无疑就像是一座土筑金字塔，矗立在杭嘉湖平原上。离反山不过5000米的瑶山，也有着许多大大小小的土墩，离地面的高度一般在6米左右。土墩附近往往有河流、湖泊或者小山丘。这些土墩遗址约占良渚文化遗址的60%，可以说是良渚文化的最基本特征之一。

人们发现，大墓在土墩高台上，中小墓葬却在平地。这种土墩高台上的大小墓地，在形式、结构和随葬的玉器品类、数量上，都有明显的差异。这些墓群基本都围绕着一个中心点，其规模要比反山、瑶山壮观得多。从墓葬的这一侧面推论，良渚文化时期就具有了早期国家的雏形。所以专家预言：良渚遗址中的"中心遗址"，就是"最古老的杭州城"。有专家甚至著书立说，大胆假设论证，认为良渚文化遗址就是夏王朝的所在地，中国奴隶制社会的开始。

良渚文化并不单指在良渚发现的新石器时期文化遗存，作为马家浜文化的发展延续，它分布在湖州钱山漾、杭州半山水田畈、嘉兴双桥、桐乡新地里、上海崧泽……如钱山漾的文化遗址就相当精彩，出土的丝麻织物，证明良渚时期吾浙人已开始养蚕缫丝。花生和芝麻，很长一段时间人们以为是从外国进来的，所以芝麻也被人称为胡麻。可正是在钱山漾遗址，出土了花生和芝麻的遗存，原来早在4000多年前，先人们就在吃花生和芝麻了。

良渚文化时期，稻作农业已相当进步，有籼稻、粳稻之分，并普遍使用石犁、石镰。良渚文化手工业也有很高的成就，玉石制作、制陶、木作、竹器编织、丝麻纺织都达到了较高水平。

2007年，又一个巨大而又惊人的发现问世。考古学家发现以莫角山宫殿为中心的四周还有一圈环绕的城墙。它标志着在70年考古历程中，继发现良渚遗址、命名良渚文化后的又一个重要的阶段——良渚文明古国的存在。

回顾良渚文化的考古历程，考古研究表明，良渚文化时期，农业已率先进入犁耕稻作时代；手工业趋于专业化，琢玉工业尤为发达；大型玉礼器的出现揭开了中国礼制社会的序幕；贵族大墓与平民小墓的分野显示出社会分化的加剧；刻画在出土器物上的"原始文字"被认为是中国成熟文字的前奏。而在氏族和部落里已经出现具有很高权威的领袖人物，有着组织大量劳动力进行这类大规模营建工程的社会权力！

良渚文化晚期，长江下游地区各氏族部落在政治、经济、军事各个领域发生了巨大的变革，一些相对独立的"王国"可能已经存在。1992年发掘的余杭莫角山大型建筑遗址，显然与国家的礼制有关，而古城墙的确定，更掀起了人们对良渚文化的深入探究。

这座古城东西长1500—1700米，南北长1800—1900米，略呈圆角长方形，正南北方向。城墙部分地段残高4米多。筑法考究：底部先垫石块，宽度达40—60米。西城墙全长约1000米，宽40—60米，南连凤山，北接东苕溪；接下来，南城墙、北城墙和东城墙依次被发现，同样是底部铺垫石头、大量黄土夯筑；城墙环绕着中间的莫角山遗址。与西城墙相比，其他三面城墙相对更考究：铺垫的石头尖锐得多，明显是人工开凿的。

已经发现的良渚遗址，从其位置、布局和构造来看，专家认为当时有宫殿，生活着王和贵族，是个古城。而这个古城，其实就是"良渚古国"。

良渚文化中最大的玉琮被称为"琮王"，纹饰是人面与兽面的复合形象，这典型的图案反映了良渚人高度发达的宗教信仰体系。而形态则如英武的战神，使人联想被尊为战神的蚩尤，这位传说中亦正亦邪的勇士，直到在与黄帝部族开战时才终于失手。这一则传说与良渚文化的族属、地望和传说极其吻合。石钺的发达表明良渚人好勇强悍；蚩尤节节胜利之时，正是良渚文化发达之际；而最终被黄帝打败之时，则和良渚文化的衰败同步进行；蚩尤部族中一支首领叫九黎的大部落联盟，范围包括了良渚文化的所有地域，其中又有一支称为羽人的分部落，他们信奉鸟兽，奉为图腾，而良渚玉器上的神秘图案下半部分似乎也像鸟兽，良渚人有可能就是羽人吗？

具备史学精神和丰富想象力的另一些专业学者，则以为浙东宁绍平原是越族人发展的基础之地，他们认为，我们的先民就生活在距今10万至2万年的这一得天独厚的自然环境中。直至距今1.5万年左右，环境恶化迫使越人大规模迁徙。一万年前，他们当中有一支越过钱塘江，进入了今天浙西和苏南的丘陵地带，从此便在这块地区生息繁衍，逐渐创造了马家浜文化、崧泽文化和良渚文化，所以这部分学者认为，良渚人的祖先是越族人。

请想一想先人的那些充满美感的手指吧，是他们创造出了这样的玉器。那些殚精竭虑的构思，那些日日夜夜的切磋……彼时黄河流域的部族正在征战不已，而我们的良渚先民，则坐在工房里，水渚旁，耐心地打磨着手中的玉器。请想一想这幅壮丽而又丰富、辽阔而又细腻的中华民族诞生画卷吧。从某种角度说，难道不正是从我们的遥远的先人开始，就萌生、界定了今天中华民族的文化格局吗？

然而，在经历了什么之后，良渚文化消失了……是被海侵摧毁了？是被洪涝击败了？是因战争衰竭了？是因内讧离散了？是被外敌消灭了？我们不知道哪一条是良渚古国消失的根本原因，但我们知道，良渚古城的发现，标志着4000多年前的良渚新石器时代，中华民族的文明已进入了古国家形态。

2019年7月6日10时42分，联合国教科文组织第43届世界遗产委员会会议通过决议，将中国世界文化遗产提名项目"良渚古城遗址"列入世界遗产名录。怀玉的美人良渚，沉睡数千年，终被唤醒，从此高贵而绰约地行走在世界文明的T台之上。

吴山鼙鼓震钱唐

传说夏禹治水时国分九州，江南地域泛称扬州。公元前21世纪，夏禹南巡，大会诸侯于会稽山，即今日绍兴，禹至此古杭州，造舟以渡，越人称此地为"禹杭"，其后，口语相传，讹"禹"为"余"，乃名"余杭"。

说到古杭州，我们可先把目光凝聚在一座人们熟悉的城中小山：吴山。杭州人有句老话：城隍山上看火烧。这个城隍山，就是吴山。吴山的别名很多，除了城隍山，还叫伍公山、胥山、庙巷山、七宝山、晒网山等，若一一释读，都是故事，我们也只能择重要的说。

吴山自然是最正宗的大名，有史书的记载出处。《西湖游览志》上说："吴山，春秋时为吴南界，以别于越，故曰吴山。"

行进吴山见越山，白云犹是几重关，两千年前的杭州，已经进入了春秋时代，这是一个大变革、大动荡的时代。百家争鸣的同时，各国君王又穷兵黩武争做霸主。在长期的征战中，先后有多位霸主崛起，其中的吴国与越国，在杭州还留下了许多故事。有人说，春秋时期，吴越争霸，越被打败，杭地尽属于了吴，吴山就是地界。但春秋时期的杭州，属地归吴还是归越，学术界至今尚存不同声音。春秋无义战，你征我伐，城头变幻大王旗，朝秦暮楚不足为怪。

《越绝书》记载："勾践与吴战于浙江之上，石买为将……石买发行至浙江上……"而吴国大将伍子胥"变为奇谋，或北或南，夜举火击鼓，尽陈诈兵。越师溃坠，政令不行，背心乖离。"可以想见，彼时吴越两国争雄称霸、兵戎相见于钱唐江上的惨烈情景。桅樯密耸，旌旗蔽日，烽火浙江，鼙鼓吴山，杭州是水岸旁的古战场。

公元前494年，吴王夫差在太湖的洞庭西山与越军大战，越王勾践溃不成军，败退会稽时，残兵不足五千，勾践俯首称奴，吴越两国以钱唐江为界。据说吴山就是吴国最西南的一座界山，吴山由此而得名。

《吴越春秋》记载，公元前492年5月，越王勾践偕夫人和范蠡入吴时，"群臣皆送至浙江之上临水祖道，军阵固陵"。固陵是今萧山城厢镇湖瓦窑村后城山上的一段城墙,城垣依山而筑,绵亘于山峦之巅,至今仍基本完好。这是一座越国用来屯兵抗吴的军事城堡,可遥遥相望于对岸的杭州,而当时吴山地处吴国的前线,还是一处津渡要塞。

越军大败。取会稽灭越国,对吴王来说,已是唾手可得,可吴王夫差答应媾和。群臣皆不以为然。大将伍子胥秉性刚烈,首先反对,说:"夫吴之越也,仇雠敌战之国也……有吴则无越,有越则无吴。"吴王不予理会。伍子胥又力谏曰:"夫越国,吾攻而胜之,吾能居其地,吾能乘其舟,此其利也,不可失也已,君必灭之。失此利也,虽悔之,必无及已。"

忠言逆耳,伍子胥竟遭杀身之祸。临死前,据说伍子胥留有遗言,说死后把他的眼睛悬挂在城墙上,他要看着越人怎样从这里进入国门,要看着吴国又是怎样灭亡的。吴王夫差闻之大怒,将他的尸体装在一只皮制的口袋里,抛进钱唐江。伍子胥的英灵"随流扬波,依潮来往,激荡蹦岸",豪气冲天,怒气入海。五代杜光庭的《录异记》描述的最为雄奇:"自是自海门山潮头个涌,高数百尺,越钱塘,过渔浦,方渐低小,朝暮再来,其声振怒,雷奔电激,闻百余里。时有见子胥乘素车白马,在潮头之中,因立庙以祠焉。"

公元前490年,勾践被吴王夫差放虎归山,"至浙江之上,望见大越山川重秀,天地再清"。从此卧薪尝胆,至公元前473年,勾践入吴二十年后,卷土重来,灭了吴国,夫差在绝望中自杀。越王勾践作为一代霸主而名留青史,杭州理所当然地又回到了越国的疆域。

一百多年过去,时间已经到了公元前306年,真是三十年河东,三十年河西,这一回,真正消灭越国的对手来了。楚怀王兴兵伐越,把从前吴国和越国地盘,全部夺了过去归自己所有,杭州从此沦为楚地。又过了近百年,公元前223年,秦国灭了楚国,杭州在中国的大统一中,终于初步安定下来。

简言之,春秋时吴越争霸,杭州先属吴,越灭吴,杭州属越。战国楚灭越,杭又归楚。但无论统治者怎样征伐讨战,对忠义之士,中国的老百姓从来都是深怀同情和敬仰的,不管他是吴,是越,是楚。杭人在吴山上修了纪念伍子胥的伍公庙,所以吴山又名胥山。也有人考证吴山本为"伍山",吴山盖因后人"讹伍为吴"之故。

伍子胥（前559—前484），一个楚国的贵族子弟，却成为春秋末期吴国大夫，最终还因与越国的关系而冤屈而死，并成了杭州人的"神"，故很值得一说。

伍子胥之父伍奢，是楚平王子建的太傅，也就是国王之师，却因受楚国佞臣费无极谗害，与其长子伍尚一同被楚平王杀害。伍子胥蒙难出逃，亡命吴国，行至昭关时一夜愁白英雄头，出关后又被一条大江当道，于是在杭州留下了这样一段故事。

传说这条江就是富春江。当时，伍子胥正走投无路，突见江上行来小船一艘，有个渔翁正在撒网，伍子胥大声招呼："老人家，我要渡江，行行好吧！"

老翁就把船划来，连声道来："壮士请上船！"且边歌边划，很快到了对岸。见伍子胥面有饥色，老翁就让他在树下等，自己回家取食。如此热心，伍子胥倒生起疑来，躲进芦苇丛中。那渔翁歌声渐近，且大喊："芦中人，芦中人，出来吧！"伍子胥见渔翁果然守信，这才从芦苇丛中出来。

酒足饭饱后，伍子胥取出腰中宝剑说："老人家，你如此厚待我，落难之人无以回报，这剑上镶有七星，价值百金，只能以此答谢了。"

渔翁闻言大笑："先生您难道没听说满城布告中写道，告发子胥者，赏米万石，封官加爵，我何在乎这区区百金之剑呢？"

说罢，跳上船，唱着歌，一路就划远了。如今，富春江七里泷还有一石碑，上刻"子胥渡"三个醒目大字，正是传说中的伍子胥渡江之处。当年伍子胥住过的村子，如今叫胥村。大畈溪又有个名字叫胥溪，这条溪与富春江的交汇处则叫胥口，另外还有胥源、胥岭、胥岭洞等地名，江边一连串都是关于伍子胥的故事和遗迹。

杭州所辖桐庐县有一座山，也与伍子胥有关。相传伍子胥到了钱唐江以西一带的吴地，得知脱离险境，不禁拔剑高歌：

剑光灿灿兮生清风，

仰天长歌兮震长空，

员兮员兮脱樊笼！

如此边歌边舞，响彻云霄，后人便把这座山称为歌舞岭，此乡则为歌舞乡。这当然也只是壮烈而又美丽的传说，但人们喜欢，就代代留传，刻于江河山川。

唐宋年间，钱江大潮将杭城围住，民间便有了伍子胥在江中着素车白马来讨公道的传说，为此杭州知州上奏朝廷，要祭伍公，并把伍公视为潮神。自此之后，历朝历代上至国君、下至平民，祭祀"潮神"之风盛行不衰。当然，这也与古代杭州的地理环境有关，由于近海，每年大潮时节，杭人多受水涝之灾，而鬼神巫术亦一直盛行。人们认为，只有通过将人品高尚，品性纯正的人立为神并进行祭祀，才能消除水涝之灾。历代名人对伍子胥都评价甚高，其中明代哲学家李贽说："伍子胥绝孝纯忠，惊天震地，楚之烈也。"而近代国学大师梁启超则如此评价："伍子胥智勇深沉，真一世之雄也。"这样的人物被奉为杭州之神，的确也是绝配了。

今天的杭州伍公庙，在吴山东南角，与人声鼎沸的吴山广场、河坊街相比，冷清许多，却是杭州有记载的最早祠庙之一，距今已有2000多年的历史，故有吴山第一庙之称。庙为清代民居式建筑，面积840多平方米，有神马门、御香殿、正殿三进构成完整的建筑布局，潮神殿则为伍公庙后殿。神马门两侧立伍公庙重修碑记和伍公庙前言，御香殿两侧布置四幅线刻古图，两侧厢房分别陈列伍子胥生平故事的12幅连环画。正殿即正中央设神龛，上置香樟木圆雕彩绘伍子胥士大夫像；神龛前为樟木雕元宝座，两侧分立历代对伍子胥六次封祀祭文。

潮神殿中间是伍子胥潮神青铜像，立石雕水浪样式基座上，背景乃"素车白马"的深浮雕石刻，两侧是十八路潮神仿古壁画。原来伍子胥是打头的潮神领袖，后面还跟着十八位潮神，他们分别是：越国文种，汉代霍光、曹娥，西晋周凯、唐代石槐、胡进，北宋朱彝、张夏、陆圭、林默，南宋周雄、黄恕、曹春，元代乌守忠、彭文骥、晏成仔，明代陈旭、汤绍恩。连天后妈祖等都被作为"潮神"祭拜过,这是沿海地区独特的一种文化现象。

"八月十八潮,壮观天下无。"宋时八月十八祭潮神时,杭州百姓整猪整羊地往潮水里扔,这种传统演变到今天,迷信色彩褪去,观潮习俗保留下来,不妨说,这也是春秋战国时期,杭州一带居住的人们留给今天的一个生活侧影吧!

The
Biography
of
HangZhou

杭州传

第二章 秦汉天虽高 皇帝亦不远

（前 221—220）

子陵钓鱼台

浙江成为中国天下的三十六分之一，自公元前221年开始，秦始皇分天下为三十六郡，郡下设县，古杭州在灵隐山麓设县治，称钱唐，属会稽郡。《史记·秦始皇本纪》中有这样的记载："三十七年十月癸丑，始皇出游……过丹阳，至钱唐，临浙江，水波恶……"这是史籍最早记载"钱唐"之名。现在的市区，当时还是随江潮出没的海滩，西湖尚未形成。

西汉承秦制，杭州仍称钱唐。新莽时一度改钱唐为泉亭县；到了东汉，复置钱唐县，属吴郡。这时杭州农田水利兴修初具规模，并从宝石山至万松岭修筑了第一条海塘，西湖开始与海隔断，成为内湖。

首下江南的皇帝是他

始皇帝除了统一疆域、文字、法律、度量衡等之外，就是为示强威、服海内、求长生而巡行天下。公元前221年，秦王嬴政剪灭群雄，一统天下。为了扬皇帝威德，伸张秦朝律法，震慑六国臣民，寻求长生不老之药，秦始皇顾不上连年征战疲惫，自公元前220年始，50岁的他开始了五次中国大巡行。

今天的人们，对清代康熙、乾隆下江南的故事可谓妇孺皆知，他们六下江南，几乎都要来杭州，可见杭州在清代皇帝心中非同寻常。但秦始皇下江南的故事在民间就鲜为人知了。这一历史时期对古杭州十分重要，试想，两千多年前，一位国家最高权威、至高无上统治者，来到了被称为边远蛮夷之地。应该是古杭州最早也是最大的一次政治活动了，直到今天，杭州还存有始皇帝的遗迹。

公元前210年，也就是在他称帝的第十二个年头，秦始皇带着左丞相李斯及小儿子胡亥等一行，最后一次巡行天下。他们从咸阳出发，经湖北云梦泽入湖南，在九嶷山遥祭虞舜后，顺长江东下，在今天的江苏巡视了丹阳郡，此地离会稽郡的大禹陵相距不远，秦始皇觉得他能完成这彪炳千秋的奇功伟业，必有上苍的神灵护佑，决定祭祀大禹陵。于是风篷一转，浩浩荡荡的出行队伍船头向了南，直奔钱唐，也就是今天的浙江省省会杭州，就这样站在了我们今天生活的土地上。

中国第一个皇帝并不仁慈，他甚至是以残暴在历史上著名的。但秦始皇依然对他的王土杭州做了他应该做的事情，正是秦始皇大力推行郡县制，我们所居住的城市年谱上才上溯两千年以上——杭州有了它的第一个名字：钱唐。

钱唐当时不过是会稽郡的属县，地位"卑微"。《水经注·浙江水注》说："浙江又东迳灵隐山，山在四山之中……山下又钱唐故县，浙江迳其南。"《钱塘记》记载："县在灵隐山下，至今基址犹存。"这样一个藏在山旮旯里的小县，秦始皇哪里放在眼里。好在离会稽不过百十来里路了，彼时的钱唐，前有烟波，后有叠嶂，作为县治实属末流，是江河湖海边的一道浅陆。县城出没汪洋，治所只能紧挨在西面的山岭下，大致在今天灵隐一带。对长生不老怀着执着信念的秦始皇，传说其龙舟曾在今天的杭州宝石山停泊，还传说那缆绳就系在山坡一块大石头上，那石身上还有缆绳的印记呢，后人取其名曰"秦皇缆船石"。

往事越千年，至宋朝，有个叫静思的和尚，将这块大岩石雕凿成一座半身佛像，又修了庙堂，就是葛岭的大石佛院。

关于秦始皇至钱唐一事，明朝诗人张舆有诗云：

葛仙岭西大石头，祖龙东来曾系舟。
不闻登仙入蓬莱，徒见作佛如嘉州。
地涌半身云水绕，山开一面金碧浮。
几度劫灰烧不尽，空对湖山飞白鸥。

今天，登宝石山游玩的人，常常可以看到这块"秦始皇缆船石"。据说，那石头上还有缆绳的印记，游兴之余，又给人平添了不少话趣。看看悬在山腰的岩石，较真的朋友不免会有困惑。是的，传说无法考证，但仍不失为一段诗化的历史，如果借用郭沫若的一句诗，也算是"由来胜迹流传久，半是存真半是猜"吧。

据说为挑选一处渡口，秦始皇曾登山眺望，那座山就有了个名字：秦望山。这是一座层次分明的山。郦道元《水经注·渐江水》中这样记录："悬瞪孤危，径路险绝；板箄扣葛，然而能升。山上无甚高木，当由地迥多风所致。"寥寥数笔，秦望山陡峭险艰的风光和独特气象体貌跃然纸上。而在后世唐朝那个赚了兰亭图的诗人萧翼笔下，秦望山云蒸霞蔚，气吞碧湖，势入东溟，他写道：

绝顶高峰路不分，岚烟长锁绿苔纹。
猕猴推落临岩石，打破下方遮日云。

登高鸟瞰，但只见钱唐江烟波浩渺，浪潮汹涌，无处可渡，只得解缆启船，再西行了120里，至上游富春江找到了一处狭窄的江面，这才过得江去。此事在司马迁《史记·秦始皇本纪》里记载得非常清楚："过丹阳，至钱唐，临浙江，水波恶，乃西百二十里，从狭中渡。"

传说那秦始皇，横渡浙江时威风凛凛，观者人山人海，谁知就有一个天下大英雄隐身其中，正是秦国的死对头、楚国贵族名将项燕之孙项羽。此时项羽和他的叔叔项梁正站在岸边观看，禁不住脱口而出："彼可取而代之也。"项梁大吃一惊，急忙伸手捂住项羽的嘴，小声责备：别乱说！你不怕全家合族都要杀头吗！心里却暗暗赞赏他这个侄子的胆识。原来项梁也早在盘算怎样推翻秦朝、恢复楚国的大事了。

50岁的秦始皇可一点也不知道他的王朝死敌就在这芸芸众生中，他的生命遭遇了克星。公元前二百多年的那个初冬，龙车凤辇、万夫簇拥的始皇帝，终于来到会稽山，祭祀了心目中的保护神大禹。正值天命之年，他登临秦望山巅，远眺浩瀚的大海，俯视脚下新征服的领地，那君临天下、舍我其谁的威严和雄仪，谁人能敌！秦始皇到禹陵，行完大礼，一声令下，在会稽山上竖起一块由丞相李斯所撰的石碑。李斯是一位文学上富有才华、为人为政上却有争议的人物，他写的碑文洋洋洒洒流传至今。此时李斯便手书小篆，铭文刻石，山巅从此留下了289字的小篆《秦会稽山刻石铭》，后世俗称《李斯碑》。李斯毕恭毕敬写道：

　　皇帝休烈，平一宇内；德惠修长，卅有七年，亲巡天下，周览远方，遂登会稽……

一片万岁声中，谁又会想到死神已经冷冷地注视到了他，数月之后他便将一命呜呼了呢。秦始皇并没有因为树碑立传而万寿无疆，他从禹陵归来，又回到钱唐，归途中得了重病，原来天子也会死的，秦始皇不但没有得到上苍的保佑，甚至都挨不到回故都咸阳再闭眼，到了今天河北沙丘平台这个地方，就龙驭宾天了。

始皇帝的驾崩，给他的王土又带来了激烈的政治动荡。一年后陈胜、吴广在今天安徽宿县揭竿而起，掀开了反抗秦王朝暴政的农民大起义序幕。"楚虽三户，亡秦必楚"。公元前209年7月，项梁、项羽起义，杀死了浙江当时的最高长官会稽郡守殷通，开始举兵反秦。而钱唐县，从此就卷进了新的战争风云之中。

七王之乱的始作俑者

历史进入两汉时期，公元前206年至公元220年，这是一个漫长的王朝。对我们的故乡而言，较以后其他的王朝，较同时代的左邻右舍而言，还是相对安全的。西汉承秦制，杭州仍称钱唐。汉武帝时，把管理郡一级的军事治安的警备部门——西部都尉,从山阴移到了灵隐山下。从中我们多少可以看出,古杭州在地理位置上的重要性有了提升。夹在西汉与东汉之间的新莽政权,曾一度改钱唐为泉亭县;到了东汉,复置钱唐县,属吴郡。这时杭州农田水利兴修初具规模,并从宝石山至万松岭修筑了第一条海塘,西湖开始与海隔断,成为内湖。

我们还从《史记》上了解到当时包括杭州在内的浙江的经济情况。老实说,我们的家园那时候并没有今天的富庶。楚越之地,地广人稀,人们处在刀耕火种之中。司马迁说到我们这块土地时,以为生活在这里的人们,没有什么积蓄,但也没有什么冻饿之人,当然,也没有什么千金豪华之家。差不多就在西部都尉搬迁到钱唐来的时候,汉武帝也开始把北方的一些大族迁到江南来。人口的大量南迁,对我们当时人口稀少的家园的建设,是有极大好处的。

但北方大族何以会在武帝时期迁往江南呢?除了一般经济发展规律的原因之外,武帝之前的景帝时代所发生的一场重大的国家动乱,应该是很重要的原因。

从政治上说,包括古杭州在内的江南地区,当时发生了一场最大的政治动荡,就是"吴楚七国之乱"。

我们知道,汉王朝初建之时,实行的是郡国并行制,在实行郡县制的同时,又把自己的皇族子弟分封出去,给他们建立小藩国,来共同朝奉中央政府。这样,浙江,包括钱唐地区,就归了当时的吴王刘濞。

历史上说到刘濞这个人在吴国的统治,往往用这样八个字:"煮海为盐,采铜铸钱。"可见这个刘濞,是很重视经济建设的。这样一来,他就在经济上与中央为敌,形成一种对峙的态势。在招揽人才上,他也有自己的动作,利用身处偏远的地方优势,集聚天下的亡命之徒。这些亡命者,想必是从中央政府的辖地或者别国辖地中逃出来的罪犯,一旦被刘濞收留,自然拼死为他卖命。他在其他的诸侯国中,又是个大哥大般的人物,而且最关键的,是他和汉景帝有杀子之仇。这样,一场叛乱就迫在眉睫了。

说起来,刘濞准备这场叛乱,已经有三十多年了。照他自己的话说:寡人节衣食，积金钱，修兵革，聚谷食，夜以继日，三十余年矣。

原来，三十多年前，他的儿子在京师与文帝的太子刘启下棋，大概过于轻狂不逊了吧，被恼怒的刘启抄起棋盘，失手一下砸烂了脑袋，就那么死了。这个刘启，就是后来的景帝啊，你说刘濞能不恨他吗！

这时候汉室王朝中，出现了一个重要的谋臣，名叫晁错。他看到这种严重威胁中央政权的危机，给景帝上了一策，让他削平那些藩国。可刘濞也看到了晁错的危险性，他联络了一些藩国首领，于公元前154年正月，举兵犯上，打出的旗号却很堂皇：请诛晁错，以清君侧。这就是历史上著名的"吴楚七国之乱"。

结果呢，晁错是被清除杀掉了，刘濞也被景帝诛灭了。吴国从此也就这样灭亡了，钱唐回到了中央政府的权力辖区之内。汉武帝登基之后，为了防止权贵聚集在京都，形成与皇权对峙的力量，就把他们纷纷遣往各地，杭州一带，就迁来了许多北方人。

西汉末年，随着王莽改制的失败，本就很尖锐的阶级矛盾更加严重，当时的中国，已经到了"农商失业，食货俱废"的地步，席卷全国的绿林、赤眉大起义由此爆发。

因为我们的家乡地处偏远，各种社会矛盾没有黄河流域一带严重，所以没有卷入农民起义的洪流。既然此地还是一片相对和平的绿洲，北方的一些官僚地主就纷纷往南逃亡。当时的北方豪强地主主要定居在会稽，也就是今天的绍兴一带。从北方来的名人中，就有董子仪、严子陵等人。

北方的豪富到了南方，依然是富豪，他们在南方继续占有大量的土地，并把当时北方奢侈的生活方式带到了江南。在他们的领地里，有许多农民依附于他们，过着奴隶一般的生活。

人压迫人的日子长了，必然导致社会的暴乱，一切秩序崩溃，一切得从头来过。就这样，在北方发生过的国家悲剧，同样被搬到南方来了。钱唐一带开始进入狼烟四起、兵荒马乱的岁月。

这种纷争愈演愈烈，直到最后，板结的汉王朝碎裂，历史迈进了三国鼎立、乱世英雄争霸天下的时代狂潮之中。

先生之风山高水长

西汉后期，北方绿林赤眉起义，又有一批豪富逃到了江南，大量农民则沦为奴隶。西汉末年王莽改制，国家陷于更加混乱的状态。25 年，绿林军直捣长安，王莽被杀，一个名叫刘秀的白衣秀士，自称高祖后裔，"名正言顺"地披上龙袍，改年号建武，一个新的轮回开始了，史称东汉。

战争带来剧烈的社会动荡，靠近京都的黄河流域，官僚和士人纷纷逃向外地，他们的新家园中，就有浙江。因没有被大规模卷入农民起义，会稽理所当然地成了有钱人避难消灾之地。《后汉书》记载说："时天下新定，道路未通，避乱江南者，皆未还中土，会稽颇称多士。"这些由北方来的士人多在会稽定居，中有一人，一生垂钓于青山绿水间，正是大名鼎鼎的严子陵。

严光字子陵，据说他就是从河南新野来到当时的会稽余姚的，此人武不掌兵，文不安邦，既无锦章传世，又无弟子三千，但千百年来却一直享有盛名，尤其为士人们顶礼膜拜。余姚人把他奉为自己的先人，在龙山为他立了碑，供人祭拜。李白还专门写诗《独酌清溪江石上，寄权昭夷》歌颂严光：

永愿坐此石，长垂严陵钓。
寄谢山中人，可与尔同调。

如果东汉时期的严子陵没有在桐庐富春江上钓过鱼，那么也就不会有什么严子陵钓台了；如果没有严子陵的钓台，那么毛泽东也就不会在赠给柳亚子的诗里写"莫道昆明池水浅，观鱼胜过富春江"了。说到底，如果严子陵不在富春江一带隐居，也许严子陵就和杭州没有什么大关系了。

但严子陵在富春江上钓鱼隐居，的确是有史书记载的。《东观汉记》中有《严光传》，只有二十个字，堪称最短传记，说：严光字子陵，耕于富春山。后人名其钓处为严陵濑。

不过浙江人知道的严子陵，却是浙江余姚人。今日余姚龙山尚有四大贤人被世人祭拜：严子陵、王阳明、朱舜水、黄宗羲。他们都是中国历史上大名鼎鼎的人物，其中又以严光所在的朝代最早。

还有一种说法，严光本名也不叫严光，叫庄遵，是为避汉明帝讳才改姓严的。他的原籍也不在浙江余姚，是河南新野，因中原战乱才到江南的。

按三国入西晋时皇甫谧所著的《高士传》说，严光就是余姚人士。据说他少年时代就有很大名气，和东汉的光武帝刘秀一起读书，等到刘秀当了皇帝，他就改了名字，隐居起来。据说刘秀认为他人品好，很想念他，就派人去找他。后来有人上报说，看到水泽地带有一个男子披着羊皮在钓鱼呢，刘秀就想，可能这人就是严光吧，派了车去接，接了三次，才把他给接来。

严光有个老朋友司徒侯霸，这时也当了大官，就派他手下人去给严光送信。严光连身都不起，躺着看书，一边问：我这个老朋友一向很傻，如今当了大官，不知有没有聪明一些起来？手下人连忙说：我的大人官已经做得够大了，一点儿也不笨了。严光又问：那他派你来干什么？手下人说想请你到大人府上去叙旧。严光说：你还说他不傻，可他不是明明说的都是傻话吗？你看，天子请了我三次我才去。皇帝我都不见，何况他这个小小人臣。

那手下人不知如何回去禀报，只好请严光写封回信。严光说：我的手不可能写这种信，就口授吧。不过他连口授也是吝啬的，寥寥数语，还是不能凑成一封信。来人请严光再添几句，严光正色道：你这是在买菜吗？叫我多添一点儿。侯霸接到这样一封信，自然是气得要命，还把这信递给皇帝看，以为皇帝会和他同仇敌忾，谁知刘秀看了竟不以为然，还哈哈大笑说：狂奴故态也。

其实这都应该是戏说，历史中的侯霸，为人矜持严肃，仪容庄重，南朝宋范晔《后汉书》记载他说："霸矜严有威容，家累千金，不事产业。笃志好学"。可见为了衬托严光的高洁，不惜把严峻的侯霸拉来垫背了。

不但侯霸，连刘秀这个皇帝也是被用来陪衬严光的。据说后来刘秀去看严光，严光照样躺着不起身，刘秀请他出山助他一臂之力，也被严光回绝了。就这样，严光又回到富春江上，过他自由自在的生活。

这还是对刘秀说的客气话，往后人们再写这段故事，就写出很多戏剧性来。比如说刘秀请严光进宫，他们谈得很愉快，晚上睡在一张床上，严光的脚就搁在了刘秀的肚子上。第二天，专门观看天象的史官惊慌失措地来报，说昨夜客星犯了御座！刘秀笑着说，那是因为我和老朋友严子陵共卧之故啊。这多半是民间戏说了，但从此余姚确实就多了一座客星山。

严子陵出生在公元前37年，比刘秀大了整整31岁呢，所以，如果他确实和刘秀同学过，那他们之间，也是忘年交了。严子陵有那么一个皇帝同学，且这个同学又那么器重他，对一些想获得高官厚禄的人，这不是从天上掉下的大元宝吗？但严光却不是这样，无论对皇帝，还是对大臣，他都保留着一个布衣的尊严。就严光的智慧，也许他早就看透了朝廷与有识之士之间的那种真正的关系。他不愿意出山，一方面是不相信他的政治抱负真正能够得以实现；另一方面，也许是一种保护自己的方法吧。很难想象他要是真正出山，能够活到80岁吗？

中国传统的知识分子，一向是把儒道双修作为自己的立身之本的，他们即便是在达则兼济天下的时候，也不会放弃对穷则独善其身的自律，这就是历代众多大人物到富春江严子陵钓台顶礼膜拜的重要原因。

清代文学家严懋功曾有断言："自古名胜以钓台命名繁多：陕西宝鸡县渭河南岸之周吕尚钓台；山东濮州之庄周钓台；江苏淮安汉韩信钓台；福建闽县之东越王王余善钓台；湖北武昌县江滨之吴孙权钓台……吕尚、韩信、任昉三钓台较为著称，然均不及桐庐富春山严子陵钓台。"

严子陵钓台在全国10多处"钓台"古迹中名列第一，闻名于世。严子陵钓台，位于桐庐西15公里富春江之北岸的富春山上。相传是严光隐居垂钓之地，故亦称严陵山。自汉以来，严光布衣素食、淡泊名利的品质一直为后世景仰，全国称为钓台处有10余处，以此最为著名。

钓台分为东西两处，均为高约70米半山上的磐石，相距80余米。在登山石径岔道上有"双清亭"，民国年间所建，亭联为："登钓台南望，神怡心旷；想先生之风，山高水长。"

东台为严垂钓处，有巨石如笋，传为严以此支撑垂竿，石亭为乾隆年建，甚古朴。侧有平台如矶，在此远眺，青山拥春江，俨如画卷。1961年冬，郭沫若曾游此地，作诗提出"岭上投竿殊费解"的疑问，并发表"由来胜迹流传久，半是存真半是猜"的中肯见解。

西台亦称谢翱台，南宋遗民谢翱于元至元二十六年（1289）在此面北痛哭，奠祭爱国英雄文天祥。继之泛舟江上，以竹如意击石，唱《楚辞》为文招魂，并撰《西台恸哭记》以述其事。谢死后，葬于钓台之南。后人对谢义举相当敬佩，因称"东西钓台，名垂千古"。

钓台码头上有石坊，正额："严子陵钓台"；背额："山高水长"，为当代赵朴初、沙孟海所书。西侧沿江新建严先生祠堂，祠内东壁立有宋范仲淹所撰《严先生祠堂记》石碑，东西"富春江诗文碑林"长廊，荟萃历朝诗文，云集全国书家挥毫立碑，蔚然而成大观；并有李白、白居易、陆游、范仲淹等古代文豪石像20余座错落存于山麓密林之间。由钓台上溯25公里许，至梅城，江水平阔、奇峰对峙，绝多险滩，为著名的七里泷，亦称七里濑。古有"天下佳山水，古今推富春"，即咏此。北宋著名文学家、书法家、画家苏轼所创作的一首《行香子·过七里濑》词，描写了优美景色，也表达了苏轼对严子陵的另一番认识：

  一叶舟轻，双桨鸿惊。水天清、影湛波平。鱼翻藻鉴，鹭点烟汀。过沙溪急，霜溪冷，月溪明。

  重重似画，曲曲如屏。算当年、虚老严陵。君臣一梦，今古空名。但远山长，云山乱，晓山青。

译成白话文：

乘一叶小舟，荡着双桨，像惊飞的鸿雁一样，飞快地掠过水面。天空碧蓝，水色清明，山色天光，尽入江水，波平如镜。水中游鱼，清晰可数，不时跃出明镜般的水面；水边沙洲，白鹭点点，悠闲自得。白天之溪，清澈而见沙底；清晓之溪，清冷而有霜意；月下之溪，是明亮的水晶世界。

两岸连山，往纵深看则重重叠叠，如画景；从横列看则曲曲折折，如屏风。笑严光当年白白地在此终老，不曾真正领略到山水佳处。皇帝和隐士，而今也已如梦一般消失，只留下空名而已。只有远山连绵，重峦叠嶂；山间白云，缭绕变幻；晓山晨曦，青翠欲滴。

曾立志"先天下之忧而忧，后天下之乐而乐"的范仲淹，同样把严光视为心中的"偶像"。当年范仲淹在浙江睦州做太守时，不仅在这里为严子陵修建祠堂，并亲笔撰文《严先生祠堂记》。众多的诗文中，尤以范仲淹的《严先生祠堂记》最有名，不妨抄录在此，以飨读者：

先生，汉光武之故人也，相尚以道。及帝握《赤伏符》，乘六龙，得圣人之时，臣妾亿兆，天下孰加焉？惟先生以节高之。既而动星象，归江湖，得圣人之清。泥涂轩冕，天下孰加焉？惟光武以礼下之。

在《蛊》之上九，众方有为，而独"不事王侯，高尚其事"，先生以之。在《屯》之初九，阳德方亨，而能"以贵下贱，大得民也"，光武以之。盖先生之心，出乎日月之上；光武之量，包乎天地之外。微先生，不能成光武之大；微光武，岂能遂先生之高哉？而使贪夫廉，懦夫立，是大有功于名教也。

仲淹来守是邦，始构堂而奠焉，乃复为其后者四家，以奉祠事。又从而歌曰："云山苍苍，江水泱泱，先生之风，山高水长！"

译文：

严先生是光武帝的老朋友，他们之间以道义互相推崇。后来光武帝得到预言天命所归的《赤伏符》，乘驾着六龙的阳气，获得了登极称帝的时机。那时他统治着千千万万的人民，天下有谁能比得上呢？只有先生能够以节操方面来尊崇他。后来先生与光武帝同床而卧，触动了天上的星象，又归隐江湖，回到富春江畔隐居，清操自守，鄙弃禄位，达到了圣人自然清静的境界。先生视官爵为泥土，天下又有谁比得上呢？只有光武帝能够用礼节对待他。

在《蛊》卦的"上九"爻辞中说："大家正当有为的时候，偏偏显示不事王侯，保持自己品德的高尚。"先生正是这样做的。在《屯》卦的"初九"爻辞中说："阳气（帝德）正开始亨通，因而能够显示'以高贵的身份交结卑贱的人，深得民心'。"光武帝正是这样做的。可以说先生的品质，比日月还高；光武帝的气量比天地还广阔。如果不是先生就不能成就光武帝的气量的宏大；如果不是光武帝，又怎能促成先生品质的崇高呢？先生的作为使贪婪的人清廉起来，使胆怯的人勇敢起来，这对维护礼仪教化确实是很有功劳的。

我如今来管理此地，开始筑祠堂而祭奠之。又免除了先生四家后裔的徭役，让他们负责祭祀之事，并作歌曰："云山苍苍，江水泱泱，先生之风，山高水长！"

相濡以沫与相忘江湖

西湖与钱唐江虽然连成一片，但钱唐江带来的泥沙，却在西湖与钱唐江之间形成一道天然的"堤坝"。这道"堤坝"，涨潮时淹没不见，潮落时便将西湖与钱唐江分开——西湖便成了潟湖。

汉代，在华信等人的倡导与组织下，钱唐人民升级了这条天然"堤坝"，让西湖和钱唐江彻底分开，从此，江是江，湖是湖，相濡以沫，莫若相忘于江湖。

而西湖水有山泉、小溪补充，因此，经过几百年的时间，西湖水已经完全淡化，达到了可以饮用的标准。

史书记载最早修筑海塘的是东汉官员华信。内容出现在南朝刘宋元嘉年间钱唐县令刘道真著的《钱唐记》中。该书成书时间在南朝宋元嘉十三年（436）前后，是我们今天所知的杭州历史上最早的地方志，弥足珍贵。

最早引用《钱唐记》内容的古籍是北魏学者郦道元的《水经注》。郦道元（？—527）为北魏大臣、著名地理学家。约正光三年（522）撰成《水经注》一书。《水经注》卷四十《渐江注》引《钱唐记》说：

防海大塘，在县东一里许，郡议曹华信家议立此塘，以防海水。始开，募有能致一斛土石者，即与钱一千。旬日之间，来者云集。塘未成而不复取，于是载土石者皆弃而去。塘以之成，故改名钱塘焉。

唐代李吉甫在《元和郡县图志》卷25《杭州钱塘县》中说："《钱塘记》云：昔州境逼近海，县理灵隐山下，今余址犹存。郡议曹华信乃立塘以防海水，募有能致土石者即与钱。及塘成，县境蒙利，乃迁理此地，于是改为钱塘。"

可见，杭州有西湖旖旎风光，有丰富的人文景观，整治后的西湖，可谓美不胜收，盛况空前，吸引着络绎不绝的中外游客。这是千百年来先民辛勤治理的结果，也是历代县令、州官打造的杰作！而纵观上下五千年，杭州筑城史上的"第一功臣"，非东汉会稽郡议曹华信莫属。

华信，东汉时人，刘真道记载华信曾任东汉时的郡议曹。所谓议曹，乃汉时郡守属吏，协助郡守工作。刘真道在《钱唐记》中记载："昔一境逼近江流，县在灵隐山下，至今基址犹在。郡议曹华信乃立唐以防海水，募有能致土石者，即与钱。及成，县境蒙利，乃迁此地，因是为钱唐县。"由此可知，早先的钱唐县城是濒临古钱唐江的，因其民居地常受钱塘江潮水的侵害，故华信便招民工在江边筑建起捍海塘，正因为华信招募的是能工巧匠，采用了土石结合的方法，在钱江潮水冲击要害处筑塘并最终获得了成功，果然大有成效，百姓咸欢，安居乐业，人口日增，因之，便将原在"灵隐山下"的钱唐县治也搬迁到"此地"来了。

总之，我们必须知道，到东汉时，钱唐江和西湖就彻底分开了。杭州开始了地域上的重新格局，并且这种格局一直保留到今天。

The
Biography
of
HangZhou

杭州传

第三章
浪涛不尽，千古风流人物
（220—280）

龙门古镇

乱世英雄起四方。黄巾大起义使东汉王朝名存实亡。从190年到280年，可分成三个时期：190—207年，共18年，是大破坏、大动乱的年代；208—229年，共22年，魏、蜀、吴三国鼎立形成；230—280年，共51年，三国从对峙到统一的阶段。这个"合久必分，分久必合"的时代，魏、蜀、吴三分天下，其中东吴政权共占据了当时的丹阳、吴、会稽、庐陵、豫章和庐江六个郡，相当于今天的苏南、皖南、浙江、江西等地。于赤壁一战大鼓军威，孙权在长江中下游势力得以巩固。229年终于自称吴帝，建吴国，都建业（南京），尽得江东之地。大量流民逃入荆、扬两州的6郡44县，使江南人口大增，浙江最缺少劳力的燃眉之急得以基本解决，经济随人口增加而日益繁荣。

东吴政权，因世家门阀豪族身份的显赫带来政治势力，就有了举足轻重的地位。他们之所以能形成那么大的气势，和东吴实行的特殊政治经济制度有关。此时东吴的经济可用突飞猛进来形容，农业发展刺激了手工业，浙江人善经商的才能开始展露，他们的交通工具往往是舟，生意做到了中国的辽东、台湾，甚至日本、越南、高丽，远至罗马帝国。我们的祖先站在长20余丈、高3丈的大船上，张着七面征帆，六七百人浩浩荡荡地出海，那气势是多么雄伟！

而东吴霸业的这一切源头，都还得从富春江上一个种瓜的小洲开始说起。

富春江畔瓜桥埠

我们现在已经知道了秦汉时期古杭州的历史面貌，那时这个山中小县还没有发育壮大并开始自己的辉煌前程。我们还知道那时候富阳的位置一点也不比钱唐低。之所以要在这里提到杭州的属县富阳，乃是因为中国历史上一位重要政治人物，就出生在富春江畔的瓜州埠上。

登上杭州的月轮山，但见钱塘江如同一个巨大的"之"字，莽莽苍苍，从西南浮来，溯江而上。一过闻家堰，就到了钱塘江的中游，人称富春江。之所以称之为富春江，大概是因为秦王朝二十六年置富春县，江水流过这个江边的小县，因而被称作富春江。直到东晋太元年间，因避皇家讳方改为富阳。这是一条历史的长河，江流婉转，又见芳甸，一片沙洲浮在碧澄的江面上，沙洲上良田沃野，绿树婆娑。这个被称作王洲的沙洲，离富阳城西约20公里，别名洋涨沙，又曾名孙洲。沙洲上有个村子叫瓜桥埠，这就是三国东吴大帝孙权的故乡。

往事越千年，这个叫王洲的沙洲浪打寂寞、荒草遍地。烈日炎炎中，一个江南农家汉子挥汗如雨，在这片沙土上耕耘着一块瓜田。这瓜农姓孙名钟，乃将门之后，祖父还做过汉尚书郎呢。不过君子之泽，五世而斩，三代之后的孙钟已经落到种瓜的份儿上了。好在孙钟心态很好，日出而作，日落而息，上奉高堂，下养妻子，祖上的荣光权当作一江春水向东流。

家道中落，又逢乱世，孙钟就把心思都放在种瓜上了。他种的瓜特别香甜，每逢有老人路过，他都以瓜款待。传说有一次三个年轻道人途经瓜田，其中一个对孙钟说："你能摘一个瓜给我们吃吗？"孙钟二话不说，首先摘了一个瓜献天，然后摘一个奉母，最后摘一个敬客。过了一年，这三个道人又不期而至，孙钟又摘瓜待客。又过一年，三个道人亦如此一番。这一次吃了瓜，道人指着眼前的一座山，对孙钟说："这山可为令堂墓葬之地。"说罢，就羽化成白鹤飞逝而去。以后，孙钟的父母就葬在了那座山上，坟墓上常飘着连绵的紫云，这就是人们常说的帝王之相，这山就是今天的天子岗。

中国传统文化讲天人感应，这个故事仿佛就应在孙钟身上。有人就说，正因为他孝心感动了上苍，有了回报，所以孙钟虽然躬耕沙洲，他的儿孙们却个个了得，儿子孙坚被时人称作江东猛虎，孙坚的长子小霸王孙策勇冠三军，次子孙权独霸江东，终成帝业。

杭州，不仅是当年东吴的领地，还是东吴大帝、孙氏家族的发迹之地，后人自然为有这样的先祖自豪。《宗谱》里记下了咏诵的诗章：

　　吾祖种德亦种瓜，孙氏由此发萌芽。
　　汉末本是王洲地，明初复为御史家。

　　富阳王洲的瓜田埠今天依然还在，即今富阳王洲乡的瓜江村。瓜江村有瓜桥，还有传说中孙钟的十八亩瓜地之所在。村口矗立着一块"济世真美"的瓜桥义渡碑石，对岸有一渡口凉亭，名集善亭。孙氏后辈们直到今天还完整地保存着他们的族谱，关于这三国英雄第一家的后人们，史家们有着种种的考证，有的说他们本是春秋战国时期的大军事家孙武的后代，有的说孙中山亦是他们的后代。王洲的孙家后人后来又分散开来到了各地居住。春建乡的下唐村，可看到一座孙氏家庙，共三进，始建于清初，家庙中堂悬挂"东吴遗泽"的大匾。他们的子孙出来与我们交谈，看上去果然有一股英武之气。

　　孙家的后裔告知，孙权的大都督陆逊葬于富春江南环山乡的陆墓村，距王洲有五公里。而孙权的名将程普葬在富春江北，与王洲隔江相望，仅三公里。此村现名程坟，属新桐乡。两位东吴大将，均葬于孙权故里前后，应该说不是没有缘由的。

生子当如孙仲谋

　　我们说的是近两千年的往事，但这一段，却从八百年前提起。那时正是金兵铁蹄践踏江淮大地之际，一名抗金义士来到前线镇江，凝望烽火连天的江北，写下了这样的辞章："……年少万兜鍪，坐断东南战未休。天下英雄谁敌手，曹刘，生子当如孙仲谋。"

　　辛弃疾引用了曹操说过的一句话："生子当如孙仲谋。"在短短一段辞章里，他挨个把三国的曹、刘、孙都提到了，但可以看出来他是有偏爱的。

　　这样的感慨是因为什么而发的呢？让我们看看，"东吴大帝"孙权，究竟是一个什么样的英雄吧。

人称碧眼儿的孙权（182—252），字仲谋，是三国英雄孙坚的儿子、小霸王孙策的弟弟。后人对此有"三国英雄第一家"的赞誉。

东汉末年，天下大乱。所谓乱世英雄起四方，从190年开始，到280年，是天下之势合久必分、分久必合的九十一年。在九十一年中大约又可以分为三个阶段。前面的十八年，是破坏严重、大动乱的年代。直到208年，赤壁之战之后，到229年孙权称帝时段，历史才进入了三国鼎立形成的时代，这里前前后后共有二十二年。第三个阶段在230年到280年，这也是三国从对峙到统一的阶段。这三个阶段共有五十一年，三国都在发展，相对而言，吴国在经济上发展最快。后来东晋和宋、齐、梁、陈等国能在江南立足，与这个阶段的良好基础是分不开的。

孙坚（155—191），字文台，吴郡富春人。少为郡县吏，却以小小县吏在乱世中一鸣惊人，成称霸一方的豪杰。灵帝中平元年就跟随朱儁镇压黄巾军，做了郡司马，三年后又当上长沙太守。是时，曹操还只是一个默默无闻的典军校尉，刘备更是一个小小的七品平原县令。而孙坚在长沙太守任内，因镇压起义被封为乌程侯，又因讨伐董卓被封为破虏将军，任豫州刺史。

多年征战使孙坚拥有大量部曲——东汉东吴大地主们的私人武装。又有世将制，这也是东吴特有的一种制度。对那些刚刚当了将帅的人，授兵士五百到一千，从此父死子继，兄死弟继，长此以往，这些世族就都有了自己的武装力量。

奉邑制也是东吴特有的土地制度，对打仗立了军功的部将，赐一块地给他，结果这些奉邑都成了地主的私有土地。

免纳制度更是东吴特有的税收制度，凡是那些世族地主的佃客、部曲，东吴政权一律允许他们免纳赋税差役。利用这些国家缺席的机会，步步经营，稳扎稳打，孙坚为吴国的建立打下基础。

孙坚后为袁术所遣，征战荆州刘表，虽大胜，但在追击时中了埋伏，被刘表手下大将黄祖以石矢击中头部，亡于阵前，年仅37岁。如此起起武夫，马革裹尸，也不失英雄下场，后被追谥为武烈皇帝。

孙坚长子孙策（175—200）当时才16岁，已经是一个统领千军万马的将军，以后就成了东吴政权的奠基人。他曾经因为势单力薄，不得不依附袁术。《三国志·吴书·孙策传》记载，袁术出身于贵族豪门，目中无人，但见了孙策那江南男子俊美精悍的姿容，也不禁叹曰：使术有子如孙郎，死复何恨。

孙策和他的父亲一样，志在独霸江东，岂能久居人下，故向袁术借了三千兵马，开始了他的霸业之路。他渡江转战，勇冠三军，所向皆破，莫敢当其锋，人称小霸王，很快在江东开出一片天地。孙策不仅勇武，而且很会用人，文武双全的周瑜是他的同学，结为至交，还成了连襟。唐朝的杜牧有一首名诗吟道："东风不与周郎便，铜雀春深锁二乔。"二乔就是大乔、小乔，分别是孙策和周瑜的妻子。

孙策攻下会稽后，平定江东的大事就算基本告成了。马背英雄孙策很有自知之明，《三国志》中记载他对孙权说："举江东之众，决机于两阵之间，与天下争衡，卿不如我；举贤任能，使各尽力以保江东，我不如卿。"从此保江东就成了东吴的基本国策。

孙策与他的父亲仿佛有着非常相近的命运。连年的杀伐征战，与有些人结怨甚深。一次在野外打猎时，孙策遭遇暗算，中箭毒发后身亡，死时才25岁。临终前孙策将创下的基业交给了弟弟孙权，并留下遗言："倘内事不决，可问张昭；外事不决，可问周瑜。"那一年，孙权才18岁。

近一千八百年后，富阳又出过一对弟兄英烈，郁华和郁达夫。富阳鹳山双烈亭上，有他们各自的一句诗连成的楹联：劫后湖山谁做主，俊豪子弟满江东。他们吟诵的故里乡亲中，就包括三国东吴时的孙氏父子。

孙权（182—252）字仲谋，吴开国皇帝，在位24年。作为第一流的历史人物，孙权到底在历史上留下了什么样的痕迹呢？尽管三国故事对他有过大量的描述，但在中国老百姓眼里，他依然不像青梅煮酒论英雄的曹、刘那样个性鲜明。但孙权的历史功绩其实是历历可数的。第一，他是一个王国的建立者——开创吴国的大帝。第二，他是中国一座著名都城——南京城的奠基人。

49

第三，他北抗曹操，西拒刘备，保境安民，促进了长江中下游的开发——是促成三国鼎立的主角。第四，他派人漂洋过海，是开发台湾的创始人。第五，在外交上，他是一位开创性人物——交通南洋诸国，发展友好关系的决策者。建安十三年，他与刘备联合大败曹操于赤壁。后西拒蜀汉，北抗曹操，遂成鼎足之势。黄龙元年称帝于武昌，建都建业，国号吴。中国南方的关键性开发者，江南经济可问鼎中原，这种后来居上的势头，正是从三国开始启动的。至南朝，江南经济已可和黄河流域并驾齐驱，离不开东吴的基本国策与国家行动，孙权是功不可没的。

三国时期，英雄辈出，来自杭州的除孙坚、孙策、孙权父子兄弟之外，另有凌统、全琮二人。其中东吴名将钱唐人全琮，246年孙权拜全琮为右大司马、左军师；凌统是余杭人，东吴的一员虎将，武力排在孙策、太史慈、甘宁之下，位居第四。逍遥津之战，如果不是凌统死战，孙权下场如何真不好说。

208年，曹操平定中原后，率大军南下，一路告捷，所向披靡。是时刘备在败于徐州之后，又在湖北当阳被曹操的追兵截住，溃不成军。诸葛亮说："事急矣！请奉命求救于孙将军。"此时，东吴朝野也是一片哗然，连重臣张昭都劝孙权赶紧议和，以免遭灭顶之灾。是战是降就摆在了孙权面前。孙权说："吾不能举全吴之地，十万之众，受制于人。吾计决矣！"说罢，拔刀砍下桌面一个角，说再有议和者同此下场。孙刘联手全力以赴抗曹的局面就这样形成。

孙刘联军只有曹操的十分之一，强弱悬殊显而易见。孙刘联军中，东吴又理所当然地充当主力。孙权将大军出征的全部重任都交给周瑜，自己则为吴军做好后勤保障工作。东吴大将黄盖以诈降靠近曹军大船，然后点起大火。诚如苏东坡词曰："谈笑间，樯橹灰飞烟灭。"曹操元气大伤，从此再无心觊觎江南，魏、蜀、吴鼎立的局面终有可能实现。

坐断东南发力民生

孙权接过哥哥手里那颗大印之后不久，就开始实行屯田制。本来打仗的将士们，现在开始种粮食了。孙权甚至宣布，把自己平时专用的牛车的牛也用来耕田，并且还要亲自驾牛扶犁。由此水稻种植面积极大增加，百姓有饭吃的可能性亦极大增加。难为他那时候还是个20岁出头的小青年，人家在黄河边打得昏天黑地，他倒能沉得住气腾出一只手来搞经济建设，这就是他的过人之处啊。

孙权也注意兴修水利。凡在江南的统治者，大多注意水利，这好像已经是一个惯例了。他也搞宽赋息调，也就是今天的减轻农民负担吧。这一条直到他临死前还念念不忘，在遗命中专门说："省徭役减征赋，除民所患苦。"孙权能对他的百姓这样，对统治者来说，还真是不那么容易呢。

江南能工巧匠甚多，这大概和孙权当时专门组织人从事这方面的劳作有关吧。他在军队里专门建立了一支从事手工业劳动的队伍，名叫"作士"；又让一批士兵改行去当商人，贩卖物品。总之，有许多当兵的都去纺织、煮盐、酿酒、烧窑、运货了。这些领域里的发展就非常之快。

那时兵荒马乱，人口急剧减少，所以，到哪里去找人来充当劳动力，是个重要的问题。孙权把当兵的派去劳动，与劳动力不足是有着重要关系的。虽然这样，人口还是不够，所以孙权就开始大规模地征发山区的少数民族，把他们赶出山来，服役或者屯田。那时，江南一带的莽莽群山间，生活着大量的山越人，他们是秦汉之际的百越人的后代，以血缘关系群居着。孙权对他们实行了武装镇压、暴力抓壮丁的残酷做法，但客观上又对开发东南地区有一定的成效。城市由此开始增多，今天的南昌和武昌，都是那时候发展起来的。而我们的钱塘小县，和周围的一群小县，也跟着一块儿发展壮大起来。孙权刚开始执政的时候，只有6个郡的少量城邑，到东吴将亡之际，已经有43个郡313个县了。

有关赤壁之战、湘水划界、智取荆州、孙权称帝等一幕幕的历史剧，我们就不在这里做过多的叙述了。作为一个国家的政府首脑，能否对人民的生活、历史的进步和人类的文明起到积极的推进作用，实际上这是衡量其历史功绩的最重要标尺。前辈大作家王蒙曾撰文说到三国中的一些人物，称他们为"豺狼英雄"，不是一点没有道理的。统治者为了夺取天下进行的种种征伐，说到底是为了自身的利益。只是在这过程中，客观上能为人民谋一些好处，我们就在这样的基础上评价这个人的历史功过。

在汉朝之前，黄河流域是中华民族政治、经济、文化的中心，当然也是经济生活最发达的中心地区。我们今天如此富庶的东南沿海一带的家园，两千年前的经济，可以和中原地带比肩，正是从三国时代开始的。从这个角度，说孙权是三国英雄中较为出色的一位，应该是不错的。

门泊东吴万里船

"窗含西岭千秋雪，门泊东吴万里船。"赤壁大战后，曹魏对东吴拥有的长江天险一直畏惧三分，但东吴想吃掉曹魏也绝无可能。当蜀国频频劳师、无功而返之时，东吴却将它的一艘艘大船驶向大海。其中一路水军，就驶向了台湾。

中国大陆与台湾地区之间的民间往来由来已久，但作为东吴政权对台湾的开发，却是从孙权开始的。230年，孙权派遣了他的大将卫温和诸葛直，率领将士万人，登上巨大的船队，从大陆横渡海峡，直抵台湾，开始了东吴对台湾的远征。

远征从东吴出发，和一个外国商人的来华分不开。226年，有一个名叫秦论的古罗马商人，从越南来到了东吴，并拜见了孙权。而在此之前，《后汉书》已经记载了台湾与会稽的关系。这些历史记载，至少可以说明一点：三国时的南方海路，是以东吴为主要通道的，而史籍上有关台湾的记载，也是从会稽与台湾的通航中首先开始的。我们知道，中国大陆与台湾地区的统一问题，是我们民族当今最重要的使命之一。而说到台湾地区与中国大陆的关系，孙权的功绩是彪炳千秋的。

当时孙权的兵力不过十万人,他竟然派出一万人的兵力去探寻台湾,可见其远见谋略。当时他的大将陆逊和全琮都反对他么做,但孙权不动摇。那年孙权已经48岁了,应该是幻想渐灭、更趋务实的中年男子。但在台湾问题上,他却表现出了少有的浪漫主义情怀。他打造上百条大船,准备了一应物件,就浩浩荡荡出发了。船队进发将近一年,才到达台湾。在那里因为水土不服,军中将士死亡者十之八九,这才带着岛上的数千名土著台湾人,一起回到大陆。

在台湾岛上,今人发现了一种古代石砖,和东吴出土的古砖十分接近。学者们论证说:这种砖的发现,与其说是由于当时台湾与大陆之间进行经济交换的结果,毋宁说是这次远征所遗留下来的物证。远征对台湾经济发展的最直接推动,就是加快了台湾先民们从石器时代向铁器时代过渡的步伐。而对大陆人而言,则是对台湾加深了了解,并有助于大陆人对台湾的开发。

《台湾府志》至今还记载着唐代杭州诗人施肩吾一千多年前率领族人东渡台湾安家的事情,他在台湾写过一首送客诗《赠友人归武林》:

　　去去程何远,悠悠思不穷,
　　钱塘江上水,直与海潮通。

这首诗说明,唐朝时,台湾的船只已经和我们杭州相通,可以直接到武林了。可见孙权对台湾的首倡开发,其意义是不可估量的。

我们前边提到的那个古罗马商人秦论,看来给孙权带来了很大的影响,许多海外的消息,正是从秦论处打听来的。孙权听了秦论的话,不是先怀疑,而是相当兴奋地开阔了自己的思路,这种对外开放的态度,应该说是进步的。他派了手下大将,乘着大船,向北去了辽东半岛,向南去了南洋诸国,去了柬埔寨,去了越南,去了印度,这些国家的使者也随之回访东吴。

我们可以从中看出孙权对内对外的不同态度。对内,他无心与曹、刘做更多的相争;对外,他却注意去拓展种种关系,并对疆土尽心尽力地开发。门泊东吴万里船的政治心胸和气度,应该体现在这里。直到今天,这种开放的精神,一直作为传统被浙江人保留下来。

在这幅斗智斗勇的历史画卷里,江东儿郎孙仲谋无疑唱了一台精彩的正剧。但即便有如此的政治才能,也抗不住时代的大潮,更架不住昏庸接班人的误国治理。虽说生子当如孙仲谋,但孙仲谋的儿孙们却很不怎么样。252年,孙权71岁那年,一个晚期君王身上的种种弊病已经显示出来,好在那时候他的生命戛然而止,他的后代孙亮、孙休、孙皓先后继位。这时,一个王朝的气数已将尽,让人叫绝的君王英气也不再遗传到后辈的血液中,吴国统治集团的内部日趋分裂,280年,孙皓在建业向西晋投降——东吴就此消亡。

东吴随风而逝,但东吴帝国奠定的基础尽在,以后的东晋,以及南朝宋、齐、梁、陈的君王们,才有可能把家一个个安在江南;中国的政治经济文化格局,才开始有了巨大的变化。长江流域和黄河流域一样,才由此进入了迅猛发展时期;而杭州,这孙吴的故乡,从此也就开始了新的历史篇章。

龙门古镇后裔栖

龙门古镇位于杭州市西南52公里的富春江南岸,据传是三国孙权的故里。村内以独特的明、清古建筑群而闻名,是现今江南地区明清古建筑群中保存较为完整的山乡古镇。村后有龙门山,海拔1067米,峰峦重叠,气象万千,为富阳群山之冠。东汉隐士严子陵曾游龙门,观山势异常,赞叹:此地山清水秀,胜似吕梁龙门!古镇也因此得名。

三国时东吴大帝孙权的后裔聚居于此,已逾千年。全镇现有7000多人,90%以上姓孙,是孙权家族的后裔。千百年来,经各房一代又一代的建筑,从一个大家庭的聚居地,形成今日的古镇。古镇建筑以两座孙氏宗祠为中心,共建有孙氏厅堂40多座,砖砌牌楼3座和1座古塔1座寺庙。镇内屋舍房廊相连,长街曲巷连贯相通,镇外的人进入镇里,如入迷宫。

龙门长约400米的卵石古街不可不去。古巷里清风如水,街上的卵石被岁月滋润得很温婉，两旁的店铺依稀可见古时的招牌，小店里的光线都很暗淡，旧式的算盘、盛着糖果的玻璃瓶，还有红红的二踢脚，都搁在高大沉重的老式木制柜台上。店主人懒散地躺在摇椅上，随着收音机咿咿呀呀哼着老戏。三五个瘦削的老人，神情闲淡地坐在拐角处的一块光滑冰凉的条石上。

孙氏一门自古多豪杰，东吴大帝孙权驰骋疆场、平定江南、经略台湾，成就一代霸业。上溯春秋时，写就《孙子兵法》的兵圣孙武，至近代伟大的革命先行者孙中山，都与龙门孙氏有着割不断的血脉亲情。厚重的家族史，凝聚成龙门浓厚的宗族文化氛围，铿锵的祭文声中跪拜的是每一个晚辈，屹立的是诸如"十八评事"孙祁、工部主事孙坤、长葛县令孙濡、"七县首富"孙潮、"山西第一廉吏"孙衍、巾帼英烈孙晓梅……这般动天地，泣鬼神的铮铮志士，是他们构成了龙门有血有肉的历史。

深长的弄巷，幽静的庭院，构成了龙门的基本单元。数百幢明清古建筑密匝匝地立于古镇，由一条条鹅卵石铺就的巷道串联着，宛若迷宫。这或许就是孙氏家族有意而为的深不可测的意境，也把防御意识融入了寻常的生活。一个宏大的防御设施中留存着东吴尚武的基因。而在深巷的那端，幽居之所，却是别有洞天，百姓的日常生活都在五彩缤纷地上演，柴米油盐，酸甜苦辣，有滋有味。

农历九月初一，是龙门古镇传统的庙会。相传，从北宋就有此活动，流传至今也已近千年历史了。龙门自孙权十九世孙劢子忠始迁龙门后，生长子孙治、次子孙洽。孙洽，入仕宋，为秘书省校郎中。孙洽生的儿子孙余庆，仕宋为承事郎。孙余庆的儿子孙生裕，当了宋的朝散大夫。孙裕生孙景纯，宋元祐三年考取进士，任右学士。自洽至景纯的四代中，都在朝为官，代代有人才。

为不忘祖宗，光耀门第，孙洽在晚年设想建造祭拜祖宗的香火祠和家庙，经过族内祖孙三代商量后，决定在村的西南，(现孙氏宗祠)东面选择了一块地建造了一座香火祠，名为"孙处士祠"以纪念祖先钟公。

孙洽百年后，孙余庆也已到晚年，为实现父亲遗愿，与儿子孙裕和孙子孙景纯商量后，决定在石塔山（古称水口山）下的大路旁建造一座家庙，为纪念祖先种瓜积德而出天子，就取名"荫功天子庙"，建成以后余庆故世，孙裕安葬好父亲后，择日开庙。

此时，孙景纯已在朝为官，他不忘祖先遗训，查到吴大帝于九月迁都建业（今南京）立帝，又不忘太祖和祖父为此操劳而故世，他们也都是九月所生，所以就定为农历九月初一为开庙之日。这就是龙门庙会的来由。

到明代永乐年间至嘉靖年间，龙门孙氏后裔迅速繁衍，成为富春望族，为了每年有经费搞祭祖和庙会活动，建立了祭会，富有人家自愿捐田并参加祭会，会田由本会会员轮流耕种，每年收入全部用于庙会，会社家底越来越丰厚，每年九月初一前邀集会员宴会后，商量请戏班子，修桥铺路造凉亭，捐助本族孤老残疾等筹备工作。

明永乐至嘉靖年间各种会社已发展到百数。龙门的盛大庙会，古时有三处以上祠堂和庙宇日夜演戏，人们拜菩萨、拜祖宗，大办宴席，大做善事。族人遍邀亲朋好友，倾其所有，热情招待。方圆百里各地商贩纷纷前来赶集。古镇街道人山人海，富春江两岸，以此为最。

文台粉条是龙门镇的特色美食。相传孙坚（孙权的父亲，字文台）17岁那年在钱唐打击海贼时，天大旱，众将士饥渴难耐。孙坚遂命居在山间的农户准备粮食。农户家贫，家中只有地瓜、粉条，便混在一起煮熟之后供孙坚和部下食用。众人品尝之后，觉得异常鲜美。此时，忽然风起云涌，顷刻大雨倾盆，大旱天气顿减。自此，钱唐、富阳有食用粉条的习俗，以求风调雨顺。

孙权的母亲吴国太一生节俭持家，教子有方，而且她还擅长烧各种各样的家常菜，"国太豆腐"相传就是由她捡了地上的毛豆制作出来的。这道菜用陈年猪脚炖豆腐，文火煨，酥香醇厚鲜嫩可口。

千百年来，龙门古镇随着孙氏家族的繁衍昌炽，逐渐形成了以厅堂为中心的众多居住院落，墙檐相连，房廊纵横，卵石铺砌的长弄密如蛛网，成了古建筑专家、学者和旅游者觅古探幽的亮点。进入古镇，东西莫辨，尤入迷宫。相传，古镇整体布局是根据孙武后裔及吴大帝子孙的众多兵家以迷魂阵的格局所建造。古镇除了老街以外，都为长弄小巷，外人入内，走着走着认为到顶，转个弯又是长弄通道，再转个弯也可能又回到老地方。古镇历尽沧桑迷宫般的构建有着深远的历史文化意义。

杭州传

The Biography of HangZhou

第四章 暮春三月莺飞草长

(265—589)

灵隐寺

两晋、南北朝，杭州初属扬州，因晋室南迁，江南和钱唐江两岸经济文化加速发展，西湖已有"明圣湖""金牛湖"之称。东晋咸和元年（326），印度高僧慧理在飞来峰下建灵隐寺，此乃江南杭州最古老丛林名刹。后有方士许迈及葛洪等人在武林山下、韬光、宝石山一带炼丹，传播道教。梁武帝太清三年（549），升钱唐县为临江郡；陈后主祯明元年（587），又置钱唐郡，辖钱唐、于潜、富阳、新城四县，属吴州，西湖名山胜水从此渐次开拓。

永嘉南渡金瓯裂

"三川北虏乱如麻，四海南奔似永嘉，"主要是指中国历史上北方移民的向南大迁移，而这一华夏民族的乾坤大挪移，开始于西晋和东晋时代夹缝中的永嘉年间。

280年，晋武帝司马炎灭了吴国，三国分久必合了。但合的时间并不长，司马炎一死，北方就爆发了"八王之乱"。兵荒马乱之中，中原士族和民众纷纷南迁，这就是历史上著名的永嘉南渡。史书上说，洛京倾覆，中原士女避乱江左者十之六七。可见当时中原地带，三分之二的人都逃避到南方来了。从东晋到南朝的将近两百年当中，出现了中国历史上第一次民族大迁移。

318年，司马睿在建康（南京）建立东晋王朝，黄河流域重新陷入了大混乱之中。杭州的人口开始非常规地增多。我们的故乡开始向政治中心接近。中华大地的南北文化开始了第一次广泛的交流，华夏和蛮夷，从这时候开始交融磨合了。

没有找到特别翔实的史料，记载当时杭州政治经济文化状况，但我们大约可以知道，因为钱唐县位于钱唐江要冲，而当时这一带的丝绸、造纸业与造船业等都开始兴起，杭州的经济发展也和周边地区同步。南朝梁代时，钱唐县升级了，变成临江郡，成为地区一级的行政单位。至陈代，又改了一回名字，临江郡又成了钱唐郡，下辖钱唐、富阳、于潜和新城四县。名字虽改，但级别没有降下来，我们的家园开始了它的上升期。

史家研究杭州的这段历史时，得出结论，以为从西汉到六朝，正是钱唐县治从武林山地、也就是今天的灵隐天竺一带，向江干平陆迁址的开始阶段，到六朝时已基本稳定在今天的凤凰山麓一带。而整个县城，在这个历史阶段，主要分布在西湖的群山之麓，依山傍水。显然，这是与水运路线有极大关系的。

古杭州虽然已经有了长足的发展，但南北朝末年的这个小郡城，还不能和北面的、南面的越州相比，不过这数百年，已经为"钱唐"发展到"杭州"具备了良好的条件。正因为六朝时期对钱唐县郡治的最终确定及整个城市基本格局的形成，为隋以后杭州的起飞，打下了极好的基础。

"南朝四百八十寺"

如果说这一时代，杭州有什么特别重要的文化印记被记录下来的话，应该是佛教文化的传入了。钱唐，第一次以宗教的方式，接受了来自异国的信仰。

说南中国的佛事，一向就有两句杜牧的唐诗："南朝四百八十寺，多少楼台烟雨中。"诗说的是南朝这个区域，但我们眼中看到的却是烟雨蒙蒙的杭州。

中国的古城，一向就有自己的宗教文化传统，杭州亦然。杭州的宗教文化成分中，固然有儒、道，还有伊斯兰教，晚期甚至还有天主教，不过到底还是以佛教为最盛。那烟雨中的楼台，必有杭州的梵宇，所以，历史上把杭州称为东南佛国，是一点也不为过的。

佛教中有一句术语：经来白马寺，僧到赤乌年，说的是中国的佛教自汉朝白马驮经而来，到了东吴赤乌年时，建业（南京）建成了江南的第一座寺院,实际上佛教的传播情况也是如此。公元前后的两汉之际,佛教从印度通过丝绸之路,传入中国。一开始佛教是在中原一带流传的,三国鼎立,直至西晋短暂地统一中国之际,佛教和我们杭州不能说没有关系,三国东吴政权在今天的南京即当时的建业建立,中国的政治文化中心开始向南迁移,佛教也随之南移,印度和西域的高僧们,也才有可能相继来到江南建寺。

被尊为杭州佛教开山鼻祖的印度高僧慧理,也正是在这样的历史大背景下来到江南。不知道这位远方的高僧出生在印度的哪个地方,多大年纪来到这千山万水外的东土江南?他是一个什么样性格的人?他的家中还有什么人?他出生于一个什么样的家庭?他曾经是一个王子吗?抑或是一个婆罗门、一个古印度的贵族?他修行了多少年?为什么想要到中国、想要到中国的杭州来呢?这一切对我们都是一个谜。我们只知道,这个叫慧理的僧人于东晋的咸和元年(326),终于来到杭州的武林山下,也就是今天北高峰一带,筑造了佛舍。第一座最初阶段的杭州寺庙,就这样辟建,西湖佛教史,就此翻开了首页。

我们可以想象当时的情景,东晋咸和年间,钱唐县屈指算来已存有500年了,某天一只小船向武林山摇来,欸乃声近,从船上下来一个僧人。他黑脸凹眼高颧,人高马大,正是从西天竺(印度)来的慧理。

飞来峰,石色青紫如洗,有佛像200多尊,还有不少奇洞怪穴。传说这位灵隐寺的开山鼻祖看了此山,禁不住惊叫起来:"这不就是我的祖国的灵鹫山吗,怎么飞到中国来了?"人们不信,他拍手一叫,一白一黑两只猿跑了出来,依偎在他身旁。从此这个洞,就被叫作呼猿洞。

慧理在这里开山结庐,辟建山门,号曰"绝胜觉场",这就是江南名刹灵隐寺的开山之始,掐指算来,此刹已有1600多年,是杭州寺院中的大哥大,最古老的寺院。

据文献记载,慧理这个外国人在杭州建的寺院,还远不止灵隐寺一座,《灵隐寺志·开山》记载他"连建无刹,灵鹫、灵山、灵峰等或废或更,而灵隐独存,历代以来,永为禅窟"。《杭州府志·寺观》则记载说,与呼猿洞相对的永福寺和灵隐山麓下的天竺寺都是慧理所建。

慧理也不是孤军奋战,据说晋时还有一个名叫宝达的刹利禅师,也在杭州结庐，可见当时的杭州在交通上已然可以通西域，在文化上已经不那么闭塞了。

慧理千山万水离别祖国，见了华夏这片从天竺飞来的热土便舍不得走，死后就埋在这飞来峰下。后人为了纪念他，在龙泓洞口建了理公塔。明朝万历十五年六月，一场暴雨过后，塔被冲垮了，从里面找到一块石碑，那上面刻着："北宋开宝八年（975）募众重建。"由此，我们可以推论，这座理公塔是建于北宋之前的。而我们现在看到的理公塔，则建于明代，对慧理来说，这也算是象征意义上的落叶归根吧。

细细想来，我们这座城市文化上的开放，真的是有悠久传统的呢。很早我们的文明就向国外敞开着大门，外来文化通过外国人，就开始在我们这块土地上渗透。

梦儿亭古传名谢

383年，淝水之战爆发，东晋大胜。仿佛是作为对淝水之战胜利的献礼一样，385年8月，在浙江上虞县谢家始宁墅，谢家有位刘氏生了一个男孩，取名灵运（385—433）。谢灵运是谢安侄儿谢玄的孙子。传说那夜钱唐杜明师做了一个梦，东南方向有人来见他，半个月之后，果然东南方向的上虞谢家就送来了一个男婴谢灵运。原来灵运出世才十几天，淝水之战的总指挥谢安就在南京去世了。他的死对谢家震动不小，对这个男孩子的爱就蒙上了一层忧郁，担心他养不大，这才送到钱唐，寄养在杜明师馆中。由于谢灵运从小寄养在外，家里人才叫他客儿，后世也有人称其为谢客。白居易当年在杭任刺史，曾写诗《余杭形胜》，提到这谢家客儿。

余杭形胜四方无，州傍青山县枕湖。
绕郭荷花三十里，拂城松树一千株。
梦儿亭古传名谢，教妓楼新道姓苏。

独有使君年太老，风光不称白髭须。

谢灵运最早接触并曾长期相处的方外之人是"杜明师"。钟嵘《诗品》曰："初，钱塘杜明师夜梦东南有人来入其馆，是夕，即灵运生于会稽……其家以子孙难得，送灵运于杜治养之。十五方还都，故名'客儿'。"钟氏此语，则转自南朝宋刘敬叔《异苑》。

据《云笈七签·杜昺传》可知，"杜明师"即杜昺，字叔恭，钱唐人，唐以后称杜明"明师"是他的道徒弟子为他所上的谥号。而他的府上也就在钱唐。昺早孤，事后母至孝，有闻乡郡，三礼命仕，不就。叹曰：方当人鬼淆乱，非正一之炁，无以镇之。于是拜师余杭的陈文子，成为正一派弟子。因为他们的传教有方，百姓咸附焉。后夜中有神人降云：我张镇南也。汝应传吾道法，故来相授诸秘要方，阳平治。昺每入静烧香，能见百姓三五世祸福，说之了然。章书符水，应手即验。远近道俗，归化如云。作为该教区的领袖，他的影响巨大而广泛，道徒弟子至少也在10万人以上。

文献记载了关于钱塘拜杜昺为弟子的"东土豪家及都下贵望"，有五个人物堪称一流：一是谢安，后贵为太傅，时称"贤相"；二是尚书令陆纳；三是大司马桓温；四是车骑将军谢玄；五是右军将军王羲之。不难看出，这些人物都是东晋统治集团中的高层骨干、风云人物，包括了政治界的和军事界的。他们将杜明师奉若神明。看来"杜明师"的确有着广泛而深远的影响。

需要特别指出的是，上述"东土豪家及都下贵望"中人物，属于王谢门阀士族的有谢安、谢玄和王羲之。而这些人物都与谢灵运有着直接的血缘关系；王谢世家皆信崇道教，意味着谢灵运受道教的影响亦是不可避免的，同时还会是很深刻的。谢灵运之所以出生后不久被送入杜明师之道馆养育，上述史实也无疑地从王、谢世家道教情结这一特殊的角度，解释了其中深层的宗教原因。

谢灵运生于太元十年（385），这一年谢安去世，三年后，祖父谢玄去世。魏晋时人多半迷信，谢家遇到这样的大丧不祥孰甚？于是不敢把新生的小孩留在家里，便把他送到外地去躲避。此即《诗品》所谓："其家以子孙难得，送灵运于杜治养之。"谢家是信奉五斗米道的，此举有借道教之力祓除不祥之意。

两晋、南北朝时期，王、谢大族多为天师道信徒，天师道由道教创始人张道陵在东汉时蜀地初创，后经张衡、张鲁祖孙三代所立。其召神劾鬼、符箓禁咒等道术，均直接继承了汉代方士的方术。据说当时在巴蜀一带，原有巴人信奉原始巫教，大规模的淫祀而害民。而这些祀奉妖邪的法教巫师聚众敛财，无恶不作。张天师携王长、赵升二位弟子和黄帝九鼎丹经，平定了那些祸害百姓的巫妖之教。天师道的创立使道教开始以教的形式出现，区别于以前的巫教，奉太上老君为最高崇信，到晋代已经是传遍南北了。

对于杜昺，《异苑》与《诗品》均未直呼其名字，而是称说其谥号，这意味着杜昺在晋宋之际甚至在整个南朝时期，应该是一位家喻户晓且有相当影响的明星级人物。史书曰："初，钱唐人杜昺，字子恭，通灵有道术，东土豪家及都下贵望，并事之为弟子，执在三之敬。"（《南史·沈约传》）"通灵有道术"，可征之以王羲之的故事。据《太平御览》卷六六六引《太平经》曰："王右军病，请恭，恭谓弟子曰：'右军病不差，何用吾？'十馀日果卒。"这里"恭"指"杜恭"，即杜昺，"病不差"，意谓此病已不可救药。

谢灵运寄居的杜道馆，就在今天杭州的飞来峰下。从前那里还有一个亭子，名叫梦谢亭，是杜明师为谢灵运建的。在下天竺的莲花峰附近，还有一座翻经台，唐人留有"经翻贝叶文，台近莲花石"的诗文，相传谢灵运年幼时，常到这里来翻看经书，故名。

谢灵运在杭州生活了 15 年，在此期间，祖父和父亲都去世了。正逢孙恩率农民起义，谢家损失惨重，谢灵运少年时期，终于来到了建康乌衣巷谢家故居。此时谢氏家门的顶梁柱是谢安的孙子谢混。谢混颇有诗名，人称其风华为江左第一。他对谢家子弟一一评价，其中说到谢灵运，说阿客是"博而无检"。谢灵运当时的生活确实是很放达的，史书记载说他是一个很铺张的人，车服鲜丽，衣服还常常改得别出心裁，大家都跟在他后头学，成为一时风尚。出入时身边围着一大批仆人，时人为他还编了一首歌谣：四人挈衣裙，三人捉坐席。

谢灵运 18 岁时袭封康乐公，和他父辈们一样，步入仕途。但世事无常，

420年，一个叫刘裕（小名寄奴）的大将把晋恭帝撵下了龙椅，从此江山就姓了刘。刘裕出身寒门，前朝遗老看不起他，刘裕对东晋以来用人只重门第、不问才学的状况亦深恶痛绝，对吏治便大加整顿，旧贵族的日子就越来越难过了。

那年谢灵运35岁，正是人在仕途最奋发有为的时段，他的下坡路却开始了。刘宋王朝废了封爵，总算保留了王、陶、温、谢安、谢玄五家，却还是把他们的爵位全部下调一级，谢灵运从公爵被降为康乐县侯，自认何其耻辱痛苦。

虽然谢灵运政治上不得意，但也不是闭门不出，郁郁寡欢。相反，谢灵运是个很张扬的人，他的内心需要发泄，精神需要平衡，活法另辟蹊径。这样一个不尊法度的"另类"，被尊为中国山水诗的鼻祖，倒也不算奇怪。

谢灵运是伴随着秀丽的西湖山水长大的，而他的家乡会稽则"千岩竞秀，万壑争流，草木蒙其上，若云兴霞蔚"，这样的山川植根于他的心灵深处，但他大量的山水诗的创作，则是从他做永嘉太守开始的。

永初三年，谢灵运任永嘉（今温州）太守。上任后，谢灵运常常四处游山玩水。太守出门颇有派头，有五马开道，今天温州城里还有一条很著名的商业街，名叫五马街，就是因当年太守谢灵运出游而得名的。任永嘉太守的一年多日子，是谢灵运的山水诗创作生涯最旺盛的时期。

谢灵运的山水诗情调开朗，满目清新，生动细致，明媚精准，自然优美。写春天——"池塘生春草，园柳变鸣禽"；写秋天——"野旷沙岸净，天高秋月明"；写冬天——"明月照积雪，朔风劲且哀"；写暮色——"林壑敛暝色，云霞收夕霏"。谢灵运是中国历史上第一个发掘自然美、自觉地以山水为主要审美对象的歌者，是中国山水诗的奠基人。

永嘉风光虽好，但谢灵运还是不听亲友们的劝阻。执意回乡后的谢灵运更是常常遨游不归。一次他从上虞南山出发，带着数百人，有路不走，专走没路的山林，一路伐木开径到临海，闹得临海太守以为来了山贼。

由于谢灵运始终对刘宋王朝耿耿于怀，采取的是不合作的态度，又加上自己恃才傲物、树敌过多，常被人告发。后来到临川做内史，据说因谋反入狱,在广州被杀。他在狱中创作的《临川被收》一诗中写道:"韩亡子房奋,秦帝鲁连耻。"可以想见他对刘宋王朝的对抗是很强烈的。

谢灵运革新了魏晋以来的玄学诗,使山水诗具备了独立的文学品格,成为自立的门类和派别——山水诗。这个诗派产生了一大批杰出的山水诗人,至唐代,终于合山水、田园为一体,成为一个源远流长的优秀诗派。可以说,谢灵运对山水的认识,与他15岁之前一直生活在杭州天竺山下的个人经历,是绝对分不开的。诗人虽然不能够假以天年,但他的诗却如芙蓉出水,流传至今,并在中国文学史上奠定了牢不可破的历史地位。

葛岭真人抱朴子

虽然西域有慧理,且在1600年前就在杭州叩开了山门,但毕竟还是赶不上本土的中国人。中国人有自己土生土长的宗教。326年,有人捷足先登,来到了杭州的山中。他不披袈裟,却穿着一身黑色道袍,悠闲地上了杭州的北山,他就是葛洪。

中国的儒、释、道三家,儒家修身养性,对自己要求很高;佛教讲业讲轮回,坚定一点的人还要吃素禁欲,凡夫俗子很难坚持;倒是道家更能让人接受。道家的老祖宗是骑着青牛的老子。老子、庄子,无为无不为,特别能被士大夫阶层青睐,后来的道教,虽也有怪力乱神之说,被炼丹煮丸搞得乌烟瘴气,不过吃散药的大多也是知识分子和皇亲贵族。鲁迅先生还为此写过文章,可见这里面还有着某种人文因素。况且道教那种渴望人在世上永久活下去,即使生命终止了也坚持要肉身升天的永生乐生精神,还是很有群众基础的。

目前还很难确定杭州有道教传入究竟是哪一年,北魏时《水经注》一书注灵隐山说:昔有道士,长往不归,或因以稽留为山号。这个"昔"字,大有文章可做。

道士要炼丹,所以有环境要求,西湖山奇水秀,人烟稀少,炼丹甚佳,便引来一位著名道学家葛洪,也就是抱朴子。此话有浓烈的传说色彩,但杭州人都愿意相信。

葛洪（约283—363）乃晋人，江南豪族出身，叔祖公葛玄在道教中级别很高，被尊为葛仙翁、太极仙翁。葛洪13岁死了父亲，家道中落。虽为寒门，但葛洪酷爱学习，终以儒学知名。他学问精深，寄情高远，有人见他学有所成，就劝他出去做官。葛洪却这样答道："读书为明理耳，岂为功名贫贱哉？"潇洒至极，似不食人间烟火。

虽然如此，葛洪还是做过几年小官。这话说来很巧，西晋太安年间，常有饥民聚义起事，皇上命大将顾秘讨之。出征前，顾秘去朋友鲍玄家辞行，而鲍玄恰是葛洪的丈人。席间，顾秘讨教良策，葛洪答曰：兵不血刃为上，应"为天地而惜生。"顾秘大喜，当场请葛洪随师出行。

果然，这次出征不损一兵一卒，朝廷封葛洪为关内侯。葛洪实在推托不了，只好说，那我就去做个县令吧。于是皇上降旨："封侯虽不拜，可挂为虚衔，以朝廷优待功臣之典。"这样葛洪就去了一个叫勾漏的小县。想来葛洪真的是无意功名，虽是七品芝麻官，但山高皇帝远，岂不逍遥自在。况且又有丹砂可炼不亦乐乎！

在任期间，葛洪轻徭薄赋，免税息讼，虽是穷乡僻壤，倒也民无冻馁，官有余闲。于是，葛洪常去游山玩水。长期生活在俊秀的山岭中，清新的自然环境触发他对阴阳二气研究的兴趣，他对丹砂的冶炼也同时开始。以后，干脆连这个逍遥官也不想做了，三年一到，即解了印绶。他拜见岳父时说：小婿为吏三年，实是两袖清风，唯有丹砂一篓，聊以佐外丹一用。

魏晋时期的文人，着宽袍吃散药好清谈崇道教，葛洪转向道，并是其中走得最远者。又经历战乱，遂萌栖息山林，服食养生之念。他晚年来到杭州，就在黄龙洞上面的山头——宝石山西面岭上结庐，庐名抱朴，山也因此名为葛岭。

抱朴是道教教义，抱守本真行道归朴。葛洪曾作《抱朴子》内外共116篇，为道教建立了理论体系。他还是个实干家，自己炼丹，本意是追求做神仙，却歪打正着，客观上成了中国最早的化学家。染料业又奉他作了祖师，葛岭山门专门强调了他染料界祖师爷的身份。

葛洪亦重养生，年轻时多病，80多岁反而身体健康。传说他死后即葬葛岭，面色如生，身体柔软，举尸入棺，轻如空衣，人们以为此乃尸解得仙而去。其实葛洪晚年终老岭南罗浮山，说他终老葛岭，自然是杭州人的愿望。

今天的葛岭抱朴道院被列为重要的道教文化圣地。道院旁有茶室，一度曾有道姑奉茶，别有一番仙意。此道院建在抱朴庐旧址上，始于唐毁于元又兴于明清。全国现存21座道教重点宫观，浙江省占了这唯一的一座。道院很别致，黄色围墙，墙头蜿蜒，做成一条龙，瓦盖如龙鳞。附近有炼丹井、炼丹台。山顶有初阳台，据说当年葛洪就在此吸日月之精华，吐故纳新。

钱塘苏小是乡亲

在两晋南北朝的这个历史时期里，我们提到了一些重要人物，他们都是在史书上被正式记载了的，虽有后人的传说，但毕竟还是在真实的基础上加工。现在要说的这个女子，却无法断定历史上究竟是否真实。她的名字正是源于诗文方流芳百世的。成书于南朝的《玉台新咏》，录有千古传唱的《钱塘苏小歌》：

妾乘油壁车，郎骑青骢马，
何处结同心，西陵松柏下。

在此诗的注下，引载了《乐府广题》中的一小段题解："苏小小，钱塘名倡也，盖南齐时人。"这算是关于苏小小生平最早的，也是最权威的记载了。

奇怪的就是这么一个社会底层女子，一个名不见经传、打入另册的倡女，一千年来，却被人们反复传唱着、歌咏着。人们在《钱塘佳梦》《西湖佳话》等许多有关西湖的书中，都看过她绰约而悲凉的身影。许多年前，杭州越剧团演出的一出越剧《苏小小》，那剧中的人儿，美丽聪明，自然是红颜薄命，比《牡丹亭》中的杜丽娘的命运又极大地不如。出生在世袭的倡家，身为歌妓，本来也是一件无可奈何之事，何况苏小小自幼父母双亡，兄弟全无，她不可能还有别样生活的选择。这苏小小就住在西陵的杨柳深处，每日笙歌乐舞，公子王孙围着她转。

西陵，也就是今天的杭州孤山之畔的西泠了。有桥，便称之为西泠桥，桥畔有一亭，亭上有一匾，匾上三字：慕才亭；有联曰："湖山此地曾埋玉，风月其人可铸金。"

有人把苏小小比作"东方茶花女"，不能苟同。苏小小是一个通脱旷达的女子，心胸与西湖山水相印。因此，她的魅力，是一般封建女子不曾具备的。

从上面那首短诗来看，苏小小应该是一个旅游爱好者。作为一个女流之辈，又酷爱山水，为行走方便，便要考虑交通工具，所以才自制了油壁车。车是什么样子，今人很难想象，也不曾考证，但想来应该防风避雨的吧。

现在你想象那西湖的山水之间，一车，一佳丽，美人既已入风尘，哪里再要顾得什么三从四德，什么笑不启齿、行不动裙，放歌湖山之间，潇洒走十回八回，完全是一个1500年前的个性解放者了。来来去去的人儿见了，能不为之倾倒吗？

然后，按照中国才子佳人的传统模式，一个翩翩书生，也就是苏小小的白马王子出现了，不过白马换成了青骢马而已。书生阮郁，金陵人氏，油壁车遇青骢马，一见钟情，缠绵悱恻，自有一段山盟海誓。然后，一个封建社会的老悲剧故事重演，阮郁被严父召回，情郎别矣；侯门一入深似海，从此萧郎是路人。

在那出戏里，苏小小就在西湖杨柳下，生着相思病死去了。悲夫，故唐人鬼才李贺有诗曰：

幽兰露，如啼眼。
无物结同心，烟花不堪剪。
草如茵，松如盖。风为裳，水为珮。
油壁车，久相待。冷翠竹，劳光彩。
西陵下，风吹雨。

其实，在这"东方茶花女"之外，是有另一个潇洒明智独具风采的苏小小的。阮郁泥牛入海，无消息之后，佳人并未吐血而亡，她依旧乘着她的油壁车，徜徉在这湖光山色之间。某日秋，去烟霞岭一带赏秋日红叶，破庙中遇着一落魄如秋风败叶般的书生，名唤鲍仁。苏小小看他穷途末路，顿生恻隐之心，请来家中，赠银数百两，送他赶考。书生行前，口吐豪言壮语，大致意思总是不混出个人样来不回来见你的意思。不过鲍仁走后也杳无音信，苏小小更没有耿耿于怀。她一如既往地热恋西湖的山水。要说她最后为谁而病，为谁而亡，她倒恰恰是为了这个西湖而已。

那年夏秋之际，苏小小赏荷夜归，独坐露台，夜凉如水，侵成一病。临终遗言说：我生于西泠，死于西泠，埋骨于西泠，庶不负我苏小小山水之癖。

她的姨妈听了她的话未免悲从中来，哭泣道："老天爷可真是不长眼睛，让你那么美的一个妙人夭折啊！"苏小小说："你这话就错了。人要在活得最辉煌的时刻离去，那才是做人的福气。难道让我像残花败柳一般活在人间才好吗？"显然，苏小小属于那种宁愿像人一样活一分钟也不愿意蝇营狗苟一辈子的人。她是为山水而死的，不是为男人而死的。她是一个有见识的性情奇女子。

苏小小虽不为男人而亡，但男人们却哭着来凭吊了。此时，鲍仁已经做了滑州刺史，也不知早干什么去了，这会儿突然冒了出来，快马加鞭地赶到了杭州。还算是有良心，哭了一场，又在西泠桥边择地造墓，立一石碑，曰"钱塘苏小小之墓"。后人又在墓上建亭，名曰：慕才亭。如今墓是没有了，亭倒还在，修得齐整，供人瞻仰。

这是一个智慧的女子，一个有骨气的女子。苏小小在男人面前，心灵是主动的，在中国两千多年的封建社会里，一个女子能有这样的认识，实属难得。

话虽那么说，在传统的旧中国男人看来，苏小小这样一个绝色青楼女子，也是不能让她这么死了拉倒的。历代多少故事传奇，便由此而出。据说她芳魂不殁,往往在花间出现。宋代有个叫司马才仲的人,在万水千山之外的洛阳,竟然梦到苏小小为他唱歌。五年之后,苏东坡推荐他到杭州的秦少章处。秦少章指点他到西泠苏小小墓前。才仲也是个痴情人,便寻墓拜之。当天晚上,那芳魂就来了。这样过了三年,才仲竟然就为了这个已经死去的前朝女子而死去了,就埋在苏小小墓前。

苏小小竟有如此大的魅力,无怪今日慕才亭旁总是游人如织。

作为苏小小乡亲的杭州人,尤其喜欢那首据说是她写的词。按说南齐时还没有出现词这种文学样式,可见这不是苏小小写的。不过既然苏小小都是一个传说人物,便也不必对她的词严加考证了,就当是她写的吧:

妾本钱塘江上住,花落花开,不管流年度;
燕子衔将春色去,纱窗几阵黄梅雨。
斜插玉梳云半吐,檀板轻敲,唱彻黄金缕;
梦断彩云无觅处,夜凉明月生南浦。

The Biography of HangZhou

杭州传

第五章 乱花渐欲迷人眼
（581—907）

白居易雕像

隋朝开皇九年（589），隋文帝灭了南朝的陈国，废钱唐郡，置杭州，"杭州"这个地名词汇，从此亮相人间。开皇十一年（591），凤凰山依山筑城，建成最早的杭州城。

杭州下辖钱唐、余杭、富阳、盐官、于潜、武康六县。州治初在余杭，次年迁钱唐。开皇十一年，在凤凰山依山筑城，"周三十六里九十步"，这是最早的杭州城。大业三年（607），改置为余杭郡。六年，杨素凿通江南运河，从现在的江苏镇江起，经苏州、嘉兴等地而达杭州，全长400多公里，自此，拱宸桥成为大运河的起讫点。这一重要的地理位置，促进了杭州经济文化的迅速发展。《隋书·地理志》记述："杭州等郡，川泽沃衍，有海陆之饶，珍异所聚，故商贾并辏。"

618年唐王朝建立。为加强中央对地方的控制，唐太宗把中国分成10个道，玄宗时又分成15个道，浙江被分在了江南道。"道"是根据山川形势设定的唐代新区划，玄宗时设置了江南东道和西道，东道管辖19个州，其中10个州在浙江版图，杭州亦在其中。"浙江"作为行政区的名称，也是在唐肃宗统治的年代——758年时确立的。

唐代实行州、县两级制，州长叫刺史。7世纪中叶时，中国有358个州府，杭州位列其中。置杭州郡，旋改余杭郡，治所在钱唐。因避国号讳，于武德四年（621）改"钱唐"为"钱塘"。太宗时属江南道，天宝元年（742）复名余杭郡，属江南东道。乾元元年（758）又改为杭州，归浙江西道节度，州治在钱塘，辖钱塘、盐官、富阳、新城、余杭、临安、于潜、唐山八县。州城的范围也随之扩大，由原来的城南沿江一带发展到今天的武林门一带。

由于运河的沟通，杭州成为货物集散地，社会经济日趋繁荣，人口也逐渐增加，唐贞观（627—649）时期，已有15万余人；到开元（713—741）时期发展到58万人，此时的杭州，已与广州、扬州并列，为我国古代三大通商口岸之一。长庆二年（822），诗人白居易任杭州刺史，大规模浚治西湖，并筑堤建闸，以利农田灌溉。又继李泌之后重修六井。从这时起，西湖之名益彰于世。

唐代江南，一些今天视为文化符号的词汇，在那时纷纷应运而生。诸如"西湖"这个如今已经世界闻名的名称，正是此时诞生的。彼时的人文意象如乱花纷纷迷人眼，如山阴道上应接不暇。安史之乱前，文人墨客向往着江南仙景，安史之乱以后，遍地衣冠尽向南，孕育出一系列生动多彩的人文画面。

唐代的杭州，已经熏陶出了本地风物的神韵，诗画的江南、风雅的州治、梦幻的仙山、肃穆的佛像、悠远的寺钟、渐逝的帆船……唐代给杭州的人文定下了基调，自然中有人，人中有自然，就这样，杭州在大自然赋予的事物中，深深刻下了人的手印……

钱唐从此唤杭州

就中国漫长的封建王朝而言，隋朝无疑是短命的，但对我们的故乡杭州而言，隋朝却是一个绝对重要的朝代。没有隋朝就没有杭州。这话似乎有点夸张，但从某个视野而言，却又不是没有道理的。至少杭州这个名字，就在隋朝第一次出现，杭州这个城市也是在隋朝第一次建立城墙的。

从581年杨坚改国号为隋，到隋炀帝杨广在江都被杀，仅仅只有三十七年。如果从589年攻下建康，灭陈朝统一全国算起，那就更短了，不过区区二十八年。尽管如此，也不见得哪个研究中国历史的学者会将隋朝遗忘，甚或只是轻轻搁置一边。正是隋王朝的出现，结束了汉末以来400年的群雄割据，中国归于一统，上承秦汉，下启盛唐，这是一个历史的重大转折，是中国从没有过的辉煌即将到来的前夜。

能把握这样一个历史契机的君王，绝非等闲之辈，要说雄才大略的中国皇帝，隋文帝算是一个。开国伊始，仗还没打完呢，杨坚就大刀阔斧，开始了简直让人眼花缭乱的改革，什么三省六部制、科举制、府兵制、《隋律》、输籍法……不一而足。鉴于诸侯割据的教训，隋文帝采取加强中央集权的措施，制定了"存要去闲，并小为大"的原则，将东汉以来的州、郡、县三级，改为州县两级。

我们已经知道，自秦设钱唐以来，杭州就是山中小县，在很长一段时间里，一直微不足道。"永嘉南渡"，人口大量南迁，带来了中国先进的农耕生产技术，从而促进了江南的经济发展，钱唐也渐渐有了生机，摘掉山中小县的帽子该是为期不远了吧。

早在549年，侯景就以钱唐为江郡治，虽说不久又废置，但钱唐由县升郡的趋势已渐成熟。陈祯明元年（587）又在钱唐置钱唐郡，辖钱唐、富阳、于潜、新城、盐城、武康六县。真正开始把这块地方称为杭州，却是隋朝才有的，隋开皇九年（589），隋灭陈，废钱唐郡，置杭州。下辖钱唐、余杭、富阳、盐官、于潜、武康六县。

只是好事多磨，隋朝首建杭州，江南局势未稳，钱唐一带叛乱频仍，衙门放在靠近灵隐山下的钱唐治，也实在让官府心神不宁。于是杭州的州治最初便设在了余杭，市长就在今天的老余杭上班。"州"是中央以下的一级行政机构，杭州之名所以成立，正因为当年州治在余杭，取"杭"加以州，故为"杭州"。所以，在许多古诗文里将杭州称作余杭就不足为怪了。

州治在余杭，也就短短一年。既然杭州不太平，就让它彻底太平。朝廷派杨素率大军来杭，草寇顿时望风披靡。杨素乃朝廷重臣，历史上名声不太好，盖因传说他伙同杨广害死隋文帝。不过就建杭州而言，如果说置杭州之"州"的第一功臣是皇帝杨坚，那么建杭州之"城"的第一功臣便是杨素。

591年，杭州的州治就顺理成章从余杭迁回钱唐灵隐山一带不久迁到柳浦西，今天杭州江干一带。江干乃江边之意，背依山麓，面向大江，谓之江干。柳浦即今日杭州东南之贴沙河，其实直到晋末与南朝之交，柳浦至凤凰山这一带才出现陆地。以后不断有人迁居于此，经南朝百十数年的生聚，这块平地渐成气候。

条件既已成熟，移治就是理所当然的事了。这一迁可不得了，从此山中

77

小县的帽子扔到了爪哇国,杭州出山了。

州治,乃地方行政中心,发号施令,上管军,下管民,一州之治,居然没有城郭,成何体统。门面不能不要,于是,杨素在柳蒲西移山筑城,史书有"周围三十六里九十步"之说,这是杭州历史上第一次建城记载。从那时起,杭州城才算铺下第一块基石。凤凰山麓一带,可说是杭州最老城区,唐朝、五代、北宋时这里一直是杭州的中心,南宋更是把皇宫都筑在这里。由此看来,隋朝虽短暂,但有功于杭州布阵,它避离山中钱唐,设州,移治,筑城,雄踞江干杭州。水居江海之会,路介两浙之间,山野僻陋之风一扫而光,杭州开始了它昌盛文明的历程。

610年,杨素凿通江南运河,从江苏镇江起,经苏州、嘉兴等地而达杭州,全长400多公里,自此拱宸桥成大运河的起讫点,杭州一跃而咽喉吴越,势雄江海,确立了它在钱唐江下游的枢纽地位。"水牵卉服,陆控山夷",出类拔萃的区位促进了杭州经济文化的迅速发展。615年,杭州有户15380人,杭州户口统计由此开始。

不过数年,大唐便开始了它的伟业。唐武德四年(621),为避国号讳,改"钱唐"为"钱塘"。唐盛期,杭州已是一副"骈樯二十里,开肆三万室"的兴旺景象。江南诸郡,余杭为大,每年朝廷从杭州所收商税高达50万缗。杭州的风头逐渐赶上越州,与山阴会稽也开始有的一拼。这自然是要大大归功于大运河之开通的。杭州后来能成为吴越国都,南宋皇城,这轴跨度极大的历史长卷,那关键的起头一笔,正是从隋唐开始。

一条人工大河的诞生

统一中国,首先给我们的家园带来的好处是人口的增多和耕地的垦辟。隋朝灭陈的时候,整个南朝也就只有200万人口,加上北方人口,一共只有1100万人。26年之后,人口就增加了4倍,家园之花开始绽放了。手工业已从冶铁、制盐发展到了纺织、制瓷和造船，江南一带的人精于造船，甚至使统治者陡生戒心，隋文帝因此下了一道诏意思是说，吴越一带的人，有一个非常不好的陋习，不管到哪里都要私造大船，然后聚集在一起，以船为交通工具，侵犯别人。从现在开始，江南一带有船造到三丈以上高的，全部没收给公家。造私船给国家带来的戒备之心竟然如此强烈，可见此时江南的造船业已经发达到什么程度。

之所以船只如此之多，是与河湖江海分不开的。一个短暂的王朝，却给我们留下了一座近乎永恒的宝藏——大业六年（610），杭州历史上一件划时代的大事发生，中国版图上多了一条贯穿南北的大河，起点京口（镇江），途经丹阳、无锡、吴县进入浙江的嘉兴，再经濮院、石门、崇德、塘栖到杭州的拱宸桥，全长400多公里。然后，继续通过杭州城的茅山河、盐桥河，直到钱塘江，把扬州和今日的萧山西陵连在一起了。开凿大运河，称得上泽润千年，杭州的繁荣，至此拉开了序幕。

都说今天的大运河好气派，南至杭州，北抵北京，西达关中，2014年列入世界遗产名录。而这一切，恰是从610年的冬日开始的。

还是先从水说起。我们已经知道，杭州这个地方，并不缺水，她有海潮，有江流，有湖泊，随便找个地方，挖地盈尺，即能见水。

不缺水的杭州却又掘了一条河，此河南起杭州，北抵北京，西达关中盆地，北连华北平原，南至太湖流域，贯通钱塘江、长江、淮河、黄河、海河五大水系，全长1782公里，是世界上最长的一条人工河。它对杭州的兴起，起了至关重要的作用，是中国历史上的航运要道，对隋代以后的历代王朝的经济发展，有着不可估量的重要作用。和万里长城一样，大运河成了中华民族的象征，2014年世界申遗成功。

晚唐诗人李商隐有一首诗这样写道：

　　紫来宫殿锁烟霞，欲取芜城作帝家。
　　玉玺不缘归日角，锦帆应是到天涯。

于今腐草无萤火,终古垂柳有暮鸦。

地下若逢陈后主,岂宜重问后庭花!

这首题名《隋宫》的诗,其中提到"锦帆",里面坐着的是隋炀帝杨广,锦帆就航行在这条大运河上。

杨广是隋文帝的儿子,儿子继承父亲的皇位,本是顺理成章的事,但儿子不止一个,做皇帝还轮不到杨广。杨广一面在外领兵打仗,一面在父亲面前谦卑有加,待到时机成熟就亮出黑刀,杀父兄后穿上龙袍……

就像万里长城离不开嬴政,说京杭大运河也避不开杨广。一般人都以为,杨广做了皇帝,挥霍无度穷奢极欲,穷兵黩武又偏偏喜欢繁华富丽的江都(扬州)。于是凿通运河,浩浩荡荡三下江都巡游。不过,把开凿大运河的缘起都归结在杨广身上,恐怕是有失偏颇的。

581年,隋文帝杨坚定都长安,虽已是龙袍加身,依旧还是寝食难安。其实,他的当务之急有二:一是国都虽地处关中,但由于北方连年战乱,八百里秦川食粮匮乏,民以食为天,谁当皇帝也得掂量;二是陈朝虽是气数已尽,但仍占据江南半壁江山,南陈不灭终是心腹大患。

缺粮要调粮,打仗要调兵。那个时代既无公路,亦无铁路,陆路关山重重,水路虽有渭水,但渭川水力,大水无常,流浅沙深,即成阻隔。隋文帝是有远见的,故自584年起,开凿大运河的历史壮举,就从隋文帝开始了。

不过直接和杭州相通的江南运河,倒还是杨广做了皇帝以后的事。隋炀帝杨广是历史上有名的亡国之君,但开凿运河到杭州,还不能说全是为了游乐。说实话,那时候的杭州,离风花雪月的温柔富贵乡,还着实有一段距离。朝廷开凿运河,除了要在江南征调粮食之外,更直接的原因就是为了调兵遣将,征讨高句丽。

据史书记载,605年开凿大运河,民工动辄就是百万人。隋炀帝的目的当然是便利漕运和军事调遣。隋代开凿的南北大运河,以洛阳为中心,北起涿郡(今北京),南到余杭(今杭州),当时的总长度为4000多里,从江南输出的粮食,源源不断地运往洛阳。大业九年,炀帝征讨高句丽,被服、军需、兵械、军队都从运河上过，光是运输的民夫，就有340万人。可以说，当时的南北交通空前活跃。这条河，从某种意义上说，甚至决定了一个王朝的盛衰交替。

隋王朝顷刻就被农民大起义的狂涛吞没，而人们开凿的大运河，就这样滋润哺育了我们这座城市的童年。

杭州移治20年之后，江南大运河开通首段，自京口至余杭800余里，从此杭州成为南北大运河水运的起讫点，有名的商业城市。人口随之迅速增长，从初唐时的三万五千多户人家增加到开元年间的86000多户，到中唐以后，便以"东南名郡"见称于世，人口也达20万—30万人了。

为开凿大运河，民工动辄百万人，目的首先是"寡人"千秋万岁的基业，不承想隋王朝只存在了短短几十年，隋末农民大起义惊天动地，终于杀出了一支名叫瓦岗军的起义军。而出身关陇的大贵族，一个汉族和鲜卑族的混血儿李渊，踏着战火的余烟，登上了大唐王朝皇帝的宝座，中国历史经济重心由北向南的转移最终完成，浙江又把握住了一个历史的机遇。

运河带来的水运便利，直接带动了经济，杭州迅速地发展成一个"珍异所聚""商贾并辏"的商业城市，人口从初唐时的3.5万多户人家增加到中唐以后的二三十万户，从此以"东南名郡"见称于世。

盛唐时候，浙江的杭州、越州和明州，都已进入商业发达的城市行列。尤其是杭州，天宝元年，杭州人口在全国城市中排行第19位，跃居浙江省第一。人口的增多意味着生产力的旺盛。唐宪宗时，杭州的商税已占全国二十四分之一。当时浙江的农业、手工业、造船业及文化政治，都处在一种与盛唐极合拍的节奏之中，直到"安史之乱"打破了这种可持续性发展的相对稳定社会。

唐王朝前期对农业非常关注，主要在水利建设上，工部专门设立了水部郎中、员外郎和都水监。杭州周围本是江南泽国，农业极易为洪涝侵害，此时大小水利工程"纷纷上马"。盐官重修了捍海塘；钱塘新开了沙河塘；海盐开了古泾；乌程修了官塘；安吉修邸阁池开石鼓堰，引天目山水溉田百余顷；余杭南五里有上湖，西二里有下湖，北三里有北湖，溉田千余顷。水利是农业增收的重要因素，当时浙江粮食的亩产，一般田地产粮一石，良田产二石，是很高的产量了。农村经济的繁荣吸引了更多的人口来浙江,劳动力的壮大又加速了农业生产的提高。

唐朝时的浙江手工业也不甘寂寞。越窑全国闻名,茶圣陆羽在《茶经》中说:"若邢瓷类银,则越瓷类玉,邢不如越一也;若邢瓷类雪,则越瓷类冰,邢不如越二也;邢瓷白而茶色丹,越瓷青而茶色绿,邢不如越三也。"越瓷成了当时宫廷最喜欢用的茶具,通过杭州钱塘江码头远销日本、朝鲜、印度等国家,成出口商品中重要一类,又通过大运河送往大唐盛世的四面八方。

"去越从吴过,吴疆与越连……夜市桥边火,春风寺外船。"从唐人杜荀鹤的这首《送友游吴越》诗中,我们读出了浙地的繁华。此时的杭州,东南名郡,咽喉吴越,势雄江海,气拔山峻,骈樯开肆,潇洒豪迈,和人们误以为的小桥流水人家,完全各异,真可谓,运河两岸风物佳,大唐气象织钱塘。

相国亭下数六井

自隋开皇九年(589),杭州升为州治,以后又有大运河开通,要说杭州是顺风顺水,健康发育,到了盛唐,已是出落得像模像样。

然而,托起我们这座城市的土地毕竟还是太年轻了,从沧海到"桑田"的演变在当时尚未完成,地下水往往还是咸的。换句话说,这也是"沧海桑田"留下的后遗症。对咸水的原因,人们很早就有了科学的见解,苏轼就这样说过:"杭之为州,本江海之故也,水泉咸苦……"杭州城大了,人也多了,离山也远了,不能靠过去那样汲取山泉,而地下的水由于曾是大海的原因,还很咸苦,不能饮用。城市本来不大,一旦做了州治,居民就日益增多起来。脚下的这块土地,原本是钱塘江和东海的故地,虽然沧海桑田,如今成了陆地,但地下水还是咸苦不能饮的。老百姓就地打井不管用,便只能到很远的西湖去汲水,何其不便。逐水而居本是人的天性,杭州百姓不习惯没有水的日子,便纷纷搬到有水的边缘地区,人们住得七零八落,城市也就没个州治的样了。不能安居何谈乐业,当时,居民的饮水问题成为地方长官的一道难题。

唐德宗建中二年（781），杭州又调来一位市长，他就是大名鼎鼎的李泌（722—789）。他到杭州来当刺史，见杭州水是苦咸的，百姓零散地星居着，形不成城市的规模，这才有了李沁开六井这一说。

李泌字长源，一生经历了四个皇帝，人生68年中从政47年，也算是一位阅历丰富的政治家了。其六世祖李弼当年曾为西魏八大柱国将军。但祖上的荣光并不能代代荫泽后人，李泌是靠个人努力立于青史的。

李泌早慧，开元年间，唐玄宗听闻李泌有才，召他进宫。其时玄宗正和名臣张说下棋，天子便以"方圆动静"为题让李泌赋诗一首。那张说一时技痒，先写出了"方若棋局，圆若棋子，动若棋生，静若棋死"之句，谁能想到这七岁小儿随后吟出"方若行义，圆若用智，动若骋材，静若得意"之句，气度意蕴高远。玄宗被这孩子的不凡见识惊着了，赞叹国有奇童，野无遗贤。曾经担任大唐宰相的张九龄对李泌"尤所奖爱，常引至卧内"，经常亲自指点教导，称其"小友"，成忘年交。

《旧唐书》和《新唐书》里关于李泌的记载，都说他从小聪明、博古通今，满腹经纶，而且对《易经》很有研究，当然也能诗会文。唐玄宗把他招进宫里面试，人都称他是一个神童，丞相张九龄对他尤其器重。他爱在名山大川间游历，特别爱去嵩山、华山和终南山，对道教的不死之术最感兴趣。据说他还是一个自由散漫的人，最不喜欢受条条框框的约束，更不愿意按部就班一步一步往上爬着做官。天宝年间，他在嵩山，处江湖之远，却忧起君主来。二十岁弱冠，他上书玄宗，论起世务，玄宗便把他招进宫来，封了个待诏翰林，在东宫里供奉，从此开始了他的政治生涯。

他和太子李亨的友谊就是在这时候结下的。国舅杨国忠看了不高兴，把他贬到湖北蕲春那个地方安置。所谓安置，在唐代，是对贬官的一种处分。肃宗继位之后，立即派人把李泌找了回来。李泌在兵荒马乱之中终于见到从前的太子李亨。他的一番进言正合肃宗心意。李泌在朝中有了说话的地位，君臣好像跟主客一样，皇帝大到国家大事，小到外出游玩，都少不了他陪着。他自称山人，坚决不要做官。但皇帝不会真的让他闲着，给了他一个虚名很大实权很小的官——银青光禄大夫。虽说官不大,但皇帝信任他,史书记载说他的实际权力要超过宰相了。史书记载,说他"遇事多所匡救",是说他在国家遇到重大问题时往往有能力来处理。一来二去,朝中重臣李辅国看着心里不高兴了,李泌心中明白。这一次他退隐到衡山去了。等到代宗当了皇帝,又把他从山中招了回来,让他当了翰林学士,与其共议国家大事。不知道是不是李泌这个人太招人嫉妒了,总之这一次他又碰上了元载和常衮这两个人,他们先后做了宰相,又先后容不下他,总是向皇帝进言,要把李泌打发出去。这么老资格的政治家,这么一大把年纪了,还放到澧州和杭州这样的郡地来。等到德宗当皇帝不久,又把他招了回去,成为中书侍郎、同平章事。

李泌于781年9月调任杭州刺史,至784年1月离任,历时28个月。而正是他在杭州执政时,为杭州人找到了水,引湖水入城,建六井以利民,从此在浙江政声远扬。

李泌刚到任就碰到了这个棘手的难题。怎么才能让人民喝上淡水呢?天无绝人之路,李泌到底还是想出了好办法,引用西湖水进城,开六井以方便人民。

杭州被称为人间天堂由来已久。但真正打造城市建设基础的,还是从李泌开六井的理水工程开始。成语形容人离开故土,叫"离乡背井",可见井是故乡的同义词。然而李泌却并非就地掘水,而是从西湖中用暗渠引了六处的大水池,杭州人择水群聚,这才形成了一个城市的气候。因为李泌开六井,依附运河、西湖和钱塘江,杭州始以"东南名郡"见称于世。

此井,并不是掘地而成的井,而是从西湖边挖了六个输水口,再铺暗道水管进城,在城里适当的地方,挖了六个大池子。治井时,先在西湖东岸濒城的湖中,疏浚湖底挖成水口砌以砖石,外护以木桩,其间蓄积清澈的西湖水,有的还置水闸。然后,在城内居民聚居处开挖大池(井)亦砌好砖石,容积饮水,然后在西湖与大池间开挖沟渠,将水引进池内。入口处有水闸,一开启,清洁的西湖淡水就溢满了水池,人们取之不尽,用之不竭。李泌这个功劳,真当得上青史留名。往小处说,他实实在在为百姓做了件大好事;往大处说,

1200年前的这项具有创造性的城市给水工程，在杭州城建史上，都具有重要意义。

六井的名称，分别为相国井、西井、金牛池、方井、白龟池和小方井，它们的入水口，就在今天的湖滨一带。它们的出水口，也就是大水池子。经过千年变迁之后，终于也都随着岁月沧桑而去了。南宋周淙《乾道临安志》卷三隆重写下这样一笔："李泌，字长源，代宗朝为杭州刺史，引湖水入城，为六井以利民，为政有风绩。"这是见于地方志上的正式记载。

李泌开六井近40年后，大诗人白居易来做杭州刺史了。他一方面写文字歌颂他40年前的前任，另一方面也发现六井工程已经出现了问题，故又进行了疏浚，让已经开始壅塞的六井重新清水荡漾，继续发挥它们的作用。

过了整整100年之后，五代时期，吴国建立了。钱氏几代国王都非常注重水利，当然也很重视对六井的维修。那时候，杭州城里的地下水已经淡化可以饮用了，但人口剧增，水井不够用，六井的作用还是非常大的。

又过了100多年，六井长期失修，再次失去功能。这时，杭州的太守名叫陈襄，他命令两个能干的僧人仲文、子珪来修治六井。再过六七十年，苏东坡来杭州做太守了，他当然也不会忘记六井。这一次，他不但对六井进行了疏浚，还把六井之水引到了今天的鼓楼和通江桥一带。

南宋建都杭州，朝廷对六井相当重视，13世纪中叶一次对六井的修复后，负责工程的官员还专门在入口处围上了石栏杆，禁止人们在这里随便活动，以免影响水质。

又经历300年，时代进入了明正德年间。杭州田汝成就是在这个年代里写下了他的著作《西湖游览志》。在这本详细介绍西湖和杭州的书里，六井也有它相当重要的一席之地。这时的六井中，已经有四井完成了它们的历史使命，寿终正寝了。唯相国井和西井尚存，而这两口井之所以还在，也不是它们与西湖水相通，而是它们本身就有了地下水源。

清军入城之后，在杭州建旗营，相国井和西井都在旗营内，因此被填塞，至此，从唐朝开的六井终于全部废弃了。

从8世纪下半叶至17世纪中叶，六井为杭州人服务了将近1000年。喝水不忘挖井人，我们怎么能不感谢那第一个为百姓寻水的父母官李泌呢。

杭州人感谢他的恩泽。李泌过世不久，杭州人就在井亭桥西建立了祠堂。因为李泌晚年当过丞相，故称相国祠，或称李相国祠。又因为李泌曾封过邺县侯，该祠又称为邺侯祠。祠旁还建立了寺庙。

实际上，李泌还是中国历史上大名鼎鼎的藏书家，但在浙江，人民记住的还是他的引水工程。令人惊异的是，在浙西南，居然有一座很有气势的庙宇，供奉的恰是李泌。在神仙界别里，他担任的是天下全体土地神的总管，也就是神仙国度的土地部长。按他的功绩，应该是国家图书馆馆长，或者水利部部长啊！可见李泌的才华及远播的名声，我们了解得其实还不够完整。

千年变迁，六井终随岁月沧桑而去，入清之后，寺庙和祠堂都毁废了，再也找不到踪影，但那口象征性的相国井今天还在，它默默地蹲在今天解放街井亭桥一带的人行道旁。原来后人感谢李沁，便在那井上架亭，唤作井亭。旁边有一河一桥，因了那井亭，称为井亭桥。如今那桥也没有了，但井还在，便成了文物；井亭桥没有了，地名却留了下来。相国井就默默地置身在人行道旁，人们在它面前来来去去，大多数人不会去注意它，而知道这口井的人们，则领会了什么是一千多年来的"大默如雷"。

且向钱塘湖上去

822 年，白居易（772—846）到杭州任刺史时，整整 50 周岁，已在浔阳江头湿过他那江州司马的青衫了。七月盛夏从京城西安出发，一路东行三个月，才到了杭州。贬官之人，宦海沉浮，当时的心情是可想而知的。"且向钱塘湖上去，冷吟闲醉二三年"，他在《舟中晚起》诗里传递了他内心隐藏着的很深的精神创痛，而吟出来的诗却是苦涩的潇洒。但他并没有真的"冷吟闲醉"，照他的原话，是"出仕为官，重在教民清世"。一见到西湖山水，白居易的心情就发生重大变化，他终于来到了少年时便心驰神往的杭州。当天他就迫不及待地写了《杭州刺史谢上表》。即便是一篇例行的公文，诗人也写得声情并茂，表示要"惟当夙兴夕惕，焦思苦心"。

白居易出任杭州前，对社会的失望乃至对人生的失望，像乌云一样盘踞在心头。几经贬谪，回到朝廷，朋党相争，左右为难，上书议政，朝廷不纳，只得请求外放，不想竟被批准了，而且去的又是他少年时便心驰神往的杭州。

从他一生轨迹看，白居易应该是个浪迹天涯的人物，祖籍为山西，先人迁居陕西，他自己则出生于河南。少年时代，十四五岁时，他跟随父亲到江南时曾第一次来到过杭州。那是作为躲避战乱而来的，日子过得颠沛流离，但杭州还是给他留下深远的诗意。彼时的诗人韦应物正任苏州刺史，另一名诗人宰相的儿子房孺则出任杭州刺史，他们常在苏杭二地诗酒唱和，给了少年白居易很深的印象。此次要去的地方，毕竟就是他少年时代便心驰神往的杭州，掐指算来，杭州一别竟是30多年了。

白居易青年时代不能说不踌躇满志。28岁中了进士，也是春风得意的，不过诗人一得意就容易忘形，一忘形就容易口没遮拦，古代把这种对朝廷的直言称为进谏，而不合上意的进谏又往往是要受到惩罚的。这一罚，罚到了江州，罚出了千古名篇《琵琶行》，后又移至忠州。然后，西湖山水千古有幸，终于迎来了伟大的诗人朝廷贬官白乐天。白居易虽然官场失意，但为事为官，最终都是青史留名的。天高皇帝远。湖光山色，给人生机活路，白居易"活"了，快乐了，美滋润了他，他也创造了美。这大概正是那么多贤人志士豪杰英雄依恋杭州的原因吧。

甚至西湖这个如今已经世界闻名的名称，也是从白居易开始真正命名的呢。秦汉六朝时，西湖被称为钱塘湖、金牛湖、明圣湖，直至隋末，也没有见到"西湖"的记载。最早出现的西湖名称，是在白居易的《西湖晚归回望孤山寺赠诸客》和《杭州回舫》这两首诗中。

《西湖晚归回望孤山寺赠诸客》
柳湖松岛莲花寺，晚动归桡出道场。

卢橘子低山雨重，栟榈叶战水风凉。
烟波澹荡摇空碧，楼殿参差倚夕阳。
到岸请君回首望，蓬莱宫在海中央。

《杭州回舫》
自别钱塘山水后，不多饮酒懒吟诗。
欲将此意凭回棹，报与西湖风月知。

尽管诗人已经为杭州西湖做出了如此巨大的贡献，但他却不以自己的政绩为然，在《三年为刺史》这首诗中说：

三年为刺史，无政在人口。
唯向城郡中，题诗十馀首。

诗远远不止十余首，现存的白居易诗作中，关于杭州的诗作就有200余首。西湖成了白居易的诗之湖。唐诗史上一向以"元白"并称，当时的元稹正在越州（绍兴）任刺史，他们各自"诗信"来往，总是夸自己的辖地最美。

山水禅意，消释了他身陷政治旋涡的心中忧乱，他便常去湖边寺庙访僧，所谓"在郡六百日，入山十二回"嘛。其中韬光禅师与他交往很深。传说这个叫韬光的四川禅师，别师出游，师嘱：遇天可前，逢巢而止。结果，他到了杭州灵隐寺的巢枸坞，正值白乐天刺杭。他猛然醒悟，就住了下来。

一次白居易精心备下素斋，并写诗《招韬光禅师》，邀他进城共同进餐一次。

白屋炊香饭，荤膻不入家。
滤泉澄葛粉，洗手摘藤花。
青芥除黄叶，红姜带紫芽。
命师相伴食，斋罢一瓯茶。

韬光禅师不堪俗境,不领白刺史的情,回诗《谢白乐天招》,婉辞谢宴。

> 山僧野性好林泉,每向岩阿倚石眠。
> 不解栽松陪玉勒,惟能引水种金莲。
> 白云乍可来青嶂,明月难教下碧天。
> 城市不能飞锡去,恐妨莺啭翠楼前。

韬光以一种美的方式作诗拒绝,白居易顿悟,立刻入山拜见韬光,与他汲水烹茗,吟诗论文。现在韬光寺的烹茗井,相传就是他们汲水煮茗之处。

诗人与凤林寺的圆修法师也有着深厚的友情。凤林寺,就在今天杭州香格里拉饭店一带,据说唐时的凤林寺前有一株大松树,开山和尚圆修就坐在松树上打禅,这一坐就是40年,旁有鹊巢,人就称其"鸟巢禅师"。白居易去见他,问他禅理。禅师说,所有的恶事你都不要做,所有的善事你都要去奉行。大诗人说:这个道理谁不知道啊,连三岁的孩子都会讲啊。禅师说:三岁的孩子都会讲的道理,八十岁的老头都未必做得到啊。白居易听了深以为然。还有一次,他仰着头站在树下,对树上的禅师戏言:"大和尚,你坐在高处,太危险啦!"

圆修说:"刺史你比我更危险。"

白居易问:"我做了官,有什么危险?"

圆修说:"名缰利锁作怪,官场风浪难测,你难道不危险吗?"

白居易又深以为然,对佛教的关注就更深了。可以说唐代杭州佛教的兴盛与白居易的提倡和信仰是分不开的,而他从佛教文化中吸取精华,也大大丰富了他的文学艺术。

"江南忆,最忆是杭州。"说到诗人在杭州的政绩,其中最著者,当为筑西湖湖堤和疏通六井。我们今天所看到的这条白堤,白居易到杭时已有,人称白沙堤,是从当年的钱塘门外向西,通往孤山和北山路的。全长一公里,堤上一路有桥——断桥、银带桥，直到西泠桥。一路向西，右边一侧首，是葛岭、宝石山和北里湖；南边一展望，是吴山、玉泉山、南屏山。

这是西子湖最古老的一翅羽翼了。宋代时，这条堤被称为孤山路。明朝，一个叫孙隆的大太监，在白沙堤上重新垫土铺沙，广植桃柳。此堤又改姓了孙。年深日久，树就大得可以合抱了。从树下走过，枝叶扶疏，漏下月光，碎如残雪，所以有人猜测，所谓断桥残雪，指的便是月光下的残影。又因此堤花态柳情，山容水意，绿烟红雾，歌吹为风，时人称之为十里锦湖。

再后来，人们为了纪念白居易的筑堤，便把此堤命名为白堤了。

其实，白居易筑的白堤并不在这里。一千多年前的西湖，和我们今天见到的容姿可是不大一样。她的西面，一直就到了西山脚下。东北面呢，又扩大到了武林门一带。水利未修，一下大雨湖水就溢出来；久旱不雨呢，湖水又干涸。所以，西湖完全没有今天的温柔妩媚，性格是很暴烈的。

白居易筑的堤据说是从钱塘门开始的，一直接到白沙堤处，把西湖一分为二。堤内为上湖，堤外为下湖，平时蓄水，旱时灌田。

当时，有不少人反对他这么做。说，放了西湖的水来浇田，那水里的鱼儿怎么办呢？水上的菱角怎么办呢？

白居易也反问他们，是鱼儿要紧，还是百姓的生命要紧；是水上的菱角值钱，还是田里的水稻值钱啊？

离开西湖前两个月，他终于把堤给筑起来了，还专门写了一篇《钱塘湖石记》，详细记载了堤的功用、蓄水、放水和保堤岸的方法，刻在石碑上，专门立在湖边。另外，他还派专职人员去管理湖水，还制定了保护西湖的奖惩条例，规定穷人要是犯了破坏白堤的法则，便要在湖边种树；富人呢，让他们下水去捞水草。所以，我们完全可以这样说，早在一千多年前，我们就有保护西湖的绿色行动啦！

白居易的这篇重要的西湖水利文件，和他的诗章一样千古流芳。如今圣塘路口的水坝亭子上，就全文书写着这篇《钱塘湖石记》，杭州人和外地游客，凡到西湖，只要留意都能在这里看到这篇文章，开首言："钱塘湖事，刺史要知者四条，具列如左。"结尾处作者署名："长庆四年三月十日，杭州刺史白居易记。"

什么是千古文章，这才是千古文章呢。

白居易爱此地山水，更爱此地百姓。一次公宴，他看到名叫萧悦和殷尧藩的两位乐师，在天寒地冻之日，身着单衣，想到自己手下的工作人员尚且衣不御寒，更何况他治理下的平民百姓呢。他立刻给他们二人做了两件棉袍，还写了诗章《醉后狂言，酬赠萧、殷二协律》，说："若令在郡得五考，与君展覆杭州人。"诗人有着这样的抱负，如果在杭州做满这一任官，他就要让杭州人们能享受到他给他们的温暖。伟大诗人的心灵都是相通的，在这里，白居易和杜甫是多么一致啊。

白居易三年任满，要离开杭州了，留下一湖清水、一道芳堤、六井清泉、两百首诗，带走什么呢？"惟向天竺山，取得两片石，此抵有千金，无乃伤清白"。区区小石片，却着实地叫他安不下个心了呢。

杭州人扶老携幼，提着酒壶，洒泪钱别，白居易落泪了。他是这样告别黎民的：

税重多贫户，农饥是旱田。
惟留一湖水，与汝救荒年。

白居易离开杭州之后，又担任过苏州刺史、太子宾客分司东都、太子少傅，最后官至刑部尚书，晚年居于洛阳。834年，他63岁，离开杭州已经整整十年了，在北国洛阳，他写了一首寄往杭州的五言古诗，说："历官二十政，宦游三十秋。江山与风月，最忆是杭州。"

又过一年，中唐著名诗人姚合到杭州来当刺史了，白居易写了两首诗送他去上任，开篇就说："与君细话杭州事，为我留心莫等闲。"在这里杭州就像是他自己的家，姚合去当父母官，仿佛是代他去一样。收尾说："且喜诗人重管领，遥飞一盏贺江山。"看，因为杭州又有了一名诗人的统领，白居易在遥远的北国不禁为杭州山水举杯祝贺，这是怎么样的深情怀想啊！

又过去三年，838年，大诗人已经67岁了，在洛阳写下了让杭州人民永远刻在心头的《忆江南》："江南忆，最忆是杭州。山寺月中寻桂子，郡亭枕上看潮头，何日更重游。"诗人殁于8年之后的846年，他梦萦魂牵的杭州，他亲自命名的西湖，他再也没有能够重游亲近。

一千年过去了，一千年前的白堤，如今已是通衢大道，我们走在一千年后的白堤上，心里想着白居易。初春是一抹烟绿，仲春是满目红桃，到暮春，又是月上柳梢头、人约黄昏后的恋人世界了。仲夏夜这里是水晶宫，秋天的长堤是肃穆的，冬日她又纯洁如处子。我们在白堤上行走，想着白居易，便吟诵起他的《钱塘湖春行》：

孤山寺北贾亭西，水面初平云脚低。
几处早莺争暖树，谁家新燕啄春泥。
乱花渐欲迷人眼，浅草才能没马蹄。
最爱湖东行不足，绿杨阴里白沙堤。

红袖织绫夸柿蒂

唐朝，是中国纺织业飞速发展的一个朝代，这个时代的杭州丝绸，在全国举足轻重。杭州这一时期的商业已经相当发达，其中尤以丝绸为代表。丝绸，如水一样滑腻，烟一样轻软，云一样飘逸，就像一幅极富中国特色的水墨画，在春风细雨之下，尽显高贵典雅的质感。丝绸是纺织品里的"贵族"，"织为云外秋雁行，染作江南春水色"。自古丝绸就是纺织品里的"贵族"。走在江南水乡的女子，身着旗袍，举一把油纸伞，丝绸的轻柔质感随着温柔的春风，游离在女子的肌肤之上，是那样轻盈飘逸，尽显东方女子的优雅、内敛与温婉。

但我们说丝绸，却先从一个书法大家说起。书法家名叫褚遂良，因为唐高宗封他做过河南郡公，所以世称褚河南。

褚遂良的父亲叫褚亮，是陈后主的尚书殿中侍郎，后入隋又入唐，褚遂良最后也成为唐太宗的重臣。他是唐初四大书法家之一，同时也是唐太宗最信任的朝臣之一，是临终前的托孤大臣。不过因为反对武则天掌朝，最后被贬到今天的越南、当初的交趾，最终就死在了那里。而褚家的后代，都被流放到了边远地区，直到武则天死，才给予平反，第五代孙褚虔作了临汝尉，也就是一个小官吧。到了褚遂良的第九代孙褚载，从其先家扬州迁到了杭州，那已经是晚唐了。897年，褚载进士及第。

杭州的老百姓传说，褚载从扬州迁回杭州的时候，把扬州先进的丝绸技术带回了杭州，从此杭州丝绸业才得以长足进步。因此杭州丝绸行业的人，是把褚载当作他们的祖师爷来敬的。

相传褚遂良的故居在今天杭州下城区的新华路北段，这个地方旧时称精忠巷，自唐宋以来，一直就是杭州丝绸业的中心区域之一。宋代，丝绸业的人已将褚载奉为鼻祖，昔日的褚家祠堂，就修建成了观城堂。到了清代，还竖了碑。碑文说："昔褚河南之孙名载者，归自广陵，得机杼之法，而绸业以张。"杭州丝织业的圣地在东园巷的机神庙，那里有一块碑，也专门记载了这件事情。

然而，褚载是晚唐人，把杭州的丝绸业推到晚唐时代，那就实在太迟了。

杭州被称作"丝绸之府"，丝绸发展历史已经有4700多年了。丝绸的起源不在杭州，距今保存时间最久的丝绸在湖州。新中国成立后浙江两次发掘新石器时代遗址，出土了一片薄如蝉翼的丝绸残片，堪称"世界第一片丝绸"。春秋时代有"奖励农桑"的国策，连四大美女之一的西施，都曾在杭州旁的浦阳江畔养蚕织帛，因为她经常在河里浣洗轻纱，后来还有了著名景点"浣纱亭"。而杭州历代就有一条城市中心的河，就叫浣纱河。直到20世纪70年代初，才被挖成了防空洞。

要证明杭州的丝绸业很早就存在，我们就不得不说到白居易。唐代长庆年间，白居易出任杭州刺史。当他登上杭州高楼眺望远方时，看到城内热闹非凡，有朝日霞光的春景，不由得感慨万千。白诗有云："红袖织绫夸柿蒂，青旗沽酒趁梨花。"他还在下面做了注,说:杭州出柿蒂花者尤佳。"红袖织绫"说的是杭州丝绸,而"柿蒂"则是绣在丝绸上的柿蒂花,是当时杭州丝绸中非常有特色且有名的图案。白居易在这里夸的是丝绸,说杭州本地产的绫很多,有白编绫、绯绫,但最好的还是柿蒂花图案的绫。白居易将柿蒂花绫与名酒梨花春相提并论,足见其名气。

在唐代,绫是指起暗花的单层提花织物,柿蒂花图案就是四个小花瓣组成的小花图案。这种图案在唐以前是很少见的,它兴起于初唐,流行于中唐。有意思的是今天的西部地区,包括新疆、青海、甘肃敦煌莫高窟等地考古发现,有不少丝织品都是柿蒂花绫。虽然我们无法肯定这就是从杭州通过丝绸之路带出去的,但从史料中所见,柿蒂花的确只有杭州有记载。可见我们的丝织业从起步始,就有自己的特色,那就是质地的轻薄和图案的新颖,因此才出现了柿蒂花和纱的品种。

唐时的浙江,以杭州打头,加之湖州、睦州、越州、婺州、衢州、处州、明州、台州、温州,除温、台外,各州都向朝廷进贡丝织品。当时的中央政府,要求杭州的年贡白编绫是10匹到12匹。因为数量不多,是可以由官府来专门指定人生产的。还是白居易的诗,白居易因为看到他的部下在天寒地冻的日子里还穿着单衣,专门派人为他们做了冬衣,还写了《醉后狂言,酬赠萧、殷二协律》诗,记下了对他们的深切同情:

余杭邑客多羁贫,其间甚者萧与殷。
天寒身上犹衣葛,日高甑中未拂尘。
江城山寺十一月,北风吹沙雪纷纷。
宾客不见绨袍惠,黎庶未沾襦袴恩。
此时太守自惭愧,重衣复衾有余温。
因命染人与针女,先制两裘赠二君。
吴绵细软桂布密,柔如狐腋白似云。
劳将诗书投赠我,如此小惠何足论。
我有大裘君未见,宽广和暖如阳春。

此裘非缯亦非纩，裁以法度絮以仁。
刀尺钝拙制未毕，出亦不独裹一身。
若令在郡得五考，与君展覆杭州人。

"因命染人与针女，先制两裘赠二君。"那时候，在他的官府里已经有了染人与针女，以此推理，也有可能存在着织工。

要织绸，就少不了蚕丝，唐代杭州的养蚕业还是很发达的。那个后来去了台湾的元和进士施肩吾，曾写过一首名叫《春游钱塘杂兴》的诗作，从这首诗里，人们可以看出杭州女子与养蚕的关系：

酒姥溪头桑袅袅，钱塘郭外柳毵毵。
路逢邻妇遥相问，小小如今学养蚕。

因为有了蚕丝和丝织品，又有了相应的交通便利，所以这个时期，杭州的丝绸贸易，应该说是相当发达的。"商胡离别下扬州，忆上西陵古驿楼。""西陵"就是现杭州市滨江区的西兴镇。杜甫的这句诗，写的就是国内外商人往来于杭州经商的情景。那时杭州丝绸还远销西北边陲，沿着"丝绸之路"销往欧亚各国。而元代则是杭州对外贸易的极盛时期，马可·波罗曾称杭州羊坝头一带为"阿拉伯世界"，国际商人们千里迢迢来杭州，半为西湖半为绸。杭州丝绸的美，绝不亚于浓妆淡抹总相宜的西湖。

樱桃樊素口 杨柳小蛮腰

一般人提到杭州画史。大多从南宋的宫廷画院说起。但杭州的丹青艺术，还可以再往前推至唐代的萧悦。萧悦生活在白居易生活的时代，因为担任协律郎，人称萧协律。协律应该是一种乐官的名称吧。从这里我们也可以看出，萧悦乐、画皆通，是个多才多艺之人，同时，他也是个非常清寒的艺术家，当初白居易送冬衣的就包括他。这样的人来画象征清高气节的竹子，倒也是相得益彰的呢。

我们不知道萧悦的祖籍究竟在哪里，只知白居易有时称他兰陵萧悦。兰陵在今山东苍山县西南兰陵镇，但萧悦的艺术活动主要是在杭州展开的，所以人们一般也把他当作杭州人。至于他活到什么时候，人们也常常拿白居易的一首诗来考证。白居易晚年写过一首忆杭州的诗，说："三年闲闷在余杭，曾为梅花醉几场……歌伴酒徒零落尽，惟残头白老萧郎。"那时已经是9世纪的40年代了，老萧郎还活着，他的艺术生命不算短。

萧悦能书，但他最擅长的还是画竹，白居易称他画的竹是举世无伦。知音难觅，萧悦也是个性情中人，一口气就给白居易画了一幅十五竿竹图，白居易高兴地立刻回赠诗一首《画竹歌并引》，给予了极高评价：

协律郎萧悦善画竹，举世无伦。萧亦甚自秘重，有终岁求其一竿一枝而不得者。知予天与好事，忽写一十五竿，惠然见投。予厚其意，高其艺，无以答贶，作歌以报之，凡一百八十六字云。

植物之中竹难写，古今虽画无似者。萧郎下笔独逼真，丹青以来唯一人。

人画竹身肥拥肿，萧画茎瘦节节竦。人画竹梢死羸垂，萧画枝活叶叶动。

不根而生从意生，不笋而成由笔成。野塘水边碕岸侧，森森两丛十五茎。

婵娟不失筠粉态，萧飒尽得风烟情。举头忽看不似画，低耳静听疑有声。

西丛七茎劲而健，省向天竺寺前石上见。

东丛八茎疏且寒，忆曾湘妃庙里雨中看。

幽姿远思少人别，与君相顾空长叹。萧郎萧郎老可惜，手颤眼昏头雪色。

自言便是绝笔时，从今此竹尤难得。

从绘画史上看，萧悦并不是第一个画竹的人，但他以前的画竹者，都是把竹子作为人物画的陪衬，而不是作为独立的题材来描绘的。从这个意义上说，萧悦专门画竹，独树一帜，可以称得上是开创了画竹的新风，给后世的艺坛带来了深远的影响。

杭州的歌舞在唐朝也是很有名的，这无疑与白居易的倡导分不开。当时白居易的身边有两位家养乐伎，一个叫樊素，是唱歌的；另一个叫小蛮，是跳舞的。白居易很欣赏她们的艺术天分，就送给她们两句诗："樱桃樊素口，杨柳小蛮腰。"

我们都知道，唐代最有名的歌舞，是霓裳羽衣舞，这个舞蹈因为杨玉环的亲自参与而名扬天下。白居易在京城做官的时候，曾经在宫中看过这个舞蹈，他还记下了乐谱。我们知道，白居易是个艺术全才，在歌舞欣赏方面，绝不是业余水平的。所以到了杭州，稍加安定以后，他就和乐伎们一起排练起这个歌舞来。到杭第二年，他先后排练过三次霓裳羽衣舞。

当时杭州的女歌星，很是有那么几位的。有一位名叫玲珑，又会唱又会跳又会弹，是个歌舞全才。白居易的好朋友元稹来到杭州，白居易就搬出这位大腕级歌星，一口气给元稹唱了十首歌，而且曲曲都填的是元稹的诗。

白居易对樊素情有独钟，他在诗歌《不能忘情吟》序言中称她"年二十余，绰绰有歌舞态，善唱《杨枝》，人多以曲名名之，由是名闻洛下"。说的是樊素特别能唱《杨柳枝》调。这本是俚语小调，经白居易刘禹锡加工之后，创作新词再唱，成了当时城中的流行音乐。樊素既能唱又能跳，或许还是个劲歌型的歌手呢。猜测樊素这个乐伎是极有个性的。白居易很宠爱她，但她到底还是离开刺史出走了。到哪里去了呢，没有说。白居易只好伤感地写诗，叹道："春随樊子一时归。"

白居易在杭的时候，华夏民族与西域民族的文化交流活动是很频繁的。当时的杭州城，就流行着西北的少数民族歌舞《柘枝舞》。《柘枝舞》原为女子独舞。身着美化的民族服装,足穿锦靴;伴奏以鼓为主,柘枝舞者在鼓声中出场。舞姿变化丰富,既刚健明快,又婀娜俏丽。舞袖时而低垂,时而翘起,快速复杂的踏舞,使佩带的金铃发出清脆的响声。观者惊叹舞姿的轻盈柔软。舞蹈即将结束时,有深深的下腰动作。唐诗中对《柘枝舞》的描述,与今日新疆流行的《手鼓舞》有许多相似之处。《柘枝舞》在中原广泛流传后,出现了专门表演此舞的"柘枝伎",并由独舞发展成双人舞,有两个女童先藏在莲花中,后出来起舞的软舞《屈柘枝》,其舞蹈风格、表演形式均已有很大变化。白居易的《柘枝妓》对此做了细致描绘:

> 平铺一合锦筵开,连击三声画鼓催。
> 红蜡烛移桃叶起,紫罗衫动柘枝来。
> 带垂钿胯花腰重,帽转金铃雪面回。
> 看即曲终留不住,云飘雨送向阳台。
> 柘家美人尤多娇,公子王孙忽忘还。

这类歌舞,作为宝贵的文化遗产,都被流传到南宋,并发展成了宫廷的歌舞套曲。而白居易则通过他的诗歌,把这一艺术形式流传到今天。

唐代的杭州"市长"们

唐初,改朝换代,总要变一变新气象。那时候,罢郡改州,州统领也称为刺史。我们目前知晓享有盛名的刺史,一是李泌,一是白居易。据有关资料考证,唐代在杭州当刺史的,共有99人,还真是不算少。他们当中,还真没出现过一个国贼奸臣,大抵都是有所作为的,还有一些非常优秀的人物,因为珠玉在前,他们便不显山露水了。

622年,唐代第一个到杭州来当市长的,是一个名叫双士洛的人。我们只知道他是今天的宁夏天水人,曾经把突厥人打败在恒山之阳,看样子应该是个大西北的武将。这也是可以理解的，马上得江山，骑马管天下，一个王朝刚刚打下的江山，往往是武将治理。

玄宗时期有一个刺史，到今天杭州人还在享受着他的恩泽。此人名叫袁仁敬，以大理少卿的身份刺杭。那时正是725年，这个袁仁敬成了绿化杭州的第一名市长。从洪春桥至灵隐、天竺道上，种植了九里长的松树，"九里松"这个地名就从唐代一直叫到了今天。因为松树长得好，还被列为后来的"钱塘八景"之一。

袁仁敬发动人们种树，又在洪春桥畔建了一座九里松亭，跨路为门，这门就被称作"一字门"。南宋时，有人要伐这些古树作御墨，那时虽然还没有绿色和平组织，但热爱大自然的杭州人历朝历代都有，他们上书皇帝，说万万不能砍了这些树。树便因此被保留下来。虽然历代以来九里松屡毁屡建，但名字一直保留下来，人们还是想着要在这里种树，九里云松的景象也终于能够保留至今，这是要感谢袁仁敬的，树使袁仁敬千古流芳，这恐怕也是这位种树市长不曾想到的吧！

开元年间，有一个名叫李良的四川人，约在开元二十四年做过一任杭州刺史。之所以提到他，主要是因为沾了李白的光。他是李白的从侄。李白曾来过杭州，并由这位从侄陪着去玩过天竺寺，还留下诗篇。倒是李良的诗词，至今未曾发现，而李白却写了一首《与从侄杭州刺史良游天竺寺》，歌咏了杭州风情：

挂席凌蓬丘，观涛憩樟楼。
三山动逸兴，五马同遨游。
天竺森在眼，松风飒惊秋。
览云测变化，弄水穷清幽。
叠嶂隔遥海，当轩写归流。
诗成傲云月，佳趣满吴洲。

樟楼又名樟亭，在钱塘县南五里。三山是传说中的蓬莱、方丈、瀛洲三座海上神山。李白与从侄同游天竺，比作凌帆升空，如入仙境，览云弄水，妙趣无穷。全诗雄奇豪迈，奔放多变，独具一格。

杭州虽处江南，但境内多山，山多有灵。西湖诸多摩崖中年代最久远者，则当属唐代杭州刺史卢元辅的《游天竺寺》诗刻，它被誉为"西湖摩崖之冠"，是卢元辅在唐元和八年至十年，来杭任刺史期间所留。自唐代起，赏石之风兴起的同时，文人凿刻摩崖之风渐盛。至宋、元、明、清，乃至民国，以摩崖、碑板为主要研究材料的考据学，逐渐发展成为考古学的前身——金石之学。杭州摩崖石刻的收集与研究，至清人丁敬、黄易、阮元，达到鼎盛。

卢元辅是河南滑县人，出自豪门范阳卢氏，祖上超过五代均为朝廷要员。其祖父卢奕、父亲、哥哥曾同时为御史中丞，且口碑颇佳，后卢奕受玄宗委托，到东都洛阳任职。不久，安史之乱爆发，卢奕与其他两位留守官员一起，以御史身份稳坐府中。城破时同被安禄山戕害。平原太守颜真卿夺回三人首级，见卢奕头颅血污，不忍心用衣袖擦拭，竟用自己舌头去舔。并以稻草制作三人身躯，穿戴整齐后入殓祭拜。这样的忠勇之士却没有把好家风传袭给下一代。卢奕之子卢杞成年后党同伐异，在杭州留下相国井的李泌明确反对皇帝再次重用卢杞，终被皇帝免职，被赶出中央的卢杞最后死于偏远的澧州。

卢杞死后，唐德宗感怀他种种好处，便把其子卢元辅找来委以重任，才20出头的卢元辅初出茅庐的第一个重要任职就是杭州刺史。

卢元辅与父亲截然不同。品行优良，口碑甚佳。考取进士后从县令当起，又得皇帝垂青，历任杭州、常州、绛州刺史。政绩优异，最后当到兵部侍郎，在青史上留下了美誉。

卢元辅到任后，发现当时作为江南第一大郡的杭州"征赋尤重，疲人未康"。李泌来时，在城内开凿六井，并疏浚西湖水，引湖水入井，解决了百姓饮水之困，但是农业用水始终得不到保证。卢元辅在这个事情上付出极大努力，白居易说他"藉尔登车，往分忧瞩"，并且广开言路、集思广益，"悬赏旌能，以伫报政"。终于得到了一次农业丰收。

政绩有了，心情自然也舒畅。那年秋天游历天竺寺后兴致不减，又来到飞来峰，命人在冷泉溪边建一座亭，得名"见山"。

青林洞顶的这处题记是今天我们找到的唯一一处卢元辅的墨宝。仅存一首加一句，恰好都是关于杭州的。一首是刻在天竺峰的题记，而另一残句"长松晋家树，绝顶客儿亭"写的是天竺风景。元和十年十月，他到吴山为伍子胥建了祠，并写了一篇《胥山祠铭》，被收入了《全唐文》。

元和十二年，严休复为杭州刺史，元和十四年罢刺史任，白居易写了一首《酬严十八郎中见示》诗送他：

口厌含香握厌兰，紫微青琐举头看。
忽惊鬓后苍浪发，未得心中本分官。
夜酌满容花色暖，秋吟切骨玉声寒。
承明长短君应入，莫忆家江七里滩。

全诗对严休复的"未得本分官"一生奔波深表同情，又劝慰他不要回首往事，是一首劝他知足常乐的诗。

唐朝杭州众多市长中最出名的市长白居易是穆宗时代人。他以后的第五任刺史就是姚合，白居易曾经写诗给他，要他好好地守着杭州。姚合在杭州任刺史时写过一首《杭州官书偶书》：

钱塘刺史谩题诗，贫褊无恩懦少威。
春尽酒杯花影在，潮回画槛水声微。
闲吟山际邀僧上，暮入林中看鹤归。
无术理人人自理，朝朝渐觉簿书稀。

开成初年姚合应召回京，离杭前夕他写了一首《别杭州》：

醉与江涛别，江涛惜我游。

他年婚嫁了，终老此江头。

姚合以拟人的笔调，把杭州最富有特征的景物钱塘"江涛"形象地比作杭州人民。有意思的是《全唐诗》中录了姚合的一首诗《舟行书事寄杭州崔员外》，说："旧国归何滞，新知别又遥。"这个崔员外，就是姚合的后继者。咸通二年，崔彦曾任杭州刺史。《新唐书·地理志》说，他在任期间，发动民众，疏浚西湖，并在钱塘江南五里开了沙河塘，成为当时杭州的热闹繁华地区。

值得我们大书一番的还有李播的功绩。李播是会昌五年出任杭州刺史的。他在任期间，修筑了钱塘江堤，保护了杭州地区广大人民生命财产的安全，免受洪水灾害之苦，同时又使千百万亩田地免遭淹没的危险。晚唐诗人杜牧在《杭州新造南亭子记》中说：

赵郡李子烈播，立朝名人也。自尚书比部郎中出为钱塘。钱塘于江南，繁大雅亚吴郡。子烈少游其地，委曲知其俗蠹人者，剔削根节，断其脉络，不数月人随化之。三笺干丞相云："涛坏人居，不一焊锢，败侵不休。"诏与钱二千万，筑长堤，以为数十年计，人益安喜。子烈曰："吴越古今多文士，来吾郡游，登楼倚轩，莫不飘然而增思。……"

译成白话文：赵郡李播，字子烈，是在朝中为官的名人，以尚书比部郎中出任杭州刺史。杭州在江南，其人口众多、城市规模之大素来不如吴郡（今苏州）。李播年轻时曾游历过此地，了解这地方的详细情况，于是坚决禁止剃度僧尼，斩断了佛教徒来源的渠道，几个月后人们随着习惯了。在杭州他写了三封信请求宰相说："钱塘江水大流急，极易泛滥，破坏百姓房屋，如不筑堤捍卫，毁坏百姓的事会层出不穷。"皇帝下令拨给二千万钱，修筑长堤，为数十年做了打算，人们非常高兴、安定。李播说："吴越古往今来文士不少，来我们这儿旅游的,登楼靠着栏杆,没有不心旷神怡而思绪万千的。我郡的江山天下第一,确实如此啊。"

僖宗时期,已经到了唐末,临安人董昌因为守杭有功,黄巢的农民军兵过临安而不敢犯,董昌因此被封为杭州刺史。董昌派偏将钱镠打下了越州,并承诺把杭州让给钱镠。钱镠出任过杭州的防御使,又拜了都团练使,886年出任杭州刺史。但此时大唐的一切努力都已经没有什么实际意义。改朝换代的时候又到了,钱镠,当的是唐代杭州最后一任市长。

总体而言,杭州的市长们,就其功绩而言,他们主要体现在这几个方面:第一是政治正确,在历次动乱中都站队中央,维护中华的统一,也保卫了杭州的安全;第二是注重水利建设,整治江潮、疏浚西湖,凿井引水,滋养民生;第三是维护生态环境,重视人文建设,热爱审美生活,留下大量歌颂山川江湖的诗文。为杭州成为人间天堂打下了扎实的基础。

The
Biography
of
HangZhou

杭州传

第六章

一个家族与他的都城

（886—978）

纳土归宋

874年，爆发了声势浩大的农民起义。次年，起义军在一个盐贩出身名叫黄巢的人率领下，势如破竹，波及全国。此后，藩镇割据，朱温篡唐。这个通常被人们认为中国封建社会最鼎盛的王朝，终于寿终正寝。907年，我们这个古老的国度又进入一个新的轮回——五代十国。

一个王朝覆灭了，然而，一座城市还是沿着其内在的规律发展着，杭州又一次把握住了历史的契机。从一个默默无闻的山中小县，演变为江干重镇、隋唐"名郡"，让世人刮目相看。但"大都"也好，"名郡"也好，都还是相对而言的，其中不乏溢美之意，依照今天史学家的判定，当时的杭州充其量还只能算为二三流城市。就东南而言，第一等非占全国经济鳌头的扬州莫属；第二等的苏州，包括作为浙东政治中心的越州，也就是今天的绍兴。这些城市，直到唐代，还压着杭州一头呢。

王明清在《玉照新志》中是这样说的："杭州在唐，繁雄不及姑苏、会稽几郡，因钱氏建国始盛。"其言极是。杭州正是在吴越时期一跃而起，当之无愧地列入了中国第一流城市的行列。吴越国地盘，大致在今天的苏南、浙江、闽北等地，虽不能和大唐帝国相比，但仍是中国富庶之地，且较少兵火刀灾，杭州能升格为国都，对一个城市来说，实在地借了一回东风。

杭州，就在五代十国这一重要的历史阶段中，和一个姓钱的家族建立了牢不可破的关系。中国江南杭州一个贫苦农民跌宕起伏的家事，竟也总能够对应着宏大的华夏国事。

挑盐的汉子掌杭州

钱镠（852—932）出生之际，正是黄巢起义前20余年，晚唐最悲情的一抹斜阳已经打在这三百年皇朝的穷途末路之上。

临安人都知道钱镠出生时长得丑，这来源于他出生时的一个传说。浙江东道杭州临安，有个名叫钱宽的农民，妻子水丘氏生下了一个男婴，钱宽初见顿时大吃一惊，这婴儿不但相貌丑陋，而且啼声怪异，面有不祥之感，令人不寒而栗。他抓起婴儿就冲向后院，对着家中那口大井准备丢弃了事。亏得阿婆（祖母）在身后死拖活拽，终于把这孩子给留在了人间。为纪念此事，临安功臣山石镜乡临水里至今还尚存一眼井，上写"婆留井"三字，意思就是阿婆留下了孩子这条小命，婴儿还因此有了个小名：婆留，全称钱婆留。

858年，婆留7岁了，家里送他去读书，可见那时钱家还是有几个钱的。报名读书要有大名，钱镠这个名字应该也是这时候被学堂里的先生所取的吧，从此钱镠之名就真正取代了小名婆留。

"镠"本是纯美的黄金，不知道的人还以为他爹是土豪，他自己则是个富家子弟。其实只不过"镠"与"留"同音，听上去风雅些罢了。不过这金字旁的"镠"字，的确亦如金戈铁马，从此笼罩钱镠一生，给他漫长的戎马生涯按下了一个金石印记。

866年，钱镠15岁，家境益窘，遂废读，只能自学成才。又过一年他16岁了，因无钱奉养父母，钱镠开始了贩卖私盐谋生养家的危险生涯。在临安山里世代种田的农民眼中，除了种田是正业，别的都有可能是"不务正业"。因为依大唐律法，走私盐一石，罪当诛。如此披星戴月地卖命混饭吃，因为不靠插秧种田放牛，家乡人眼里，钱镠依然罪犯天条，不是个正经人。

872年，钱镠21岁了，他平日虽也舞刀弄枪，但亦好读孙子兵法，兼温习《春秋》，那时的江南已经开始多事，山中的盗匪也日益猖獗，钱镠不再担盐为生，就此开始从军，训练义师，帮助州县政府剿匪。他那时参加的是地方民兵组织，帮助朝廷打击盗贼，保卫家乡，就此认识了一个名叫董昌的老乡。

董昌（846—896）比钱镠大6岁，石镜乡里地主的儿子，他组织了民团，当了首领。875年，钱镠带着他那个私盐贩子的兄弟团队，被充实到石镜团中去当义兵，正好拨在董昌标下，从此他俩成为并肩战斗的上下级和战友。

钱镠骁勇绝伦，很快就被董昌看中，之后董昌升任石镜镇将，钱镠成了董昌的左膀右臂。在与黄巢义军的对抗中逐步发迹，战西陵、袭曹娥、克越州，在他们力主下建立的杭州八都兵，成了一支劲旅。

但真正让钱镠一战成名、使董昌对他刮目相看的，还是以少胜多的与黄巢义军遭遇战。乾符五年（878）九月，黄巢起义军经杭州，趋越州，活捉了唐浙东观察使崔璆，攻克了越州（绍兴），逼近杭州城郊外的临安，幸而董昌有爱将钱镠替他守着门，一场伏击战，黄巢军被钱镠当头一棒打得一败涂地。

再往后的故事就进入历史演绎了，说的是钱镠把兵撤退到"八百里"，这本来就是个地名，至今还在，但钱镠偷换了个概念，他交代路边的一个老奶奶，说等会有贼兵来问官军跑哪去了，您老人家就说他们屯兵在临安八百里。老奶奶按照钱镠的话告诉黄巢，官军就屯兵在临安八百里。黄巢听后惊出冷汗，屯兵八百里，起码得有十多万的专业军队。自己的杂牌军、乌合之众哪里是人家对手！一个字：撤！

朝廷收编了董昌的八都兵：这杭州八都本来就是个自发组织起来的军政集团，因杭州所辖区有八个县城，即临安县石镜都、余杭县清平都、于潜县于潜都、盐官县盐官都、新城县武安都、唐山县唐山都、富阳县富春都、龙泉县龙泉都。每一个县都组织起乡兵，合在一起便号称为杭州八都。董昌是杭州临安县的乡兵头头，同时也是杭州八都的盟主。

董昌也真是了得，什么越界的事都敢干。中和三年（883），杭州刺史路审中到杭州赴任，这个目无王法的董昌竟然率兵挡驾，搞得新刺史进不了杭州城，一时狼狈不堪。这还不说，董昌为了造成既成事实，干脆接管了杭州，就此自封为杭州都押司。

如此无法无天，朝廷竟然也认可了这桩既成的事实，将杭州刺史路审中半道上打发了，任命董昌为杭州刺史。而钱镠也算是跟着老虎有肉吃，被封了个杭州都指挥使。可以说，董昌和钱镠，这才算是真正进入了杭州城。

这几年的仗打下来，双方实力大反转，董昌便有了攻取越州的打算。据说他曾对钱镠这样说：你帮我把越州给打下来，我就把杭州城给了你。钱镠嘴上说的是给不给杭州我都会为大王出生入死拿下越州。其实他心里的那个小目标已经种下了种子。886年十月，还是由钱镠领兵，开山路500里，最终拿下越州。董昌被朝廷升任越州观察使，加封义胜军节度使。董昌的浙西军就此入主了越州，而钱镠四战四胜的功绩，也给自己争得了地位。董昌既然去了越州，便把这空出来的杭州给了钱镠。

886年，35岁的钱镠就此接替董昌接管杭州，光启三年（887），钱镠出任杭州刺史，这意味着钱镠有了第一块根据地。有了人生中的第一桶金，吴越国的创始人钱镠，才开始真正登上历史舞台的C位。五代十国中治理国家时间最长的钱氏王族，作为这段历史叙述的主角，也终于开启了他们三代五王的家国历程。

塑料兄弟断袍割席

细观五代十国的历史，我们会发现，绝大多数武将是完全没有儒家倡导的"仁爱"之心的，朝秦暮楚、翻云覆雨则成了他们的常态。此刻的董昌，已完全背叛了唐朝廷，而钱镠与他，也早就没有了当年的乡谊和袍泽之情。且看他们的最后过招吧。

895年，钱镠接到董昌一封信，告诉他自己已经在越州建立大罗国，他董昌已经当了皇帝，还封了钱镠一个朝廷命官。此时的钱镠，已经在杭州刺史这个位置上整整坐稳近十年了。35岁的钱镠在接替董昌为杭州刺史后，便以杭州为根基，更以大唐忠诚的卫士自居，哪儿有军阀造反，朝廷一声令下，他就立马出征。吴越一带，钱镠基本上可以算是所向无敌。但这十年来，他的地盘依然局限在杭州附近，守土有责，并无僭越，这也是一个不争的事实。

此刻钱镠接信读毕，打定主意后当即在军帐内聚文武议事，几乎用声色俱厉的腔调宣布：董昌竟然对朝廷谋反，吾等身为大唐臣子，岂可坐视不顾？看在昔日董昌有恩于我，我才决定先礼后兵，劝其迷途知返，如若他听不进，我就不客气地讨伐了！说毕书信一封，让他的幕客沈滂带着信去见董昌，信中说，"与其闭门作天子，与九族、百姓俱陷涂炭，岂若开门作节度使，终身富贵邪！及今悛悔，尚可及也！"

董昌看了这信，这才如天打五雷轰，眼前一片的电闪雷鸣。而董昌自立为帝的消息，早已令朝野彻底震惊了，尤其是那个操纵着朝廷的朱温。朱温大怒不是因为叛臣僭越，而是他朱温的位置摆在那儿，当皇帝这种野心，天下除了他，谁敢再有？他真没料想到，还有像董昌那么不知趣的南蛮子，不识相的狗腿子，竟然想来夺他的风头，做他的皇帝梦。乾宁二年（895）五月，董昌自称为帝才三个月，钱镠已率兵3万直抵越州城下。

好在此番出兵，他还是认可董昌这个大哥的，一应礼数也全部到位。先在迎恩门前求见董昌，还行了跪拜大礼，义正词严却又诚恳劝道："大王位兼将相，奈何舍安就危。镠将兵此来，以俟大王改过耳。若天子命将出师，纵大王不自惜，乡里士民何罪，随大王族灭乎！"

董昌一时还真有点慌神了，心想这钱婆留难道真被朝廷洗了脑，一心要当李家王朝的护法神吗？可转念一想，人不为己天诛地灭，钱镠此行也无非是想捞点好处罢了，杭州都给了你，还想怎么着。董昌手一挥，拿出200万贯钱，令手下挑着担送出城去犒劳钱军。现在就看钱镠收不收了。收了，肯定打道回府，他董昌只管高枕无忧；不收，那就真麻烦了。

钱镠微微一笑，把钱收下来了，董昌松了口气，正要"君臣"告辞，不料往城楼下一看，3万将卒，密密麻麻，哪里有撤兵的架势。董昌这才彻底明白，钱镠是来真格的，只得捶胸顿足，悔恨交集，口口声声说是这些妖人蛊惑人心，自己只是轻信了妖言，现在已经知罪，请兄弟您赶紧替我禀报朝廷，我就在这里等着皇帝来治我的罪。

曾经的江湖枭雄，如今即便在弟兄面前装疯卖傻，也还是有几分值得同情的。钱镠的恻隐之心升上来了，他决定最后相信他一次，撤兵！回去后即刻将此事始末报知朝廷。

谁知董昌根本没有幡然醒悟，钱镠大军一走，他就觉得危机已过，故态复萌，一方面继续当自己的"皇帝"；另一方面令其手下大将领兵出征，随时准备抵御钱镠。钱镠彻底失望了，董昌的最后一个机会已经丧失了，而他和董昌之间，不仅断袍割席，而且终于已成你死我活的关系。896年，昭宗皇帝削夺了董昌的官爵，封钱镠为彭城郡王兼浙江东道招讨使，率领本部人马征讨董昌。

乾宁三年（896）五月，董昌又垂死挣扎了一次，依然兵败。董昌才50岁，到底还是怕死的，无奈令手下打开城门，终于向钱镠——这个曾经的钱婆留屈膝投降。

董昌最后的结局有两个版本：一个是在回杭的钱清江上，由钱镠部下逼着董昌当场自尽；另有一种说法要简单得多，董昌上船不久就被一刀给杀了。

唐王朝的"免死金牌"

摊开浙江省地图，便会看见钱塘江自西南向东北横贯全省，在古代，他曾经就像是一道天堑，在春秋时的吴越两国，在秦汉时分为吴和会稽两郡，依照旧唐的区域划分，浙东行政中心是绍兴，浙西行政中心为苏州，二地同为历史故都，且经济发达，杭州只不过是后起之秀，夹在了中间，左右够不着。

此时的钱镠事实上已经成为两浙最大的割据势力。经过20年的蛰伏和蓄势，钱镠终于在名义上成为两浙拥有者。正是钱氏把杭州定为国都。乱世中的吴越国，一巴掌从大唐挖走了一块膏腴之地，北至苏州，南抵福州，其间囊括两浙。这样，在中华悠久的历史长河里，就浮现出了一个名叫吴越的国土。

两浙变为一国，一国只需一都，而不论定苏州还是绍兴，都觉偏于一隅，鞭长莫及，有顾此失彼之虞。杭州地处中路，正好左右逢源，建都非此莫属，杭州当仁不让地成了吴越国都。

此刻的吴越，东有越，西有杭，底气更足了。经过多年征战，钱镠的家底如下：国都杭州，也称为西府，镇海节度使驻地。越州为东府，镇东节度使驻地。二府之外，吴越国还占有湖州、明州（宁波）、睦州（建德）、婺州（金华）、衢州、处州（丽水）、温州、台州。当然，还少不了事实上堪称吴越国北府的苏州，为中吴节度使驻地，杭州北线的战略屏障。除了这11州，吴越国还有一个衣锦军，这是钱镠的家乡——现在天目山东麓的杭州市临安区。

为了使钱镠成为李唐王朝的死忠军，唐昭宗派中使焦楚锽带着铁券来到了东府。这铁券也是民间俗称的免死金牌，是犒赏彭城郡王钱镠平定董昌叛唐称帝所赐。铁券形状呈覆瓦状，铁质，纵29.8厘米，横52厘米，厚2.14厘米，重约132两，正面刻有铭文25行，落款1行，共有26行，共计333个字。铭文如下：

> 维乾宁四年岁次丁巳，八月甲辰朔四日丁未，皇帝若曰：咨尔镇海镇东等军节度、浙江东西等道观察、处置营田招讨等使兼两浙盐铁制置发运等使，开府仪同三司检校太尉，兼中书令，使持节润越等州诸军事兼润越等州刺史，上柱国彭城郡王食邑五千户，食实封一百户钱镠，朕闻铭邓骘之勋，言垂汉典；载孔悝之德，事美鲁经。则知褒德策勋，古今一致。顷者董昌僭伪，为昏镜水，狂谋恶贯，渫染齐人。而尔披攘凶渠，荡定江表，忠以卫社稷，惠以福生灵。其机也氛祲清，其化也疲羸泰。拯於粤於涂炭之上，师无私焉；保余杭成金汤之固，政有经矣。志奖王室，绩冠侯藩，溢於旂常，流在丹素。虽钟鏻刊五熟之釜，窦宪勒燕然之山，未足显功，抑有异数。是用锡其金版，申以誓辞。长河有似带之期，泰华有如拳之日，惟我念功之旨，永将延祚子孙，使卿长袭宠荣，克保富贵。卿恕九死，子孙三死，或犯常刑，有司不得加责。承我信誓，往惟钦哉！宜付史馆，颁示天下。

此文虽说了一大堆赞许褒奖之言，但真正的核心还是那最后几句："卿恕九死，子孙三死，或犯常刑，有司不得加责。"这才是满满的干货，说的是钱镠本人可以恕九次死罪，子孙可以免三次死罪。如果后人中有人犯了一般的罪行，有关方面是不许去追查法办他们的。

那个时代，天子自身都已经朝不保夕，还煞有介事来这么一通褒奖，可见其主要是出于朝廷的精神奖励，未必真能管用。铁券以后历遭奇遇，后世还真有起到作用的时刻。至今收在浙江博物馆中，静静地守护着钱氏一族的历史家脉。

天复元年（901）二月，时逢钱镠50寿辰，他第一次衣锦还乡，在这里宴请父老乡亲。据说当此时，钱镠故地重游，道途鲜衣怒马，老宅旧园，大修宫殿楼阁，邻里乡人，整日笙歌燕舞，连他儿时常爬的那株大树，也被封为了衣锦将军。在众乡亲面前高歌一曲《还乡歌》：

三节还乡兮挂锦衣，碧天朗朗兮爱日晖。
功成道上兮列旌旗，父老远来兮相追随。
家山乡眷兮会时稀，今朝设宴兮鱿散飞。
斗牛无孛兮民无欺，吴越一王兮驷马归。

没想到乡亲们都蒙住了，心想："我的天，唱的什么呀，完全听不懂啊。"钱镠也发现气氛不对，赶紧改唱了一首通俗的山歌："尔辈见侬底欢喜，别是一般滋味。子长在我侬心底里。"意思很简单：你们看到了我，我也看到了你们。老乡见老乡别有一番深情。你们一直都在我的心底里。这一回父老乡亲听明白了，举杯欢庆，大声响应，气氛活跃。

902年，钱镠被朝廷封为越王。这是当年董昌想得而未曾得到的王位，终于让钱镠得到了。也是乐极生悲，正当江南又要与淮南开战，一个内外夹攻、腹背受敌的大事件此时爆发，钱镠视为亲军的武勇都叛乱了。

腰鼓形的杭州城

890年，杭州尚未成国都之前，钱镠便开始大兴土木，凤凰山下的唐代州治故址，成了钱氏政权所在地，为此建了一个内城，人称子城。所谓子城，其实就相当于别的中原王朝或独立称帝国家的皇城。只不过吴越国一直对朝廷比较恭敬，外交上不愿留人把柄，所以称呼上向来谨慎，不敢逾制；十国之中，仅有马楚和吴越两国始终不曾称帝，所以王宫所在地只能称作子城。子城近似于四方形，周长9里有余，包裹着城南的凤凰山，王宫则在子城北侧地势较为平缓之处，包含四宫六台、数十处楼亭。子城西面、南面宫墙之外就是后世的织造府、官窑和八卦田，算是为宫城提供食蔬、衣料、器皿等"特供"消费品的配套设施，一直铺开建到凤凰山南麓、俯瞰钱塘江的地方。

光有子城是不够的，所以要再对外扩建，建了一个罗城，也就是城外之城。罗城周长50里，基本形成后来杭州的核心规模。从防范的角度看，就安全多了。

杭州在唐时，州城和县城是彼此分离的，州治在凤凰山麓，县治在西湖东部，正如白居易《余杭形胜》一诗中说的"余杭形胜四方无，州傍青山县枕湖"那样。

经过这次修缮，杭州外围罗城西起秦望山，东濒钱塘江，南至江干，北到艮山门，将原州城与县城一起包了进去，形成了易守难攻的"腰鼓城"格局。

罗隐所写的《杭州罗城记》述老杭州城"基址老烂，狭而且卑。每至点阅士马，不足回转"。城墙狭小，士兵们连转身都困难，而新建罗城之后"民庶之负贩，童髦之缓急，燕越之车盖，及吾境者，俾无他虑"。这样的景象，大家市集交易，车辆往来没有任何担忧，真可谓旧貌换新颜。

杭州的10座城门也是在那时候基本定位的，这10座城门都建得很考究，钱王还同时建了几座水城门，涌金门就是其中的一座。

腰鼓形的城市给它自身的安全倒是带来了很大的好处。895年时，淮帅杨行密想攻打杭州，为侦探地形，带着一个叫祖肩的僧人秘密地来到杭州。回去后，那祖肩就对杨说：这是一个腰鼓城池，你攻打它也很难把它打下来。杨行密听了他的话，罢兵而返了。

说到杭州城延至宋代的布局结构和组合关系，史家们是这样认定的：

一是南宫北城，南面靠江边的凤凰山一带是王宫，北面是城市，这是对隋唐时州治的继承和发展。

二是前朝后市。所谓"左祖右社，前朝后市"，那是老祖宗立下的规矩，钱王也要让自己的宫室符合古制。后来南宋在此建都，也完全按照当年钱王对城市布局的格局思路展开。

三是规划城市主轴线，这条主轴线是沿一条南北走向的河展开的，也就是当年的盐桥河。它的南端是吴越王宫，北端是市坊。这个格局千百年来也没有再变化。

四是坊市制向坊巷制的过渡。所谓坊，就是居民区；所谓市，就是集市区。古代城市人民的生活是坊市分离的，居住区不能做买卖，市场不能有民居。从宋代开始，杭州城里的坊市开始你中有我、我中有你了。这也是城市建设进步的一种标志。这种坊中有巷的布局从封闭式走向开放，一直继续到今天，深深影响我们的生活。

为了建这座城池，可把百姓苦坏了，所以百姓们在城墙上写了标语：没了期，没了期，修城才了又开池。钱王看了，立刻让幕僚改了一条贴上去，说：没了期，没了期，春衣才罢又冬衣。他决心没完没了地把城就这么建下去，不管什么代价都在所不惜。

惊心动魄的叛军造反

从钱氏以杭州为中心后，对杭城的建设就成了当务之急，尤其是杭州的城墙，先前那次筑城，只是为后面的修建工程做一个铺垫。10世纪初，钱镠率领十三都人马，征发民夫20多万，把杭州城的周长从之前的50里扩大到了70里。《十国春秋》记载："新筑罗城，自秦望山，由夹城东亘江干，泊钱塘湖、霍山、范浦，凡七十里。"

想当年修筑杭州城时，钱王曾经自豪地对手下人说，现在这城池每十步就有一座箭楼，工事如此众多，应该算是天下少有的坚城了。掌书记罗隐听了却大不以为然，反而提醒他修筑城楼，不如多解决一下自身内部的问题。果然一语成谶，徐许之乱，让两浙再次陷入了一种风雨飘摇的境地。

事情就坏在了钱镠的掉以轻心上，他把这事儿也交到了"武勇都"手里。

这支部队是北方军阀当年战败后留下的残余部队，以残忍杀戮出名，谁出钱多跟谁干，有点像雇佣军。后来兵败树倒猢狲散，这些将兵就被吴国杨行密和吴越钱镠一分为二地瓜分了。跟随杨行密的为黑云都，钱镠手下的就是武勇都。他的爱将杜稜特别看不上这些残兵败将，劝过钱王，说蔡州兵狼子野心，放在身边难免养虎遗患，还是自家的八都子弟兵牢靠。说起来杜稜对钱王还是非常佩服且忠心耿耿的。可笑的是却看不破他的心思。钱镠就是因为担心子弟兵一家独大，所以才用外来户制衡他们。

大唐天复二年（902）七月，钱镠亲巡衣锦军，同时命武勇都整修他家乡的沟渠。士兵们对钱镠大兴土木已经恼怒不已，自然口出怨言，节度副使成及立刻报告钱镠，并请求暂停工程，以免激起兵变，没想到就被钱镠轻飘飘地驳回了。那时的钱镠正志得意满，出于保境安民的需要，此刻正将精力集中在建杭州城上。

积怨终究将爆发，武勇都设立左、右两军，徐绾为右都指挥使，许再思为左都指挥使，两人私下联络，一拍即合，联合反叛那姓钱的。但钱镠生得威武雄壮，明当明对砍，他们可不是钱镠的对手，徐绾便密谋想来一场"鸿门宴"以诛杀钱镠，可到头来还是被钱镠的气势压倒，宴会上就直接尿了。暗杀不成，只好等钱镠回杭州后再公开叛乱。

此时的钱镠已经从衣锦军归杭，走到离杭州十里左右了，方才得知兵变消息。而此时他的三子钱传瑛正镇守杭州城。钱传瑛天性英敏，是个文武全才。闻道徐绾、许再思发动叛乱，他赶紧与三城都指挥使闭门拒寇。而此时的钱王一路轻骑疾驰，抵达杭州城北。大将成及见钱王的王旗飘扬在杭州城外，一下子士气大振，高呼酣战，再次与徐绾的叛军战作一团。钱镠则趁夜脱下华服，换平民装，坐小舟潜入德胜门，到达牙城的东北角后翻城而入杭州城。

钱镠翻身而下，谁知那负责站岗打更的哨兵此时鼾声如雷，居然睡着了。钱镠勃然大怒，战事已如此吃紧，防卫还这么松懈，挥刀斩下，血溅三尺。士卒们纷纷惊醒，睁眼一看，才知钱王回来了，又看地上淋漓鲜血，心中一凛，谁还敢再有困意。

接着，全城上下都知道钱王回来了，顿时就都有了主心骨。叛乱的消息很快传出，出镇在外的将领们亦开始率领人马回师杭城勤王。武安都指挥使杜建徽是杜稜的幼子，此时火速从新城赶来支援杭州。徐绾发觉形势对自己越来越不利了，派人寻来大量的木材准备用来火攻北门。但堆积如山的木头被杜建徽发现，瞬间纵火焚烧了木材，让毒计胎死腹中。

湖州刺史高彦听说杭州城内乱，连忙让自己的儿子高渭点齐兵马前去勤王。高渭说今天出兵不是很吉利啊！高彦听了大怒，情况紧急，平叛救人难道还要挑个黄道吉日才出发？父命难违，高渭带着人马向南急行军，行至西湖畔灵隐山时，果然中了徐绾埋伏，高渭就此身亡。

此时，也有人建议抛弃杭州，东去越州，暂避徐、许两人的一时锋芒。杜建徽闻言大怒，手按剑柄厉声喝道：要是战败了，我们就一起共赴国难，岂能就这样放弃基业往东逃跑！此话言之有理。要是就这样放弃杭州逃到越州，不仅丧失了作为根据地的杭州，还丧失了人心。而且士兵们因为家人都落入敌人的控制之中，很快就会士气全无，更可能直接哗变。

越州毕竟平定不久，钱镠还是有些放心不下，于是派自己的心腹大将顾全武前去戍守。顾全武摇摇头说道：让我去越州，倒不如派我去扬州。扬州乃杨行密总部。此话一出，震惊众人。顾全武这才解释，徐绾必定会求助吴国宣州田頵，从而勾来他的上级杨行密，如此里应外合，杭州就相当危险了。不妨先行一步，游说杨行密，来个釜底抽薪，帮助钱镠平叛。又建议钱镠与杨行密联姻；钱镠二话不说，就让六子钱传璙随顾全武前往广陵（扬州），向杨家求婚联姻。

不出所料，此时的杨行密，果然与钱镠想到一块儿去了。田頵作为他的部下，已经尾大不掉。顾全武为杨行密引荐了钱镠的爱子钱传璙，表示钱族愿意联姻，而且女婿也送上门了。钱传璙（887—942）那年也就16岁吧，是钱镠的第六子，母亲庄穆夫人吴氏，是钱镠看得最重的夫人。杨行密这下是真感动了，又看小伙子堂堂正正，当下拍板，就那么定了，遂将女儿许嫁给钱传璙。

天复二年（902）的九月，田頵果然联合叛军来到了杭州城外。他来到前线，躲在旗鼓之后视察杭州城防。钱镠也亲自登上城墙，伺机向田頵喊话。动之以情晓之以理，田頵始终避而不见、闭口不答。面对装聋作哑的田頵，钱王取出硬弓,搭上白羽箭,一箭飞去,正中田頵身旁旗手,将旗落地,杭州城内顿时欢声如雷,鼓声震天,吓得田頵退兵而去,却派出军士在城外叫骂。钱王再次挽弓,一箭就把对方钉在了地上。那年钱镠已经47岁了,他真是一名顶呱呱的神箭手啊!

田頵仍旧不甘心,当夜偷袭杭州城。谁知城中早有防备,箭如雨下,礌石滚木砸向城下,田頵布置的云梯冲车俱毁,将士伤亡惨重,尸体几乎填满了护城河。田頵见伤亡太大,不能硬攻,不得不鸣金收兵拔营后撤。

天复二年十一月,田頵卷土重来,直接绕到杭州东面的西陵,想从后方背刺两浙军。钱王早就有预料,派出盛造和朱郁大破敌军,再次挫败阴谋。

战败之后不久的十二月,吴王杨行密的使者就到达了杭州城外,两浙方面此时也得到了消息,而田頵则在今日的杭州半道红迎接了使者一行人等。他毫不避讳地问起主公何意,没想到身边还有个钱镠派出的卧底在偷听。果然,杨行密的命令很简单:回来,如不回,另有人去坐镇宣州。这一句话直接刺到田頵的命门,田頵只得带着徐绾、许再思回了宣州。

这家伙临走时又动了一个歪心思,先是向钱镠索要20万贯的劳军费。不就是钱吗,不差钱,钱镠同意了;接着他又提出要钱镠派一个儿子做人质,并让钱镠的儿子娶田頵的女儿。钱镠倒是不缺儿子,有史可查的就有35个,但把诸子叫到身边,问他们哪一个愿做田頵的女婿,竟然没人吭声响应。钱镠只得强行摊派,让钱传球去。谁知钱传球坚决不肯,气得钱镠几乎想要处死他。亏得这时七王子钱传瓘出来解围,说他愿赴宣州做人质。钱镠的妻子吴氏哭道:为何要把孩子送入虎口?反倒是钱传瓘替父亲说话:国家有难,岂能偷生?就这样向母亲磕头行礼再拜而出。在几个家丁陪同下,从北门缒城而下,随田頵一起回帅宣州。

田頵的愿望满足了,钱家亲儿子在他手里,就是一张护身符嘛。但钱王对钱传球却失望透顶,当即就夺了他掌管内牙兵的权力。内牙兵相当于节度使的羽林军,忠诚度和战斗力极高。钱镠之前是相当看重钱传球的,可惜他还是看错了。

从此以后,钱王晚上不让自己睡得太深沉,用一块滚圆的木头做枕头,取名"警枕"。稍微有点睡熟，头就从枕头上滑落下来而惊醒。因一直保持警惕状态，钱王从此被人称为不睡龙。

素车白马过钱塘

打仗归打仗，建设归建设，"保境安民"是吴越的一项基本国策。人们往往以一首收入《全唐诗》中名为《献钱尚父》的诗作，作为对钱镠王曾有的更大野心作注。此诗乃晚唐诗僧贯休所作。全诗如下：

> 贵逼人来不自由，龙骧凤翥势难收。
> 满堂花醉三千客，一剑霜寒十四州。
> 鼓角揭天嘉气冷，风涛动地海山秋。
> 东南永作金天柱，谁羡当时万户侯。

贯休当初写"一剑霜寒十四州"是没错的，这十四州指的就是吴越国的地盘。当时的节度使少则统领州三四，多则统领州十余，吴越国东濒大海，西邻歙州，南连漳泉，北抵常润，大致包括了今日浙江省的全部，以及苏南和闽北的一部分，虽谈不上疆土万里，但的的确确是一块膏腴之地。

这个靠金戈铁马、摧城拔寨起家的"马背英雄"，在建立吴越国后却表现出了在后人看来惊人的理智，安居于十四州。所谓知白守黑，这就是钱镠的高明之处。

清代杭人袁枚在《重修钱武肃王庙记》中，对钱王的基本国策，用了以下两句话："世方喋血以事干戈，我且闭关而修蚕织。"后人把这两句话用来做了杭州钱王祠的楹联，翻译成现代白话文，就是别人爱怎么打仗怎么打去，我们只管自己抓紧时间搞物质文明的基本建设。

在吴越国治理十四州领地，钱王首先就得学习一个人：炎黄子孙的先圣大贤——大禹。他启示钱镠，只要把洪水治理好了，其他的事情就水到渠成。

吴越治下的两浙是名副其实的江南水乡泽国，境内河流湖泊星罗棋布，北边有长江、吴淞江、太湖、淀山湖、嘉兴南湖，中部有钱塘江、新安江、杭州西湖、越州鉴湖，南部有瓯江、飞云江、临海江、东阳江。而在理水这件大事面前，钱王首先要做的一件事情，就是兴修海塘。因为基本建设的首要任务，就是兴修水利，兴修水利的首要任务，就是治理海塘。

从古至今，都知晓钱塘江潮乃为天下奇景，吸引无数游客前往观赏，文人墨客纷纷吟诗作词。罗隐曾在《钱塘江潮》一诗中写下"怒潮汹汹势悠悠，罗刹江边地欲浮"，苏轼更有"八月十八潮，壮观天下无"的佳句。江山如画，为何钱王要急急地治理它呢？

原来杭州湾呈喇叭形，口大肚小。钱塘江河道自澉浦以西，急剧变窄抬高，致使河床的容量突然缩小，大量潮水拥挤入狭浅的河道，潮头受到阻碍，后面的潮水又急速推进，加之沿海夏秋刮东南风，风助潮势，迫使潮头陡立，破碎轰鸣，惊险壮观。杭州钱塘有如此盛景，也算是福兮祸所伏。

910年，钱王55岁了，环顾周遭，他的对头无论董昌还是杨行密，在这个年纪都已经死了。一千多年前，这把岁数早就过了知天命之年，而此时的钱镠被封为吴越王已经三年，奏章接二连三地送到钱王手里，原来钱塘江潮为患，崩堤裂岸，田庐淹没，百姓不胜其害，作为国主，焉能坐视。

钱王和他的"技术团队"在实地考察之后，萌生修筑石塘的创意，为此还特意写了《筑塘疏》上奏当时的后梁朝廷，说："民为社稷之本，土为百物所生，圣人曰有土斯有财，塘不可不筑。"其实这也就是走一个程序罢了，后梁也不会给一个子儿，也不会派一个劳力，但上奏将地域性的行动上升为国家运行，所以必须而重要。当年八月，钱王动用民夫20余万人，修筑首先从今天的候潮门、通江门外开始。真是万事开头难，刚开始施工，钱塘江潮便频繁冲击江岸，民丁们被冲得七零八落，四处逃散，工程被迫暂停。

"八月涛声吼地来，头高数丈触山回。"工程无法进行下去，想来是报告了阳间的领导，却未报告神灵之故吧，这件事情是要老天爷出面帮助了。钱王对天祈祷说："愿退一二月怒潮，以建数百年厚业，生民蒙福。"又向潮神伍子胥的祠堂祭拜祈求说："愿息忠愤之气，暂收汹涌之潮。"他把祈祷书封在一个小铁箱里，放到了海门山，希望能寄到海神那里。

天神、海神和潮神都已求了个遍，谁知潮水不管这一套，照样潮涨潮落。这一来钱王也发怒了，终于有了钱王射潮的故事。据说他广采山阴之竹，用鸿鹭羽毛作箭羽，并饰以丹朱，又用淬过火的钢铁作箭镞，制箭3000。亲率500弓弩手，各持6支箭矢，面对汹涌而至的钱塘江潮放箭，潮来一次，箭发一支。3000支箭射向潮头，逼得潮头不敢往岸边冲击。钱王又下令追射，潮头只好弯弯曲曲地退到西陵。由是大功告成，钱王将余下弓箭埋在候潮门外，奠基成塘。由此留下了北宋苏东坡的赞叹："安得夫差水犀手，三千强弩射潮低。"

今日杭州宝石山上，过保俶塔到那些大大坟起的石头岩石上去时，要路过一条极狭隘的小路，上面架着两块大石头，那石头上留着一对很大的印子，一边一个，像一对足印，正好像一个巨人撑起脚来把石头分开的样子。人们说，这是钱王在这里射潮的时候石头滚过来时他撑开的脚印，靠力大无穷的本事撑开的一条石缝路。

举世闻名的捍海塘工程，在生产力极其低下的当年，是用什么办法来进行的呢？筑塘以石。自吴越始，首先选定潮灾严重的要害地段重点加强防御——自候潮门至通江门一带，沿线加固成"多重大塘"，即四层结构：第一层为榥柱，每根榥柱长约6米，直径30厘米，共植十余排，起着缓冲江潮冲击力的作用。第二层称"护卫塘"，先在堤岸的外侧用大木打下木桩六排，每排之间嵌以装滴石块的竹笼，然后再用灰沙混凝土塞紧空隙处。第三层才是真正的"石塘"，用山上采来的大块石板砌成。第四层是石堤内的保护性土堤，用泥土填夯。

开平四年（910）十月，两个月的施工，20万民工的努力，一条防潮堤塘终于展现眼前。从六和塔筑到艮山门，长三十三万八千五百九十三丈，外加土塘，内筑石堤，费时两个多月，耗资十万九千四百四十缗，近一亿一千钱。形成坚固的海堤，保护了江边农田不再受潮水侵蚀。石塘具有蓄水作用，江边农田得获灌溉之利。有效制止潮患，碱地遂变良田。一千多年过去了，至今还存六和塔至艮山门一段残痕。1985年底，杭州东南钱江畔，出土发现了中国水利史上著名的"钱氏捍海塘"遗迹。

修筑海塘的同时还开拓了海上通道，改变了钱塘江上的一个重要的地理现象。原来钱塘江旧时也称罗刹江，盖因江面上曾经有一块巨大的罗刹石。罗刹即恶鬼名称。巨石挺立江中，威胁江中船只，人们毫无办法，只好把它当了鬼神来敬，唐朝时每一任杭州长官到任，都要去江边祭酹。但因钱王筑了海塘，江水向南退去，罗刹石与陆地连成了一片，终于隐没到地下去了。罗刹江的名称，随之也就消失。潮神无法对付的事情，还是让钱王办到了。

塘筑好了，钱王豪气顿生，还是得感谢诸路天神地神潮神啊！他重新修筑吴山伍子胥祠，又挥毫作诗一首，名曰《筑塘》：

天分浙水应东溟，日夜波涛不暂停。千尺巨堤冲欲裂，万人力御势须平。

吴都地窄兵师广，罗刹名高海众狞。为报龙神并水府，钱塘且借作钱城。

欲识潮头高几许，越山浑在浪花中。大自然用江潮来显示了无与伦比的伟力，历史上那些有名的英雄和无名的人民，则用钱江大塘体现了人的豪情壮志和胆气。杭州有幽美的西湖，又有壮阔的大潮，还有灿若繁星的水井，好比天地有阴阳，人间有男女。钱镠在理水治水的问题上，做得堪称一流，真所谓：素车白马过钱塘，明珠在旁遥生辉。

那么西湖呢？对身处国都杭城的西湖，就更不必说了。乾化二年（912），钱王扩建宫室时，可笑有位术士竟然进言说：如果仅仅是扩大原来的宫殿，钱氏称王不过一百年时间，要是填平半个西湖，那王位就可以传承千年。钱王笑怼：百姓是靠西湖水灌田的，无水便无民，无民哪里还有国君。再说哪有千年不换人主的？我有国百年也就够了。他依凤凰山扩建王宫，西湖这才有幸保留了下来。

钱王的原话究竟是否这样说，已无法考证，但他没有填掉西湖这是个事实，相反，他还在西湖附近组建了数千名"撩湖兵"，专门负责治理西湖。他们日夜清除葑草，挖掘淤泥，疏通河道，修筑堤闸，解决了杭州城百姓的饮水和杭州附近农田的灌溉问题，终于使西湖成为一个风光秀丽、景色迷人的湖泊。

"小井大井吴山井，乌龙灵鳗郭婆井，双眼四眼八眼井，金井义井银瓶井。"历史上的杭州是个处处是井的地方。根据《民国时期的杭州》一书记载，截至1930年，杭州共有水井4842口，平均20户人家就有一口井。这种市井格局意识，和钱王时期的重视也是分不开的。杭州很多街道都以井为名：大井巷、小井巷、四眼井、百井坊巷等，都与井相关。这种关心，上承唐代的李泌和白居易，下接宋时苏东坡、明时杨孟瑛、清时阮元、李卫等，天长日久，水利成为一种考察两浙官员政绩的重要硬刚指标。故，钱王对市井的关注也是非常重视的，其中重中之重，便要数杭州百井坊巷了。

五代时期钱镠建立吴越国定都杭州，据说由于李泌的六口水井已不够市民所用，便下令开凿99口水井以泽民，百井坊巷因此得名。如今尚存一口钱王井，堪称是杭州历史悠久的古井，钱王井内壁直径为0.9米，壁用青砖砌成，井深7米，井水清澈。

钱氏后人跟着吴越开国国王思路走，其后又根据需要多处掘井。最有名的当是吴越国王钱弘俶时，名僧德韶国师开掘的寒泉（吴山大井）。此井与山脉相连，清泉汩汩不绝。淳祐七年（1247），杭城大旱，城中诸井竭，唯此井不涸，附近居民特在井上建亭加以保护。明洪武七年（1374），井边立一石碑，上刻"吴山第一泉"。1987年，杭州市政府立一石碑，上刻"钱塘第一井"。此泉在今大井巷22号，井水仍可饮用。而今天的杭州大井巷，因有"钱塘第一井"，连巷名也跟着井名走了。

陌上花开缓缓归

我们往往把"钱王射潮"与"陌上花开"放在一起叙述,以传递钱镠的文治武功。考证"陌上花开"的出处,着实不少,《十国春秋》等有关吴越国的文献中,关于吴越王给其吴氏夫人信件记载,一共也就九个字:"陌上花开可缓缓归矣。"后来经过苏东坡等文人的再三渲染,"陌上花开"从此作为吴越文化中温柔亮丽的文化符号。

钱镠发妻吴夫人,过门后,孝敬公婆,教子有方,是个为人称道的贤妻良母,有子13人,钱镠生性严厉,动辄为一些小事大动肝火,吴氏便会对他温言劝慰,让钱镠既爱且敬。后梁贞明五年(919)十一月二十三日,正德夫人吴氏薨逝,终年62岁。谥号"庄穆",吴越国上下都称呼她为"庄穆夫人"。

清代学者王士祯曾说:"陌上花开,可缓缓归矣",二语艳称千古。后来还被乡民里人编成山歌,就名《陌上花》,在家乡民间广为传唱。直到北宋熙宁年间,苏东坡任杭州通判。英雄相惜,对钱镠敬佩有加,曾书《表忠观记》碑文,高度评价钱镠之功绩,又写下三首《陌上花》诗,其引曰:"游九仙山,闻里中儿歌《陌上花》。父老云,吴越王妃每岁春必归临安,王以书遗妃曰:'陌上花开,可缓缓归矣。'吴人用其语为歌,含思宛转,听之凄然,而其词鄙野,为易之云。"

三首诗云:

(一)

陌上花开蝴蝶飞,江山犹似昔人非。
遗民几度垂垂老,游女长歌缓缓归。

(二)

陌上山花无数开,路人争看翠辇来。
若为留得堂堂在,且更从教缓缓归。

(三)

生前富贵草头露,身后风流陌上花。

已作迟迟君去鲁，犹教缓缓妾还家。

花儿要如何才能够在陌上开放呢？最起码要有一片田园阡陌啊！你要开疆拓土，耕耘播种，守护庄稼，赶走盗贼，一辈子辛劳。922年，钱镠71岁了，十月初一日那天，他在青天白日下午睡，做了一个怪梦，见有个青衣人手捧簿书，上前告诉他说：大王明年官满于钱塘。老钱镠一觉醒来，回味这样一个梦，甚感不祥，很是心烦。直到第二年他才明白，这是一个祸福双依的梦。

龙德三年（923）二月，后梁册封钱王为吴越国王。别小看吴越王和吴越国王两个称号仅有一字之差，里面的含义却是天壤之别。对吴越而言，这是绝对的升到顶级版了。因为吴越王，算是亲王，但是和中央的关系比较密切，有点藩王、诸侯王的意思。吴越国王则大不一样，他就算是个外藩，和朝廷关系更加类似于后世朝鲜与大明的关系。除了不称帝，不改年号，几乎就算是个独立国家了。

钱镠建国，礼仪如同天子，只是没改年号，在吴越国的行政体制中置任百官，有丞相、侍郎、郎中、员外郎、客省等使。至于法律制度，吴越与五代其他国家一样，沿用隋唐时期形成的律、令、格、式四种最基本的法律形式，在唐律基础上进行修改，以适应地方实际。国家行政、官制、家事、法律等完备了，直到此时，吴越国作为国家，杭州作为国都，才算是真正建立起来了。

陌上花开的心态，最适合迎接那些缓缓归来的大人才。钱镠的堂前挂有一块"握发殿"的大匾，吐露自己求贤若渴、礼贤下士的政治姿态。五代十国，社会动荡，有识之士多明哲保身，佼佼者便寥若晨星，正因如此，晚唐泥淖中的光辉诗人罗隐在吴越的出现便不同凡响。

不隐的罗隐（833—910），在文学上的名声远过于他在政务上的政绩。《谗书》是罗隐散文的代表作。在鲁迅先生眼里，罗隐的小品文是唐末"一塌糊涂的泥塘里的光彩和锋芒"。

而在罗隐生活过的故乡和他曾经羁留过的地方，罗隐是个传说中非常独特的人物，类似于后来的徐文长和纪晓岚。诙谐，尖刻，落拓，促狭，与当权者不合作，甚至可以说是一个持不同政见者。

罗隐乃新城（富阳新登）人，史书记载说他"文采灿然，独步江东"，诗名重天下，他的咏史诗尤其出色，有一首《登夏州城楼》：

> 寒城猎猎戍旗风，独倚危楼怅望中。
> 万里山河唐土地，千年魂魄晋英雄。
> 离心不忍听边马，往事应须问塞鸿。
> 好脱儒冠从校尉，一枝长戟六钧弓。

此诗气魄宏大，让人心折不已！但空负盛名，怀才不遇，不免愤世嫉俗，又不免得罪权贵。民间传说，他因为貌丑，十次赶考十次落第。史书记载他大中十三年（859）入京师，应进士试，连续七次不中，其间便自编经典著作《谗书》。《谗书》虽是道家典籍，但却是愤懑不平之言，故而有人赠诗曰："谗书虽胜一名休。"之后又连着考了几次，均未上榜，号称"十上不第"。

罗隐对科举算是彻底绝望。罗隐本来名"横"，让人想到"横空出世"甚至"横行霸道"。有了这一折腾，干脆，"横"成了"隐"，让人想到"隐姓埋名""退隐江湖"。他决心从此不问世事，老死山林，闲云野鹤，天马行空，优哉游哉，岂不快活。

这一走竟走上了"难于上青天"的蜀道，虽备尝艰辛，仍伯乐不遇，但罗隐依然不改名士本色。887年，罗隐落魄回乡。少年子弟江湖老，罗隐27岁出游，一晃就是28年，老夫已年过半百，此生眼看休矣。闻杭州刺史钱镠名声，欲做最后的拼搏。于是给钱镠捎去一封信以"投石问路"。信中有诗言："一个祢衡容不得，思量黄祖谩英雄。"

钱镠看了罗隐来信哈哈大笑，回信曰："仲宣远托刘荆州，都缘乱世；夫子辟为鲁司寇，只为故乡。"罗隐见钱镠把他比作王粲、孔子，自然是竭诚辅佐。不久罗隐就当了钱塘县令，此时他已55岁，但他所追求的政治生命却刚刚开始，从此得以施展自己的才能，得以从政22年，实现王者师的政治理想。

世方喋血以事干戈，我且闭关而修蚕织。从军阀残杀的号叫声，到谈判桌上的和议声；钱镠曾经是个力大无比杀人如麻的马上枭雄，渐渐地懂得了不战而胜，不止一次箭在弦上时化险为夷，不止一次通过和亲来解决番国之间的战争问题。宁可牺牲自己的亲骨肉，也要换来保境安民的大好局面。

说到文学艺术，写"一剑寒霜十四州"的高僧贯休，他的罗汉画像，直到今天都是罗汉画像中的经典之作。杭州四周的群山中至今也还留下了一些五代时的石刻艺术，比如烟霞洞的石佛群像、玉泉山东麓的石窟艺术等。至于罗隐诗，在晚唐诗人中，他也算是一个佼佼者，在文学史上留下了大名。

因为文化的发展和佛学的兴盛，势必促进印刷业的进步；反过来印刷业的进步，又会影响文化的发展。这种良性的循环，事实上已经使当时的杭州成为中国的一大印刷中心。正因为有这样的基础，宋代的杭州人毕昇才可能发明活字印刷。

那些物产，很重要的一部分是北上朝贡和进行商品交易的。但此时吴国与吴越之间的过节远未结束，切断中原王朝和吴越之间的道路，阻隔吴越及南方诸国年年均有贡赋交于朝廷的君臣之礼，成为吴国下一个战略目标。贞明四年（918）正月，吴国率军南下，攻打赣南虔州。吴越彻底丧失了陆路上与中原沟通的方式。

但聪明绝顶的吴越国人，最不怕的就是水。陆上贡路断绝，那就走海上。毕竟吴越之地造船一绝，更何况吴越被吴国三面合围，只有东面大海还有发展空间，从海上寻求与外界沟通联系成了必然的趋势。

虽然海上之路较陆路艰难困苦得多，触礁沉船、惊涛骇浪、飓风龙卷、迷失航向，朝贡坎坷，从杭州湾乘船出发，经东海、黄海、山东半岛，然后在登、莱两州登陆，再经陆路到汴梁。朱友贞嘉奖钱王贡献之勤，加封他为诸道兵马元帅。朝臣虽有争议，但吴越坚持不懈。

既然有了国家，国与国之间便也开始有了外交关系。当时先后占据中原的五个王朝，虽然更有能力担任这个角色，可由于常年处于内乱中，与外国的交往相对减少，甚至是中断了。吴越作为沿海地区的国家，在这个特殊时期便代表中国担任这个角色了。我们的先人那种以舟代步，渴望远方的心态和"有朋自远方来不亦乐乎"的友好平和心境，在这一历史时期也充分体现出来。

临安人钱镠继承了他的邻居富阳人孙权的好传统，他也十分注重进行各种外交活动，与朝鲜、日本、印度、阿拉伯等国家都有着频繁的交往。钱王遣使册百济、新罗、渤海王、海中诸国，皆封其君长。但吴越的海外贸易对象还主要是东北的契丹和朝鲜半岛，路径主要北上，鲜少南下。吴越也大受海上贸易之惠，史称其"航海收入、岁贡百万"。

说到契丹，吴越可称是南方最早与契丹接触的国家。契丹盘踞东北，耶律阿保机于916年建国，遂成北方一霸。贞明元年（917），钱王派遣腾彦休为使者，乘海船跨海越洋到契丹国，向耶律阿保机进献礼物，希望能够和契丹缔结友好关系。据《辽史》和《册府元龟》记载，吴越应当是南方诸国中最早与契丹政权接触的。建立友好邦交只是第一步，随后便开始官方或民间的商船频繁往来。契丹地广人稀，物产缺乏，南方出产的诸多商品在北地很受欢迎。贸易带来的利润很是可观。

吴越共向契丹遣派使者九次。而此时，北地的朝鲜半岛，在经历了新罗短暂的统一之后，再次陷入分裂状态。吴越出面调停。钱王给高句丽和后百济的文书均称为诏书，不仅仅高句丽和后百济，新罗和辽东的渤海国都同时向吴越称臣，接受吴越册封。

五代时期，吴越派遣使者到日本，出于礼尚往来，日本遣使者回访。当时前往日本的商船很是活跃，船只从杭州出发，横渡东海后，在日本的博多港上岸。商人们夏天出发，在日本卖了东西，9月又回到杭州。中国商人带去的商品，包括丝绸、瓷器等，还带去动物，包括绵羊，甚至还带着孔雀去见日本的天皇。

中华大地，此刻依然波涛汹涌，聚合无端，风雨飘摇。而吴越国主钱镠已经练成了老船长，在风云突变的年代里，稳稳地操舵，带着吴越国这艘大船，小心翼翼，绕过明礁暗石，行驶在历史的急流险滩之间。

直至932年旧历三月二十八日，钱镠去世，享年81岁。临终遗训专门强调，一旦远在中原的中央政权稳固了，立刻纳土归朝。他葬于临安故乡钱王陵，终于走出了他"陌上花开可缓缓归矣"的时代步伐。

五代十国时期，吴越国偏安东南，建都杭州。当时的杭州称西府或西都，州治在钱塘，辖钱塘、钱江、余杭、安国、于潜、唐山、富阳、新城八县。在吴越三代、五帝共85年的统治下，经过劳动人民的辛勤开拓建设，杭州发展成为全国经济繁荣和文化荟萃之地。欧阳修在《有美堂记》里有这样的描述："钱塘自五代时，不被干戈，其人民幸福富庶安乐。十余万家，环以湖山，左右映带，而闽海商贾，风帆浪泊，出入于烟涛杳霭之间，可谓盛矣！"吴越王钱镠在杭州凤凰山筑了"子城"，内建宫殿，作为国治。又在外围筑了"罗城"，周围70里，作为防御。据《吴越备史》记载，这个都城，西起秦望山，沿钱塘江至江干，濒钱塘湖（西湖）到宝石山，东北面到现在的艮山门。以形似腰鼓，故又有"腰鼓城"之称。

吴越王重视兴修水利，引西湖水输入城内运河；在钱塘江沿岸，采用"石囤木桩法"修筑百余里的护岸海塘；还在钱塘江沿岸兴建龙山、浙江二闸，阻止咸水倒灌，减轻潮患，扩大平陆。动用民工凿平江中的石滩，使航道畅通，促进了与沿海各地的水上交通。置"撩湖兵"千人，疏浚、保护西湖，使不被葑草淤塞。

吴越三代五帝都笃信佛教，现在杭州西湖周围的寺庙、宝塔、经幢和石窟等文物古迹大都是那个时期的建筑。当时的杭州就有"佛国"之称。

承上启下的钱氏儿孙

说到第二代吴越国君钱元瓘，大概许多父老乡亲对他会生朦胧之感，这当然和他有那么一个开国君主父亲钱镠罩在头上有关。钱元瓘这个二代王只做了10年，儿子做的事情往往就算到父亲头上了。元瓘的另一个形象模糊点，则在于他人生开局点和终结处彻底一百八十度大劈叉，后人往往不知道把视点聚焦在他生命的哪一头上。

但若从他在历史上的第一次亮相开始，当是吴越国最为惊心动魄的一场内乱外攻之际，要排一场大戏，钱元瓘是以最精彩的姿态登上历史舞台的。

前章已叙，902年，兵临城下的田頵十二月初八日将撤军回国，临走前还要讹诈吴越20万钱，又要钱家出个亲生儿子做他女婿，作为庶子的七王子钱元瓘挺身而出，自告奋勇而去。

七王子和乃父一样，都是个标准的武将出身，16岁"忘身而纾国难，虽死无恨"，自人质安全归来之后，钱元瓘智勇双全，屡立战功，被升为检校尚书左仆射、内牙将指挥使，在讨伐叛乱、抗击贼寇中立有大功。

元瓘在位十年（931—941）中，中原经历了清泰夺位、石晋割土诸变，闽王称帝，南唐废立，马楚内乱，孟蜀割据，堪称纷扰多事。元瓘则在吴越国内广兴佛事与营造，声望日隆，偶有波澜，并无动摇国家根本，国主生涯堪称无大危。

其实，乱世中的所有大危都是从小危而来的，小危其实是不断的，有能力的君王会把小危控制扼杀在青萍之末，无能的君王则把小危搞成大危，几个大危下来便江山易主，生灵涂炭。从这点上说，正是因为钱元瓘及他的政治核心团队不断地解决着此消彼长的小危，使国家始终处在微妙的平衡状态中。而这种政治能力，则是作为吴越国的精神遗产，从钱镠手中全面继承而来、并发扬光大的。

940年，钱元瓘在嘉兴县设置秀州。而下一年七月，都城杭州忽然发生大火，先是七月丽春院火起，延及内城，宫室府库，财帛兵器统被烧毁。钱元瓘仓皇躲避，但他躲到哪里，火就烧到哪里，元瓘迁居瑶台院后，终因惊惧发狂疾，于同年八月二十四日去世。享年55岁，庙号世宗，谥号文穆王，葬于杭州玉皇山南麓。他的墓拱上盖着一块大石板，上刻天象图。

钱元瓘身为堂堂吴越国君主，居然因宫殿失火被惊吓而死，此乃中国帝王史中绝无仅有的一位。正史对他的评价着实不低，堪称允文允武，长于抚驭，决事神速，可见在政治上他完全继承了乃父的成熟手段，是乱世中具备了治国韬略的一方国主。

钱元瓘死得早，生儿子却晚。直到40岁时，他才有了第一个亲生儿子。他去世那年，年仅13岁（928—947）的太子钱弘佐在以章德安为首的文武群臣拥护下，继位于仙人堂，成为吴越国的第三任国王。吴越国的命运就这样交到了少年钱弘佐手中。

此时中原王朝还是后晋，天福八年（943）赐吴越国王玉册。吴越国的文武群臣、平民百姓，邻居南唐、闽国，包括中央政权后晋，都在翘首看着钱弘佐的表现。而刚刚登位的钱弘佐就显现出儒雅好学、温柔好礼的特点。吴越内牙军的那些中高级军官似乎察觉到了新任领导钱弘佐的这个软肋，开始制造吴越国的不安定因素。须知内牙军是吴越国的一支亲卫军，主要负责保护吴越王府的治安和杭州城的治安，是真正意义上的王室禁卫军，因此深得吴越国国王的青睐。牙军的中高级军官都由吴越国的功勋武将及钱氏家族的重要家庭成员担任。

此时，一以贯之的基本国策路线的强大优势便呈现出来了。不能只靠人管人，得靠制度管人。钱弘佐治吴越，无论是内政还是外交，依旧延续着他爷爷和父亲的轨迹。外交上钱弘佐对抗淮南，尊奉中国，最后达到他爷爷吴越王国国王的地位；而内政上又轻徭薄赋，对外发展贸易。这一历史单元，可谓是五代十国中吴越人享受的最美好时光。《吴越备史》中曾有一段记载说："民有献嘉禾者，王问仓吏：'蓄积几何？'对曰：'十年。'王曰：'然则军食足矣，可以宽我民。'"乃命复其境内免租税三年。那自信和气魄，一张嘴就是免三年。可以说，他在位的那五年，可谓是吴越国历史上境内升平、物产丰阜、积谷贮备最丰厚的时光。其时吴越境内商业及手工业发达，手工业中尤以瓷器制造业著名，各种丝织品、茶工艺品等均远销北方各地。

945年，万人规模的南唐士兵抵达建瓯，与规模相当的守军展开对峙，福州军方选择向北面的邻居吴越称臣求援。文武百官多不想管闲事，劝钱弘佐："福建山路难走，就算我们出兵，到福州时估计李璟也差不多得手了。"18岁的国王变色曰："唇亡齿寒，《春秋》明义，吾为天下元帅，执大兵柄，岂不能恤邻难乎？诸将跃马肉食，不能为我身先耶？有异议者，斩！"

汉天福十二年（947）三月，南唐军在神州城下被吴越援军杀得大败，闽军首领李仁达便把福州这一闽国故都献给了吴越。吴越得福州，几十年来一直被吴与南唐战略压制的劣势彻底扭转。可惜天不假年，钱弘佐命数太短，汉天福十二年六月，钱弘佐突得重病，六月乙卯，薨于咸宁院之西堂，年二十，在位七年。谥曰忠献。八月，葬龙山之西原。因其子年幼，诸将拥立钱元瓘第七子钱弘倧继位。

吴越国第四代领导人钱弘倧（929—975），于开运四年六月丙寅十三日，即位于天册堂，正式继承吴越王之位。年轻的少年钱弘倧，与其兄长一样，也遭遇了悍将擅权凌主的问题。吴越国的又一段触目惊心的宫斗开始了。

947年的那个夏天，中原中央政权和地方吴越政权一样，也发生了巨大的变化。后汉从建立到灭亡仅三年，历二帝，是五代十国里最短命的政权。不过比起那钱弘倧在位的时间，它又算是长了。

钱弘倧在位时间太短了，只有半年。947年六月继位，十一月，钱弘倧在碧波亭大举检阅水军，赏赐比过去多一倍。胡进思极力劝谏减少赏赐，钱弘倧本来就恼怒他过多干涉朝政，见他在众人面前一遍遍劝阻，一时便动怒发作。他把笔投到水里，说："我的财产和士卒都是共有的，有什么多多少少的界限呢！"这可把胡进思及周边的人吓出个大跟斗来。新王竟然敢如此大张旗鼓公然斥责老帅，这以后的日子还怎么过啊！胡进思等人一时便大为恐惧起来。

自晚唐以来，军人一直就飞扬跋扈，五代十国的吴越国也不例外。钱弘佐短短七年中，也曾诛杀了一些跋扈军人，不过对在位的将领还是给面子的。胡进思跟钱镠是同一辈的人，比文穆王长一辈，比钱弘倧长两辈。本人又是大功臣，活到钱弘倧时代，可以想见他的威望，杭州的军官们是以他为长了。而钱弘倧生性聪明机敏严厉刚毅，未继位前就愤恨其兄容忍宠养众将，政令不出于自己。他又素来看不惯军人跋扈，一上来就诛杀杭、越二州玩忽职守败坏法纪的三名官吏。这些雷厉风行的动作，也算是给群臣一个下马威。胡进思回到家中，抱着钱弘佐的灵位，那叫一个披头散发地痛哭。他无论如何也想不明白，自己亲手扶起来的新王想干什么，想弄死他吗？

以往，虽然国王和权臣的冲突不断，但并没有致命的导火索被点燃。钱弘倧继续急躁性严，而胡进思还是一样骄横跋扈，而这次，胡进思真的动了废王之心。

开运四年（947）十二月三十日，钱弘倧在除夕之夜于天册堂宴请众将领、官员们。胡进思率领亲兵100人，身着戎装、手持武器开进宫内，钱弘倧猛然惊愕得没有时间发话，躲进了内宫义和院。胡进思封锁义和院，宣布忠逊王已经中风，不能理政。然后就去找钱弘俶想让他继位，又假传钱弘倧的命令，宣告朝廷内外说，钱弘倧因突然中风，传位给其弟同参相府事。钱弘俶是钱元瓘第九子，钱弘倧同父异母的弟弟，两人年龄还一般大。钱弘俶说："除非你当着大伙儿的面，发誓保全我哥哥的命，我才敢接受此王位，否则我当避路让贤。"胡进思面上还是答应了钱弘俶，钱弘俶这才继了位。

乾祐元年（948）正月十二日，钱弘俶第一步就是赶紧将钱弘倧及其妻儿迁居到临安衣锦军私宅，赐予丰厚的财物，并派匡武都头薛温带领亲兵护卫钱弘倧，悄悄告诫薛温等人说："你们要小心护卫我的兄长，如果有非常之事，一定要拼死抵抗。"

不久，胡进思请求钱弘俶诛杀钱弘倧，钱弘俶不同意。钱弘俶虽然表面上对胡进思一直以礼相待，但胡进思察觉到，自己那点小动作早就被钱弘俶知道了，指不定哪天，自己会被报应到呢。他又惊又怕，没多久，背上就长出疽来。这回他不需要在先王灵前哭了，他可以亲自去向先王报到了。

胡进思死后23年，开宝四年（971），一直在越州居住20多年的钱弘倧病逝，总算富贵善终了。当时因为吴越臣服北宋，他的名字已经因为避讳被改成了钱倧，谥号忠逊王，以王礼安葬于会稽的秦望山。

向着天堂的祈祷

现在，吴越国三代五王中的最后一位君王登临了历史舞台。钱弘俶是个好国主，即位后就励精图治，下令百姓历年所欠赋税一律免除，还命令数千兵卒解甲归田，垦荒耕种，境内田亩荒废者"纵民耕之，公不加赋"，民心大悦。又置营田卒数千人，以松江辟土而耕，达到"境内无弃田"，粮食丰稔，斗米十文。没几年，吴越丰收，每斗米也不过十文钱左右。后周广顺三年（953），境内大旱，百姓有人卖儿卖女，钱弘俶下令由官府出钱赎回，归还其父母，并开仓赈济，缓解灾情。钱弘俶，没有陈叔宝的荒淫，没有李后主的懦弱，北宋未发一兵一卒，自先纳土归宋。有如此君王，本当为天下百姓之福。隋唐初期的杭州城，只有1500多户人家，到吴越国，已经有十几万户了。这种体恤民生的慈悲之心，和他自小崇佛有着很大的关系。

此时的吴越国都杭州，寺塔林立，高僧云集，经幢造像繁多，逐渐成为全国佛教中心。钱弘俶在位30余年，创建寺院至少143所。"北有灵隐，南有净慈"，建于吴越国时期的皇家寺院净慈寺，坐落在南屏山下，面向西湖，红墙金殿，重檐翘角，其宏伟可与灵隐寺媲美。寺院建成后，钱弘俶特意请来衢州慈化定慧禅师道潜，以后又请来灵隐寺的延寿禅师来净慈寺任住持。家喻户晓的济公和尚，原先也是在灵隐寺出家，再来净慈寺拜住持德辉为师的。

净慈寺香火日盛，而且惠及净慈寺的左邻右舍，从此净慈寺四周佛刹林立，弥陀寺、天王寺、法性寺、显应寺、空律寺纷纷来此辟建山门，晨钟暮鼓，梵呗相闻，这里成了杭州最大的寺院群。

钱氏统治90余年，杭州的佛事可谓登峰造极，九溪理安寺、月轮山开化寺、城隍山宝成寺、灵峰山灵峰寺、天竺山法喜寺，还有清涟寺、海会寺、玛瑙寺、昭庆寺、普门寺、兜率院等，这些寺庙都是在吴越国时修造的。

吴越国时期，一个杭州城，寺院就有200多家。历代钱王身体力行，奉佛护法，有事常向法师请教。比如法眼宗六世祖师延寿法师，在976年圆寂前就劝谕钱弘俶"纳土归宋，舍别归总"，受到了钱弘俶的充分重视。他最后和平统一的决定，不能说与此无关。

在吴越国的这几座名塔之中，毫无疑问，保俶塔是最能让人记住的。到杭州来，不看到保俶塔几乎是不可能的。前人说雷峰如老衲，六和如将军，保俶如美人，构成了杭州山水间矗立的美。

那么，保俶塔的建造真的和纳土归宋有直接关系吗？如果不是，"保俶"又是从何而来的呢？此事还得从那个历史的转折点960年说起。对吴越国而言，那可真是一个多事之年，北方是后周被北宋取代，而吴越国则是内部宫廷政变，图谋不轨的竟然是钱弘俶的五个舅舅。其中当丞相的国舅爷钱延爽还刚刚修好了今天我们看到的"保俶塔"，连叫什么名字都还没有取好，他们就东窗事发了。所以，保俶塔是后代的人取的，和当时保护钱弘俶没什么关系。

杭州还有一座塔，那倒真是钱弘俶离开杭州前往汴梁前最后几年所建的。有人说这才算是真正的"保俶塔"，但却因神话故事《白蛇传》名扬四海，倒塌近80年之后又重新矗立，这就是雷峰塔。

说雷峰塔是为镇压白娘子才建的，当然纯属虚构，雷峰塔的真正建造起因也是众说纷纭，有说975年，钱弘俶的爱妃黄妃生了个儿子，钱弘俶大喜过望，造塔以表庆贺，故又名黄妃塔。雷峰塔原计划要造13层，没钱了，只造了7层，后来又遭雷击。再修只有5层了。当初建到7层时，砖木结构，也是金碧辉煌的。里面嵌有《华严经》刻石，塔下又有地宫，供奉了16尊金刚罗汉。

雷峰塔后来一把火烧了。原来明嘉靖年间（1522—1566），倭寇侵入杭州，因为怀疑雷峰塔里有伏兵，烧了檐廊，只剩下了砖体塔身，连塔顶也毁了。劫难创造了另一种美，犹如那断了臂的维纳斯。雷峰塔又老又皱，身影斜歪了，塔顶生出了老树，一脸焦容，但依旧凌空突兀，残缺中它那特殊的风姿，又顶住了400年。张岱有诗曰：时有熏风至，西湖是酒床，醉翁潦倒立，一口吸西江。

1924年9月25日下午1时40分许，塔訇然而塌。一时尘埃蔽日，鸦雀惊飞，杭人素有"杭儿风"，就是赶着做一件事，立即万人空巷，奔赴现场，看热闹的看热闹，拣塔砖的拣塔砖。砖孔内意外发现了钱弘俶印造的经卷，成为此塔的身价物证。经卷为《一切如来心秘密全身舍利宝箧印陀罗尼经》，卷首曰"天下兵马大元帅吴越国王钱弘俶造此经八万四千卷，舍入西关砖塔，永充供养，乙亥八月 日纪"。乙亥为开宝八年（975），该年八月正是钱弘俶出兵助宋灭南唐之际。

2001年春天，杭州市对雷峰塔地宫进行挖掘，重修雷峰塔的计划得以实施，一座全新的雷峰塔已重现，而且那下面，将永远不会压着白娘子了。

杭州还有一座塔，也是钱弘俶时期建造的，直至今日，依旧是游人流连忘返之地，那就是六和塔。这座塔由吴越国时期著名的建筑大师喻皓所建，它威风凛凛矗立在钱塘江畔的月轮山上，撑空突兀，跨陆俯川，从这摆开的架势看，很有点雄视八方的气概。

六和的说法也不一。一是六合，从"天地四方"而来，古人称天地四方为"六合"，故庄子有"六合之外，圣人存而不论"；还有种说法来自佛教中的"六和敬"，即"戒和同修、见和同解、身和同信、利和同均、口和无争、意和同悦"；再一种说法，便来自民间的传说了，说的是钱塘江畔有个叫六和的小伙子，担石镇江，保一方平安，后人纪念，建塔名以六和。

六和镇江当然只是传说，但六和塔的确和镇江有关。北宋开宝三年（970），由吴越国王钱弘俶命智觉禅师主持，在钱塘江畔的月轮山上建了这"九级浮屠"，以镇江潮之患。因此地旧有六和寺，所以此塔是因寺而名的。到南宋绍兴年间，重建六和塔，目的还是一个，对付江潮。可见六和塔和钱塘江是相依相存的，若没有那潮水，也就未必会在这里建六和塔了。

雷峰塔有个白娘子，六和塔也有个家喻户晓的《水浒传》花和尚鲁智深。鲁智深跟着宋江镇压方腊，后来和林冲及武松到得这钱塘江边月轮山上六和寺内，那风雪山神庙中的80万禁军教头豹子头林冲，正是在此中风，死于寺中，而打虎武松则在旁边的六和寺出家。一日鲁智深见月白风清，水天共碧，半夜听到江上潮声如鼓，以为贼人追杀，摸了禅杖就要打出去，被众僧们围了，告诉他这是江潮信响。鲁智深想起当年师父给他的偈语："听潮而圆，见信而寂。"花和尚鲁智深当即就在寺里坐化了。而武松八十善终，就长眠在了六和塔旁。

吴越国三代五王，个个顶礼膜拜，奉佛祖为圣明。他们放眼望去，四面是不息的烽火，便低下头来，合掌闭目，在经声佛号和晨钟暮鼓中，得到了他们所需要的和平、宁静、超脱。吴越国的繁荣在香火中飘浮，而在政治上，这个小朝廷，就这样平静地走到了尽头。

九九归一纳土大统

960年，赵宋王朝在汴梁建立。赵匡胤陈桥兵变，黄袍加身，便开始了"卧榻之侧岂容他人鼾睡"的统一思想，一个个地开始收复那些分裂出去的金瓯碎片。分久必合的时代开始收尾。从钱镠到钱弘俶一头一尾，这个越琢磨越让人回味无穷的吴越国，开始了它意味深长的谢幕。

必须明白，无论吴越国如何祈祷着钱氏江山的永久稳定，祈愿吴越十四州能维持现状，与中原合中有分，这种小目标都是不可能实现的。泱泱大中国，自夏、商、周以来，便普天之下皆为王土，秦皇、汉武、唐宗，都昌大一统王朝，短暂的五代十国，在历史长河中如白驹过隙，瞬间即逝，而当下，宋祖的时代，很快就要降临了。

吴越国纳土归宋的趋势，早在北宋初年就已经开始了。那时就常有北宋使臣来往于江南，留下许多政事统一前的准备工作。比如钱弘俶一直是被叫作钱俶的，因为"弘"字犯了宋宣祖赵弘殷的名讳，故避讳称钱俶，钱家所有弘字辈的，从此也都去了弘字。可见钱弘俶在文化传统、典章制度上，都是非常自觉和中央保持一致的。

但赵宋要统一天下，先要解决的不是吴越，而是南唐。南唐对诗人们而言，是一江春水向东流的明月升起之处，可对赵匡胤而言，南唐后主李煜就简直是一块滚刀肉。总体来说，南唐的综合实力不如中原王朝，为求生存发展，南唐采取的是联弱抗强、远交近攻的策略。

974年，正是开宝七年冬十月，这是一个历史性的重大时刻，赵匡胤准备伐南唐了。在此之前，钱弘俶曾派遣判官黄夷简入朝进贡，宋帝谓之曰："你回去后就跟你家元帅说，南唐那么死僵着不遵命于我大宋朝，我得讨伐它了，你家元帅必须协助我，别听人家那几句蛊惑人心的话，什么'皮之不存，毛将安附'，岂非动摇我军心。"

原来此时陷入宋朝三面包围之中的李煜，自知不敌，遂遣使至吴越，请求吴越王钱弘俶出兵相助。他给吴越国主钱弘俶写了封信，其中有一段话很触心肝："今日无我，明日岂有君？一旦明天子易地酬勋，王亦大梁一布衣耳。"

意思是说：赵匡胤今天灭了我南唐，明天就轮到你吴越，南唐的今天就是吴越的明天。

孰料吴越王一转手，就到了赵匡胤的殿上，宋帝立刻优诏褒之。灭南唐之战从974年10月始，至975年11月终。吴越国出动了火箭神军，这是一种在当时属于"高科技"军事装置的武器，用波斯石油与箭矢结合射入城中，以达到火烧金陵城的作用。武器见效了，金陵城火光冲天，金陵城破，后主李煜出降，南唐就此灭亡。

刚打完胜仗，赵匡胤就惦记上钱弘俶了。976年1月，钱弘俶应宋太祖之请，第一次入汴朝阙。赵匡胤还保证让他及时返回，不会久留，并表示自己已经"三执圭币"，吴越旧臣恸哭，恐钱俶难归，太宗为此特写誓书"申誓于山河"，发誓永保钱氏子孙富贵。至四月，赵匡胤说："天气快热了，你可以早些回去。"钱俶表示今后愿意每三年来朝见一次，太祖却说："路途遥远，还是等我下诏再来吧！"再留下其子惟潜。

据说临别时赵匡胤赐予钱一个密封的包袱，让他在路上悄悄打开看。钱俶打开一看："皆群臣请留（钱）俶章疏也。"又惊又吓又庆幸，对宋太祖"益感惧"。的确，此时的钱俶还是存了一份心思的，他曾以金银财宝广送宋代高官，以此获得一个好印象。但宋朝的大臣们却众说纷然，不少人的意思是不能让钱俶走，建议赵匡胤扣留钱俶，"而使之献地"。但赵匡胤认为时机未到，在钱俶返回吴越之前，赐予密封有群臣要求扣留他的奏章，并请他回到吴越之地后再看，结果钱俶行至半路便忍不住打开看了，顿时便惊恐万分，原来他在开封时那些称兄道弟的北宋股肱之臣，纷纷建议扣留钱俶，甚至干脆一杀了之。赵匡胤把这些奏折都交给了钱俶，自然也是恩威并用，让钱俶心里明白，吴越国危如累卵的形势，是全靠他赵宋皇帝在给他撑着呢。回到杭州，他第一件事情，就是赶紧把自己的王椅移向旁边，说天威在西北，我们怎么还敢坐在正面呢。他这样的表态，也是想要向大宋说明，吴越国全心全意作为大宋的东南屏障，忠心耿耿，绝无二心。

钱俶春天和赵匡胤刚见的面，同年秋天就天人永隔了。赵匡胤是在开宝九年（976）十月突然去世的，留下了扑朔迷离的烛光斧影这大宋朝的第一谜案。接着赵匡胤的弟弟赵光义就此继位。

赵光义和赵匡胤的套路可是完全不同的，太平兴国三年（978）二月，赵光义便让钱俶进京朝见。钱俶心下明白，自己是要永远告别故乡了。临行前，他专程去祭扫了钱氏家庙。文莹所写的《玉壶清话》中对此有一段叙述，读来令人唏嘘："俶最后入觐，知必不还，离杭之日，遍别先王陵庙，泣拜以辞，词曰：'嗣孙俶不孝，不能守祭祀，又不能死社稷。今去国修觐，还邦未期，万一不能再扫松槚，愿王英德各遂所安，无恤坠绪。'拜讫，恸绝，几不能起，山川为之惨然。"

对应于纳土归宋的双方，大宋与吴越的合二为一，难道真有谁胜谁降之说吗？延寿国师临终时曾教导钱俶要"舍别归总"，此遗言源出佛教六相：指总相、别相、同相、异相、成相、坏相。这六相既同时表现在一切事物中，也同时表现在一个事物中。无论在一切事物中或在一个事物中，都是相辅相成、同时具足、互融互涉、彼此无碍的，从此可以揭示出法界缘起的道理。

吴越王朝和宋朝的和平统一，是佛教绝待圆融思想理念在政权融合上开出的一支艳丽的花朵。纵观五代十国历史，并不曾有几个主动走下历史舞台的帝王将相，即便大势已去，他们也要倾国之力做殊死之搏。或战死沙场，或砍头刑场，说一句"过二十年又是一条好汉"，为他陪绑的黎民百姓则血流成河，可怜无定河边骨，尽是春闺梦里人；新鬼烦冤旧鬼哭，天阴雨湿声啾啾。而钱俶之大德，主观上是他从禅宗视角出发，悟透了国与家、江山与个人之间的六相关系；又以儒家学说为家国遗训做了最好的文化注解和实践引导。与其生灵涂炭，国破家亡，不如舍别归总，纳土归宋。钱俶决定将"保境安民"进推至"保族全民"，遵循祖父钱镠的遗嘱纳地降宋，而客观上，则恰以钱氏家族天下，换取了吴越国免受生灵涂炭，百姓安居乐业的生活，也换来了钱氏家族千年以降的辉煌荣耀。

话又说回来，钱氏割据吴越多年，立国72年，也有一些封建政权对百姓的盘剥。史书上也有这样的记载："外厚贡献，内奢侈僭，地狭民众，赋敛苛暴，鸡鱼卵菜，纤悉收取，斗升之逋，罪至鞭背，少者数十，多者五百余，殆于国除，民苦其政。"或许这并非历来规矩，但上贡时间长，贡品多，这是不争的事实，最后的苦难，终究还是转嫁到百姓身上去的。当时宋朝官员大批南下，"接受"吴越政权后，随即将多项苛捐杂税免除。可见，钱俶纳土归宋，对于百姓来讲还是有很大减负的。

978年的五月初一，汴京崇元殿里，一场关于纳土的仪式正在进行。没有刀光剑影，不曾生灵涂炭，完成了中国历史上一次政权的和平更替。史称"吴越归地"。同年七月，载着钱氏宗室3000余人的船队浩浩荡荡启程了，他们分乘1044艘船，走水路前往汴京，宋太宗命沿线官兵行护送之责。《宋太宗允纳土诏》中提到"愿亲日月之光，遽忘江海之志"，可见宋太宗内心之喜悦。

就此，钱俶一族在汴京住下来。宋太宗赐钱俶誓书，大赦吴越罪犯，并对钱氏族人给予优待，赦免钱氏子孙中所有有罪刑拘者，钱氏男丁"无官者可以荫资，有官者重跻极品"，并且宣布："今给此书，永为照据，与国同休。"钱俶此举，保全并造就了后世钱氏的繁荣和生生不息。

在北国汴梁，钱俶度过了生命中的最后十年，《宋史》记载，端拱元年（988）"会朝廷遣使赐生辰器币，与使者宴饮至幕，有大流星堕正寝前，光烛一庭，是夕暴卒，年六十"。非常巧合的是，钱俶生于八月二十四日，又死于八月二十四日。后世有学者认为他和李后主一样，也是赵光义派人毒死的，但事情真的是这样吗？

颇有意味的是，钱俶临终时阅读的，竟然不是他一生虔诚信仰的佛经，而是修于后晋的《旧唐书》和孔子编集的《诗经》，并且让他的儿孙们诵读给他听。以儒家的经典学说作为自己生日的庆贺，莫非钱俶的思想向儒家学说靠拢了。

吴越国是五代十国时期存在时间最长的一个，前后差不多一百年，而且也是大大小小前前后后十几个政权中政局最稳定、结局最完美的一个，相较于南唐亡国金陵城"死者相枕藉"之惨烈，宋朝没有对吴越动一兵一卒。钱氏吴越"纳土归宋"虽有诸多自身的无奈，但"不至血刃"，心系天下苍生，也是"有德于斯民甚厚"了。

钱俶识时务之举保全了吴越近百年的经济发展成果，老百姓在钱氏统治下没有经历重大动乱，钱氏建立的吴越国也是浙江历史上唯一一次真正意义上的建国，对浙江以后近千年的影响，可谓深远。可以说，浙江之盛，兴于南宋，始于吴越。

一个统一的中国毕竟是大势所趋，钱氏三代五王保境安民的国策是明智的，在钱氏当政的数十年里，吴越国与中原始终没有燃起战火。皇帝轮流做，江山永不倒，只有人民是永恒的。在劳动人民的耕耘下，浙江，这块东海之滨的大地更加丰饶了。

The
Biography
of
HangZhou

杭州传

第七章 江南佳丽第一州
(960—1127)

苏东坡雕像

北宋时，杭州为"两浙路"的路治；大观元年（1107）升为帅府，辖钱塘、仁和、余杭、临安、于潜、昌化、富阳、新登、盐官九县。当时人口已达20余万户，为江南人口最多的州郡。经济繁荣，纺织、印刷、酿酒、造纸业都较发达，对外贸易进一步开展，是全国四大商港之一。杭州历任的地方官，十分重视对西湖的整治。元祐四年（1089），著名诗人苏东坡担任杭州知州，再度疏浚西湖，用所挖取的葑泥，堆成横跨南北的长堤（苏堤），上有六桥，堤边植桃、柳、芙蓉，使西湖更加美化。又开通茅山、盐桥两河，再疏六井，使卤不入市，民饮称便。

唐、宋在中国历史上虽然都属于大中国，但就版图而言，宋要比唐小得多，另有辽、金、西夏，不算是大一统。此时的浙江基本属于两浙路。"国家根本，仰给东南"，《宋史》一语道出了浙江在北宋时期的经济地位，国家政权的财政收入主要来自南方，经济重心已然转移至太湖流域。丝织业，造纸业，制瓷业越窑、婺窑、瓯窑闻名天下，市场繁荣，市镇勃兴，商品经济左右逢源，日益活跃。

而此时的浙江城市也有了飞跃之势，雨后春笋般地冒出了许多城市。"地有湖山美，东南第一州"，杭州已经是东南第一大城市，超过了苏州和越州，"天堂"时代就此开始。

北宋对海外贸易极为重视，整个国家有杭州、明州（今宁波）、广州、泉州四大海外贸易港口，其中浙江一路就占了半壁江山。许多公卿侯爵，富商巨贾都争相居住于此。钱塘江海潮奔涌，满载货物的浮舟大船源源进出。

繁荣昌盛的家园，诞生并哺育了优秀的儿女，而家园的繁荣昌盛，也离不开杰出人物的创造。北宋士人中，江南人士纷纷崛起，南方文化在中国文化史上已经占有了举足轻重的地位。

信仰永远是文化中的灵魂，唐宋之际以洛阳、汴京（开封）为中心的中原佛教，进入两宋后则形成以金陵（南京）、杭州为中心的东南佛教，具有鲜明地方特色的吴越佛教传统，在宋初佛教文化复兴中起了非常重要的作用，杭州佛教由此亦汇入中国佛教的洪流之中。

天堂时代就此开始

从唐代节度使开始藩镇割据，至五代中国大分裂中自保东南的吴越国，经过三代五王钱氏的统理，在治杭92载、有国72年的历史岁月之后，终于从"纳土归宋"的978年，进入大一统的北宋时期。

北宋基本继承唐时建制，只是将唐朝的"道"改称为"路"。"路"相当于今天的"省"。北宋天下分15路，浙江基本属于两浙路。出自《宋史》的"国家根本，仰给东南"，一语道出了浙江在北宋时期的经济地位。

离吴越国纳土归宋，时光过去了80年，这时的杭州城，从政治地位上说，已经从吴越国都降为地方政权的治所，以后又归两浙路统辖。当时的州治是钱塘和仁和，也管了下面7个县。

市场繁荣，市镇勃兴，商品经济日益活跃，城市地位水涨船高。1057年，宋仁宗送进士梅挚到杭州去当知州，临行前送他一首诗，《赐梅挚知杭州》：

地有湖山美，东南第一州。
剖符宣政化，持橐辍才流。
暂出论思列，遥分旰昃忧。
循良勤抚俗，来暮听歌讴。

皇上赐诗于臣下赴任，本来就实属罕见，加之首句就说："地有湖山美，东南第一州"，可见当时国家对浙江杭州的青睐。五代吴越90余年的经营，北宋初年的战乱平息，到仁宗一朝，终于结出了丰硕的成果，杭州作为东南第一等大城市，此时已超过了苏州和越州，杭州的"天堂"时代，就此开始了。

正是这样的繁荣气氛中,著名大词人柳永为我们的故园留下了他的千古名章《望海潮》:"东南形胜,三吴都会,钱塘自古繁华……"

诗中因为有"三秋桂子,十里荷花"的句子,居然还引出一段传闻。说因为南宋时此词传到了北国,金主完颜亮闻歌,羡慕杭州的桂子与荷花,所以投鞭渡江,动起了占领江南独上吴山第一峰的念头。这虽然不一定是事实,但那时候的杭州之美,名声已经遍布天下。欧阳修在他的《有美堂记》里专门写道:"为一都会能兼有山水之美,以资富贵之娱者,唯金陵、钱塘。"

北宋王朝对杭州的治理,着眼点与历代统治者一样,首先就是水利,其中包括修筑海塘、整治河道与疏浚河道。从经济文化上说,比前朝也有长足进步,比如丝绸,这时已经是全国丝绸业中心。印刷业到了这时,已发展为全国同行业的四大中心。也就是这个王朝的仁宗时代,杭州人毕昇发明了活字印刷,这也是中国古代著名的四大发明之一。至于杭州的瓷器业,那时候无疑也是非常发达的。造船业更不用说,当时的杭州,是北宋造船业的中心。这和杭州当时为对外贸易的四大商港之一有关。太宗年间,朝廷在杭州建立了市舶司,相当于今天的海关,不过比海关的职能更多罢了。

北宋当朝者对浙江的水利建设颇为关注,其中说得上一个大的动作,就是对海塘的修整。仁宗景祐年间,工部郎中张夏提议用石头来筑海塘,杭州钱塘江石堤海塘就这样出现。庆历七年,人们又采用王安石发明的坡陀塘法,这种筑堤法,是北宋庆历七年至皇祐二年(1047—1050)王安石任浙江鄞县知县时创造的,《宋史·王安石传》记载他"起堤堰,决陂塘,为水陆之利,邑人便之",这种斜坡式石塘,接近于现代所袭用的海堤砌石护坡。钱塘江海塘在长达30多年的修筑后,才算渐渐地稳固。

水利,说到底和粮食相关,北宋时两浙路是全国产粮最多的地区,农作物的丰产,至太平兴国初年(976),每年从杭州及沿途开始的运河漕运粮米达400万石,比太祖开宝五年(972)增加了整整10倍。

此时的浙江商贸,在北宋堪称首屈一指。对外陆路贸易被辽、夏所阻,所以北宋对海外贸易极为重视。宋史记载说:"东南之利,舶商居第一",整个国家有杭州、明州(今宁波)、广州、泉州四大海外贸易港口,其中浙江一路就占了半壁江山。北宋的贸易"伙伴"主要是高丽和日本,当时的杭州"市列珠玑,户盈罗绮",号称百事繁庶的"地上天宫""又有四方游士为之宾客",许多公卿侯爵,富商巨贾都争相居住于此。有这样一个繁茂的市场,尽管杭州港口钱塘江海潮奔涌,险象难免,但满载货物的浮舟大船还是源源不断地进出——这就是经济规律啊。

如此兴旺的海外贸易,又极大地刺激了浙江造船业的发展。宋太宗年间,朝廷在杭州建立了市舶司,这就相当于今天的海关吧。有许多中国制造在北宋的浙江雄起:浙江尤其是杭州的丝织业乃全国中心,产量居全国第一。

而此时的西湖,已经是一个繁华的风景名胜区,就等着一个大天才太守来再为她插上美丽的翅膀了。

在这样一块物华天宝人杰地灵的土地上,文学艺术和科学技术可谓蒸蒸日上。其中文学家中有林逋、周邦彦,科学家有沈括。

此一历史单元中的北宋文化中,杭州无论文学、学术、书法绘画、自然科学,都有数一数二的人物。应当说,北宋浙江经济的繁华与文化的兴盛,培育了知识分子的崛起,也预示着浙江杭州文化高潮的到来。

梅妻鹤子的隐士文化

文学当然是文化的一个重要组成部分,何况又是在词曲繁盛的北宋时期。苏东坡两次来杭任职,浙江自然就有了这样一个顶级文坛领袖。而词人就更不用说了,有"云破月来花弄影"的湖州人张先(990—1078)、钱塘风流大词人周邦彦(1056—1121)等。而要说浙江文人中对历代中国文人思想产生深刻影响的诗人,林和靖着实算得上一个。

北宋年间的杭州诗人林逋(967—1028),字和靖,在孤山隐居,以梅为妻,以鹤为子,孤高自傲,二十年不入城,被后世文人视为人生楷模,价值坐标。中国正统的士大夫,一向把香草美人喻为高洁品行的传统,从屈原的《楚辞》中就可以看出来。梅花尤其作为知识分子的人格象征,所以历来咏梅、画梅之人不绝。林和靖在孤山，正是人格化了梅花，所以人花才两两相印，博得千秋清明。

林和靖的墓就在孤山北麓，墓碑一行字："林和靖处士之墓"，这就是处士的含义了，一个一生中没有做过一天官的士人。后来的知识分子，无论出仕还是未仕者，都崇仰林和靖的隐士风范。林逋也为自己的不出山而自豪，站在他生前就预修好的坟墓前吟《自作寿堂因书一绝以志之》曰：

湖上青山对结庐，坟前修竹亦萧疏。
茂陵他日求遗稿，犹喜曾无封禅书。

说这个名叫林和靖的高士，从任何角度看，仿佛都应该从梅花与他的关系缘起。说林和靖，必须在梅绽时刻，暗香浮动，月色黄昏，疏影横斜，这是林和靖的意境。梅花历来被作为中国知识分子的人格象征，林和靖在孤山，正是人格化了梅花，所以人花两两相印，隐下千秋清名。

其实年少时的林逋，也未必就是那么隐的。祖父林克已曾经是吴越钱王的通儒院学士，只是父亲早逝，家道中落，从此家族在政治舞台上边缘化罢了。林逋也不是一个天生的隐士，他对隐的认识也是在命运的颠簸中完成的。年轻时他也曾出游四方，结交官宦，吟诵些崇尚武功的诗篇。只是宋朝的腐败，使林逋结束漫游，身心厌倦地回归钱塘。他二十年不入城的隐士生涯，还是从他出游归来，朝野掀起"封禅"书开始的。

封禅这桩宋真宗时代的政治文化运动，实际上是皇帝为挽回他在与异族争战"澶州之战"中失去的天威，装神弄鬼的假动作。大中祥符元年（1008），宋皇朝的君臣们合谋自编自演了一出"天书降临"的戏，拿写了蝌蚪文的黄绢缚在鸟尾巴上，真宗率着百官装模作样地跪接，以为这样一来，又可征服四海，夸示外国了。

一些"文人隐士"，本来就浊气冲天，翩然一只云中鹤，飞来飞去宰相衙，岂肯错过这追名逐利的大好机会。只此一纸便可得官，又何须十年寒窗。纷纷借封禅之机呈献谀文。一时趋炎附势，阿谀谄媚，怪力乱神，乌烟瘴气，几成时风。

可贵的是林逋此时却反潮流而行之，一派浊浪熏天之中，他回归了山林，还开发建设了山林。首先就是植树造林"梅妻"，植梅360株，一株收入一日所用，又种松、竹、桃、杏、柿、梨，以及石竹、蔷薇、菊花、荷花，孤山终成花果山。同时，他又采药、种药、买药、捕鱼。一湖明月夜鱼归，水痕秋落蟹螯肥，林和靖辛劳得很。林和靖又"鹤子"，养鹤以作信使，客来，鹤即翔于湖上，林逋见，返舟而归，可见林和靖的朋友实在是多。

当然，林处士最出名的还是他的咏梅诗《山园小梅》：

众芳摇落独暄妍，占尽风情向小园。
疏影横斜水清浅，暗香浮动月黄昏。
霜禽欲下先偷眼，粉蝶如知合断魂。
幸有微吟可相狎，不须檀板共金樽。

"疏影横斜水清浅，暗香浮动月黄昏。"一联出，成千古咏梅绝唱。有俗人曰：此联虽好，亦可咏杏和桃李啊！苏东坡则回曰：可以倒是可以，只怕杏与桃李不敢承当吧。

都说林和靖终身不娶，方有梅妻鹤子之说，但那个终生只爱草木禽羽的人，果然能写出《长相思》来吗：

吴山青，越山青，两岸青山相对迎，争忍离别情。
君泪盈，妾泪盈，罗带同心结未成，江头潮已平。

想来，处士林和靖也是有眼泪，也是有爱情的。梅可爱，鹤可爱，但终究是人可爱。

奇怪的是，隐士越隐，显贵越是要来寻探，林和靖的孤山实在是不孤的。文化人中有大诗人梅尧臣与他结交，官场中有范仲淹与他结友，杭州历任太守中，至少有五人与林逋交往甚密，与白衣书生的交往，更不下40余人。终于名气大得皇帝也来光顾了，真宗赐他"和靖处士"，仁宗不但赐谥给和靖先生，还赐之粟帛。所以，处士身处山林，并未被遗忘于庙堂矣。

林逋生前好友中，有许多大文化人。比如梅尧臣便是一个。梅比林要小整整36岁，但他们之间的友谊却极其深厚。北宋天圣年间一个冬雪天，梅尧臣到杭州访林逋，他们在山中以枯叶和枝条燃起炉火，林逋拿出酒来，两人围炉畅饮，那种文人间充满山野之气的清新交往，让梅尧臣一生难忘。后来他曾说过：林逋的人格，就像那高山中的瀑布泉水，越与他接近，越觉得他高尚可亲。

林逋与宋代官场中的间接往来，最典型的就是与范仲淹的交往。天圣年间，已经是林逋在世最后的岁月了，范仲淹来拜访林逋，林逋年长范20多岁。一个是先天下之忧而忧的政治家，也是后来威震西夏的军事家；另一个则是避世的隐士，两个气质完全各异的人，在中国儒道传统文化的共同背景下，却奇妙地成了忘年之交：一个钦佩另一个忧国忧民，一个赞赏另一个高风亮节，范仲淹赠了五首诗给林逋。二十年之后范仲淹以礼部侍郎的身份知杭州，又为杭州人民排忧解难。

北宋杭州的历任太守中，至少有五人与林逋是有较深交往的，不说别的，他死时，杭州太守李谘便素服守棺七日才葬之。可见林逋并不是人们一般意义上理解的散淡之人。有个杭州高僧名叫智源的，与他交往甚好，对他的认识也不同凡响，他认为林逋实际上是一个"荀孟才华鹤氅衣"式的人物，他的外表是清高出世的，内心却有着荀子和孟子般的入世精神和处世才华。正因如此，林逋性格中另一面的东西，是要靠与政治家们的交往中体现出来的吧。可见中国的隐士文化，是个非常有意思的命题，它往往是需要隐者与显者共同来完成的，孤山的林和靖墓，仿佛就是一个佐证。

今日孤山的处士墓，亦是历尽沧桑。林逋去世后，故居巢居阁被奉为祠堂，后人还把他与白居易、苏东坡一起祭祀。元代杨琏真伽盗了宋皇陵墓不算，把这个一直不与朝廷合作的林逋墓也挖了，结果里面唯砚一方、笔一支。以后再修复，元代一个叫余谦的人复植梅数百株。明代前前后后对孤山林墓就修复了六次，张鼎和张岱都补种过梅。清康熙帝还仿董其昌的字体，录了南北朝诗人鲍照的《舞鹤赋》，勒石亭中。林则徐来杭，在孤山补种梅花数百株，还在每株梅上挂了牌子，禁止人们采折，对林和靖故居作了修建，题楹联曰：我忆家风负梅鹤；天教居士领湖山。后在林逋生前的放鹤亭上，林则徐又有一联：世无遗草真能隐；山有名花转不孤。

舞鹤不归，梅林依旧。中国千年王朝，有代代忠臣良将为楷模，亦有代代高人贤士隐山林，在晋有陶渊明，在宋便为林和靖了。

范仲淹的山高水长

在宋朝的政坛中，范仲淹（989—1052）被后世当作神一样地崇拜，朱熹称他是有史以来天地间第一流人物。由于范仲淹宦海浮沉，光是在浙江就曾三任知州，故在浙江历史的时代风云中，是深深刻上了他的印记的。

如果说王安石的熙宁变法是北宋政治生活中的一幕大戏，那么这场大戏在大幕拉开之前尚有一段序曲，这段序曲就是北宋历史上的庆历新政。庆历三年（1043），范仲淹向仁宗上《答手诏条陈十事疏》，提出"明黜陟、抑侥幸、精贡举、择官长、均公田、厚农桑、修武备、减徭役、覃恩信、重命令"10项以整顿吏治为中心，意在限制冗官，提高效率，并借以达到节省钱财的改革主张。欧阳修等人也纷纷上疏言事。由于新政触犯了贵族官僚的利益，不久范仲淹、韩琦、富弼、欧阳修等人相继被排斥出朝廷，各项改革也被废止，新政彻底失败。庆历新政只进行了一年有余，却为后来的王安石变法拉开了序幕。

仁宗景祐元年（1034），离庆历新政尚有7年，45岁的范仲淹赴睦州任知州，睦州乃今日浙江建德梅城，为杭州所辖。范仲淹居庙堂之高则忧其民，处江湖之远则忧其君。到睦州后，他不遗余力地尽父母官之责，勤政爱民，力除弊政，尤其是在睦州创办龙山书院，今天梅城人民，莫不以有这样的大儒泽披此地而荣幸之至。

睦州虽然僻静冷落，但也是山清水秀之地。范仲淹在给友人晏殊的信中也提到睦州"群峰四来，翠盈轩窗……白云徘徊，终日不去。岩泉一支，潺湲斋中。春之昼，秋之夕，既清且幽。"潇洒桐庐郡十咏"也正是那时候所写，成为今日桐庐县的经典文化广告。

尤其让范仲淹感到安慰的是，离睦州不远的七里泷就是当年严子陵隐居的地方。范仲淹虽为朝廷命官，但对严子陵不慕荣利、清静无为的生活非常敬佩，他特意修了一座严子陵祠堂，并亲自作了一篇《严先生祠堂记》，辞曰："云山苍苍，江水泱泱，先生之风，山高水长！"由衷唱出了他对严子陵高风亮节的敬仰。

第二次来浙是到越州（绍兴）任知州，离上次睦州任上已经过去五年，恰是仁宗宝元二年（1039）的事了。越州是春秋时越国国都，传说名臣范蠡为君王立下不世之功后，却带西施远遁江湖，对此范仲淹也深为叹服。在凭吊范蠡故居翠峰院后，题诗一首：

翠峰高与白云闲，吾祖曾居水石间。
千载家风应未坠，子孙还解爱青山。

范蠡和范仲淹同姓范，范仲淹引以为自己的先人，可见那一份自豪的心境。

1050年，范仲淹第三次来两浙路的杭州任知州，此时离第一次来睦州已经十多年了，离庆历新政失败也已经整整5年了。61岁的范仲淹，在抗击西夏多年的边塞征尘"人不寐，将军白发征夫泪"，积劳成疾，在庆历新政中又遭阻挠，身体状况实为担忧。此番赴任，子弟及友人们看到范仲淹为官三十多年，五上五下，至今居无定所，纷纷劝说他在洛阳建园，被他一口回绝。

大政治家就是大政治家，政治智慧就是比常人丰富得多。范仲淹知杭时，恰逢两浙路大饥荒，他创造性地实施了三项不为常人所理解的"荒政三策"：一是大兴公私土木之役，饥岁工价至贱，可兴土木之役，以工代赈，修寺院、建官舍、盖库房……公私并举，解决了大量饥民失业流离之苦；二是纵民竞渡：利用吴人好佛事，喜竞渡，亲自日出宴于西湖，自春至夏，居民空巷出游,大兴旅游业,发有余之财,大增贸易饮食工技服力之人,就业者数万;三是增高谷价:范仲淹张榜一下增至谷价斗钱百八十,四方商贾闻之,晨夜争进,然后突然公布减价还至百二十,不花钱解决运输问题,又调抑了原本日益高涨的粮价,还保证了杭城的粮食供应。

范仲淹在杭为官时间不长,但好诗不少。皇祐二年(1050)秋天,他在杭州写下了《苏幕遮·碧云天》一词,可谓流芳千古:

碧云天,黄叶地,秋色连波,波上寒烟翠。
山映斜阳天接水,芳草无情,更在斜阳外。
黯乡魂,追旅思,夜夜除非,好梦留人睡。
明月楼高休独倚,酒入愁肠,化作相思泪。

如此凄美动人,撼人心魄,后人评价说:"铁石心肠人,亦作此销魂语。"此词今人谱曲,竟在当下的中国唱成了流行歌曲。

范仲淹调任杭州时,恰逢王安石在鄞县(宁波)任职,王安石连续写信给范仲淹,要去拜访这位德高望重的前辈。范仲淹杭州任职第二年,王安石县令之职三年任满,借离任探家之机,王安石赶往杭州,终于拜会范大人。彼时范仲淹62岁,王安石30岁,范仲淹收下这位弟子,这对师生在西子湖畔有了多日的相晤长谈,点燃传薪之火,改革火种接力有主,促成王安石最终成为"不畏浮云遮望眼,只缘身在最高层"的一代大人物。

两年后范仲淹病逝,17年后,王安石终于以浙江一个小县令入主中央政府,继范仲淹传薪之火,领导了更为持久深远的变法运动。可以说西子湖畔的这场师生相会,是一场改革家一前一后的政治心灵接力。

范仲淹在杭州还有知音如许,和"梅妻鹤子"的林逋交往甚密,还和天竺山的日观法师交好。法师圆寂后,范仲淹应法师生前之约,特为这位精通音乐的杭州高僧写了《天竺山日观大师塔记》,并以四句诗作结语:

山月亭亭兮师之心，

山泉泠泠兮师之琴。

真性存兮孰为古今，

聊志之兮天竺之岑。

今日读来，依旧仿佛幽琴在耳，泠泉在心。

苏东坡修出的杭州之眉

我们在东坡路上行走，于苏堤六桥间赏春，到楼外楼吃东坡肉，又登望湖楼品茗——沉醉于苏太守九百年前"望湖楼下水如天"的意境。杭州人无法想象没有苏东坡的西湖是怎样的西湖。上天谪下了苏东坡，仿佛专门就是为了西湖而来的。中国人形容能够幸运地碰到贵人，常称三生有幸，用到这里倒十分恰当，杭州人能够遇上苏东坡（1037—1101），那才叫三生有幸呢。

白居易来杭两次，一次尚为少年，真正管理杭州的，也就只能算是一次。苏东坡也来杭两次，却名副其实，都是为守杭州而来的。大文豪苏东坡和王安石是一对政敌，也是一对才华绝代的诗友。苏东坡两入杭州，都是来杭州当官任职的。而此时的西湖，已虚席以待，就等着这位大天才来为她插上美丽的翅膀了。

1056年，21岁的苏轼、19岁的苏辙（1039—1112）和他们的父亲苏洵（1009—1066），三人同科及第，名动京师，那是何等的意气风发。及后苏轼宦海浮沉40年，既不是旧党又不是新党，想要维护他那清高独立的人格，又要达者兼济天下，其难如他故乡的蜀道。苏东坡便一会儿贬下去，一会儿浮上来，在中华大地上浪迹与周游，两次守杭，盖因如此也。

第一次来杭当通判为1071年，36岁。因为反对王安石的新法遭贬斥，在杭为官三年，算是个行政副手。苏东坡在杭倒也快活自在。民间至今还流传他"画扇断案"之事，说的是小商贩吴小控告卖扇子的张小二拖欠了他的钱。张小二则告曰天凉扇乏,卖不动。苏东坡便动恻隐之心,在张小二的白绢扇上画画,款题苏东坡,扇子顿被抢买而空。这等潇洒举措,心到手到一挥而就的名流风采,想来是很有苏东坡风范的。

作为太守副职的苏东坡,在杭州潇洒着他的诗意浓情。关于他与妓女琴操参禅的故事,大约就发生在这时。当时的临安姑娘琴操也就十八九岁吧。人们只说太守一句话,琴操出了家。其实太守是很欣赏这位江南少女的,还带着她上过径山呢。至于他的爱妾王朝云,本人就是一个杭州姑娘。

虽然免不了风流韵事,但一二枝梅兰竹菊,三五个红颜知己,对苏通判而言,毕竟是远远不够的。对大天才而言,没有大关怀和大创造的生活,几乎是不存在的。他任职杭州,也写诗,也作画,也和美女相悦,但从根本上说,他是介入政治的,他最关心的还是百姓疾苦。从这点上说,苏东坡是一个儒家。

杭人生计,多少年来,还是脱不掉一个"水"的苦字。从李泌开六井到苏东坡,已经过去了三百年。六井复又废坏,杭人饮水,或到西湖,或到十几里路山外,挑担取水,实在不便。亏了苏东坡亲自调查治理,又将治井工程交给了四个精通此道的和尚,花了半年工,修好了六井。恰于此时天降大旱,江南水井尽枯,其他地方的百姓相互间赠水,珍贵得用酒瓶子盛,杭州人却免了此劫此难。15年后的1089年,苏轼又来到杭州任太守,见六井又毁,再访那六个和尚,只剩下垂垂老矣的子珪了。苏轼再请他出山,子珪作了技术改革,再塑六井,西湖甘水重润杭城。苏东坡便为子珪向皇上报功,请赐其"惠迁"为号。井旁一桥,也被命名为惠迁桥。

已故浙大校长竺可桢先生在《杭州西湖生成的原因》中说:西湖如没有人工的浚掘,一定要受天然的淘汰,现在我们尚能泛舟湖中,领略胜景,亦是人定胜天的一个证据了。

苏东坡第一次来杭州时,西湖已有十分之二三淤塞了;15年后苏东坡再来,西湖又小了一半,当时人称为"葑田荷荡"。这一年杭州恰好又碰上大旱,湖水干得底朝天,濒湖的几千顷良田得不到灌溉,老百姓的生活苦不堪言。第二年的夏天老天掉了一个头，连绵的大雨，使钱塘江两岸几成泽国，街巷里弄，得用舟楫才能通行。老百姓无处逃命，只好爬到大坟丘上去栖身。如此折腾下去，杭州人民将永远处于倒悬之中，而西湖亦将荡然无存。

史家研究苏东坡者，多以为苏的思想是儒、释、道三家并举的，但究其底，在为官从政方面，修身、齐家、治国、平天下，还是以儒家文化为其标尺的。苏东坡对人民疾苦的关心，并不亚于对自己诗文的关注。基于此，苏东坡一面上书朝廷请求减免赋税，一面提取了40万石的官米，减价平粜。他甚至还捐出自己的薪俸，设立了医院帮助杭州人民渡过灾荒之年，

然而这些举措，毕竟只是治标不能治本。正是在这样的背景下，苏东坡的目光转向西湖。1090年，也就是北宋的元祐五年，苏东坡上书宋哲宗，写下了历史性的文件《乞开杭州西湖状》，那著名的断言"杭州之有西湖，如人之有眉目，盖不可废也"，便出于此。

苏东坡提出西湖不可废的五大理由，第一条貌似重要，其实最不重要，只是苏东坡这位艰辛备尝的北宋老臣做的官样文章，让皇上看了舒服并开恩罢了。说的是西湖乃放生池，每年四月八日，数万人在湖上放生百万数，它们皆向西北磕头，祝皇上万寿无疆呢；第二条为民饮，城内的井，要靠西湖水引入，才便于人民饮用；第三条为灌溉，放水一寸，可灌溉湖南岸田1500多亩；第四条是助航，城内有一条通航的运河，要取水于西湖；第五条是酿酒，用西湖水造酒质好味醇，所缴酒税年达20余万缗，全国第一。

以上五条，一条为皇帝，另四条均为国计民生，倒是的确不曾想过要筑一条万古流芳的苏堤来纪念自己的。

朝廷也没给太守多少钱，只给了100道僧人的度牒，也就是和尚尼姑的身份证。苏东坡拿它换了17000贯钱，又亲自发起募捐，写字作画，到店铺里去义卖，这简直就是一个拯救西湖的希望工程了。要知道，这可是整整900年前的事情啊!

从夏到秋，苏东坡动用二十万民工，终于把西湖治理好了。

但多余出来的淤泥和葑草该怎么办呢?这时诗人的奇思妙想、天马行空的大手笔跳出来，参与美的创造，参与历史的构塑了。在西湖上构筑一条横亘

南北的堤岸，并不是那么容易的。在没有的地方布置出来，并使它从此万古流芳，那是一句写在西湖上的大诗行，只有苏东坡这样写过"大江东去，浪淘尽，千古风流人物"的伟大诗人才具有的魄力、想象力和天才创举。

余下来的才是关于苏堤的美。鲁迅先生主张"吭唷吭唷"派，是劳动创造艺术，劳动创造美，苏堤正是劳动创造的最美好的良性循环之美。从西湖中挖掘出的葑草和淤泥修筑一条自南到北横贯湖面的2.8公里的长堤，这可是一条交通要道，从此西子湖南北两山之间始以沟通。功成之后，苏东坡也不免为自己的这一得意之作而沾沾自喜，纵歌唱道：

> 我在钱塘拓湖渌，大堤士女争昌丰。
> 六桥横绝天汉上，北山始于南屏通。
> 忽惊二十五万丈，老葑席卷苍烟空。

据传说，大堤筑好之后，杭州人民杀猪宰羊，纷纷送往太守处。苏东坡坚辞不受，正你推我拒不知如何是好之际，诗人的灵感又一次迸发。太守原本就是一位美食客，此时嘱咐厨子按他的指点，做出来香喷喷的红烧肉，送到大堤上，让杭州人民来一次大会餐。于是，一条名叫苏公堤的大堤诞生的时候，一道名叫东坡肉的杭州菜肴也应运而生了。

没有想到的是，此堤一旦建成，与白堤相映，形成西湖不可或缺的一道风景线。苏堤筑桥六吊，曰映波、锁澜、望山、压堤、东浦、跨虹，形似弯弓，各有其趣。又遍植桃柳、芙蓉、蔷薇。苏堤在春天的早晨醒来，六桥中淡妆素裹的烟柳，美得让人感动得说不出话来，又美得让人屏声息气，只恐惊动了她，美景幻化而去。

今日的苏堤除了桃柳花木亭阁数座之外是无他物了。当年，这里可是西湖园林建筑的集秀之处。有先贤堂、三山堂、湖山堂、水仙王庙、学真道院……如此一条缎带，轻轻地束住了西子湖的纤腰，和白堤一样，便成为湖上的双璧了。

恋人们，自然是要把那六吊桥化作情人桥了，"茅家埠头芳草平，第四压堤桥影横,桥外飞花似郎意,桥边凉水似侬情。"不知多少恋人,在此天人合一呢。

苏堤是通人性的,人亲近它,它给人以美,人疏远它,它也就湮没自己的光彩。从宋代到元代,堤岸就开始慢慢萎缩了,到了明初,堤上的柳树已败,六桥下水流如线,已经完全没有了大诗人建堤时的盛况了。所幸明代杭州来了一个苏东坡的蜀中老乡做知府,名叫杨孟瑛,他再一次疏浚西湖时,也修补了苏堤,把堤面增阔到五丈三尺,并且又种上桃柳,昔日美丽的风景又重现了。

不过这样的好景也总是不能够常在,明末苏堤又败,清代再修整,清末又败。这一次堤上桃柳被砍去后,到处都种了桑麻。当时有人便有诗曰:"堤边处处绿成行,不种垂杨尽种桑。"抗战时期,日军占领杭州,把苏堤给封了起来,平时不准人进入,还在苏堤上种了许多樱花,光复后,杭州人立刻把那些象征侵略的樱花砍去,复种上桃柳。苏堤在这个时候,已经成为民族精神的一种象征,这应该是东坡先生在世时始料未及的吧!

苏东坡在治理好的西湖上泛舟,写出这样的诗行:

水光潋滟晴方好,山色空蒙雨亦奇;
欲把西湖比西子,淡妆浓抹总相宜。

正是从这首诗开始,西湖作为美女西子的象征传播于天下,西湖有了她最美的爱称:西子湖。苏东坡筑堤一条,吟诗千首,从他的时代开始,展现了天堂初景。而西湖,也才开始真正成为人们流连忘返的人间天堂。

从钱塘少年至《梦溪笔谈》

知道沈括是杭州人的,好像还不是很多。但沈括确实是杭州人,就葬在杭州附近良渚文化的发祥地良渚镇上,墓地至今还在。

11世纪的北宋，虽然像盛唐那样气势宏大的辉煌一去不返，但不可思议的是，中国古代的科学技术在这个并不强盛的王朝中，却不断地绽放着一朵朵奇葩，其中中国古代的四大发明之一的活字印刷，就是在这个时代的杭州诞生的。至少当时已经有更多的人，将"白日放歌须纵酒"的热情，转入理性的探索中。这样，从"钱塘自古繁华"的杭州走出一个代表人物——沈括，就不奇怪了。

沈括（1031—1095），字存中，号梦溪丈人，为浙江杭州钱塘人。他出生在一个有文化教养的大家族中，家中藏书甚多，14岁就浏览一空，其后跟随父亲步入社会，开始人生世道这部大书的阅读。23岁沈括以父荫入仕，出任了海州沭阳县主簿，他治理沭水，开发农田，颇有政绩。嘉祐八年（1063），32岁的沈括，终于进士及第并调入京师，从此正式步入仕途，入国立图书馆，专门编校昭文馆书籍。他对天文历法之学的研究，也正是从这时候开始的。

如果翻开他的档案卷宗，他任过的官职还真不少：提举司天监、太常丞、兼判军器监、淮南两浙灾伤体量安抚使、宣州知州等。这样看来，沈括乃是一个在宦海沉浮的官吏。

这样一个中国古代的普通官吏，竟引起了国外学者的高度注目。美国的中国科技史专家席文博士是这样说的：沈括是"中国科学与工程史上最多才多艺的人物之一"，而英国的科学史家李约瑟更是直截了当地说，沈括是"中国整部科学史中最卓越的人物"。

那么，这些严谨的科学工作者说的话依据是什么呢？

史有定论，沈括为官政绩斐然，且一生著作宏富，著有《忘怀录》《天下州县图》《凯歌》《浑仪》《浮漏》等。沈括在晚年的时候，写了一本重要的书《梦溪笔谈》。当后人翻开这本书的时候，人人惊叹不已。使沈括天下扬名、功垂万世的，正是这本书。

数学是一切科学的基础。沈括在《梦溪笔谈》中所有的科学论断，都与他卓越的数学才能分不开。在《梦溪笔谈》里，沈括详尽地介绍了他独创的隙积术和会圆术。现在我们知道，隙积术是一种复杂的高阶等差极数的求和法，而会圆术是一种几何求证方法。元代科学家郭守敬的球面三角计算就是在此基础上的发展。郭氏关于"折之"于"复圆"的辩证观点，正是来自沈括对劳动人民丈量土地的总结。沈括在数学上的贡献早就为世人所公认，他是"中国算数史上之模范人物或理想人物"，这是日本数学家史家三上义夫由衷的赞叹。

中国古代阴历与阳历的并用，往往形成"四季错乱，四时失位"这样一种历日与节气脱节的现象。沈括主张废除十二月为一年，改用十二节气为一年的算历。这样一年共有365天或366天，和现在的太阳历基本一致了。直到20世纪30年代，英国气象局采用《萧伯纳农历》，比沈括足足晚了800年。

沈括不仅是数学家、天文学家，同时又是一个地理学家，他在地理学的领域也有不少精辟的见解。

雁荡为我国名山之一，壁立千仞，峰峦峭拔。人们很早就对雁荡山的地理现象产生了兴趣，因为雁荡的地貌特征与我国古代"高山为谷，深谷为陵"的说法极为吻合，但又始终不能科学地说明这种"山"和"谷"互为变迁的原因。沈括前去实地考察，得出的结论是：雁荡山峰是由于流水侵蚀所形成的。从而首创了河流侵蚀形成地貌的学说。

石油，工业的血液。在宋以前，它被叫作"石漆""石蜡水""黑香油""猛火油"等。在《梦溪笔谈》中，记录了沈括对陕西等地采集石油的考察，他把这种地下资源定名为"石油"。令人称奇的是，在工业时代远未到来的800年前，沈括就大胆预言："此物后必大行于世，自予始为之。"

沈括从小就对科技有着浓厚兴趣，对民间各行各业的科技成果非常重视，并加以记录。例如活字印刷术的发明，正是由于《梦溪笔谈》的记载，才使今天的人们得以了解，我国古代由雕版印刷到活字印刷的历史过程。

《梦溪笔谈》不仅是一部科学论著，让人们更觉可贵的是，在这本书里还散射着沈括的人文主义精神。如对北宋末年的王小波、李顺起义，当时著名义学家苏辙是这样记述的，"小盗王小波、李顺，因贩茶失职，窃为剽劫。凶焰一扇，西蜀之民，肝脑涂地"。而《梦溪笔谈》却是如下记载："顺初起，悉召乡里富人大姓，令具其家所有财粟，据其生齿足用之外，一切调发，大赈贫乏。录用才能存抚良善，号令严明，所至一无所犯。"同是一件事，叙述时却大相径庭。

熙宁四年（1071），沈括得到神宗的器重，去主持汴河疏浚工程，同时封了他一个官史馆检讨的职务，主持编纂史籍。沈括一手科学一手文史，从此复调知识架构就显现出来了。

一时间沈括似乎成了个万金油式的能人，哪里插一手都干得成事情。比如被任命掌管郊祀事务后，考察南郊大礼的历史沿革，撰成《南郊式》一文，按新礼仪办事，所省费用数以万计；比如赈灾济民，淮南饥荒这种迫在眉睫的事情，派沈括这样的能臣是最合适不过的。他受命巡察，发放常平仓钱粮，疏通河渠，修治荒田，于是又升了一个"集贤校理"的文职散官；比如巡察两浙农田水利，工程规模浩大，沈括建议国家出钱雇用饥民兴建水利，然后他就又升官了，当了太子中允、提举司天监。提举司天监就是负责观测天文、考定历法，算是天文气象局长了。能干的人到哪儿都能干出花来。当时的天文官员对天文知识几乎全然不知，纯属混饭吃。沈括改革机构，改进仪器，修算新历法，向全国征集观测天象的书籍，忙得不亦乐乎。

接着，朝廷突然打算填封私井，为阻止四川的私贩井盐，要专门登记运盐的车辆，一时民议纷纷。沈括进言说：四川的小盐井有很多，填封私井，登记车辆，就势必要加强警戒，其实是得不偿失的。神宗赞同他的建议，第二天就诏停了。然后又擢升沈括为知制诰，就是给朝廷起草文件的大秘吧，还让他兼管着通进司和银台司。通进司，掌管天下章奏案牍，还有文武近臣的奏疏进呈、颁布之事，而银台司则掌管抄录天下奏状案牍事目进呈，并发付有关机构检查，纠正其违失，监督其执行。这可是核心机密的中枢神经了，官不大可权力巨大，说明神宗对沈括信任到什么程度。

熙宁七年（1074）八月，沈括调任到了河北西路当察访使，这个官位是王安石变法时专门设置的，半年后沈括返京，上疏提出31条整改意见，多数被神宗肯定采纳。他这块"改革之砖"又被朝廷搬去兼任判军器监，负责兵器铸造与储备。沈括对武器有精到认识，尤其对弓有很深的研究。提出"弓有六善"观点，主张大量制造"神臂弓"。不久兵器产量便提高了十几倍。朝廷发现他文也使得武也使得，便让他去修订"九军战法"，又名"边州阵法"，他就编撰出了城垒、军营等建筑的营造法式,就此成了军事家。

熙宁八年(1075)三月,宋辽边界发生冲突,辽使萧禧到汴京,宋廷派沈括对阵,他查阅档案,得出依据,完成使命,把神宗高兴得当场赏赐沈括白金一千两,然后就交给他个大任务,即以回谢使身份出使辽国。

沈括出发时预先找出相关书信档案数十件,让幕僚和吏员背熟。辽国宰相杨益戒不管提出什么问题,北宋吏员都能列举档案条文作答。谈判先后进行6次,沈括寸土不让,辽廷最终也不得不退让了。回国途中沈括也不闲着,根据沿途地理形势、风俗民情,画撰了一部《使契丹图抄》献给朝廷。然后沈括又被提拔了,这回拜为翰林学士,掌管全国钱谷出纳、均衡财政收支的三司使,号称"计相",沈括这回是当了"财政部长"了。这个位置让他更加积极地参与了王安石的变法,为推行盐钞、钱币和役法的改革不遗余力。1080年沈括去了延州(延安)抵御西夏。几番胜仗之后,沈括又以守土有功升为龙图阁学士。

然后月满则亏,沈括的"滑铁卢之役"还是到来了。

元丰五年九月西夏之战,宋军兵败永乐,沈括作为一路帅臣,是有不可推卸之责任的,宋廷以沈括"议筑永乐城,敌至却应对失当"为由,贬其为筠州团练副使,随州安置。沈括一生中最忧伤灰暗的时期到了,好在三年以后,沈括得以改任秀州团练副使。秀州即嘉兴,毗邻故乡杭州,沈括心情得以从颓废中好转,他专心学问,历经12年不懈的努力,完成编绘《天下州县图》,全套地图共有20幅,包括全国总图和各地区分图,图幅之大,内容之详,前所罕见。惜南宋战乱,此图竟毁于战火之中,成千古遗憾。

元祐三年(1088),沈括移居镇江,建"梦溪园"隐居,写就中国科学史上的坐标之著《梦溪笔谈》。这是沈括一生社会和科学活动的总结,包括天文、历法、数学、物理、化学、生物、地理、地质、医学、文学、史学、考古、音乐、艺术等共600余条,其中200来条属于科学技术方面。

1095年,沈括辞世,享年六十五岁,归葬钱塘安溪下溪湾太平山南麓,东为金龙山,西为凤凰山。这位史上有着一颗罕见绝顶聪明大脑的中国杭州人,这位中国古代百科全书式的人物,就此汇入了宋代的天才星空之中。

方腊起义与《水浒》人物

公元1120年,浙江杭州淳安爆发了北宋规模最大的一次农民起义——方腊起义。

对北宋末年人民生活悲苦境况的了解,许多人最初是得自于古典名著《水浒》中那首民谣:

赤日炎炎似火烧,野田禾苗半枯焦。
农夫心内如汤煮,公子王孙把扇摇。

《水浒》让许多后来的人们知道了什么是北宋时期的"花石纲",又知道了宋徽宗时期臭名昭著的几个大奸臣。1105年,一个专门为石头和花而建立的机构成立了,这就是朝廷在苏州设立的"苏杭应奉局"。这个局实际上就做一件事情:搜刮东南各地的花石竹木和奇珍异宝,运往开封城,由重臣朱勔主事,被称为"花石纲"。梁山好汉里不少人就是被这个"花石纲"逼上梁山的。

此时两浙路的百姓特别痛苦,民间由此便开始流传起这样一首民谣:"打破筒(童贯),泼了菜(蔡京),杀了猪(朱勔),便是人间好世界。"

北宋徽宗年间,朝政已腐败透顶,从浙江运往开封一根竹子,就要花钱五十缗,其劳民伤财骇人听闻,百姓痛恨之极。"东南之民苦于剥削久矣,近岁花石之忧,尤所弗堪。"

在这样的历史背景中,当朝廷正为西夏和辽国的频频侵扰而坐卧不宁时,又有一封十万火急的奏章报来。一时京师震动,朝野大哗。原来,1120年,在浙江爆发了北宋规模最大的一次农民大起义——方腊(?—1121)起义。这也没有突破中国封建王朝覆灭的基本规律:一个王朝的灭亡,往往是从一个农民开始的。

造反的农民方腊,虽然生活在离西湖不算近的地方,但淳安今天的行政区划属于杭州,况且他最后还曾打进过杭州城,对北宋王朝的灭亡,起着至关重要的作用,所以这个人物不能不谈。

方腊是个穷苦人，你从他的另一个名字可以得知他的阶级出身，他又叫方十三。他是当时睦州清溪县万年乡的人，在一个名叫方有常的地主家做佣工。1120年，天下大旱，官府又来收租子，山里人民风强悍，忍无可忍之际，怒从心头起，恶向胆边生，方腊走投无路，带着被逼红了眼的农民杀了方有常一家人，就此开始造反生涯。

方腊是个有鼓动才能的人，很会演讲，所以才能做到一呼百应。他杀了大地主，就在他家的后园漆园里宣布起义。他大声地说："我们做死做活，还要遭人欺压，这口气能咽下去吗？"大家就喊："不能！"一番鼓动之后，方腊又说，只要大家跟着他干，他会对他们好的，他会对他的人民施以仁政，四方的百姓都会来投奔他，十年之内，天下就是他们的了。

宣和二年十月，方腊在青溪帮源峒举起造反大旗。据史书记载，起事之前，方腊曾有一番精彩的演说，翻译成白话文，大约便是这样：

方腊说："国家和百姓居家过日子同为一理，有这样一户人家，做小辈的终年辛勤耕织，得到的一点衣食都让长辈占了，而且稍不如意，还要遭长辈的打骂，这样你们心甘情愿吗？"

众人不平道："这当然不行。"

方腊又说："这些长辈自己吃喝还不算，还用小辈们挣来的钱财去讨好敌人，而这些敌人就更有力量打上门来，这样做行吗？"

众人愤怒了，真是岂有此理。方腊这时声泪俱下："现在的劳役税负那么重，可官府还是拼命敲诈勒索，我们赖以养家糊口的漆、竹被搜刮得精光，我们辛劳一年，结果一家老小连顿饱饭都吃不上，这种日子还能过吗？"

众人齐声呼喊道："怎么办，就听您的了！"

方腊道："现在百姓都给花石纲压得透不过气来，只要我们举起义旗，肯定四海响应，不过一两个月，就能拿下江南。我们只要据长江固守，休养生息，10年之内，必定可以一统中国。如果不是这样做，我们只能白白地死在那些贪官酷吏手里，大伙好好想想吧！"

花石纲实为北宋末年农民起义的导火线。方腊振臂一呼，起义烈火燃遍半壁东南。没有活路的农民们仿佛看到了救星，纷纷跟着方腊就造起反来。他手下的将领，没几天工夫，就聚集了上万人。方腊称自己为"圣公"，还给自己建立了小王朝，年号"永乐"。他手下的将领，一个个头上都扎一块红头巾，于是便叫"红巾军"，十几天就发展成上万大军。一个个头上都扎一块红头巾。十月造的反，十二月就打进了杭州城。

方腊的第一个胜仗就是息坑大战。宣和二年11月22日，两浙路都监蔡遵、颜坦率5000名官兵前来镇压，被方腊起义军杀得片甲不留。这一仗拉开了方腊转战东南的序幕。起义军高呼"杀朱勔"口号，真是势如破竹、风卷残云，百万农民军先后攻占睦、歙、杭、湖、婺、衢、处七个州城，扫荡两浙路所辖的18个州军52县，辗转皖南、赣东北部的广大地区，可谓东南大震，声摇汴都。

方腊十月造的反，十二月就打进了杭州城。直到第二年二月，在童贯的攻剿下才退出杭州。四月兵败严家溪滩，最后带着亲信躲进了淳安洞源村东北的石洞。

此洞据说十分隐蔽，若无人出卖，还未必能找到。但方腊最终还是从洞里被骗了出来，被捕后一行39人被押往开封，在汴京被杀。方腊藏身的洞，后人称其为方腊洞，洞口塑着他的像，以表达后人对他的纪念。

这段农民起义的历史事件，被后人演义成很多说书的版本，其中最著名的是宋江征方腊。明代在杭州完成的《忠义水浒传》中，就有这方面的大段描写。当然，作者立场是站在朝廷一边的。那时候的宋江，已经是被招安的宋江了。

《水浒传》的创作过程，是文学史上的一个专门的研究话题，水浒英雄本是民间的故事，早在南宋的时候，就已经在杭州流传了。这种民间流传的故事，又演变为勾栏瓦舍中的话本。在当时的特定条件下，杭州无疑是市井文化最繁华的城市，同时有许多杭州文人都对故事进行了加工整理。所以《水浒传》中那么多和杭州相关的事宜，也就很自然了。于是，西湖美丽的山水中也溶进了英雄悲剧的命运。

据说从梁山泊下来的108将，为了征方腊下了江南，一路告捷，攻下秀州（嘉兴）后，就直奔杭州而来。行进路线是这样的：经临平山，攻下皋亭山（杭州半山）。最后在东新桥安营扎寨。

大军既到，宋江一声令下，三军万马奔腾。左路"汤镇路去取东门"，东门也就是杭州人熟知的菜市门、候潮门的统称。右路"从北新桥取古塘，截西路，打靠湖城门"。古塘（古荡）和靠湖城门全在今天杭州湖滨一带。中路是宋江进攻的重点，按《水浒传》，中路取北关门即今武林门（北关门）。当年宋江圈定的重点，今天名副其实成了杭州市区的重点——杭州最繁华的商业区。

因为有了宋江这样的大哥，梁山好汉们的噩梦开始了，赤发鬼刘唐就是被"候潮门闸死"。攻打武林门时，又折两员大将，金枪手徐宁中箭后毒疮迸发而亡，井木犴郝思文更惨，被擒后，斩首示众。最让人叹息的是浪里白条张顺。张顺可算是梁山泊的元老了，108条好汉，要说像张顺那样与宋江铁哥们的，也真是屈指可数。这样的英雄在西湖面前也只能折腰。"我生在浔阳湖上，大风巨浪，经了万千，何曾见这一湖好水，便死在这里，也做个快活鬼！"说罢，张顺口衔尖刀，钻进湖里，摸向涌金门，才爬得半城，只听一声梆子响，好汉顿时万箭穿心。电视剧《水浒》中的画面，让人久久挥之不去。

宋江当然哭得死去活来，来时整整齐齐，兄弟一个不少，如今活着的只剩三十六人。这三十六人中还有心灰意冷的。不久，豹子头林冲中风，死在钱塘江边的六和寺中；花和尚鲁智深则在六和寺中听潮圆寂。打虎英雄武松成了残疾，在六和寺中出家一直到死。

宋江征方腊，我们只当作故事来听，历史的真实并非如此简单。事实上方腊起义对当时是有着深刻影响的，他从起兵到被杀，十足算起来，还不到一年，但给了将亡的北宋一个毁灭性的打击。一个普通的江南农民，振臂一呼，短短时间，竟然打下了六州五十六县，从根本上动摇了北宋王朝。仅仅过了5年，北宋王朝就彻底灭亡了。

The
Biography
of
HangZhou

杭州传

第八章

八千里路云和月

（1127—1279）

文天祥雕像

经过北宋150多年的发展，到了南宋时，开始了杭州的鼎盛时期。南宋建炎三年（1129），置行宫于杭州，为行在所，升为临安府，治所在钱塘。辖钱塘、仁和、临安、余杭、于潜、昌化、富阳、新城、盐官九县，地域与唐代大致相当。绍兴八年（1138）定都于此，杭州城垣因而大事扩展，当时分为内城和外城。内城，即皇城，方圆九里，环绕着凤凰山，北起凤山门，南达江干，西至万松岭，东抵候潮门，在皇城之内，兴建殿、堂、楼、阁，还有多处行宫及御花园。外城南跨吴山，北截武林门，右连西湖，左靠钱塘江，气势宏伟。设城门13座，城外有护城河。由于北方许多人随朝廷南迁，使临安府人口激增。到咸淳年间（1265—1274），居民增至124万余人（包括所属几个县）。就杭州府城所在的钱塘、仁和两县而言，人口也达43万余人。

人口的增多，为社会生产力的发展和商业的繁荣创造了条件。南宋都市经济的繁荣，不仅超越前代，而且居世界前列。当时临安手工作坊林立，生产各种日用商品，尤其是丝织业的织造技艺精良，能生产出许多精巧名贵的丝织品，在全国享有盛名。

据《武林旧事》等书记载，南宋时的杭州商业有440行，各种交易甚盛，万物所聚，应有尽有。对外贸易相当发达，有日本、高丽、波斯、大食等50多个国家和地区与之有使节往来和贸易关系，朝廷专设"市舶司"以主其事。西湖风景区经过修葺，更加妩媚动人，吸引了不少中外游客；酒肆茶楼，艺场教坊，驿站旅舍等服务性行业及夜市也很兴盛。

南宋时，杭州是全国的文化中心，设立了最高学府——太学，还有武学、医学、算学、史学等各科学校，临安府学及钱塘、仁和两县学的学生近千人。这里书铺林立，刻印的书籍十分精良。当时的绘画艺术甚盛，"西湖十景"就是由南宋画院题名的。

靖康二年（1127）五月，康王赵构登基即位，是为高宗。改元建炎，立杭州为国都，重建赵宋政权，史称南宋。此一历史阶段，农业的发展、商业的繁荣、学术的活跃、文艺的多姿、教育的进步，甚至跨越前朝。是南宋促成了中国经济形态从自然经济向商品经济、从封闭经济向开放经济、从内陆型经济向海陆型经济的伟大转折，从而促进了中华文明的传播，加速了世界文明的进程。

南宋153年历史，更是中华民族爱国主义精神风起云涌的汗青史。侵略和反侵略贯穿了一百多年王朝始末，南宋强烈的爱国主义精神，就此渗入中华民族基因，成为杭州人民奉献给祖国不可或缺的精神遗产。

南宋，思想文化环境相对宽松，寒门入仕蔚然成风；南宋产生了一群思想大师，南宋浙江的州县学，从北宋时期的48所增加到了74所。《宋元学案》中记载的浙江学者有527人，其中南宋学者竟有北宋的4倍之多，所以才有"宋之南也，浙东儒者极盛"的说法。其儒学文化、理学思想传至东亚及东南亚各国与地区，与各自的民族文化相互融合，形成了东亚儒学文化圈，成为东亚与东南亚文明发展的一大奇观。南宋的国际贸易，以海上"丝绸之路"为主要通道，使中国在十二三世纪时，成为"世界伟大海洋贸易史上的第一个时期"。

南宋文化，集中国南北文化交融之大成，这显然与北宋末年战争带来的巨大移民潮分不开。这是一次北方国都叠加在江南国都之上的双重国都文化汇合，是高级与高级的文化相聚，精致的生活艺术、深邃的审美境界，丰厚的八方习俗，与虚弱的国力、受难的族群构成了奇异的南宋遗风，流布至今，成为浙江特有的中国符号，世界赞叹的全方位文化遗产。无论戏曲、曲艺、诗歌、辞赋、音乐、美术、舞蹈、相扑、陶瓷、工艺、建筑、印刷，在庙堂书阁，在瓦肆茶楼，在街角地头，都有堪称卓越的作品，流传至今，成为一个时代的文化象征。

但南宋王朝的短板亦非常致命，政治制度的扭曲，造成冗官、冗兵的不堪重负，重文而不强兵、用人而不信任人的致命弱点，终于使数百年大宋王朝彻底崩溃。元兵立马吴山，历史的轮回就此再次发生。

还不如直接去杭州

1127年正月，也就是靖康二年，金兵铁蹄踏破宋都汴梁（开封），钦宗连同太上皇徽宗双双成了金人的俘虏，北宋遂告灭亡。"靖康耻，犹未雪。臣子恨，何时灭。"这是人们熟知的岳飞所作的《满江红》中的词句。靖康之难，是宋人的奇耻大辱。

对赵宋王朝来说，庆幸的是徽宗第九个儿子康王赵构正领兵在外。国不可一日无君，在宗泽等一批旧臣的拥戴下，赵构在今天河南的商丘登基，改年号为"建炎"（1127）。于是历史长河中的又一次大波折在痛苦和战栗中完成，史称"南宋"。

说起南宋，杭州人话就多了。谁不知道杭州是南宋的京城，杭州能排进中国的七大古都，还不是因为南宋的那一百四十多年。

不过，赵构能将自己的窝最终安在杭州，实在也是好事多磨，一波三折。

高宗即位之初，正值山河破碎风雨飘摇之时，旧都已不可还，商丘又非久留之地，赵构这个刚刚穿上龙袍的皇帝在哪里安身，就成了朝廷大臣们的首要议题。文武百官各抒己见，唇枪舌剑，互不相让，争议的焦点是坚守中原还是远遁东南。庙堂相持不下，但金兵并不怠慢，火速南下，铁蹄声声，商丘待不下去了，赵构匆忙下诏：巡幸东南为避敌之计。

皇上意向东南，迁都建康（南京）就成了大臣们的首选：一是六朝古都，有金陵王气；二是东南久安，财力富盛；三是能依托长江天险，以抵御强敌。如果没什么变故，赵构就"巡幸东南为避敌之计"了。

让赵构感到意外的是，这样一个被朝野上下认可的万全之策，却被一个年轻的军官斥之为"有苟安之渐，少远大之略"，奏书力主高宗"乘二圣蒙尘未久，敌穴未固之际，亲率六军……中原之地指期可复"。这个热血青年的下场可想而知，很快以"小臣越职，非所宜言"为由，被"夺官故里"，这就是岳飞（1103—1142）抗敌生涯上的第一次打击。

不过，赵构的这一次"巡幸"并没有真去建康，见追兵渐渐远去，便在长江北岸的扬州歇脚。不乘想建炎三年（1129）二月，金兵大破宋军，烽烟直扑扬州，慌得赵构渡江南遁。赵构到建康后余悸未平，望着北岸的漫天烽火，心想，就是长江天险也未必能挡得住金兵的铁甲雄师，于是又和文武大臣们再度商议"巡幸"之事。高宗发话道："姑留此，或径趋浙中邪？"意思是说，是留在这儿呢，还是直接去浙江？群臣们多坚请皇上坐镇前线，抗拒金兵，挽救危局，但有个叫王渊（1077—1129）的大臣却提出迁都杭州，说："镇江只可防守一面，如果金军自通州而渡，先占据姑苏，将怎么办？不如钱塘有重江之险。"此议甚合赵构的心意，当即拍板。

赵构对杭州确实心仪已久，尽管迁都之事一议再议，其实赵构心里早就有谱。还在扬州之时，赵构就先将太后和太子送往杭州。这等大事，当然要安排心腹之人护卫。随太后前往杭州的是御营统制苗傅的八千精兵，送太子和六宫的是御营副统制刘正彦所率的三千人马。这样一支皇宫警卫部队组成的万余大军驻扎杭州，在赵构看来，攻可进，退可守，万无一失。

殊不知祸起萧墙，赵构错就错在将一万余大军驻扎杭州。中国历来就有将在外君命有所不受之说。拥兵自重，目无君主，在中国历史上也不足为奇。自赵匡胤杯酒释兵权以来，宋王朝历代皇帝对军人都分外戒心，赵构亦是如此。这场宫廷政变的原因是多方面的，但宋高宗大敌当前，畏敌如虎，调大军经营安乐窝，这不能不说是其中的因素之一吧。

金兵铁骑风驰电掣席卷江南，高宗仓皇出逃。随驾来杭的只有少许卫队。高宗于建炎三年二月十三日抵达杭州后，就躲进凤凰山脚吴越国钱镠留下的王宫里。三月初五早晨，一队士兵将赵构的宫城团团围住，这就是南宋历史上有名的苗刘之变。

苗傅、刘正彦把兵埋伏在北桥下，也就是今天杭州六部桥附近，首先设计杀了赵构的亲信王渊，使赵构顿失一臂，又逼赵构交出中军统制康履，当众腰斩，赵构又失一膀。然后，苗、刘又得寸进尺，要皇帝立即让位于皇太子赵旉。赵旉年仅3岁，由隆佑太后垂帘听政。但宋高宗在这个节骨眼儿上还算沉得住气，他提出禅位条件，要苗、刘尊事皇帝与太后，约束兵士举动，他退位后，将佐军士即解甲归田。赵构此刻要做的是避其锋芒，稳住叛军，抑制事态发展。

赵构下诏禅位，苗、刘这才罢兵。赵构躲过杀身之祸，静观事态发展。后院起火，消息传到抗金前线，顿时引起大将们的愤怒，侍御史张浚当即会集韩世忠、刘光世、张俊等将领进行商讨，众将领一致决定发兵勤王，南宋大军迅速向杭州聚集。

这下子该轮到苗傅、刘正彦慌神了。当时的宰相朱胜非见时机已到，就软硬兼施，劝说苗、刘还政于高宗。苗、刘虽把皇帝拉下马，却并无舍得一身剐之勇气，见大势已去，也只得如此了。四月初一，隆佑太后正式下诏还政，宋高宗又回到了龙椅上。这就是南宋历史上有名的"建炎复辟"。

高宗假意封苗傅为淮淮西制置使，刘正彦为副使，将他们引进朝廷。还亲自赐二人铁券。虽说又加官又晋爵，想来苗、刘也绝无春风得意之感，谋反乃乱臣贼子，是千刀万剐诛灭九族的弥天大罪。果然，勤王之师不依不饶，大将韩世忠在临平将叛军团团困困。一番厮杀，飞沙走石，苗、刘渐渐不支，韩世忠乘势杀进杭州北关，北关据说就是今天拱墅区夹城巷得胜桥一带。

这一仗勤王之师大获全胜，苗、刘带着不足两千残兵从涌金门出城，途经富阳、新城（新登）逃入福建，最后还是被韩世忠擒获，磔于建康，这是后话了。

赵构虽说毛发无损，但杭州的当头一棒着实让他惊吓不轻。从"地上"捡起皇冠再戴上，赵构咬咬牙便离开杭州这温柔富贵乡，前往建康。这回赵构为表明他的抗金决心，把太后和六宫都带上了。只是御驾亲征，并不能扭转战局，宋军节节败退，眼看建康不保，宋高宗心神不宁，迁都之议再上庙堂。

天子虽可"御载"，但有了兵变的教训，高宗有意听听君臣们的意见。高宗首先提出三个方案，"朕如宅居建康，不复移跸，与夫趋鄂、岳，左驻吴、越；山川形势，地利人情孰安孰否，孰利孰害？"做皇帝的能如此民主，朝上可热闹了。文武百官放开胆子，各抒己见，各陈利弊。

百家争鸣，归纳起来主要是两种方案。张浚提出迁都武昌，马扩则更进一步，主张"上策幸巴蜀，中策都武昌，下策驻跸建康"。张浚的提案与马扩的"三策论"立刻遭来非议,尤其是江浙籍官僚的反对。主要意见是鄂、岳路途遥远,供给难以保证,皇上走后,各地盗贼恐乘虚而入,那时连富庶的东南也保不住了。御史中丞张守说:"东南今日根本也,陛下远适,则奸雄生窥伺之心。况将士多陕西人,以蜀近关陕,可图西归,自为计耳,非为陛下与国家计也。"言辞之激烈,"三策论"简直成了误国之策。说来说去,还是"不复移跸"的呼声最高。高宗心无定论,也只能待在建康。

唇枪舌剑可挡不住金戈铁马,战火很快烧到了长江的北岸。建康危如累卵,高宗惶惶不可终日,百官们也感到了事态的严峻。暂避杭州的意见占了上风,有人这样对高宗说:"今日之计当思古人量力之言,察兵家知己之计。力可保淮南,则以淮南为屏蔽,权都建康,渐图恢复。力未可以保淮南,则因长江为险阻,权都吴会,以养国力。"此言正中高宗下怀。事已火烧眉毛,赵构又有了暂避杭州的意见,升杭州为临安府。

建炎三年九月,高宗又打道回府,上一回虽是刀光剑影,但总算还能躲在宫里,这回更是惨不忍睹,干脆被逐出宫门了。仅仅一个月后的十月,金将兀术统领大军渡过长江,长驱直入,进逼杭州。高宗仓皇出逃,兀术紧追不止,高宗从杭州逃到越州(绍兴),从越州逃到明州(宁波),在定海(镇海)又把"朝廷"装到几只船上,逃往温州。这回金人也追疯了,跟着跳进大海狂追300里,忽然台风大作,滔滔巨浪面前,天助大宋不灭也。金人这个来自马背上的民族,只得偃旗息鼓,收兵北撤。也合该赵氏王朝还有140年寿数,从此金人再也没有渡过长江。

心有余悸的赵构仍没有打算回杭,建炎四年(1130)四月,他将浙江越州作为行都,1131年改年号为绍兴,升越州为绍兴府,以示"绍继中兴",绍兴地名便由此而来。赵构人在绍兴,心里老惦记着杭州,"朕以为会稽只可暂住"。驻跸绍兴确有两个问题,一是地狭人多,供需矛盾突出;二是偏于一隅,有损赵构抗金形象。绍兴二年正月,高宗终于又搬回杭州。看着杭州满目的青山绿水,赵构高兴地说:"吾舍此何适?"

也许是当时的客观形势摆着,大敌当前,高宗还不能过度留恋西湖山水。

回杭州不久,南宋就在建康、镇江设帅府,在江淮屯兵10万人。在以后的几年中,首先陕川保卫战取得胜利;接着岳飞收复襄阳六郡,然后韩世忠在扬州大败金兵,频频捷报中,北伐的呼声又渐渐高涨起来,抗金形势逐渐好转,在大臣的促动下,赵构又一次进跸建康。如果真是这样发展下去,历史上会不会有一个叫作南宋的朝代就很难说了。

南宋与金对峙局面的出现,并没能使赵构坚定收复故土的决心,在金戈铁马与风花雪月的选择中,赵构还是走向了后者。绍兴八年(1138),高宗在建康又住了两年之后,终于在人们的苦苦劝留中回到了临安。

这是赵构第三次驻跸临安,就在这一年,高宗下诏定临安为"行在所",也就是宣布正式定都临安。从此,杭州从秦汉时的一个山中小县一跃为"东南第一州",然后这座美丽的城市又在危急存亡之际,成了南宋王朝的国都,在这以后的100多年中终于达到了她的极致,她的辉煌的顶点——世界大都市。同时,也给我们留下她悲壮、沉重、让人扼腕叹息的故事……

风吹雨打凤凰山

今天到杭州的游人,很少有人不知道有个宋城的。沿着钱塘江西南向走,杭城十数里外,看得见一座崭新的皇城,人气旺,花样多,热闹非凡。不过大家都明白,这是今人仿造的宋城。真正的宋城,800年前所建,100多年以后王朝灭亡,皇城也跟着倒了霉,没过几代,就成一片废墟,再无昔日辉煌。这南宋故宫,就在今天清波门外的凤凰山麓。

为什么把皇宫建在这里呢,说起来还有一段渊源。

今天的凤凰山有些寂寞了,但从前是大名鼎鼎的。民间传说:西湖明珠自天降,龙飞凤舞到钱塘。说的是西湖本是天河里的一颗明珠,有一对龙凤守着,王母娘娘来抢,明珠从天上掉下来,龙凤也就跟着下来,明珠化为了西湖,龙凤也就化作了两座山,龙山就是今天的玉泉山,凤山呢,就是今天的凤凰山。

177

凤凰山的位置,在西湖南面的万松岭和慈云岭之间。说起来,几乎从杭州建城开始,它就是政治文化经济的中心,当年,在西湖诸峰中,是挂了头牌的呢。隋开皇年间,住在杭州的大臣杨素,就选中了靠近钱塘江的凤凰山,把州政府设在此地。这里交通和用水都比较方便。

10世纪,吴越国建立,凤凰山又成了国治的所在。不过既然称了国,就要有国的架势,南宫北城的格局也必须符合安全要素,这国治就大大地加以扩建起来。内里建了一个子城,也就是宫城,外面建了一个罗城,也就是都城,把凤凰山建成了一座地上天宫。

到了北宋,吴越王宫成了杭州城现成的州治,直到南宋初年,这里诏以为行宫。一开始,高宗赵构还想在杭州西部的西溪建皇宫,那地方平坦舒适,美丽的小洲间或其中,放眼过去心旷神怡。无奈此地必得平地而起,一砖一瓦都是银子。前方将士正在浴血奋战,哪有借口再建一个皇宫。罢了罢了,还是在原来的基础上扩建比较省事,这才依然定在了凤凰山。但他心里还是舍不得西溪,就说:此处暂且给我留下。这一声"留下"还真的留下了,这个地方,直到今天,依然叫留下。而亏了那句"留下",西溪才有了今日的辉煌。

《宋史》关于定皇城一事,有过一段记载,说:"建炎三年闰八月,高宗自建康如临安,以州治为行宫,制度皆从简,不尚华饰。"又有《挥尘录余话》一书说,南宋皇帝的车驾刚到杭州的时候,杭州城里秋雨不止。朝中重臣叶梦得说:这里的州政府办公处房子并不多,六宫居住在这里,一定很狭窄。赵构说,我倒觉得还好,没感到挤,只是感到潮湿。不过我们自过江以来,文武百官和六军都没有安身之处,我哪里还敢再生什么安居之心。

这里说的是南宋王朝刚刚到杭州时的狼狈样,待到安顿下来以后,就完全不是这个样子了。

从将台山和凤凰山之间的笤帚弯过来,从前,这一带都是皇家禁苑。800年前,这里共有大殿30座、堂13座、阁26座、斋4座、楼7座、台6座、亭90座。那是何等的富丽堂皇!如今都已消失在一片荒草丛中了。

往前走不远,一处摩崖上,赫然可见两个大大红字:凤山。这两个大字,每个高1.2米,还是南宋淳熙年间一个叫王大通的人书写的,距今也有八百年了。字写得苍劲古朴,完好保存至今也不容易。旁边就是圣果寺旧址,我们可以在这里看到西湖周围能看到的最大的石像。那是三尊高约三丈的佛像,一尊为弥勒,一尊为观音,还有一尊为大势至。那佛像身后岩石上有一个个方洞。原来这本是10世纪初年的作品,后来宋皇宫建在这里,这里也成了殿宇,这些空洞,都是当年架的椽头铆接的所在。

佛像附近有埋在地上的石碑,上有"忠实"二字,据说那是赵构所书。望着斜阳里的废墟,人们会遥想当年在这里步履匆匆的王朝大臣们。正是在这里,常常走过像岳飞这样的忠臣,像秦桧这样的奸臣吧。一百四十多年,南宋王朝在这里上演过多少正剧和悲剧。王朝的声音虽然已经深埋在荒芜之中,但他们并没有消亡,他们在等待聆听他们声音的人们。

再往前走是凤凰池。凤凰池是个腰形水池,当年皇宫的主要汲水处。宫女们担着水桶来这里,汲水之余,有没有临水照一照她们那寂寞的花容呢?回望山顶上的排衙石多么气度不凡,这里曾是吴越王国禁军练兵处。南宋皇宫的禁军也就继承此一功能,这数亩见方的平地曾经是杀声震天的习武场,那一旁隆起的高阜乃是皇上的点兵之处。唉,纵有将台又如何,没有真正的铁血之心,还是抵抗不住北方马上民族的铁骑啊!

从曾经辉煌的山顶下来,去寻一寻从前的报国寺、仙林寺和尊胜寺,他们可都是从前的中央政府的核心部门。报国寺是宋宫的垂拱殿,有五门十二架,是皇帝们"常朝四参"的地方。仙林寺就在其后面,是朝廷大典前皇帝事先宿斋之处。尊胜寺就是皇帝的寝殿了,可怜元军进城,南宋历代皇帝们的骨殖被掳到此与牛羊骨混杂,镇在其间一座白塔下,白塔乃元僧杨琏僧迦所建。呜呼,所有这一切,都化为空山鸟语、菜圃茶园,和偶尔才能见到的断碑基石。

皇朝既没,皇宫自然被掳,美人既去时,阁下麋鹿走,陵庙成焦土,宫墙没野蒿。入元之后,朝廷建皇宫为寺庙,后又经几次火灾,到14世纪中叶,张士诚重修杭州城,把凤山截出了城门之外,位于凤凰山南麓的南宋一代行宫遗址,从此弃之门外,被人遗忘了。

斜阳将没，废墟依旧。这世界有许多美，其中便包括这不可复制的残缺美。因此，不要惊动它，就让它没在杭州城郊的斜阳与林木之中吧。

一市秋茶说岳王

1142年1月27日，距今800年前，岳飞被害于今日杭州庆春街口，也就是当年南宋临安风波亭中。刑前狱吏要岳飞在画好的假供状上画押，岳飞提笔写下8个字：天日昭昭，天日昭昭。

一代忠良万古将的遗言，是他对死后命运的预言，也是复仇的誓言。他说：天上的太阳是明亮的，他将照亮我的这颗光明磊落之心，他将洗净我的不白之冤，他将把那些魑魅魍魉的原形统统暴露在光天化日之下。今日栖霞岭下的岳王庙中正殿重檐之上悬挂着的横匾"心昭天日"便源出于此。

岳飞（1103—1142），字鹏举，相州汤阴（今河南省汤阴县）人。南宋时期抗金名将、军事家、战略家、民族英雄、书法家、诗人，位列南宋"中兴四将"之首。

岳飞曾先后4次从军。从建炎二年（1128）遇宗泽，直至绍兴十一年（1141）止，他先后参与、指挥大小战斗数百次。金军攻打江南时，他独树一帜，力主抗金，收复建康。绍兴四年（1134），他收复襄阳六郡。绍兴六年，他率师北伐，顺利攻取商州、虢州等地。绍兴十年，完颜宗弼（金兀术）毁盟攻宋，岳飞挥师北伐，两河人民奔走相告，各地义军纷纷响应，夹击金军。岳家军先后收复郑州、洛阳等地，在郾城、颍昌大败金军，进军朱仙镇。宋高宗赵构和宰相秦桧却一意求和，以十二道"金字牌"催令班师。在宋金议和过程中，岳飞遭受秦桧等人诬陷入狱。1142年1月，以莫须有的罪名，与长子岳云、部将张宪一同遇害。宋孝宗时，他被平反昭雪，改葬于西湖畔栖霞岭，追谥武穆，后又追谥忠武，封鄂王，在宋、元、明三朝，备受尊崇。

岳飞是南宋杰出的统帅，他重视人民抗金力量，缔结了"联结河朔"之谋，主张黄河以北的民间抗金义军和宋军互相配合，以收复失地；治军赏罚分明，纪律严整，又能体恤部属，以身作则，率领的"岳家军"号称"冻死不拆屋，饿死不打掳"。金军有"撼山易，撼岳家军难"的评语，以示对岳家军的由衷敬佩。

岳飞虽为汤阴人氏，然后半生都在杭州度过，杭州熟土的所到之处，多带有岳王故迹。外地来杭者几乎无有不到岳王庙，有许多人都是从湖滨坐着小船到岳王庙的。从前杭州有说书听书的传统，一路上船工就讲着听来的岳爷爷的故事，这多半是从《说岳精忠演义》中来的，再加上民间流传的神话，说的听的都认真。再放眼指点西湖湖山，有英雄魂魄行走，怎么不叫人油然生光荣自豪之情。清人钱塘乡亲袁枚在《谒岳王墓作十五绝句》中曾写道：

江山也要伟人扶，神化丹青即画图；
赖有岳于双少保，人间始觉重西湖。

这才真正是把西湖自然环境和人文环境的关系讲透了呢。

风波亭，当年就在法院路头，斗转星移，沧海桑田，今天这里成一条笔直大道庆春路，直抵西子湖头，复修的风波亭就在六公园西湖边。而岳王的故居，就在从前法院路和菩提寺路的斜对面，不过平屋数间而已。后人纪念岳飞，便有了今日的岳王路和孝女路。熙熙攘攘的都是安居乐业的人们。那孝女便是岳飞之女，名岳娥，后人称其银瓶小姐。旧时的庆春路口，曾有一座银瓶庙，庙旁有一口井，就叫银瓶井。就在孝女路附近。据说银瓶年方15便学得一手"岳家枪"，十分了得，是岳飞的掌上明珠。岳飞亡而岳娥愤，抱起家中一只银瓶，投井而死。后人纪念她，称井为银瓶井，又盖庙塑"银瓶公主"像。井上有西蜀刘瑞铭云："天柱危，日为月，祸忠烈，奸桧孽。娥叫父冤冤莫雪，赴井抱瓶泉化血，曹江之娥符尔节。噫嘻，井可竭泉，名不可灭。"

忠良被害，最不平的还是草民百姓。南宋大理寺狱在钱塘门内，有个正直的狱卒，名叫隗顺，冒着生命危险，把岳飞遗体背出城，埋在钱塘门外的九曲从祠旁，也就是今天的杭州少年宫北。隗顺为了记住英雄的葬身之地，用了岳飞佩带的一只玉环陪葬，上面种了两株橘子树，为遮人耳目，题的是"贾宜人墓"。狱卒临死时对儿子说，岳元帅精忠报国，一定要记住，将来寻访遗体，岳帅腰下佩有玉，还有一个铅桶，里面藏了当日枷锁上揭下来的封皮，都可为证。因为墓地周围是一片堆积如山的螺蛳壳，所以《精忠岳传》中有"欲觅精忠骨，螺蛳壳内寻"。

整整21年之后，岳飞被平反，遗体终被迁葬到今日栖霞岭下。这里原是唐代的智果寺，宋代勘定为功德院，后来就成了岳王庙。当年许多民俗活动就在这里展开，包括说书艺术，一市秋茶说岳王，描绘出当年泱泱百姓在书场饮茶听书的景象。岳飞塑像后环绕的壁画讲的是岳母刺字、精忠报国、直捣黄龙、十二金牌、风波冤狱等，可以说是深深地勒进了中华民族的骨血里，成为世世代代相传的具象的民族精神内容。

而跪在岳飞墓前的那四个代表陷害岳飞的人物铁像，秦桧夫妻、万俟卨、张俊，无论祠庙人员如何看管，还是挡不住人们对他们啐的唾沫。我们现在看到的这组跪像，已经是第九次铸造的了。传说有一年这4个铁像突然不见了，没几天西湖水就开始发臭，那四个铁像随之浮了上来。原来西湖水受不了它们的臭，又把它们打发回来了。

岳飞墓草青青，左侧是他的儿子岳云墓，墓前那块大石碑，上刻"宋岳鄂王墓"，据说是明代旧碑。另有几段立着的化石柏树，此乃精忠柏，说这株柏树原来就长在风波亭旁，岳飞冤死那一刻，草木失色，柏树立刻就枯死了，硬得就跟铁石一样，僵在那里就是不倒。后来这株树最终被移到了岳王庙。其实"精忠柏"乃松柏科植物化石，论其年龄，已经有1.2亿年以上了。以这样几乎可以称得上永恒的象征物来衬托岳飞的民族精神，的确是相得益彰。

说到与岳飞有关的历史遗迹，杭州城里还有那么几处。一是施全。施全生前也不过就是岳飞帐下的一名殿前小卒而已，但却在秦桧上朝的路上，也就是在今天的杭州望仙桥斩马刀行刺，惜未成，秦桧亲自审问说：你的心坏了吧！施全答：丞相的心才坏了！你通敌卖国，残杀忠良，怎么会干出这种事！施全在闹市区被处了磔刑，杭人却为他建了施公祠。秦桧吓得不敢出门，每次出来，要有50名卫兵持着长矛守卫他才放心。

岳飞死后，他的那些战友亦备受迫害。岳飞死后6年，他的部将牛皋在秦桧死党的一次集会上被毒死。临死前和家里人说：我已经61岁了，死也无恨。只恨南北通和，不是马革裹尸，而是死在了窗下。

牛皋死后亦与岳飞为邻，墓在栖霞岭上紫云洞前。现存牛皋墓，面朝西湖，块石围砌，旁有光绪年间立的碑刻，墓道前石坊上的对联曰：将军气节高千古，震世英风伴鄂王。

岳飞的部将，虽多为北人，但死后多葬在了杭州。张宪墓原在东山弄口，离岳飞墓只有一华里。李宝墓在花港观鱼。人道岳飞出行，"马前张保，马后王横"，前者墓在长寿路，后者墓在法院路；杨再兴家居艮山门，死后百姓建庙纪念他，留下了地名叫"杨墅庙"，一直叫到了后世。

岳飞死后才两个月，他的战友韩世忠就在灵隐飞来峰建了一个亭子，名曰"翠微亭"，名为登览形胜，实为纪念岳飞。原来岳飞曾经写过一首《登池州翠微亭》诗曰：

经年尘土满征衣，特特寻芳上翠微，
好山好水看不足，马蹄催趁月明归。

战友冤死，韩世忠辞官，自号"清凉居士"，头戴青巾，骑驴携酒，后面跟一二小童，纵游西湖，终究忧愤而死，却留得翠微亭，今日依旧飞来峰上，俯瞰历史正邪。

岳飞死后，故居被改为太学，宗属亦都被发配岭南。太学生们却说，夜里常看见岳飞在太学中巡行。岳飞平反后，被流放到岭南的眷属又迁了回来，住在今日杭州下城新桥附近，此地因此留下一个地名"岳家湾"。据说当年栖霞岭下开店的也多姓岳，均为岳王后代，衍至今日，又不知留下多少岳家后代子孙了。

岳飞是中华民族的岳飞，南宋孕育出了整个中华民族的伟大气节。抗金期间，杭州沦陷前，人们纷纷到岳庙告别，向岳王爷宣誓要打回来。光复后又立刻去岳庙祭拜，告慰英魂。今日岳庙门口迎面而立的大碑，上书岳飞的《满江红》，激励着千秋万代的华夏后世：

怒发冲冠，凭栏处、潇潇雨歇。抬望眼、仰天长啸，壮怀激烈。三十功名尘与土，八千里路云和月。莫等闲、白了少年头，空悲切……

朝廷的内卷与外怯

靖康二年，金兵掳走徽、钦二帝，还掳走后妃、亲王及北宋官员3000多人，当时任御史中丞的秦桧（1090—1155）就在其中。建炎四年十月，秦桧又带着妻子王氏乘舟来到绍兴。他自己声称是杀了看守金兵才得以脱逃的。

秦桧见了高宗后，就立刻提出了"如欲天下无事，须是南自南，北自北"的求和方案，赵构本来就惧怕金人，但在朝中主战将领的左右下，一直摇摆不定，如今听了秦桧的话，自然是一拍即合。从此秦桧青云直上，赵构立刻任命秦桧为礼部侍郎。几个月后又做了参知政事。绍兴八年，又爬上右丞相兼枢密使，也就是最高军事机关的高位。不到半年，又将左丞相赵鼎挤出朝廷。这样秦桧就独居相位，真可谓一人之下，万万人之上了。南宋王朝正是在这样的昏君和奸相的把持下，一步步滑进苟且偷安的深渊。

绍兴八年十月，金国遣来使臣和谈，金人把高宗视为金国的臣僚，这种卑躬屈膝的议和，在朝中立刻激起反对的声浪。最让秦桧瞠目结舌的是，枢密院一个叫胡铨的小吏送给高宗一封奏书，胡铨在奏书中怒斥秦桧："义不与桧等共戴天，区区之心，愿断三人之头，竿之藁街。"这就是历史上有名的《斩秦桧书》。

但对议和和投降路线威胁最大的，还是在前线浴血奋战的军人。绍兴十年，也就是1140年，岳飞统领的岳家军在郾城大败金军，正当岳飞"直捣黄龙"之时，秦桧害怕了。北伐成功，意味着他将丧失一切。一连十二道金牌，召回岳飞。收复中原的大好形势，顿时化为乌有。

秦桧投降卖国，势必将矛头对准坚持抗战的将领。但他首先的目标不是岳飞而是韩世忠。岳飞得知此事后，立即告诉韩世忠，要他小心戒备。从此秦桧对岳飞恨之入骨，在与张俊、万俟卨等一番密谋之后，以谋反的罪名将岳飞逮捕入狱。尽管秦桧绞尽脑汁，甚至悬赏招诱证人，只得以"莫须有"的罪名将岳飞杀害在风波亭，同时被害的还有岳飞的儿子岳云、爱将张宪。

绍兴十年（1140），从五月的收复中原指日可待，到七月的十二道金牌被追回；到1142年初将岳飞杀害于风波亭，真是一个大起大落大忠大奸的悲剧时期。误国从表面上看是秦桧在操纵，实际上后面的决策者还是赵构。南宋这一朝，共有十一个皇帝。高宗赵构打头，宋军在反击金的入侵中已取得一定的胜利，但宋高宗与宰相秦桧解除了韩世忠、张俊、岳飞三大将的兵权，甚至制造岳飞冤狱，使抗战派对投降议和活动无法进行反对。明朝的文徵明写词说到这段史实的时候，说赵构并不是不知道中原是祖国的一部分，应该要回来；也不是不知道自己的父兄被外族掳去是一种何等的耻辱。但是如果父兄真的回来了，他自己的皇位该怎么办呢？所以那时候实际上赵构是怕收复中原的。要不然，一个千人所指的秦桧，怎么可能抵挡收复中原的气势呢？

后人的评价应该说是一针见血的。岳飞之所以被害，真正的罪魁，正是赵构。而赵构以后的历代皇帝，面对贪得无厌的金国，时战时和，确实没有一个有大英雄气魄，更无一个有天纵之才的。

绍兴十一年（1141）双方达成和约：宋向金称臣，金册宋康王赵构为皇帝；划定疆界，东以淮河中流为界，西以大散关（陕西宝鸡西南）为界，以南属宋，以北属金；宋每年向金纳贡银、绢各25万两、匹，自绍兴十二年开始，每年春季搬送至泗州交纳。绍兴和议确定了宋金之间政治上的不平等关系，结束了长达10余年的战争状态，形成了南北对峙的局面。

自绍兴和议20年之后，金朝的第四个皇帝完颜亮依旧放不下中国富饶的南方，据说他读了柳永关于杭州的词——"有三秋桂子，十里荷花"——不由萌生了跃马扬鞭于江南的野心。还专门派了一个画工潜入杭州，画了一幅杭州吴山风景图，然后在图上题了"提兵百万西湖上，立马吴山第一峰"的诗句。果然，1161年9月，他率军过淮河，宋高宗吓得又想跑，好不容易被臣下挡住。中书舍人虞允文（1110—1174）在这次战役中起了关键性作用，这就是历史上著名的"采石之战"。这一时期金朝内部发生宫廷政变，完颜亮被叛将所杀，金军南侵失败。但宋高宗无力无心再继续战斗，56岁退位住进德寿宫，就在今天的杭州望仙桥一带，让他的养子孝宗赵昚（1127—1194）接了他的班。谁知他还活得长，直至81岁。

宋孝宗赵昚籍贯秀州（嘉兴），宋太祖赵匡胤七世孙。绍兴二年（1132），因高宗无子，他被选中育于宫中。绍兴三十年（1160），被立为皇子，受封开府仪同三司、宁国军节度使，封建王。绍兴三十二年（1162），被立为皇太子。同年高宗让位于赵昚，成为宋朝第十一位皇帝、南宋第二位皇帝。由此，从北宋初年的"烛光斧影"一百多年后，宋朝的皇位再次回到宋太祖一系。

后世普遍认为赵昚是南宋最有作为的皇帝。他在位期间，平反岳飞冤案，起用主战派人士，锐意收复中原；内政上，加强集权，积极整顿吏治，裁汰冗官，惩治贪污，重视农业生产，百姓生活安康，史称"乾淳之治"。后世称其为"卓然为南渡诸帝之称首"。

的确，孝宗36岁年富力强的时候当政，入主凤凰山。他一开始也不乏雄心，但1163年与金的"符离之战"失败，又一次改变了历史走向。符离之战是宋金战争中的重要战役之一。隆兴元年（1163），宋孝宗以张浚为都督，主持北伐。四五月，张浚部署李显忠与邵宏渊两军13万人北伐，进据宿州州治符离（安徽宿州）。恰是朝廷不能派出同心同德之将，而李显忠与邵宏渊又严重不睦，故邵宏渊不肯力战，诸将相继违令逃遁，金军追击，宋军大败，直至最后时刻宋军溃师于符离。

符离之战，对宋孝宗恢复中原是个沉重打击。在主和派压力下宋孝宗不得不派使臣向金求和。而金左副元帅纥石烈志宁又趁机渡过淮河，攻取南宋盱眙、濠州、庐州等地。此后宋丧失再战之力，遂被迫议和，宋对金称侄皇帝，不再称臣。每年向金贡献银、绢二十万两、匹。这一年恰是宋孝宗隆兴二年，故史称"隆兴和议"。走的还是高宗的老路，以盟和代替抗战，以后金宋之间四十多年没有发生大的战争。

淳熙十六年（1189），赵昚禅位于三子赵惇，自称寿皇圣帝。绍熙五年赵昚崩逝，在位二十七年，年68岁。

光宗赵惇（1147—1200）继位时情况大不一样。光宗懦弱胆小，政治上昏庸，被凶悍的李皇后控制。举个小例子，有次光宗洗手时，见一宫女的手很白，欣赏喜欢，第二天，李后便派人送来一只饭盒，光宗打开一看，吓得魂飞魄散，原来正是那宫女的一双手。窥一斑而知全豹，可见皇后是个多么残忍的女人。

与其说她挑拨皇帝与太上皇的关系，莫若说在某种程度上她也控制了光宗的心智，以致光宗和太上皇这对父子竟然反目为仇。绍熙五年六月，老皇帝孝宗死，光宗竟然不肯出来主持丧事，只得让吴太后主持，朝中一时人心惶惶，大臣们就计划着让光宗的儿子嘉王任王储。上表6天之后，光宗批阅说，我当皇帝的日子太长了，我想退下来了。大臣们一看这批示更加惊慌，这不是明摆着反对他们的主张吗？政治极为扑朔迷离之时，一群重臣外戚趁嘉王入朝之际，跪请太皇太后垂帘听政，以光宗生病不能主持丧事为由，请诏让嘉王即皇位。就这样嘉王穿上了连夜赶制的龙袍，是为宁宗赵扩（1168—1224），主持祭礼和登位。可笑这个太上皇还不知道自己被废，直到翌日儿子宁宗来拜见他，才恍然大悟。

宁宗这一朝是内部矛盾加剧、朝廷日趋黑暗的王朝。最大的政治事件就是"庆元党禁"，也就是罢逐理学。创立于北宋中期的程系道学，到南宋孝宗乾道、淳熙年间，其影响遍及江浙、闽、川蜀等整个南宋全境，逐渐超越其他学派而取得主流学派的地位，并出现了朱熹、张栻、吕祖谦、陆九渊等一批道学宗师，构筑起道学内部理学和心学两大思想体系，注定了非道学派士大夫和道学派官僚之间矛盾冲突的不可避免。

前者多是受孝宗支持的事功型、才吏型士大夫，是政治上当权派，后者多为不受孝宗支持的道德型、清议型士大夫，是政治上的在野派；到淳熙末年，以周必大与王淮并相为标志，道学派终于在朝廷上形成一股独立的政治势力，开始进入与反道学派分庭抗礼、朋党交攻的新时期。光宗绍熙末年，随着赵汝愚的执政，反道学派暂处于下风。随即而来的绍熙内禅，又引发出赵汝愚与韩侂胄的矛盾，促使反道学派与韩侂胄的合流，终于导致以赵汝愚为首的道学之党的全面崩溃，酿成了南宋历史上又一次大规模禁锢道学的运动：庆元党禁。

宁宗赵扩即位后，宗室赵汝愚以参与拥立赵扩有功升为右相，外戚韩侂胄迁枢密都承旨，两人嫌隙日深。庆元元年（1195）二月，韩侂胄使谏官奏赵汝愚以宗室居相位不利于社稷，贬赵汝愚至永州（湖南），后死于贬所。韩侂胄当政，将凡与他意见不合者都称为"道学之人"，后又斥道学为"伪学"，禁毁理学家的《语录》一类书籍。科举考试中，稍涉义理之学者，一律不予录取。六经、《论语》、《孟子》、《中庸》、《大学》之书为世大禁。不久赵扩下诏，订立伪学逆党籍。名列党籍者都受到了不同程度的处罚，凡与他们有关系的人，也都不许担任官职或参加科举考试。从1195年开始的禁伪学前后历时6年之久。

宁宗时代倒也和金兵又打过一仗，当时大权完全操纵在太师韩侂胄（1152—1207）手中，此战役由他主持。韩侂胄力主抗金，得到著名的抗战派辛弃疾、陆游、叶适等人的支持。宋宁宗也支持韩侂胄的抗金政策。

开禧二年（1206），韩侂胄未做充分准备，贸然发动北伐。宋军纷纷出击，然金军方面早有准备，故上述宋军进攻皆以失败告终，只有镇江副都统制毕再遇连战皆捷，但也无法转变败局。金军乘胜分路南下，韩侂胄只好向金朝求和。

打了败仗以后，就要有人到金军去谈判，这份差事朝廷中谁也不愿去，选来选去，最后选中了杭州萧山县丞方信孺。方信孺不仅能言善辩，而且在金人面前威武不屈，金人将他投入监狱，断绝饮食，并以杀头相威胁，说："你不想活着回去吗？"方信孺说："我奉命出国门时，已将生死置之度外。"最后金人也没有办法，只得将方信孺放回。这年八月，韩侂胄听取了从金营中谈判回来的宋使方信孺的汇报，韩侂胄迁怒于方信孺，夺三级官阶，将其贬到临江军居住。

谈判的条件不能接受，只得硬着头皮再打仗。开禧三年（1207）十一月，韩侂胄在上朝途中被暗杀于玉津园中，这玉津园就在今浙江杭州市南江干区洋泮桥附近。嘉定元年（1208），南宋王朝与金朝签订了《嘉定和议》，和议条款为：两国境界仍如前；嗣后宋以侄事伯父礼事金；增加岁币银帛各五万；宋纳犒师银三百万两与金，疆界依旧。宋朝皇帝与金朝皇帝的称谓由以前的侄叔改变为侄伯，比《隆兴和议》更为屈辱。

其时南宋朝廷政治腐败，而宁宗则不问朝政，由明州人史弥远（1164—1233）把持着朝廷。宁宗没有儿子，抱了一个宗族中的六岁孩子，准备做继承人。可惜命不好，29岁上死了，与庄文太子同葬于南屏山下。

嘉定十四年，又一位赵氏宗族子弟赵竑被选为皇太子，但这位太子非常看不起权相史弥远。史弥远知道太子喜欢音乐，就送了一个女卧底到太子身边，这宫女吹拉弹唱样样行，太子还真是喜欢她，把她当了心腹，常常在她面前练书法，边写边说：史弥远应当被发配到八千里路之外去。又指着地图上海南岛一带说：我若当了皇帝，一定把史弥远流放到那里去。宫女什么都向史弥远汇报，史弥远发现大事不好，就日夜在皇帝面前罗织皇子的罪行，下决心废了这太子。

这一次史弥远找了一个名叫贵诚的赵氏宗室子弟，趁宁宗病重时又封他为皇子。宁宗一死这贵诚就上台了。那另一个太子赵竑还不知道呢，听说皇帝死了，在宫外等了一天才被召进宫里，一道道门进去时，他身边的兵士一个个被挡在门外。到了梓宫，大臣们让他站在文武百官队伍里，皇子摸不着头脑，说今天这种日子里，怎么还让我和你们混在一起？他还以为他要登基了呢。谁知在烛影中，远远地看到另一个人登上了皇位，接着文武百官就都跪下来贺新皇上朝。那旧皇子气得死不肯下拜，哪里还由得了他，揪着他就下跪，然后封了他一个什么小王，就发配到湖州去了。这个上台的赵贵诚，就是执政40年的理宗赵昀（1205—1264）。

南宋国土只有北宋的三分之二，财政收入却远远超过北宋，又不乏军事人才，但政治腐败，权奸当道，覆灭是在所难免的。

理宗的这40年，是南宋王朝走向衰亡的时段。尤其是理宗晚年，政治上日趋腐败，到他的儿子度宗上台之后，又重用贾似道，误国误民，断送了宋氏王朝。所以，人们一般以为贾似道是南宋王朝灭亡最直接的掘墓人。

说起南宋有名的大奸臣，当数秦桧了，其人可算南宋"开国"级别的宰相，却遗臭万年，人皆厌之；另一位就是南宋末年宰相贾似道（1213—1275），同样臭名昭著。这一头一尾的权臣奸相，活脱脱葬送了南宋大好江山，而浙江这一奇山秀水的江南佳丽之地，也就生生地败坏在了这些人手中。

台州人贾似道，家世并不显赫，只是因为他的姐姐成了理宗宠妃，凭裙带关系，他才飞黄腾达。贾似道在民间的出名，应该说是与明代传奇中的《红梅阁》有关。贾似道的残忍，最典型的便是杀害李慧娘。一日，他凭楼与姬妾们闲眺湖上，突然看见有两个书生从湖边弃船上岸，倜傥风流，身形翩翩。有一姬委实胆大，不觉赞了一句：美哉少年！这还了得。可是贾似道却说："如果你愿意的话，我可以把他们留下来纳聘你。"那姬笑而不答。过了一会儿，贾似道便令人捧了一个匣子，又把众姬妾唤到匣子面前说："这是我给刚才那个姬受的聘。"打开匣子一看，众人不禁魂飞魄散，这正是刚才那个姬的头颅啊。

悲剧传到民间，便有了戏曲《红梅阁》。姬为李慧娘，书生为裴舜卿。20世纪60年代孟超先生将《红梅阁》改编为昆剧《李慧娘》，复仇女神的形象光彩照人。川剧中的《红梅阁》那变脸的技巧，真正是用到家了。西子湖多情缠绵，美丽动人，但如此刚烈大胆的复仇女性形象，真还只有李慧娘这独此一家呢。

这红梅阁如今就和葛岭抱朴道院依墙而筑，入葛岭山门而登其山腰，有四角方亭一座，石柱上镌有一副楹联，云："孤隐对邀林处士，半闲坐论宋平章。"林处士自然是梅妻鹤子的林和靖，而宋平章的平章，则正是宰相贾似道其人，人刺为"闻道朝中无丞相，果然湖上有平章"。

葛岭上的这个半闲堂，便是贾似道建的，倒也有几分来历。原来那一群南宋末年的文化帮闲们，见贾似道凭借裙带关系爬得如此之高，便也来凑趣。有首词曰："……轩冕傥来间，人生闲最难，算真闲，不到人间。一半神仙先占取，留一半，与公闲。"贾似道听了高兴，人间之闲一半归了他，不是活神仙吗——从此便有了他的"别墅"半闲堂。

《宋史》评价贾似道，说他是"人有物，求不予，辄得罪"。他听说同僚余玠有一根玉带，千方百计地就想要得到，听说玉带已经殉葬，竟然就挖墓取之，令人瞠目结舌。他好色冶游，爱好文艺，这一点倒是继承了徽宗的衣钵，张岱对他有一段评价，说："贾秋壑为误国奸人，其于山水书画古董，凡经其鉴赏，无不精妙。"只是又多出一分，特爱斗蟋蟀。为此专门著有《蟋蟀经》一部，发明了用紫砂泥和猪肝及木屑特制的蟋蟀罐，底儿特厚，蟋蟀能在其间过冬。

皇帝与贾似道是同道中人。一次理宗见湖上一片灯火，说："肯定是贾似道。"一问果然，急忙打点绫罗绸缎送去，以资鼓励。宰相对皇帝却不大敬。位居南山的宋室皇宫起火了，贾似道正在北山的半闲堂中斗蟋蟀，报告火情的人十万火急，贾似道可不急，说："烧到皇帝祖庙时再报。"俄顷，有人来报曰："大火要烧到祖庙了。"贾宰相这才抖起精神，乘坐轻便的小轿子，走一里多路换一换轿夫，4名卫士手持军器紧跟左右。到了皇宫，下命令说："烧掉祖庙，我就斩掉殿帅的脑袋。"殿帅为了活命，拼死地扑灭了大火，贾似道便很威严地回到半闲堂，继续斗他的秋虫。

元兵围攻湖北的襄阳和樊城时，羽书告急，贾似道和他的妻妾们窝在半闲堂斗蟋蟀玩兴正浓。国家危如累卵，他却安如泰山。襄阳守将降敌，元兵长驱直入，当时杭州城里有民谣传云："满头青，都是假（贾），这回来，不作耍。"

南宋小朝廷一味窝里斗，元却崛起而向南宋进犯。宋王朝依然一味退让求和，结果是王朝最终覆灭。多行不义必自毙。有一则幽怪传疑，说有个游人的船在断桥下停泊，天气热，睡在船尾。半夜里，见三个长不过尺的小人聚在沙际，一个说："张公就要到了，怎么办？"另一个说："贾平章不是个善良的人，绝不会放过我们的。"又一个说："我是完了，但你们都还能见到贾平章倒霉的那一天。"三人哭着没入水中。第二日，一个渔夫在桥下捕得一只二尺余长的大鳖，献到贾府去。又过了三四年，贾似道果然就败了。老百姓说，这是天数。

贾似道最后还是因恶贯满盈，被贬到高州去了。走到福建漳州的木棉庵，想此命休矣，不如自杀，便服了毒。不料又不速死，押送使臣郑虎臣拿个大锤把他砸死了，人人都说这是报应。

民间又传开了民谣：

去年秋，今年秋，湖上人间乐复忧，西湖依旧流。
吴循州，贾循州，十五年间一转头，人生放不休。

贾似道死后没多久，宋室就灭亡了。所以，人们一般以为贾似道是南宋王朝灭亡的最直接的掘墓人。

如今的西湖是绝无半闲堂的一席之地了。"蕉飐暗廊虫吊月，无人知是半闲堂"！红梅阁却依山伴庐，阁下一株大柚子树，正结得好果子。楼上挂着"红梅阁"三个大字的匾额。楼阁修饰一新，门窗栏栅均有梅花图案，传说当年李慧娘就是在此闹鬼吓昏贾似道的。如今这里却是道姑们的卧室。楼下厅堂，道人们击鼓吹箫在此习乐。

厅堂当中，挂有大幅红梅图一张。定睛一看，那画上之字题得好，曰：

艳绝红梅阁内花，羞惭应属宋平章。

三吴都会自古繁华

宋氏南渡带来的移民狂潮，是中国历史上又一次大规模的北人南移。这里面有着各色人等，其中包括皇室贵族、官僚地主，他们即便逃难，也要往好的地方逃。杭州当然是他们的首选城市。杭州之所以被称为温柔富贵乡，西湖之所以被称为"销金锅"，自然和他们有着必然的联系。这里面还包括大量的军队，将士们大多是西北人，其次为河北人和山东人。武人之外就是文人了，有名望的士大夫们和词人、画家、音乐家们也纷纷南渡，云集杭州。高度的人才集中，必然大大促进杭州文化事业的空前发展，开创了南宋一代学术文化的先河。

该把南宋时的杭州比喻成今天什么样的城市呢？巴黎、东京，还是纽约？那时候，杭州就已经有100万人口了，无疑，它是当时全中国排名第一的大都市，也有学者以为，当时的杭州是世界第一大都市了。

拥挤在杭州城里的，还有大大小小的各色商贾，富商大多也都是从外郡而来的，他们围着杭州城诸山头住下，结果连杭州南北各山都被改叫客山了。我们今天在杭州少年宫广场旁看到的那尊铜像宋嫂，就是从北方逃难而来的小酒店老板娘。她烧的鱼羹因为获得了皇帝的赞扬，菜名都叫作宋嫂鱼羹，作为一道浓烈的乡愁之汤，一直流传到今天，流布于世界。

在南渡的人口中，最多的还是那些小手工业者、小商贾以及农民。他们是杭州文明的创造者，也是杭州经济繁荣的主动力，他们辛勤劳动，使杭州这座城市变成了中国最富裕的地方。

商业依赖于城市的发展，而城市的发展也要以商业为条件，南宋的杭州城，作坊、团行、质库、邸店、酒楼、茶馆、瓦舍比比皆是，各种交易异常火爆，这个典型的封建社会农耕文明形态下的消费城市，有着蜗居在其中的皇亲国戚、王侯将相，他们有着豪华奢侈的寄生生活，有着数十万无所事事的军队，有着数以万计的僧人、道士、尼姑以及城市中大量的妓女、市井无赖，他们都在凸显着这座当时国际第一大都市的消费城市特征。

因为有了大量的人口，杭州成了一个经济高度发达的地方。东门菜、西门水、南门柴、北门米，说的就是当时的贸易情况。至于手工业作坊，那就更不用说了，满城都是。不说别的，光是用来研磨食物的木头擂槌，杭州人就有一句老话：杭州人一日吃30丈木头。一天要消耗那么多擂槌，可见杭州人是怎么生活的。

丝绸业带来了美不胜收的冰纨绮绣,印刷业则带来了中国历史上雕刻印刷的黄金岁月,华美的瓷器南宋官窑登上了传统瓷器领域的高峰,精致的园林来自皇家、贵族和禅院,而天堂明珠被明确地认定为西湖。那时已出现西湖十景,而旅游行业在杭州更是如火如荼。赶考的学子,四方的商贾,香汛的朝客,各国的使臣,数不胜数的茶楼酒肆,来来往往,永不停息。杭州成为一座最大的消费城市。

南宋上下,市民百姓都很喜欢在集市中说话或者听人说话。听说书,就成了当时杭州人主要的娱乐项目。当时的娱乐中心、夜总会、游艺场、歌舞厅,往往集中在一起,形成一个中心,也就是一个文化产业。这样的娱乐中心杭州城里有十七处,人称"瓦子"。人们就在瓦子里听说话人说书。当然瓦子里绝不仅仅是说书,还有杂剧、歌舞、杂技,种种民间技艺娱乐。这些都属于通俗文化,下里巴人大众艺术。但也有阳春白雪,雅到家了,比如清逸淡远的浙派古琴艺术。南宋的浙江,于古琴而言是划时代的,因为传至南宋已有2000多年历史的古琴艺术,正是在这时候才开始有了浙派。行家议论说:京师过于刚劲,江南失于轻浮,唯两浙质而不野,文而不直……这是对浙派琴韵的充分肯定,而浙派琴师中,有不少人就是在杭州活动的。比如汪元量,他就是钱塘人,宫中的琴师,宋亡时被掳往北方,因文天祥被押,还到狱中为其弹奏《拘幽十操》,又弹奏《胡笳十八拍》以慰之。这些重量级的国宝艺术家,云集国都杭州,可想这文艺的繁华。

观潮是那时候杭州人盛大的节目。潘阆的《酒泉子·长忆观潮》,有"弄潮儿向涛头立,手把红旗旗不湿"之句,宋时,日日在钱塘江中校阅水军。那些弄潮儿大概就是这些无所畏惧的越中男儿浪里白条,他们执彩旗、树画伞,踏浪翻腾,腾跃百变,以显身手。豪民香客,争赏财物。他们是在拿命与大自然游戏啊,无怪杭州人倾城而观之。

南宋时,农历八月十八被正式定为观潮节。杭州人性急的,十一日便赶去看,到十六、十七、十八……十余日间,珠翠罗绮溢目,车马塞途,那架势,和今日"文化搭台经济唱戏"的思路也没什么区别。沿途摊贩林立,水果糕点、风味小食、酒菜卤味和南北土货、工艺特产、书籍字画、应有尽有。

而便利的交通，更使杭州与海外的贸易往来始终没有中断。番商胡贾们带来故乡的宗教，伊斯兰教就在杭州占有一席之地，其标志便是清真寺的建立。被称为中国四大清真寺之一的杭州凤凰寺，历史推至南宋时期，赵宋王朝开放广州、泉州和杭州为国际贸易港口，阿拉伯商人在此进进出出。宝石、珊瑚、明珠、象牙、龙涎香、乳香浸药进来了，蚕丝、绸缎、瓷器、茶叶出去了，杭州真正成了一个国际化都市。

"暖风熏得游人醉，直把杭州作汴州"对南宋王朝偏安一隅的辛辣讽刺，难道不也同时印证了江南这一历史时期的繁荣？只是，在这种歌舞升平的帷幕下，早已是危机四伏的境况。南宋末年，政治日趋腐败，经济更加凋敝，在元军隆隆逼近的铁蹄声中，杭州——这一让世人震惊的艳丽，渐渐地黯淡了。

但杭州的繁荣毕竟还是改变了传统中国的格局。政治、经济、文化的南移，使一个纯属南方的城市成了中国的中心。从此，大中国的格局就在这样的历史基础上继续演进了。

诗画江南从此始

有多少南宋的遗风还吹拂在800年之后的今天呢？有多少精美的当代艺术，在追根溯源之后，归集到了偏安南宋的小朝廷呢？宋代的赵家皇帝几乎个个是书画家，那么我们就从书画说起。

往上说，五代吴越国，杭州也出过不少大画家，先不说别人，闻说那个打下吴越江山的私盐贩子出身的钱镠，就是一个画竹的高手，说不定还间接地受过萧悦的影响呢。不过，在当时一群出类拔萃的画家中，最著名的，当然还是要算兰溪的高僧贯休（832—912）了。

一般人们提到贯休，往往就会想起他那首献给钱镠的诗，里面有"满堂花醉三千客，一剑霜寒十四州"的名句，因为钱王要他改成四十州，贯休不干了，跑了。据说一直跑到四川。但绘画史里那个贯休，之所以名留千古，却和皇帝没有任何关系。他是以他的罗汉像闻名于世的。他最著名的作品是《十六罗汉图》。杭州西泠印社的华严经塔上的罗汉像,就是根据贯休的罗汉画像雕刻上去的。那罗汉一个个大鼻子浓眉毛,像西域人,很有艺术的夸张力。

有了这样的文化积淀,才有宋代绘画艺术的高峰。宋代宫廷画院极为兴盛,尤以那做不好皇帝却当得好艺术家的宋徽宗时代为最。这个赵佶,书法作画最有名,尤以瘦金体和花鸟画为神。后来当了金人的俘虏,手下画师也星散四处流落江湖。不料艺术的凝聚力如此不可估量,他们几经艰辛又走到一起,云集西子湖头,成为南宋宫廷画院的中坚,盛况不减北宋。

南宋150年,名画家120余人,多为宫廷画家,主要任务是为皇帝服务,皇帝叫你画什么,你就得画什么。比如孤山凉堂有白壁三丈,高宗便命萧照画壁山水。是真名士便真风流,天亮画成,高宗大喜,赏以金帛。

虽为800年前宫廷画家,也知深入生活师法自然的意义,所以这些宫廷画家们便身在朝廷心在江湖,保持写生风气;又加文人遭经离乱,参禅拜佛之心盛矣,便与西湖周遭寺院禅师的画僧交密,亦影响当时画风。

众多画家捧出划时代艺术人物,留下的传世之作中,便有李唐的《采薇图》、萧照的《秋山红树图》、刘松年的《四季山水图》、马远"马一角"的《踏歌图》、夏圭的《溪山清远图》。所谓边角之景,乃南宋艺术家对半壁江山之感慨叹息也。

南宋的艺术风格,未受外来文化的影响,主要还是承袭着古老的传统。南宋的地方山水,缥缈柔和的景致,与北宋的险峻景致形成强烈对比,而此时的画家们也大多画学李唐,气势宏伟,笔法精良。

李唐(1066—1150)乃南宋画院的"四大家"之一,一度落泊南宋都城临安,靠卖画度日。李唐的山水、人物、走兽皆精,山水最佳,创大斧劈皴法,独步南宋画坛。所作长图大幛气势宏伟,多绘文人高士形象,如《七贤过关图》《采薇图》等。代表作有《清溪渔隐图》等留世。

西湖风景松年写,秀色于今尤可餐。刘松年(约1131—1218),住在清波门,清波门又称暗门,所以刘松年又称"暗门刘"。其人画学李唐,笔精墨妙,着色妍丽典雅,在技法上变"斧劈皴"为小笔触的"刮铁皴",题材多小景，人称"小景山水"。所画人物精妙入微。作品题材广泛，曾苦心孤诣画《便桥会盟图》，希望统治者效法唐太宗战胜强敌突厥，又画《中兴四将图》，表彰岳飞、韩世忠等民族英雄之伟绩，后人把他与李唐、马远、夏圭合称为"南宋四大家"。

生趣盎然的马远（1140—1225），出身绘画世家，擅画山水、人物、花鸟，取法李唐，笔力劲利阔略，皴法硬朗，树叶常用夹叶，树干浓重，多横斜之态。楼阁界画精工，且加衬染。人物勾描自然，花鸟常以山水为景，情意相交，生趣盎然。存世作品有《踏歌图》《水图》《梅石溪凫图》《西园雅集图》等。喜作边角小景，世称"马一角"。

老苍雄放而拖泥带水皴的夏圭与马远号称"马夏"，他在山水画上师法李唐，又吸取北宋范宽、米芾的长处，形成个人风格。虽属水墨苍劲一派，但用墨更为淋漓，又喜用秃笔，下笔较重，因而更加老苍雄放。在山石的皴法上，他常先用水笔淡墨扫染，然后趁湿用浓墨皴，造成水墨浑融的特殊效果，被称作拖泥带水皴。传世作品有《溪山清远图》《西湖柳艇图》《雪堂客话图》等。

南宋还有位画家，名叫林椿，极写生之妙，莺飞欲起，宛然欲活，特别工画花鸟、草虫、果品，设色轻淡，笔法精工，设色妍美，善于体现自然的形态，所绘小品为多，传世作品有《梅竹寒禽图》册页、《果熟来禽图》、《葡萄草虫》、《枇杷山鸟图》。

今天的杭州碑林，还立有北宋的大画家和大文物鉴赏家李公麟的《孔子及七十二圣贤图》。南宋绍兴年间，岳飞被害，故居也被辟为太学。有一次，高宗到太学来视察，见此图，便为孔子和72弟子各配了赞词。又过十几年，他义要一画像配一赞词刻石，每石　人，立于太学，最后还有秦桧的亲笔题跋。现在这批刻石仅存14方了，秦桧的字也被人磨去。书法圈子里一直有人说秦桧的字原本不错。但因为是一个遗臭万年的奸臣，所以再好的字，也留不下来。磨去秦桧题字的石碑却留了下来，是南宋遗物，所以十分珍贵。

杭州碑林里历来最足以自豪的，便是此间藏有一部南宋石经——一部石头版本的"四书""五经"。石经在中国不少，但皇帝亲笔书写后勒石的，只有两部：一部是今天藏在西安碑林的唐玄宗书写的《孝经》，一部便是宋高宗赵构及皇后吴氏写的南宋石经。

说到这部石经，也真是和我们这个民族一样的多灾多难，历经艰辛。从前皇家出身，何等显贵，尊立于太学之中，如金屋藏娇，然大树一倒，便身世飘零，那个挖了宋陵祖坟的番僧杨琏真伽，在当时南宋皇城中造了镇南塔，要将石经搬去做塔基。后经人据理力争，才免全毁。年深日久，石经沦入荒野，无人理会，龟趺螭首，十缺其半。直到明代，方与其他珍贵石刻一道移入孔庙，幸存至今。

鞋儿破帽儿破袈裟破

济公作为南宋初年诞生的天台人，大部分时间生活在杭州，死后亦葬在杭州虎跑。800年前在他生活的年代便大名鼎鼎，今日若论知名度，济公在民众心目排行榜中绝对名列前茅。如果说寒山是历史上的精英与大众共同塑造并传播的，那么济公形象可以撇开阳春白雪们，这个典型环境中的典型形象完全在岁月中自然形成，是在人民群众的历史长河中逐浪追涛，步步登高，直到老少咸知，家喻户晓的。

中国人对济公的印象，也已经铁板钉钉，确定在"济颠"之上。"济"是乐善好施、路见不平拔刀相助；"颠"是狂放不羁，鞋儿破帽儿破身上的袈裟破……中国人十分需要这样的偶像，他们渴望有那么几个"破"出来的人物或事物，八不靠谱。离经叛道，特立独行，虚构人物的典型如孙悟空，真实人物中济公就算是响当当的一位了。

济公的始祖李崇矩（924—988）为山西上党（长治）人，后周和北宋初年的名将。《宋史》中用10个字就精准地概括了他的品行："幼孤贫，有至行，乡里推服。"出身贫寒，品学兼优，上下皆赞，从古到今，没有哪个朝代的领导不认可这样的好人。他笃信佛教，这应该和六朝时期的佛教传播到达过高峰分不开。其孙子李遵勖进士及第后，娶了北宋第三位皇帝宋真宗赵恒的妹妹万寿公主，成为宋太宗赵光义的驸马，李家成了绝对靠谱的皇亲国戚，北宋时顶级的豪门之一。济公祖父李涓（1074—1126）抗金战死沙场。济公的父亲李茂春，因了父亲李涓的功绩，做了李家采邑天台县的官。但他辞官回家，礼经念佛，尊儒习经，有"李善人"美誉。遗憾的是年过40，却无子嗣。为此前往天台国清寺礼佛求子，终于生下一子，取名李修缘，他便是后来中国妇孺皆知的"济公和尚"。

民间故事给奇人李修缘的出生设计了许多神秘的桥段，比如说他母亲因为吞食了日光而怀孕，而出生那天，国清寺中的十八罗汉堂中第十七座罗汉突然倒塌了，此罗汉为降龙罗汉，传说古印度有龙王用洪水淹那竭国，将佛经藏于龙宫。后来降龙尊者降服了龙王取回佛经，立了大功，故称他为"降龙尊者"。降龙罗汉乃佛祖座下弟子，法力无边，助佛祖降龙伏妖，立下不少奇功。降龙修炼1420年却始终不能得成正果，求教观音，得知七世尘缘未了，便下凡普度众生，了结未了尘缘。罗汉杀贼、应供、无生，是佛陀得道弟子修证最高的果位。

李修缘无疑是个神童。因为实在太聪明了，根本无法和一般村童们一起上私塾读书，先生也教不了他。总之，小小年纪的李修缘上了赤城山读书。赤城山是一座宗教圣山，佛道双修之地，唯一的丹霞地貌景观，18个天然洞穴石窟，它是天台山万绿丛中的一点红。

李修缘的父母死后他18岁，很早就在国清寺学习佛学了，他拜法空一本为师，接着又参访祇园寺道清、观音寺道净，李修缘22岁时投到杭州灵隐寺瞎堂禅师慧远（1103—1176）门下，这位"佛海禅师"为济公授具足戒，取名"道济"。

济公曾有诗云：

从来诸事不相关，独有香醪真个贪。
清早若无三碗酒，怎禁门外朔风寒。

人们都说济公天性好动，不喜念经，难耐打坐，衣衫褴褛，浮沉市井，愤世嫉俗，状类疯癫，七倒八颠，搅乱世界。经常和顽童一起，作呼洞猿、斗蟋蟀的游戏。甚至蘸着大蒜吃狗肉，这可让灵隐寺的众僧大开眼界，目瞪口呆，群起而攻之，纷纷要求把他扫地出门，直到瞎堂慧远说："佛门广大，岂不容一颠僧？"

高僧定了性，众僧不敢再吭声，从此他就被世人称为济颠。他游走江湖，赠医施药，扶危济困，为了老百姓不惜与官府作对，正直而又智慧。如此"反社会"，无论官场还是佛法，竟然都拿他没办法，最后还只好服了他。说到底，我相信在杭州城里，李氏家族的势力和抵抗派大员道义及物质上的支持，开始还都是存在的。况且在京城里，一个皇亲国戚在西湖边放浪形骸，如果朝廷又无法灭了他，那么只好认可百姓对他的神化和传奇化了。

1176年，慧远圆寂了，济公失去了庇护人，不得不离开了净慈寺。直到五年以后的南宋嘉泰元年（1201），济公才来到净慈寺，拜该寺第二十代住持德辉禅师为师，先是替人家念经，还兼着做火化工，也就是焚尸人。后来终于升座为书记，负责佛寺的文翰事务，因此，僧俗给他一个尊称"济书记"。

3年之后，狂而疏、介而洁的道济"济书记"，终于在佛教界发了一次神威，嘉泰四年（1204），净慈寺毁于大火，德辉禅师亦在这场大火中圆寂。为了重建净慈寺，济公化缘筹备木材，"运木古井"的传说由此而来，说的是济公一作法力，木头一根根从净慈寺的古井中冒出来。

净慈寺重建后，住持都为时不长。济公又撰文致少林长老，不久，少林妙崧至杭出任该寺第二十九代住持。从此净慈寺"住持得人，名蓝有光"。

而济公生性狂疏，诙谐幽默，无拘无束，暑寒无完衣，寝食无定所，拿着度牒云游，各地寺庙挂单。癫狂之举总不得僧众欢迎，往往居留数日便被住持谢退，道济只好又揣着度牒，前往下一家寺院。天台、雁宕、康庐、潜皖，这些地方都留下过他的墨宝。

道济医术高明，每到一处都会为当地百姓治病行医，解除病痛。所用草药，亲上山采，分文不取，只要化缘吃食，酒肉不拒，身上破衣，也宁愿押给酒保换酒。他的高超医术和仁者医德，在僧侣和百姓中广为流传。一些富庶名门和官宦之家慕名相邀，但道济都拒绝了，他不愿和官家打交道。他出家后未戒酒肉，并自豪地写诗自述：

> 削发披缁已有年，唯同诗酒是因缘。
> 坐看弥勒空中戏，日向毗卢顶上眠。
> 撒手须能欺十圣，低头端不让三贤。
> 茫茫宇宙无人识，只道颠僧绕市廛。

他甚至在青楼中与娼妓姑娘说因果，"娼妓家中说因果，我却自认风狂。唱小词，声声般若；饮美酒，碗碗曹溪"，真是禅意十足。

济公被公认为得道高僧，应该是一个逐渐被认可的过程，他是宋嘉定二年（1209）五月十六日圆寂的，得年六十，后人将其归葬在杭州虎跑，建有济公的舍利塔。济公生前撰有《镌峰语录》10卷，还留下许多诗作，他被列为禅宗第五十祖，杨岐派第六祖，这应该是他去世以后的事情吧。

而恐怕再聪明再有预见的济公也不会想到，1985年版的电视连续剧《济公》横空出世，从此大街小巷到处流传着"鞋儿破帽儿破身上的袈裟破"之歌，济公再一次成为中国人家喻户晓的人物。

其实，由于济公活着时就如杭州西湖边一道奇特的文化风景线，所以关于他的故事，从南宋时期就开始流传了。道济的生前身后，天台就出现了许多关于他的灵异传说，天长日久，济公传说成为从南宋道济故事发展演变而来的一种民间口头文学，以天台为中心分布于浙江省境内，并由此辐射全国，影响世界。2006年5月20日，济公传说被国务院列入第一批国家级非物质文化遗产名录。

而从民间传说的基础上又诞生了话本、戏剧、影视作品。苏州西园寺罗汉堂清代创作的济公雕像，站在过道中，脸部一半作笑状，一半作哭状，以滑稽的形貌面对人生。北京碧云寺罗汉堂的五百罗汉依次排在那里，或坐或站，神采奕奕，栩栩如生，唯独济公蹲在罗汉堂的房梁上。五台山显通寺济公陶瓷像，面带微笑，颈挂黑色佛珠，两手分执僧鞋、破扇，襟袖不整，一副无拘无束而又幽默放荡的情貌。台湾高雄凤山寺前1967年开光的济公像，罗汉造型，右手持扇，左手握酒壶，高61.5尺，为全岛最高的济公像。济公传说也进入舞蹈、戏曲、说唱、文学、评书、评话、传奇小说、口头禅、歇后语，甚至还有济公留下的单方、验方数百种。

由此看来，其实济公已经不是一个济公，而是一个大IP，济公文化成了个艺术的万花筒、一种资源，从李修缘到济颠，他身上那部分人民群众需要的精神形态，不断地开掘、升华、演绎、提高，今天广大人民群众认可的济公，已经是一个经过历史与时代重新加工过的济公，一个从底层人民中冒出来的济公了。

南宋时的济公每当有新作出世，京城内就会竞相传抄，大有洛阳纸贵之势。而我们的今人，如果对济公有点了解，大多只记住临终前他曾作过的一偈：六十年来狼藉，东壁打到西壁。如今收拾归来，依旧水连天碧。

济公作为一名诗人的卓越才华，集中在以下几个方面：一是理趣的高妙，二是对自然山水的感怀描写，其中尤以写西湖为上。在此挑选几首共赏：

湖中夕泛归南屏四绝

（一）

几度西湖独上船，篙师识我不论钱。
一声啼鸟破幽寂，正是山横落照边。

（二）

湖上春光已破悭，湖边杨柳拂雕阑。
算来不用一文买，输与山僧闲往还。

（三）

出岸桃花红锦英，夹堤杨柳绿丝轻。
遥看白鹭窥鱼处，冲破平湖一点青。

（四）
　　五月西湖凉似秋，新荷叶蕊暗香浮。
　　明年花落人何在？把酒问花花点头。

　　道济的诗，最有创造性的，便是有了属于他的文体创造。如此大胆地把散文、白话、骈赋、律诗与偈语结合，掰碎了再糅合在一起，形成了一种新诗体面貌，比如以下这首诗，简直如跳绳时的儿童接口令，但古往今来，天上地下，几乎想要一网打尽，典用得简直天花乱坠。

　　　　与王安抚
　　苏东坡先说道：笔花落地无声，抬头见管仲；
　　管仲问鲍叔，如何不种竹？
　　鲍叔曰：只须三两竿，清风自然足。
　　秦少游说道：雪花落地无声，抬头见白起；
　　白起问廉颇，如何不养鹅？
　　廉颇曰：白毛浮绿水，红掌拨清波。
　　黄鲁直说道：蛀屑落地无声，抬头见孔子；
　　孔子问颜回，如何不种梅？
　　颜回曰：前村深雪里，昨夜一枝开。
　　佛印禅师后说道：天花落地无声，抬头见宝光；
　　宝光问维摩，僧行近如何？
　　维摩曰：遇客头如鳖，逢斋项似鹅。

　　而下面这一篇也不知是赋是词是禅，抑或是一首半文半白长诗，但应该相信是写西湖的——

　　　　湖山有感
　　山如骨，水如眼，日逞美人颜色；

花如笑，鸟如歌，时展才子风流。

虽有情牵绊人，而水绿山青，依然自在。

即无意断送我，如鸟啼花落，去也难留。

阅历过许多香车宝马，消磨了无数公子王孙。

画舫笙歌，何异浮云过眼；

红楼舞袖，无非水上浮鸥。

他人久住，得趣已多；

老僧暂来，兴复不浅。

你既丢开，我又何须。

立在此，只道身闲；看将去，早已眼倦。

咦，非老僧爱山水，

盖为看于见，不如看于不见。

与济公同时代的居简夸他时用了这样一个评价："着语不刊削，要未尽合准绳，往往超诣。"这里说的是他文字精准，文风得体，文体规范，文气超绝。要知道这才是大师和才子之间的重要差距。——一颗多么高贵的心，一个多么高级的人，一卷多么高雅的诗——而我们对他的真实内心，了解得太少太少，对他的自由发挥，太多太多了。

杭州禅寺与日本茶道

那么，南宋的佛教呢？这个中国佛教史上承上启下的时代呢？灵隐寺呢？这个晋代由西域人开山的寺庙呢？上溯至南北朝，中国历史上那个动荡与痛苦的年代，一面是血腥的战争，一面是渴求宁静的心灵。皇族和门阀，纷纷把灵魂投向佛教，南齐与梁时，佛教被奉为国教。我们所知道的那个中国历史上著名的皇帝菩萨，就是梁武帝萧衍。作为南朝属地的杭州，正是在这时扩大了佛教的领域，也正是那个梁武帝，在6世纪初时，把大量的良田赐给灵隐寺，使它有可能进入巨刹的胜境。

隋炀帝杨广一方面骄奢淫逸,一方面又笃信佛教,正是在他的王朝时代,佛教文化在杭州得到更充分的发展。到了盛唐,当时的西湖山中,号称佛寺360座。福兮祸所伏,接下来就是唐武宗发起的"会昌之难"了。这一次短暂而又激烈的毁佛运动,很快随着武宗的去世而宣告结束。

五代吴越的杭州,是佛教盛行的又一高峰。灵隐来了一个高僧名叫延寿,寺庙再一次扩建,命名为灵隐新寺。宋代的杭州,依然是寺院的集中地,所以在杭州当太守的苏东坡,说他一天跑一个寺,一年还跑不过来。地方官与佛门结交,是当时杭州地方上一个重要的文化传统。

现在终于到了偏安的南宋。实话说,赵氏王朝的最高统治者,对道教比佛教更有兴趣,宋徽宗干脆封自己为道教中的最高统治者道君皇帝。宋室南渡,一开始还遵循徽宗的信仰,重视道教,但很快中心就转移到佛教上来了。当时杭州佛寺有480余所之多,与杜牧的诗中寺院的数字恰好一致。宋室还给当时的江南寺院定级打分,评出五山十刹。杭州的径山寺、灵隐寺和净慈寺列入禅院五山之内,而中天竺则成为禅院十刹之一。

这个时期,我国佛教对日本佛教有很大影响,其中源于径山寺的茶宴,被日本留学僧人带回,发展为今天日本的茶道。

径山坐落于杭州余杭区,是一座跨文化国际交流性质很强的山。作为天目山支脉,山有东西二径,东径通余杭,西径通临安。沿东径拾级而上五里,便见"径山寺"。寺始建于唐,开山祖为法钦,是牛头宗鹤林玄素的弟子,法钦传杭州鸟窠道林,道林传杭州招贤寺会通,可见法脉绵绵不尽。

南宋朝廷偏安江南,大批僧侣南渡,径山毗邻南宋都城临安,因地处江南茶区,历代多产佳茗,尤以凌霄峰所产为最。相传法钦曾手植茶树数株,采以供佛,逾年蔓延山谷,其味鲜芳,特异他产。径山寺饮茶之风颇盛,常以本寺所产名茶待客,久而久之,形成一套以茶待客的礼仪。名山、名寺、名茶,相得益彰。唐代已成时尚,至宋,随着制茶及饮茶方法的不断创新,"斗茶"也应运而生。举办茶会、茶宴,坐谈佛经,成为寺院不可缺少的活动。把茶叶碾碎成粉末状，用沸水冲泡调制的"点茶法"在这里也很流行。径山饮茶风俗相沿数百年，逐渐形成了一套程序化的"点茶""斗茶"技法和"茶会""茶宴"礼法，是佛教茶礼的代表。

南宋开禧年间（1205—1207）宁宗御笔赐额"兴圣万寿禅寺"，径山寺为江南禅林之冠，列"五山十刹"之首，"茶禅一味"的最活跃道场。不但国内四方僧侣云集，日本禅僧也纷纷冒险渡海，慕名而至。日本茶道把径山寺视为日本茶道的祖庭，其文化承传的历史，正是从宋代开始，尤以南宋为圭臬的。

"茶兴于唐而盛于宋"。宋代茶文化的盛事，是中世纪人类品茶艺术登峰造极的标志，在世界茶文化发展史上，起着最重要的承上启下的作用。

浙江之茶入日本，可推至九世纪初，802年，一位名叫最澄（767—822）的46岁日本高僧上表天皇，请求到中国求法，经过一次渡海失败之后，804年，48岁的最澄终于如愿以偿地踏上了中国的土地。在长安短暂停留后，便返身从海路到达明州（宁波），再从明州来到当时的台州府所在地临海。台州刺史陆淳热情接待了最澄等人。最澄拿出随身所带的黄金送给陆淳作为礼物，希望陆淳支持他前往天台山求法。陆淳谢绝了最澄的礼物，但热心地帮助最澄，不但安排最澄去天台山学习佛法，还亲自抄写了一些佛经送给最澄。

805年5月，最澄搭遣唐使的船舶回国，带回了三件东西：一是佛经，共带回去经书章疏等230部460卷以及相关的图像与法器；二是茶种，种植在日本比睿山，成为日本茶叶之祖；三是书法碑帖，对日本书道的弘扬，起到了难以估量的作用。

最澄离别天台山时，陆淳专门举行茶会，并写诗送别最澄，诗的题目都是《送最澄上人还日本国》，共有11首。最澄回国后创立了天台宗，并把天台山和四明山的茶带回日本，种在日本滋贺县日吉神社旁边。这便是日本最早的茶园了。

南宋初年，圆悟克勤徒弟大慧宗杲法师（1089—1163）居住径山寺，开辟临济宗中的径山派，提倡把茶宴中的野趣和禅林高韵结合在一起，以此开导百姓。大慧的同门为虎丘绍隆，虎丘绍隆再传弟子密庵咸杰，曾奉诏住持径山寺，而日本禅宗圣一派开山辩圆圆尔、佛光派开山无学祖元、宗觉派开山兀庵普宁，都是密庵咸杰的弟子。祖元的佛光派在镰仓、室町时期影响极大，其弟子一翁院豪也于1234年入宋，到径山无准禅师处参禅。日本大休派开山正念、无象派开山静照，都曾在径山寺的石溪心月处习法，大应派开山南浦绍明尤其出名，在径山万寿禅寺，跟从虚堂智遇禅师学习佛法。

日本大觉派开山为兰溪道隆，他曾到径山参问无准师范、痴绝道冲；而日本曹洞宗之祖道元，则曾到径山参问浙翁如琰；日本禅宗始祖、千光派开山荣西和法灯派开山无本觉心，都曾到过径山。

中日禅僧在把中国禅宗传入日本的同时，也把中国寺院的茶礼，特别是把径山寺的"斗茶""点茶""茶会""茶宴"传入日本。

宋代的径山寺茶宴规模盛大。许多僧人按席次第团座在茶堂中，严格遵循佛家茶礼的规范，点茶、献茶、闻香、观色、尝味、叙谊——由主持冲点香茗供佛，寄托敬意，名为点茶；僧人将香茗奉献给宾客为献茶；饮茶者接过茶碗开盖闻香；将茶举到眼前观赏汤色；开饮细品体会舌根苦中生津回甘的悠远味道。茶过三巡，开始对茶色和茶味进行品味，谈论学禅的心得，这都是径山茶宴必备的程序。当其时，寺院里僧客团团围坐，边品茶，边谈道论德，边议事叙景。

日本僧人丹尔圣一于1235年到径山寺，1242年回国时带了径山茶叶种子和径山茶的"研究"传统制法。1259年，日本南浦昭明禅师抵中国浙江余杭径山寺求学取经，学习该寺院的茶宴程式，首次将径山寺的茶宴理规及程序引进日本。日本《类聚名物考》对此有明确记载："茶道之起，在正元中筑前，崇福寺开山南浦昭明由宋传入。"又说："南浦昭明到余杭径山寺浊虚堂传堂传其法而归，时文永四年。"日本《本朝高僧传》记载："南浦昭明由宋归国，把茶台子、茶道具一式带到崇福寺。"日本的《续视听草》和《本朝高僧传》都说，是南浦昭明由宋归国时，把"茶台子""茶道具"带回崇福寺的。可以说，日本茶道源于中国茶道，径山寺茶礼是日本茶道的直接源头。

太平末期至镰仓初期，相当于中国的宋代，日本文化开始进入对中国文化的独立反刍消化时期。1168年，27岁的日本僧人荣西（1141—1215），在浙江明州（今之宁波）登陆，先到天台山万年寺，拜禅宗法师虚庵怀敞大师为师，不久归国。1187年，46岁的日本僧人荣西第二次留学中国，在天台山潜心佛学，其间还来过杭州径山寺。1191年7月离开天童寺与景德寺。归国时，在登陆后的第一站九州平户岛的高春院撒下茶籽，还将茶籽送给拇尾山寺的明惠上人。明惠上人在拇尾山（即今日之宇治）中播种了茶种。宇治后来发展成日本著名产茶地。宇治的茶被称为"真正的茶"。

1214年，镰仓幕府的第三代将军源实朝患病，荣西献茶一盏，献书一本，题曰《吃茶养生记》，为日本的第一部茶书。荣西并为其讲解吃茶养生之道，源实朝吃了茶，看了茶书后病愈。

《吃茶养生记》开篇有这样的记述："茶者，养生之仙药也，延寿之妙木也；山谷生之，其地神灵也；人伦采之，其人长命也。天竺唐人均贵重之，我朝日本酷爱矣。古今奇特之仙药也。"《吃茶养生记》不仅引经据典地论证了茶是养生的仙药，并结合自身的实践作了论证。荣西在书中引用佛教经典关于五脏——心、肝、脾、肺、肾的协调乃是生命之本的论点，同五脏对应的五味是酸、辣、甜、苦、咸。心乃五脏之核心，茶乃苦味之核心，而苦味又是诸味中的最上者。因此，心脏（精神）最宜苦味。心力旺盛，必将导致五脏六腑之协调，每日每年时常饮茶，必将精力充沛，从而获致健康。

荣西禅师在日本被尊为"茶祖"，其《吃茶养生记》比陆羽的《茶经》晚四百多年，是日本茶道文化的开拓者。荣西由此被称为日本陆羽、日本茶道史的里程碑。

禅意不立文字直指本心，到达它唯有通过别的途径，茶的自然性质，正可作为通向禅的自然媒介。故，茶助禅，禅助茶，形成佛门庄严肃穆的茶礼、茶宴。

中国余杭的径山寺茶道，是日本茶道的祖庭，中国宋代的茶具精品——天目茶碗、青瓷茶碗也由浙江开始相继传入日本。在日本茶道中，天目茶碗占有非常重要的地位。日本从喝茶之初到创立茶礼的东山时代，所用只限于天目茶碗，至今日本茶人尚把从径山寺传过去的宋代黑釉盏称为"天目碗"，尊为茶道的至宝。

婉约中的豪放

说南宋杭州的文化，又怎能不说杭州的诗文呢？不说别的，就说关于西湖的诗文吧。杨万里的"毕竟西湖六月中，风光不与四时同"是一种风格，林升的"山外青山楼外楼，西湖歌舞几时休"是一种风格，陆游的"小楼一夜听春雨，深巷明朝卖杏花"是一种风格，汪元量的"渔父生来载歌舞，满头白发见兵来"是一种风格，南宋杭州诗词有一种盛唐不会有的压抑与愤懑，那是偏安带来的心痛。这些千古名句，一旦放到偏安带来的心痛离乱中，便觉清丽飘逸，江南的底色到底是婉约的，但时代的风云又是慷慨激昂豪放的。故婉约与豪放，便成就了南宋杭州诗词的复调气韵。

不妨选两位女性词人说起。宋代女词人朱淑真（约1131年前后在世），《四库全书》中定其为"浙中海宁人"，一说"浙江钱塘（今杭州）人"。南宋初年时在世，生于仕宦家庭，其父曾在浙西做官，家境优裕。幼颖慧，博通经史，能文善画，精晓音律，尤工诗词。素有才女之称。据说因父母做主，嫁给一文法小吏，志趣不合，抑郁而终。

相传朱淑真作品为其父母焚毁，后人将其流传在外的辑成《断肠集》《断肠词》《璇玑图记》辗转相传，有多种版本。其诗词多抒写个人爱情生活，早期笔调明快，文辞清婉，情致缠绵；后期则忧愁郁闷，颇多幽怨之音，流于感伤，世人称之曰"红艳诗人"，有"但愿暂成人缱绻，不妨常任月朦胧"，作品艺术成就颇高，后世常与李清照相提并论。

大词人李清照（1084—1155）并非杭州人，她是山东人氏，18岁出嫁赵明诚，在北宋末年的短暂岁月中，曾经度过美好甜蜜的青春时代。可惜生逢乱世，丈夫在南宋初年到湖州任知州的路上生病而亡，那年，李清照46岁，就

209

在国破家亡之中,开始了她后半生的悲苦历程。

1132年,在经历了一系列的逃亡生涯之后,李清照终于定居在了杭州。真正的文人从来就是不世故的,那年夏天,49岁的李清照在感情上被一个姓张的小无赖所骗,她嫁给这个牙商捐客一般的小人后不久,张姓小人就骗取了李清照剩余的钱财,并开始虐待起她来,甚至对她拳打脚踢。这样的生活虽然只过了不到百天,但对李清照的晚年生活,却几乎可以说是致命的打击。离婚之后,按照宋朝的法律,她还被判刑两年,虽然只关了9天就被营救出来,然而此后她不但被社会白眼相加,更被当时的文人圈子里传为讥谈。以后的几十年,她寓居杭州,在孤苦寂寞中苦度时光。就在西子湖畔,她完成了与赵明诚合作的《金石录》的整理和校勘工作,并写了《金石录后续》。1155年,李清照73岁去世。杭州清波门有一座"清照亭",以供后人怀念。近人夏承焘作的《瞿髯论词绝句·李清照》诗曰:"过眼西湖无一句,易安心事岳王知。"

现在我们知道了,那寻寻觅觅、冷冷清清、凄凄惨惨戚戚的乍暖还寒季节,正是八百年前的杭州的早春啊!李清照流传至今的60余首词,奠定了她在宋词领域里婉约派词人第一把交椅的地位。后人称她为"词家一大宗",是非常恰当的。但她并不一味沉浸在婉约之中,那"生当作人杰,死亦为鬼雄"的千古诗章,不也出自这样一位红颜口中吗?

姜夔(1154—1221)的命运和李清照一样。姜夔号白石道人,南宋文学家、音乐家。不是杭州人,晚年居于杭州,卒于杭州。姜夔卒葬的西马塍,正是当年李清照的栖居之处。

1154年,宋高宗迁都杭州第二十六年,金人虎视眈眈,宋室危在旦夕,而彼时词坛江湖却异常活跃。这一年,14岁的辛弃疾正在金地参加乡举,一心想着反金复宋;27岁的杨万里刚刚进士及第,正踌躇满志矢志报国;29岁的陆游得罪了秦桧,被贬至外地,心中仍有一腔热血;年逾古稀的李清照风烛草露,在一片凄凉晚景中沉吟低唱。这一年,姜夔在江西鄱阳的一个破旧院子里诞生。

淳熙十三年(1186)冬天,姜夔和浙江结下了不解之缘,他寓居湖州达十多年。湖州弁山风景优美,他卜居弁山苕溪的白石洞天,人称"白石道人",往来于苏州、杭州、合肥、金陵、南昌等地。

绍熙四年（1193）,39 岁的姜夔在杭州结识了世家公子张鉴,经常相互作诗填词唱和。1196 年遂干脆移家杭州,依附张鉴及其族兄张镃,以后也不再迁徙,在杭州居住终老。嘉定十四年（1221）姜夔去世,葬于杭州钱塘门外的西马塍,这是他晚年居住了十多年的地方。

姜夔是位艺术全才,对诗词、散文、书法、音乐,无不精善。尤精通音律,能自度曲,其词格律严密。其作品素以空灵含蓄著称,清空高洁,极富想象,语言灵动自然,艺术特色,用张炎所下断语,乃"清空"二字。后人把以姜夔为代表的一些南宋词人合称为"骚雅派"。群星闪耀之间,姜夔无疑是一束独自绚烂的火花,被后世称作与稼轩并峙、分鼎南宋文坛的词坛领袖,他的那首《扬州慢》成了千古绝唱:

> 淮左名都,竹西佳处,解鞍少驻初程。
> 过春风十里,尽荠麦青青。
> 自胡马窥江去后,废池乔木,犹厌言兵。
> 渐黄昏,清角吹寒,都在空城。
>
> 杜郎俊赏,算而今,重到须惊。
> 纵豆蔻词工,青楼梦好,难赋深情。
> 二十四桥仍在,波心荡、冷月无声。
> 念桥边红药,年年知为谁生?

要说现存中国文学中卜谁的诗最多,恐怕可以说非浙江绍兴人陆游（1125— 1210）莫属了,现存的陆游诗集中就有诗 9000 多首,相当于苏东坡诗的两倍,白居易诗的 3 倍。他本人也说:"六十年间万首诗。"有学者估算,在陆游的一生中写下近 3 万首诗。

陆游 19 岁时曾赴临安赶考,不料名落孙山。十年寒窗,29 岁那年陆游第二次赴考，这一回不仅金榜高中，而且名列第一。陆游踌躇满志地返回乡里，等来年礼部的复试。万万没想到，因为秦桧的孙子秦埙名列第二，陆游正好压他一头，惹怒秦桧，不仅把主考官撤了职，还将陆游的复试资格也剥夺了。幸好第二年秦桧就一命呜呼了，不然陆游还不知要被压到哪年哪月。

陆游在今天依旧有着广泛的知名度，那其中不乏因为他与表妹唐婉之间的爱情故事。沈园的爱情诗断肠伤心，不知赢得了多少后人的眼泪。

即使陆游写了万首诗，仍不是一个"职业"诗人。他34岁开始做官，在杭州住了许多年。在以后的十多年里，做过县里的主簿，相当于县长助理，又调到京城当起草文件的文书，还在枢密院做过秘书。官当得不大，诗名却已经不小。当朝天子孝宗对陆游颇有好感，一次问周必大，说当今还有没有像李白这样的诗人。周必大当即答道：唯有陆游。从此"小李白"陆游的声名不胫而走。

自淳熙五年被孝宗召见以后，陆游并未得到重用，只是在福建、江西做了两任提举常平茶盐公事；辞官回家后，更是远离政界，但对于政治舞台上的倾轧变幻，对于世态炎凉，他是体会得更深了。淳熙十三年（1186）春，在家乡山阴闲了五年后，陆游奉诏入京，接受严州知州的职务。赴任之前，先到杭州去觐见皇帝。住在西湖边上的客栈里听候召见，在百无聊赖中，写下了这首广泛传诵的名作《临安春雨初霁》：

　　世味年来薄似纱，谁令骑马客京华。
　　小楼一夜听春雨，深巷明朝卖杏花。
　　矮纸斜行闲作草，晴窗细乳戏分茶。
　　素衣莫起风尘叹，犹及清明可到家。

这年陆游已经62岁了，不仅长期宦海沉浮，而且壮志未酬，又兼个人生活的种种不幸，这位命途坎坷的老人发出悲叹，说出对世态炎凉的内心感受。而名句"小楼一夜听春雨，深巷明朝卖杏花"语言清新隽永，传说这两句诗后来传入宫中，深为孝宗所称赏，可见一时传诵之广。绵绵春雨如愁人的思绪，陆游写得更为含蓄深蕴，他虽然用了比较明快的字眼，但用意还是要表达自己的郁闷与惆怅，正是用明媚的春光作为背景，才与落寞情怀构成了鲜明的对照。陆游素来有为国家做一番轰轰烈烈事业的宏愿，而严州知州的职位本与他的素志不合，何况觐见一次皇帝，不知要在客舍中等待多久！国家正是多事之秋，而诗人却在以作书品茶消磨时光，真是无聊而可悲！诗人声称清明不远，应早日回家，而不愿在所谓"人间天堂"的江南临安久留，实乃自我解嘲。

《临安春雨初霁》没有豪唱，没有悲鸣，没有愤愤之诗，没有盈盈酸泪，有的只是淡然的一声轻叹。诗末拂袖而去，也是诗人对浮华帝都的不屑。

虽然陆游已经盛有诗名，但真正能使他诗作大发异彩的还是他的从军岁月。乾道六年，46岁的陆游已近"天命"，但他却没有丝毫"廉颇老矣"的感觉，从这年起，陆游走马上任川陕前线，在这里曾跃马横刀，涉过渭河与金兵交锋。边塞的戎马生涯，使陆游的诗境大开，陆游的诗作进入了一个新的境界。可是这样精神抖擞、意气风发的战斗生活仅仅只有一年，朝中的投降派很快将王炎支走，他手下的幕僚们自然也就各奔东西。

> 死去元知万事空，
> 但悲不见九州同。
> 王师北定中原日，
> 家祭无忘告乃翁。

这是陆游在去世前写下的绝笔诗，在生命的最后一息，仍念念不忘收复中原故土，陆游崇高的气节无愧于爱国诗人的伟大称号。江山沉沦，国耻难雪，壮士扼腕，但陆游以金嗓铜声唱出的时代强音，却永远成为后人宝贵的精神财富。

皋亭山与文天祥

对宋王朝的叙述，我们终于接近尾声了。初时宋高宗赵构从河南到浙江，将杭州更名为临安，其意就是临时安居罢了。不料一待就是一百五十年，摇摇晃晃维持了一个半世纪，恐怕这是当时人始料未及的吧。等金国灭亡之后，蒙古军又开始向南宋进犯。宋氏王朝依然一味退让求和。而求和的结果，必定是王朝最终的覆灭。此刻，中国历史上又一位伟大的爱国主义者出现在我们面前。"人生自古谁无死，留取丹心照汗青。"每逢读到这两句诗，就会想起那个让人肃然起敬的名字——文天祥。而杭州的皋亭山，正是文天祥丹心照汗青的地方。

文天祥（1236—1283），字宋瑞，号文山，吉州庐陵（江西吉安）人。20岁中状元。当初元军出动大军南下，宦官董宋臣竟劝宋理宗放弃临安，正在朝中为官的文天祥发现丞相贾似道和一批宦官都是些祸国殃民的奸臣，闻之拍案而起，给宋理宗上了一道奏章，要求杀掉董宋臣，以免动摇军心。不料董宋臣毫发无损，文天祥自己倒丢了一回乌纱帽。以后虽然重回朝廷，担任起草诏书的工作，但贾似道哪里容得下他，故37岁的文天祥就早早退休了。在家做了两年员外后，才又被起用到赣州做州官，这时的南宋王朝，已是大厦将倾、独木难支。

德祐元年（1275）十一月，元兵已经攻破了常州。这座城池的知州和臣僚们，表现出了英勇的气概，但也无济于事，最后与百姓同死赴难。元军兵临平江（苏州），平江一失，临安势必难保。是时宋恭帝才4岁，大权在握的谢太后和大臣们一商量，还是赶紧下诏书要救兵来保驾。但这时各地州官自顾不暇，哪还管什么皇上啊，只有赣州文天祥和郢州张世杰两人立刻起兵。文天祥接诏书后便招兵买马，准备赶赴临安，有人对他说：元军已势不可当，你乌合之众不满3万人，不是鸡蛋碰石头吗？

文天祥泰然答道：话虽如此，但养兵千日，用兵一时。现在京师告急，正是为臣者为国出力的时候。我宁愿以死殉国，但愿天下忠义之士，能闻风而起，齐心协力，保我大宋江山。

这时，才39岁的文天祥正在赣州的任上。他散尽家资，聚集乡兵，不几天就会合了两万余人，准备保卫京都临安。他的主张被主和派的陈宜中、留梦炎等人拦阻，认为他的行动如儿戏般无益。文天祥几次上书力陈己见，几经周折之后，文天祥率领的勤王兵才得以进入临安城。但这时战机已误，元军已经三面包围了临安，伯颜的军队就驻扎在临安东北方向数十里的皋亭山上。

文天祥带兵匆匆赶到临安。右丞相陈宜中又让他到平江办理防务。此时的元军统帅伯颜已分兵三路进攻临安，其中一路越过平江后，直取独松关（余杭）。陈宜中又命令文天祥火速退守独松关。文天祥刚离开平江，独松关就被元军攻破，平江也相继失守。

文天祥只好又赶回临安，这时元军已经三面包围了临安，统帅伯颜就驻扎在皋亭山上，离临安城不过十几里路。在此危急关头，文天祥和张世杰联名上书，请移三宫入海，为寻求战略转机。这一权宜之计本来是可以实行的，但都被谢太后和陈宜中给否定了。

末期的南宋王朝，对付外侮的策略，骨子里始终少不了那两个字：投降。当初，元军攻破常州的时候，工部侍郎柳岳到无锡去见伯颜，边哭边求，说：我们刚刚死了皇帝，新帝又那么小，自古礼不伐丧，你们为什么还要打我们啊。如果说我们有什么做得不好的地方，那也是贾似道误国，他不是已经受到惩罚了吗？伯颜听得不耐烦，说：那是你们自己的事情，和我们有什么关系。天道轮回，何必多言。柳岳只好哭着又回去了。

元兵攻破苏州后，陈宜中又派柳岳等人去谈和，这一次愿意称侄纳币，伯颜却不要这个侄儿。再派柳岳去，又降了一级，愿奉表求封小国，柳岳还没到地方呢，就在途中被人杀死了。

1276年元旦刚过，噩耗传来，嘉兴府全城降元了，安吉州也被元军占去了。谢太后如坐针毡，表示要向元称臣，派使臣到元军中去乞和，伯颜不肯，一定要南宋的君臣亲自出降。此时，朝中重臣看大厦已倾，大势已去，竟然纷纷逃命而去。谢太后下诏戒禁，榜示贴在朝堂上，说——

>我朝三百余年，待士大夫以礼，吾与嗣君，遭家多难，尔大小臣工，未尝有出一言以救国者。……平时读圣贤书，自许谓何？乃于此时作此举措，生何面目对人，死亦何以见先帝……

如此训斥，也算是呼天抢地了，但没用，朝廷官员照逃不误。到最后，连左右丞相陈宜中和留梦炎也逃之夭夭了。有一次朝议，文班只到了六个人，其余大臣通通逃光。国家危难之际，竟有这么多的逃臣，历史上恐怕也是没有过的吧。

危难见忠臣，直到这时候，朝廷才任命文天祥做了右丞相，让他来主持最高行政机构和参与军事决策，可惜一切都已经晚了。1276年元月，谢太后紧急诏命文天祥到杭州皋亭山元营与元主帅伯颜谈判。文天祥只身带着两个副使就去了元营。伯颜已经见多了那些奴颜婢膝的南宋大臣，对铁骨铮铮的文天祥的到来，心理上完全没有准备。文天祥大义凛然地斥责伯颜，说：我朝承帝王之正统，在临安建都已经有140多年了，你们北朝妄动干戈，攻城掠夺，杀害百姓，如今又要侵我大宋的社稷，是什么道理！

伯颜对这个被誉为南朝第一忠臣的文天祥早有所闻，今日一见，果然有英雄气，倒也不由得生出几分敬佩，表示一定不杀百姓，不动社稷。文天祥立刻提出，既然如此，就请先退兵。伯颜无言以对。文天祥当场就在这皋亭山上说：作为大宋状元丞相的我文天祥，所欠的就是一死以报国了。宋存我也存，宋亡我必亡，刀锯在前，鼎镬在后，又怎么吓得倒我呢？伯颜拿他没办法，只好把他扣留在皋亭山元营当中，让两个副史回临安复命。

吴坚、贾余庆回到临安，把文天祥拒绝投降一事回奏谢太后。这时谢太后已经是只要能保命就行，就让贾余庆以右丞相身份，再去元营求降，气得文天祥痛骂贾余庆，但已是无力回天了。

一边是忠诚的朝臣，一边却是卑微的朝廷，二月初五，宋恭帝正式拜表投降了。一群南朝的"祈请使"又到了皋亭山，跪在元营外面献降表。文天祥目睹了这一幕丑剧，义愤填膺，当面就痛骂这些卖国贼和侵略者，以一个人的气概，骂倒了两个王朝的贪婪与苟且。

二月初八，文天祥和宋恭帝、谢太后一起被押解往大都。一路上文天祥一直在想如何脱逃，路过镇江时，终于有了机会，文天祥与杜浒等12个人乘元军不备，悄悄逃出了元营，坐小船到真州，又回到了浙江。

临安是不能去了，一行人改名换姓，日行夜宿，文天祥历尽千难万险，曾在浙江三门县方前村张和孙家落脚驻足，与杜浒、吕武、胡文可等人计议复宋大事，还以仙岩洞为联络据点，筹集粮饷，训练义勇，伺机出击，收复失地。后来文天祥又听到张世杰和陈宜中在福州拥立益王宋瑞宗的消息后，就决定到福州去，在农民的帮助下，先坐船到了温州，然后又从温州到了福州。

文天祥这一走就再也没回浙江。祥兴元年（1278）底，文天祥率军在广东五坡岭与元军激战，兵败被俘，囚禁船上，次年过零丁洋时作诗《过零丁洋》：

辛苦遭逢起一经，干戈寥落四周星，
山河破碎风飘絮，身世浮沉雨打萍。
惶恐滩头说惶恐，零丁洋里叹零丁。
人生自古谁无死，留取丹心照汗青。

随后又被押解至崖山，即今广东新会，距新会城南约50公里，银洲湖水由此出海，也是潮汐涨退的出入口。元军逼迫他写信招降固守崖山的张世杰、陆秀夫等人，文天祥则出示此诗以明志。"人生自古谁无死，留取丹心照汗青"的千古诗句就此震撼天地。

祥兴二年二月初六（1279年3月19日）晚，人类古代史上最为惨烈的一场大规模海战展开。当日，风雨交加，宋元两军在珠江口西面的崖门银洲湖海面上进行了最后的存亡决战，海面被鲜血染红，近20万南宋军民或战死或投海，壮烈殉国。据《宋史》记载，7日之后，海上浮尸近10万具。

崖门，东有崖山，西有汤瓶山，两山夹一海，地势险要，易守难攻，进可出海御敌、逃亡，退可据守内陆，可谓粤西海域之咽喉。宋廷在此设立根据地御敌，是明智之举。然而宋军统领张世杰却在战略上犯了一个看似奇怪的错误，他不派兵扼守进退自如的出海口，而是自掘坟墓一般被动地退守崖山海港设舰阵水寨……有学者指出，张世杰当时乃是孤注一掷，做出了死的打算。他认为与其终日流亡，不如为南宋寻求一个轰轰烈烈的结局。

综观当时形势的确如此。当时南宋江山几乎已全部被占领，陆地分支军事力量也是损失殆尽，纵然海战打赢，复国回到美丽的西子湖，希望亦是渺茫。南宋王朝最后一个当了十个月的小皇帝赵昺，从8岁到9岁的年龄，全部在逃亡中度过的，此时背在大臣陆秀夫的身上，被元兵一直追到海里，作为王朝的最后一位统治者，死在南海的万顷波涛中，南宋王朝在经历了150多年生涯之后，彻底灭亡。

文天祥在元军舰船上目睹了这一切，悲愤不已，他被押至元大都土牢长达3年，誓不投降，从容就义。死后人们发现了他衣带中的绝笔，表达了成仁成义的决心："孔曰成仁，孟曰取义，唯其义尽，所以仁至。读圣贤书，所学何事，而今而后，庶几无愧。"

杭州与文天祥有关的名胜还有一处，那就是富春江七里泷的严子陵钓台。钓台有东西两台，相传南宋爱国志士谢翱听到文天祥就义的消息后，满怀悲愤，独上西台，在这里写下了悲壮的《登西台恸哭记》。

而今天的我们，若登临西台，山青水碧，日朗风清，耳边仿佛又会响起文天祥的《正气歌》——

天地有正气，杂然赋流形。下则为河岳，上则为日星。
于人曰浩然，沛乎塞苍冥。皇路当清夷，含和吐明庭。

The
Biography
of
HangZhou

杭州传

第九章　那是一座地上的天城

（1271—1368）

马可·波罗杭州塑像

元代在杭州设两浙都督府，后改为杭州路总管府，为江浙行省治所（钱塘、仁和）；至正二十六年（1366），朱元璋改置浙江行省，仍以杭州为省治。钱塘、仁和、海宁、富阳、余杭、临安、于潜、新城、昌化等州县皆属杭州路。因遭战乱，杭州城内的不少宫殿被毁，工商业曾一度衰落，西湖也渐被泥土淤塞。但由于在南宋时期打下了繁华基础，恢复较快。至正年间，大运河全线开通，杭州水运可直达大都（北京），成为全国水运交通要津，对促进南北经济文化交流，发展对外贸易，大有作用。所以意大利旅行家马可·波罗称杭州为"天城"，是"世界上最美丽华贵之城"。

我们已经知道，蒙古这个马背上的民族初下江南，对江南的精致还格格不入，他们更欣赏的还是北方的粗犷，他们早已将国都安在了靠近草原的大都（北京）。但对杭州这个迷人的城市，再剽悍的骑士也舍不得将她摔碎。所以客观地说，在这场改朝换代的震荡中，杭州并没有遭到过度的破坏，这里我们可以请一个外国友人来作证。在南宋王朝覆灭整整十年之后，意大利人马可·波罗给杭州作了一个鉴定：世界上最美丽华贵的天城。

马可·波罗眼中的杭州

1275年夏天，元上都（内蒙古自治区多伦县）的集市里，一个异国少年东张西望，这个来自意大利的少年，就是以后名扬四海的旅行家马可·波罗（1254—1324）。而此时此地的马可·波罗风餐露宿，一脸菜色，唯有他的金发碧眼引来一些中国人好奇的目光。

马可·波罗跟他的叔叔不远万里来到中国，原本也就是想做点生意而已。

想不到时来运转，官运亨通，马可·波罗居然当上了元朝朝廷的命官，而且在中国一待就是17年。想来，"落叶归根"的观念也不是我们中国人独有的。1291年，正当盛年的马可·波罗终因思乡心切，弃官而去。跋涉千山万水，又回到久违的意大利威尼斯故乡。

倘若马可·波罗就这样老死家乡，那么在世人眼里，也就如同古往今来无数探险的过客，耀眼的光环之后，很快就湮没在历史的厚厚尘埃之中。但马可·波罗不是那种安分守己的人，回国以后又满怀激情投入热那亚战争。也许他以为很快能当上一名将军。只是他再也没有遇上在中国的好运。俘房营里，昼短夜长，恰好给了他一个讲故事的机会，使他能将他在东方的传奇经历一遍又一遍地讲述给身旁的难友听。《马可·波罗游记》——一部轰动世界的传世名作，就这样在黑牢中诞生。作者的名字也随之不朽，马可·波罗成了当时最负盛名的世界四大旅行家之一。

在中国人眼里遥远的不可思议的西方，也终于有人知道在东方，有座"世界上最美丽华贵的天城"她的名字叫杭州。

据马可·波罗自己说，他在元朝官至枢密副使，也算得上高干了。有如此高位，到中国各地巡视的机会一定不少，但在他到过的许许多多城市里，唯有杭州让他留下了"无可置疑，那是世界上最美丽华贵的城市"的赞叹。在他眼里，杭州"种种事务实在是非常值得描绘与介绍的""杭州城之大，方圆广有百里，城内有桥一万两千座……有这么多的桥梁"，"没有一个人不为之惊奇"，"整个城市简直就好像矗立在水中"，"城的四周都是水"……和他自己的家乡，世界著名水城威尼斯相比，马可·波罗自叹不如。

马可·波罗在他的东方见闻中，曾这样详细到夸张程度地写道："城内各行各业有十二种行会……每一行会各有一万二千商家，每商家雇用的人至少有十二人……此城商贾的人数与财富……没有人能做出精确估计……行业的主人，和他们的妻室是不从事劳作的，其生活之奢侈，犹如国王和皇后。妻妾们大都天生丽质，是天使般的尤物……城内有一大湖，周围约30英里。沿湖皆为宫殿与楼台亭阁，其富丽堂皇和极其别致的建筑格式当然属于城中权贵所有。沿湖还有许多信神拜佛的人的庙宇与庵堂。湖中有两岛，每座岛上有一富丽而讲究的建筑。"

马可·波罗对杭州的赞美不排除他的偏爱和放大,也有学者以为根本就没有马可·波罗游历东方杭州这一事。但正是他的这部游记,将人间天堂杭州推向世界,在西方人的眼中,杭州成了"一千零一夜"般的神话叙述。

马可·波罗书中将杭州尽情地"狠狠"地做了描绘,这也许是他的偏爱,对杭州这样一个人间天堂,每个人都可以有自己的主观感受。随着历史的演进,来杭的外国僧人、传教士、旅行家也日渐增多,杭州正是在这样的交流中,逐步走向世界。所以对每个友好善待杭州的人,我们都应心存感激。我们格外敬重马可·波罗这位可爱的意大利先生,因为他在被杭州的迷人风姿倾倒的同时,也把杭州介绍给了全世界。事实上,欧美的许多人知道这个城市,正是从《马可·波罗游记》开始的。

元代建都在今天的北京,浙江属江浙行中书省,从以往的王朝中心变成了一个边远行省,政治地位虽然一落千丈,但由于未受战火的严重破坏,经济在宋代基础上还是有所恢复和发展。浙江是当时全国农业最为发达的地方,手工业在全国举足轻重,商业和海外贸易,从贸易口岸和品种来看,甚至超过宋代。当时中国沿海七处设立市舶司,浙江占四处。而浙江元代最辉煌的象征,还是人间天堂——杭州。

但那些从草原上骑马而至的蒙古人,对杭州却基本无感。粗犷的游牧民族与江南的精致格格不入,对美如仙子的西湖也极为不屑。在他们看来,南宋之所以灭亡,就是因为这口"销金锅"。文化上的相悖差异,使西湖这颗天堂明珠几乎遭灭顶之灾。整个元代,地方政府始终没有对西湖进行治理,西湖荒湮严重,沿湖尽为菱荡,六桥之下,水流如线,孤山之南,芦荡俨然。

杭州失去了国都的地位,从政治上说不能不是一种失落,但有元一代,杭州仍称得上全国经济上首屈一指的大都市。原因在于宋元鼎革之际未受兵燹,水路交通便利,人口继续增长,手工业的发达,商业的繁荣,这些都有前朝的基础。

落日下的余晖

现在,让我们从一个传说开始,自吴山为视点说元朝。北宋那个惯写长调的风流才子柳永,写了《望海潮》一词,说杭州"有三秋桂子,十里荷花",这词让金国的完颜亮看到了,他想,杭州真有这么好吗?眼见为实,耳听为虚,就让画工施宜生潜入杭州,实地画了一张西湖图,带回去制作成屏风。完颜亮越看杭州越好,就把自己也画上去,策马吴山顶上。还题了一首诗,说:提兵百万西湖上,立马吴山第一峰。

但完颜亮的梦想并未真正成为现实,立马吴山的并不是金人,却是另一个骑在马背上的民族。中国历史上又一个朝代,元朝,就此开始了。

中华民族历史上当时的这三个国家的政治军事力量,是这样发生的:从1211年起,南宋王朝似乎松了口气,因为蒙古骑兵在成吉思汗的统帅下大举攻金。1232年,蒙古远交近攻,派使臣到南宋,愿与南宋结为同盟,约定灭金以后,即把中原还给南宋。1234年,蒙古和宋军攻破金国蔡州,金哀宗自杀,南宋与女真人百余年的战争宣告结束。

然而南宋王朝还是高兴得早了一点,这杯庆功酒还没喝完,蒙古人立马撕下盟国的面罩,"渔阳鼙鼓动地来"。这是一个更为强劲的对手,一战又是四十余年。1276年,谢太后带着6岁的小皇帝宋恭帝出城投降。

临安,顾名思义,就是把杭州作为临时的安身之所,好歹一百四五十年,气数也尽了。元军进入临安后,设置两浙都督府,第二年,改临安为杭州,杭州终于脱去了"龙袍"。

今天,杭州凤凰山麓的南宋皇宫片瓦无存。如果说是毁于宋元战火,倒真是有点"冤枉"了蒙古人。实际上,南宋皇宫主要还是毁于民间引发的火灾。

中国人有句俏皮话说:"瘦死的骆驼比马大。""杭州"尽管脱去"龙袍",但千年基业,一百五十多年皇室经营的家当也不是一口气吹得跑的。之所以在经济上继续得以昌盛,除了在宋元鼎革之际未受兵燹外,还有杭州水路交通的便利,人口继续增长,手工业的发达,商业的繁荣,这些都有前朝的基础。元朝初年，杭州一度降为杭州路。后来朝廷自己也觉得有点过分，不久又升杭州为江浙行中书省的省会，地域包括今天浙江、福建全境，以及苏南、皖南、江西鄱阳湖以东地区，杭州失去了国都的地位，从"政治"上说是一种失落，但在元代，杭州仍称得上全国经济上首屈一指的大都市，杭州仍稳坐"东南第一州"的交椅。

海外贸易并非元朝独创，早在唐朝，广州、扬州、杭州就并称为中国三大口岸。杜甫曾有诗云："商胡离别下扬州，忆上西陵故驿楼。"西陵，即今萧山西兴，是从海上出入杭州的必经之路。到了五代十国时期，钱塘江上"舟楫辐辏，望之不见首尾。"北宋又在杭州设置了市舶司，专司海外贸易。南宋出于财政支出的需要，对海外贸易的关照更是有过之而无不及。但在南宋后期，杭州市舶司被废弃，杭州对外贸易活动由此中断。

而元朝一旦接盘南宋，中国便得以横跨欧亚，元代的海外贸易从此空前地活跃，杭州海外贸易立即得以恢复，元朝横跨欧亚，地域辽阔，中断三百年之久的东西陆路得以畅通，而从东南沿海出发，经南海，进入印度洋后，到达北非的航线更加通畅，元代的海外贸易又空前地活跃起来。统一全国后，杭州对海外的贸易得到恢复。1284 年在杭州和福建的泉州专设市舶都转运司。

元代贸易口岸很多，市舶司最多时达 7 处，除一处在广州外，其余都在江浙行省，也就是说在今天的浙江、福建两地。其中杭州附近的澉浦港乃一要冲之地，远涉诸番，近通闽广，有如此天时地利，生意焉能不火！

元代的对外贸易有官营和私营之分，而杭州的海外贸易恰以私营为主。当时来杭做生意的多是来自南亚、西亚、北非等国的商人，他们通常在杭州设置货栈仓库，为了防火，这种货库往往用砖石砌于隔河之地。如此看来，早在元代，杭州就很重视对外开放的环境建设。

元代进口到杭州的商品，以珍宝和香料居多。珍宝这些奢侈物，当然只有达官贵人们去享受，故多转输大都，平民百姓受益的主要是香药。香药配中药用，虽然昂贵，也算是施惠黎民。

而说到杭州当时的主要出口商品则为纺织品。有个小故事很有点意思，说的是有一个高丽商人在市场上看货，店铺里此时恰有杭州、南京、苏州三地产的绸缎，他一眼相中的就是杭州货，店主问他为何这样选择，高丽人答道：南京的颜色好又光细，只是不耐穿，苏州的十分浅薄，又有粉饰不牢壮，只有杭州的经纬相等，又好看又实用。可见，元代杭州丝绸在海外的知名度就已经是相当高了。

是否可以这样说，尽管杭州国都的地位已"拱手相让"，但她风情万种般的繁华仍在继续着。同时，我们也不得不承认，这种繁华昌盛的气势已是强弩之末。尤其到了元末，杭州连遭大火和战乱，城区萎缩，人口锐减，百业萧条，昔日杭州"霸主地位"的繁盛时代一去不复返了。

元朝的杭州石刻印记

"折戟沉沙铁未销，自将磨洗认前朝。"元代90余个春秋，那马上民族从高高兴兴的大漠顺势奔腾而下，在历史长河中鹰一般掠过，他们会在西子湖畔留下什么？

想在杭州寻找元代的遗迹，其实不难。到杭州来的游人，下了火车，便立刻坐7路公交车到终点站，下车便是灵隐寺。灵隐最有名，但名不全在大雄宝殿。大雄宝殿全国到处都有，但飞来峰全世界只有一个。飞来峰有何可睹？皆为那满山的石雕佛像。石像很多，但主要为元代人所雕刻。元代为今天的杭州留下了这笔珍宝。

"峰峦或再有飞来，坐山门老等；泉水已渐生暖意，放笑脸相迎。"飞来峰，就对着灵隐寺，高仅209米，怪石洞窟，满山遍布，石窟雕刻，是佛教和寺院的一种特殊形式，生动、神秘、孤寂、阴冷，有时甚至还有些恐怖。

元代的飞来峰造像，有近百尊，卷头发、络腮胡、袒胸臂，有唐宋风貌，也有蒙藏特色。还有一尊男相的观音呢，就在呼猿洞旁。

西湖周围，群山环绕，多有石灰岩峰峦，最宜用来凿雕，营造东南佛国，所以石窟艺术很繁华。如今杭州最早的石雕造像年代为吴越国时期。

飞来峰的雕像，数来数去，总也数不清。不过大人小孩，最喜欢的还是冷泉南侧的布袋弥勒。这是一尊南宋造像,人们喜欢它,首先看上它的大。长9米、高2.6米,你看这和尚欢眉大眼,笑逐颜开,袒胸露腹,能包容万物。一只手拿个布袋,一只手捻着串佛珠,两边的十八罗汉各具神态,相互关照,浑然一体。听说这个布袋和尚是五代十国时期的僧人,名叫契此,奉化人,终生荷一布袋,云游四方,后来成了弥勒佛的化身而被顶礼膜拜。除了这里的一尊石像,灵隐大殿还有一尊,杭人又叫"哈喇菩萨"。又一副对联专门说他,曰:"大肚能容,容天下难容之事;开口便笑,笑世上可笑之人。"

这一尊造像,虽有人认为是元代开凿,但大多数专家觉得这应是一尊南宋造像。不过在前方不远处,过一小桥,倒有一处名副其实的元代造像,这就是多闻天王。

多闻天王石亭,也是诸多石像中的佼佼者。造像就在石亭子里,出于元代杭州的匠人之手。北方多闻天王是四大金刚风调雨顺的"顺"。大殿的彩塑像中,他肤色呈黄,一只手持宝幢,一只手握神鸟,面色和善,赐人福禄。而在这石雕造像中,他可是个威风凛凛的大将军。你看他身披铠甲,骑坐雄狮,手持宝幢,气派雄伟。身下那坐骑,也是瞪目张嘴,似如要奔突而出。由此看来,这尊元代石刻的佛像艺术特点是非常鲜明的。

我们说起元代石刻风格,往往一是造型生动,接近写实;二是多留有密宗的影子;三是在服饰上常为袒胸露背,有明显的藏蒙色彩。而这具造像一侧还有一篇题记,文中说的是此像乃元代"行宣政使杨琏"。这个行宣政院使,便是番僧杨琏真伽。1277年,正是这个杨琏真伽,被元世祖忽必烈任命为江南释教都总统,也就是管江南佛教的最高一级长官。既是佛门出身,本应慈悲为怀,但杨琏真伽却与朝中掌管佛教事务的总制院使桑哥勾结在一起,狼狈为奸,在浙江飞扬跋扈,无恶不作,为敛钱财,竟做起盗墓勾当。

杨琏真伽做这伤天害理之事,是从盗掘孝宗第二子魏惠宪王赵恺之墓开始的。南宋一朝从高宗起,前后有六位皇帝葬在绍兴皋埠镇上皇村宝山下,方圆五里之内就形成了一个庞大的皇陵区。赵恺的墓在绍兴天衣寺的后面,杨琏真伽与天衣寺僧福闻沆瀣一气,从赵恺墓中窃得一批金玉珠宝,由此引发了盗掘宋六陵的念头。

开掘皇陵并不是那种想干就能干的事，元世祖至元二十二年（1285），杨琏真伽终于等到了一个时机。那年南宋六陵附近的泰宁寺恶僧宗恺、宗允恣意砍伐陵区的树木，被守陵人阻止。宗恺等僧竟然恶人先告状，反诬六陵侵占寺院地产。早已急红了眼的杨琏真伽见这是一个开棺掘墓的时机，就以调解纠纷为名，带着元兵气势汹汹地直奔南宋六陵。在这次掘墓中，理宗的永穆陵最惨不忍睹。恶僧们从理宗陵墓中窃得伏虎枕、穿云琴、金猫眼等宝物之后，又用斧头劈开理宗的棺盖，撬开理宗的牙齿，取出理宗含在口中的夜明珠，又把理宗尸体倒悬在一棵大树上，这是要把肚子里的水银全部倒出来。杨琏真伽更是残忍地用刀子割下了理宗遗体的头颅，剔下头盖骨，把它当作了饮器。

此番恶僧劫得大量金银珠宝之后，杨琏真伽又先后盗掘了徽宗赵佶的永佑陵、高宗赵构的永思陵、孝宗的永阜陵、光宗的永崇陵和昭慈皇后、显仁皇后、显肃皇后等一批帝后及大臣的陵墓，窃得珍宝不计其数。这些皇帝、皇后们的骸骨一时狼藉遍地，撒满荒野。几天后，杨琏真伽又将这些骨殖收集起来。原来杨琏真伽虽然无恶不作，但也怕这些皇帝亡灵阴魂不散，招致报应，于是将这些骨头集中深埋在杭州凤凰山东麓南宋故宫里，并在上方筑一塔压之，名曰镇南。不过，这一回杨琏真伽是枉费心机了，原来早有百姓义士将六陵帝后遗骸偷运出来，替之以牛羊等牲畜骨头。6年后，杨琏真伽的后台老板、时为元朝丞相的桑哥，因东窗事发被处死刑，杨琏真伽也同时进了大狱。据说因为在他无数次的盗墓中多次碰到了尸体，杨琏真伽感染上了尸毒，最后全身烂透，一命呜呼了。

杨琏真伽，一直是杭人痛恨的对象，这就殃及了那尊石像多闻天王，不少人误以为多闻天王就是杨琏真伽，常用木棍击打，又用石块击之。僧人怕佛像被毁，只好用铁蒺藜把像蒙围起来，这才保留到了今天。不过，这个番僧的确有过让自己"光辉形象"永存的念头，他也的确曾经在飞来峰上雕刻过他的造像。明末时，山阴大才子张岱来飞来峰玩，突见石像中一胡人坐龙上，有裸女献花果，张岱一看，那不是杨琏真伽吗，便用石头砸之。砸下的头像，被他扔到厕所里去了，灵隐的僧人听了，都说砸了好。

要看杭州的菩萨雕像，还有一处地方可去。吴山天风是杭州的西湖新十景了，游玩吴山的时候，不可错过宝成寺中麻曷葛剌造像。

麻曷葛剌是梵文音译，汉文又译作摩诃伽罗。反正你只要记住他是佛教密宗里的护法神就是了，又被叫作大黑天。当他要降魔镇鬼时，便显出一副凶相。在密宗里，大黑天是战神，藏民对他十分崇拜，以为有他保护，便可战无不胜攻无不克。元初时，藏人领袖八思巴，将此神送给了元朝宫廷，这个马背上的民族，便把他带到江南杭州。

宝成寺的大黑天，是元代中叶造的，题记中有纪年，是现存的中国内地独一无二的纪年密宗造像。

造像有三尊，他们自然都是狰狞恐怖的，挂着一身的人头。中间是麻曷葛剌，两边是文殊、普贤，均做凶神恶煞状，圆的脸，卷发，留着小胡须。这尊长江以南发现的唯一的麻曷葛剌造像，保存下来也很侥幸。原来1949年后，这宝成寺成了民居，人们就在大黑天旁边吃饭睡觉生儿育女。"文革"时人们也到此寺来砸了一阵，别的像基本都砸了，大黑天躲过了劫难，十年之后，始得重见天日。宝成寺在杭州名气远不及灵隐寺大，但它的年代却非常久远，是吴越国时期所建。历代以来，一直屡圮屡建。到1989年修复开放之后，越来越多的人知道了它。说起来，这还要仰仗那"大黑天"的功劳呢。

杭州其余的石像，错落山间，尚有不少，但大多没有逃过历代战火。逃过战火的，又陷入浩劫，缺胳膊断腿，无头无脑的，看来让人诅咒那个荒诞的年代。保存最好的，自然还算飞来峰的石雕造像。到那里去，我这不信佛的人，也会合掌道一声"阿弥陀佛"，祈愿那个砸烂一切的时代再也不要回来了。

朱丹溪的滋阴说

中药文化是一种既很实用，又充满审美精神的文化现象，元代在中医发展史上最大的成果，就是中医药学在这个时候发展成了"金元四大家"，而其中一家，就是朱丹溪的滋阴说。

朱丹溪的名字叫朱震亨（1281—1358），他也不是杭州人，乃浙江义乌人氏，但杭州是一个中医药学很发达的地方，他在杭州遇见高人，经其指点，自创一家学说。所以杭州在这方面的成就，还是值得一说。

朱丹溪这个名，其实是众人给他的尊称，中国人向有将名人所在住地缀以人名，风雅地表达对此人的尊重，他本名朱震亨，乃浙江义乌人氏，只因出生的赤岸镇有一条溪流名叫丹溪，所以学者多尊称朱震亨为"丹溪翁"或"丹溪先生"。

要求医术大道，首先要读书，朱震亨把北宋大观年间制定的《和剂局方》共297方，读得烂熟于心，学得精华，亦知其不足，惜乡间无良师可从，于是开始云游四方，便求名师。他渡过浙江，走吴中、出宛陵、抵南徐、达建业，又到定城，得刘完素的《原病式》和李东垣方稿，但依旧觉得自己始终未遇到理想的老师。直到泰定二年（1325），才在杭州武林听说了大医学家罗知悌，从此成名大器，走上了大名医之路。

作为古城的杭州，老字号店铺比比皆是，但其中资金最雄厚、历史最悠久、建筑又最华丽者，药店算得上挂头牌。说到药店，便先想到中药，杭州的中医药传统，可以从北宋说起，并且又得从苏东坡说起。苏东坡第二次到杭州来的时候，杭州是先旱后涝，然后是旱涝之后的瘟疫。苏东坡拨了专款，又自己掏腰包捐款，筹集了钱，在今天的众安桥边，建了一座病坊，叫安乐坊。有专家说，这个安乐坊，就是中国最早的公立医院的雏形。后来，这个安乐坊搬到西湖边去了，改了一个名字，叫安济坊。苏东坡离杭之后，这个安济坊由懂医道的僧侣主持，还开了很多年呢。

苏东坡不但开医院，还亲自制药，试制了一种丸子，叫"圣散子"。这种药很便宜，一帖只要一文钱，疗效很好。苏东坡自己也说：去年春，杭之民病，得此药全活者不可胜数。

与苏东坡同时代的大科学家、杭州人沈括，除了写《梦溪笔谈》，也会制药，救了许多人的性命。后人把他和苏东坡的验方药方合在一起，编了一本书，叫《苏沈良方》。直至南宋绍兴年间，杭州还创建了一个医药机构，名叫太平惠民药局，骨子里继承的还是老市长苏东坡的济民精神。

今天杭州有一条街叫惠民街，不知两者间有没有关系。说到地名，清河坊新宫桥一带，有一座桥，名字非常奇怪，叫嵇接骨桥。我走过天下许多桥了，从来也没听说过这样古怪的桥名。后来翻阅资料才知道，据说宋时这里有一个姓嵇的医生，专治跌打损伤，他家门前就是中河，往来百姓找他看病多有不便，有一次，他治好了皇帝的骨伤，皇帝要奖赏他，他不要金银财宝，只要求在门口建一座桥，让百姓看病方便，皇帝允许了，于是便有这嵇接骨桥。我想，嵇大夫治病必定家里要有药备着，这些药要出售，这桥下，也就兼着一个小药铺子了吧。

现在说到元代了，元代杭州名医不少，其中有家中药铺子，名叫寿安堂，就建在今天的官巷口一带，离今天的胡庆余堂也不远，这是史书上记载的杭州的第一家药店，店主是个退休的官僚，名叫夏应祥，他原来当过杭州行诸路总管府杂造局大使，后来又升任了军器局的提举司同提举。此人颇有救死扶伤的精神，因病离职之后，就把全部精力放到治病救人上。他省吃俭用，不惜千金到处采办药材，药剂也堪称精良，对穷苦人还无偿发药，说："药品关系到人命，不可乎也。"所以老百姓很信任他，当地的人，生了病，往往非夏氏药不用。他的儿子叫夏仁寿，后来继承他的事业，一辈子不当官，专心开他的药店，还把店名拿来作为自己的号，自称寿安处士。

元朝时杭州城里还有一个名医，是前朝南宋皇宫里出来的御医，从前专门给理宗看病的，史书记载他为"宋理宗朝寺人，业精于医，得尽刘完素之再传，而旁通张从正、李杲二家之说"。此人名叫罗知悌（1243—1327），元初时就隐居在杭州，这正是朱丹溪想拜的老师。

朱丹溪并非一开始就以医为生，他起初也是想走仕途的，所以36岁之前在东阳的八华山学习程朱理学，但因为母亲久病不愈，自己又两次应乡试而不中，40岁之后，他才开始专心学医。离开家乡，到浙江一带去寻找名医名方。到杭州之后，他听说了罗知悌的名声，前往拜师，谁知十次求见，都被拒绝了。

这位罗大夫医术虽高，但性格独特，很难接近。朱震亨几次前往登门拜谒，均未得亲见。如此赵趄三个月之余，心诚意真，求之愈甚，每日拱手立于门前，置风雨于不顾。加之有人对罗先生详细介绍了朱震亨的为人与名声，罗大夫终于答应见上一面，谁知却一见如故，从此结下师生缘分。

罗知悌对朱震亨说："学医之要，必本于《素问》《难经》，而湿热相火为病最多，人罕有知其秘者。兼之长沙之书，详于外感；东恒之书，重在内伤，必两尽之，治疾方无所憾。区区陈、裴之学，泥之必杀人。"闻此，朱氏向日之疑尽释。罗先生已年过古稀，卧于床上，并不亲自诊视，只是让弟子察脉观色，但听回禀便处方药。朱震亨随其学习一年之余后，医技大进，尽得诸家学说之妙旨。

也正是在这样的基础上，滋阴说终于创立了。

滋阴说的核心就是补阴。因为南宋以往的中医理论，多强调补阳，所有药方往往偏于温燥，而他却认为人生病时，常常是一水不能胜五火，阴常不足而阳常有余。当然，他也不是一味强调阴，而是对症下药，因此往往有神效。后人认为，儒之门户分于宋，医之门户分于元，足见朱丹溪滋阴说在中医学上的划时代意义。

朱丹溪晚年整理行医经验与心得，写成著作，有《格致余论》《局方发挥》《金匮钩玄》《本草衍义补遗》等；此外后人将朱氏临床经验整理而成《丹溪心法》《丹溪心法附余》等医学文献。临终前没有其他嘱咐，只将随他学医的侄儿叫到面前诲之曰："医学亦难矣，汝谨识之。"言讫，端坐而逝。

凤凰寺与阿老丁的遗风

八百年前的杭州，曾经作为世上最大的城市存在，故有中国七大古都之一的地位。这个大城市除了本土文化之外，还有异族传来的文化，有基督教，伊斯兰教。伊斯兰在中国有四大清真寺：广州狮子寺、泉州麒麟寺、扬州仙鹤寺，还有便是杭州的凤凰寺了。

凤凰寺与西湖边的许多寺庙不一样，它不是建在深山浅湖，却建在杭州的闹市之中。既在闹市它又不闹，人们从它身边走来走去，也不会太重视它。直到进入其中，才会感觉它的非同小可，顿生肃穆之心。

唐宋时期波斯商人就开始来华，西安、开封，还有便是浙江，杭州乃他们的重点居住城市。番商胡贾们带来故乡的宗教，清真寺是必不可少的。凤凰寺，据说就是唐代一个名叫欧斯曼本·阿法尼的埃及富商，在今日洋坝头独资建造的。

如果说这一论点缺乏论据，那么凤凰寺的历史推至宋代却确凿可信。宋代当时开放广州、泉州和杭州为国际贸易港口，阿拉伯商人在此进进出出。宝石、珊瑚、明珠、象牙、龙涎香、乳香浸药进来了，蚕丝、绸缎、瓷器、茶叶出去了。穆斯林们聚居在了今日的凤凰寺周围，他们的住处不能没有"真主"，凤凰寺内今仍藏有六块半宋代雕砖，砖上刻雕《古兰经》文，砖侧便有"宋杭州定造京砖"戳记。

凤凰寺在宋末也遭战火，但元朝人重视穆斯林，杭州便有了更多的回族人。他们大多是富商，住在高楼上，垄断了杭州的制糖业。那年回族大师阿老丁来到杭州，看了已经荒芜的凤凰寺遗址，不胜感慨。波斯人阿老丁（？－1313）是很有钱的，帮助忽必烈征服西域，论功封赏，住在大都北京享受殊荣，怎能忍心凤凰寺毁于战火呢，因此捐献重金，重振古寺。现存的礼拜堂，就是当年重建后留存的。可惜明代万历年间又失火被烧了。再建好后，有人登高一看，说：门厅高耸，好似凤头；进大门后直道长廊，好似凤颈；二门口上一对石雕蜗牛，好似凤爪；寺南北两侧房屋大树，好似凤身；殿西侧两口水井，好似凤目；殿后修竹，好似凤尾。这全寺的布局，不恰似一只凤凰吗？何不叫它凤凰寺呢？

可惜，1929年为了开辟道路，拆毁门厅，凤头没了，凤凰安在？如今的凤凰寺，看上去已经不像一只凤凰了。

虽如此，凤凰寺地位依旧，宋、元、明、清各朝的无名精工巧匠留下了具有很高观赏和科研价值的建筑样式，寺内又留下了一批罕见的古伊斯兰教艺术品和碑刻史料。寺内庭园北侧，现有碑廊，存有古碑石26方，以及其余石碑数十方。这些墓碑，原位于柳浪闻莺的回族公墓，迁墓时移入了寺内。

现存一墓地很小、清静，用铁栅栏围了，行人来去，并不多看它几眼，人们若仔细贴颊而望，原来这墓碑记载了伊斯兰教天方先贤卜哈提亚尔的事迹，卜哈提亚尔准确的翻译应为巴赫提亚尔，巴赫提亚尔被誉为伊斯兰天方先贤，相传是一位阿拉伯名医（亦有传说是波斯人），南宋时携二高徒从海上"香料之路"来到中国，居留杭州。他们用西域医术为回、汉百姓治病，颇有名声，受到百姓爱戴，归真后葬于杭州市古城边。民国时期拆城墙重新发现该墓，一穴三坟，一大二小，尚存奠基石二方，均为青石砌造。遂迁葬于南山路清波门北面转角处，上城区南山路262号，清波街和南山路交会处十字路口东北角。后人敬其高洁，尊称"筛海坟""巴巴坟"，并筑墓园一座。古墓园二百余平方米，具有阿拉伯建筑风格，现墓园中三座古墓均采用塔式石墓盖，每座四层，高约0.6米，都是原古墓石墓盖的顶冠部分，顶石上镌刻着精细华美的菱形帔巾图案。

巴赫提亚尔墓与广州宛葛素墓、泉州灵山圣墓、扬州普哈丁墓遥相辉映，并称为中华东南沿海伊斯兰教四大古墓，标志着我国与中西亚诸国友好交往之源远流长，也是杭州历史文化遗产中重要的一笔。

开斋节、古尔邦节、圣诞节和登霄节，是凤凰寺一年中最热闹的日子。

开斋节在伊斯兰教历每年的十月一日或者二日，事先要望月，所以原先有的"凤头"望月楼就是望月之所。望完月，确定开斋日，穆斯林们就穿上干干净净的衣裳去了凤凰寺，沐浴礼拜，互祝平安。回去时要换一条路走，不能和来时同路。古尔邦节又叫宰牲节，宰的是骆驼、牛、羊，献给真主安拉，时间在伊斯兰教历的十二月八日至十日。实际上真主并不真的吃了骆驼、牛、羊，他命他的信徒，一份给亲友，一份施舍，一份自食。因此想来，这丰富食物的三日，一定也是穆斯林快乐的三日吧。那三日凤凰寺内将摆上献祭的牲肉，那种风格，和只供鲜花与茶果的佛教，可真是大相径庭，各具风采呢。圣诞节的凤凰寺则显出它的庄严肃穆。它纪念的是穆罕默德的生日和忌日，那一日，凤凰寺传出的，将是诵经和赞经的声音。

登霄节，伊斯兰教历七月十七日，这个节日的重心放在晚上。人们张灯结彩，举行礼拜祈祷，并人人分得礼品油香一份，以纪念穆罕默德的升天。这个故事，神奇又仁慈，说的是穆罕默德于他52岁那年的七月十七日，上了天堂，进了七重天。那第七重天，乃是正义者的归宿。天堂美好无比，穆罕默德看见树木遵照安拉的意志在瞬息万变；看见一个天使有7万人头、7万张嘴、7万条舌，每舌7万种语言，千言万语，齐赞安拉；看见天使阿至洛依，两眼距离有7000里路程，每见人类犯罪便泪如雨下；又见执刑天使火质铜面，坐在火焰上面对罪人。最后见到真主，真主要他每夜做50次礼拜。他从七重天下，见了六重天的穆萨。穆萨说，一夜50次礼拜，你的信徒受不了啊，我曾试过，行不通，你还是请真主降恩减免吧。最后真主降到每日5次。穆罕默德黎明前回到了麦加。

登霄节的凤凰寺，究竟会是怎么样呢？这团拜的日子，听说寺内寺外人声鼎沸、熙熙攘攘、摩肩接踵，非常快乐。从一夜50次降到一日5次的祈祷，走进凤凰寺，仰望那无形的真主，听他的圣语，真主是多么仁慈啊！

书生意气丹青手

我们面对着历史发展上的一些吊诡的现象。比如元代，一般以为是一个在文化上倒退的历史时期，但细细一想又觉得并非如此。元曲、元杂剧不去说，就拿最能体现中国知识分子精神的文人画吧，正是在元代，进入了它辉煌的历史时期。

元代，对中国绘画而言，是一个值得注意的年代，画风大变，名家辈出，其中南有赵孟頫，北有高克恭，又有大师级人物黄公望。这三个人都和杭州有关系。

从年代上说，高克恭（1248—1310）在三人中出生最早，他是一个维吾尔族人，很有政治才干，多次到江南来做官。元代的杭州，是江南重要的文化中心。高克恭在杭州当官，非常爱惜人才，对江南名士尤其尊重，在元代南人等级十分低下的政治气候中，他这样做，是很难得的。

高克恭擅长山水画，在杭州创作过两件艺术珍品。一件是为李公略画的《吴山观月图》，看这题目就知道，此图画的是杭州的景色。图上还有题款："万松岭畔中秋夜，况是楼居最上方。一片江山果奇绝，却看明月似寻常。"另一幅画叫《山村隐居图》，是仇远画的。仇远也是一位大画家。

高克恭虽是朝廷的一命官，但和文人雅士往来很多，他们常常在杭州的山水间一起徜徉，其中有一个特别好的朋友，就是大名鼎鼎的赵孟頫。

赵孟頫（1254—1322）是一个在书画史上被人反复提起的经历颇为微妙的人物。他原本是宋室的公子王孙，11岁那年父亲死在杭州，他则在湖州长大。南宋灭亡，他已经30岁出头了，却应招到京城做了官。宦海三十载，他从兵部郎中（从五品）做到了翰林院学士承旨（从一品）。但他心里并不快活，就把自己的心绪都寄托在书画上。

赵孟頫是一位全面发展的书画家。他很喜欢杭州，常常到杭州来，据说他与他的妻子（画家管道昇）也是在杭州度的蜜月。赵孟頫的书法风姿多态，自成一家，世称赵体。他写的一块碑铭直到今天还保存在杭州碑林中。这就是著名的《佑圣观重建玄武殿记》。

赵孟頫书法，史称大家，此碑又是他的书法精品，是浙江省保存下来的少有的赵氏真迹碑之一，它就矗立在今日碑林大成殿东南侧新修的碑亭中。他的楷书，字体流畅清丽，柔中寓刚。赵孟頫原本是宋朝的皇室后裔，却出仕当了元朝大官，他的内心一直是羞愧的。曾伤叹曰："在山为远志，出山为小草……昔为水上鸥，今如笼中鸟。"但他忠于艺术之心一生不竭，67岁时所写的《杭州福神观碑记》真迹，至今尚留人间，也算是赵孟頫留给杭州的一份珍贵笔砚吧。

现在，我们把目光投向黄公望（1269—1354）。黄公望是位大画家，中国山水画的代表人物，元代四大家之一。他的画，可以代表元代山水的最高水平。

关于黄公望是哪里人，有过很多考证，有人说他是浙江人，也有人说他是江苏人，还有人认定他是浙江富阳人，如果后一说法能成立，那么他也算是我们杭州人了。这些固然重要，亦都不是最重要的，关键的是黄公望画了《富春山居图》这样有关杭州富春山水的传世之作，还因为他在富春江畔曾经住过很长一段时间。

丹青不是生来就会描绘的，年轻时，黄公望也从过仕，在浙西廉访司充当书吏，后升到大都朝廷部门，在御史台下属的察院当小吏，因为上司"经理田粮事"犯了事，连带他入了狱，那年他47岁，出狱时已到半百了。

牢还算没白坐，在狱中他交了一个好朋友，叫杨载。此人写了一首诗给他，说："世故无涯方扰扰，人生如梦竟昏昏。"劝他出狱之后换一种超脱的活法，自此改变了他一生。出狱之后，再不为吏，他开始了入道隐居和遨游的艺术生涯。

巧合的是，有两位美术大师同年选择了入道。倪瓒是玄窗读禅，黄公望则是玄窗读画，他的隐居地之一，正是杭州南山赤山埠的筲箕泉。称此地为泉，是因为元代这个地方泉水很多。而称其为筲箕，则因为此处三面环山，成一个凹形，像一只筲箕。里面的石头又生得古怪森峭，北面的山像只兔子，就叫作兔儿山；南面的山看得见月亮落下去，就叫月沉山；筲箕的口子就对着赤山。赤山其实是一点不赤的，满目葱茏，叫碧山还差不多。黄公望当年有个朋友叫郑洪，送他一首诗叫《题黄子久画》，上面写道：筲箕泉上青松树，犹复当年白版扉。这样一块古松参天泉水丰溢的坡地，给黄公望这样人生坎坷、看破红尘、寄情山水、遁入玄门的中年人隐居，的确是很适合的。

黄公望人住在杭州，往来于三吴之间，常常到富春江畔去游走，也往往在富阳一带的山中隐居。话说黄公望画《富春山居图》的初衷，本是赠送给师弟无用禅师的，他用了7年时间，才完成了这幅高一尺余，长约两丈的艺术长卷，时间大约在1353年，那年他已经85岁了。或许是完成这传世之作，人世间的事情已经无所牵挂，不久他也就含笑九泉。

这幅传世之作在无用禅师圆寂后不久就开始辗转流传了。整个流传过程，本身就是一个传奇。明代成化之前，此画在大画家沈周的手里；到了弘治年间，已经到了苏州一个姓樊的人家中了；又过80多年，此画到了无锡的谈思重家；再过26年，终于到了松江的大书画家董其昌手里。然而此后不久，画又到了宜兴的吴之矩家，吴把画传给他儿子吴洪裕。这吴家父子二人，把画藏在云起楼的"富春轩"，收藏了有那么五六十年吧。1650年，吴洪裕知道自己要死了，因为太喜欢这幅画，竟然要将此画为他殉葬。也真是天保佑，他躺着，正命人点火烧画的一刻，侄子吴静安到了，连忙从火中抢出刚刚点燃的画，画已经被烧成两段，幸运的是基本没破坏原作。

至此，《富春山居图》变成了两段，那小段的留在吴静安手里，后来为吴寄谷收藏。到1669年之时，此画让给了一个在扬州坐官的姓王的人，以后七转八转，又不知转过多少人的手，直到1938年，上海搞了一个画展，把这一小段画给展出来，另起了个名字，叫《剩山图》。这段画，今天就保存在西湖边的浙江博物馆里，称得上是镇馆之宝。

至于那吴静安抢下来的一丈八尺余长的大段呢，说起来也是一段故事。原来它先是到了丹阳的张范我家，后来又到了江苏泰兴的季家，又到王家，然后转入大收藏家安歧手里。安家败落之后，才转入清宫。谁知到了乾隆皇帝手里，不但没有当宝贝，还看走了眼，把先前收的伪本当了真迹，反把这真迹当了伪本，称其为"无用本"。朝中不是没有识货的人，但没人敢说实话，所以直到今天，此画上还有乾隆皇帝失误的御识。嘉庆年间，这个案才被翻了过来，"无用本"才恢复其真迹地位。清王朝被推翻，此画到了故宫博物院。1949年前夕，被运到了台湾。和我们这个民族一样，这幅本该统一的画，直到今天，还是没能够统一起来。前些年，播放了一部关于此画的专题片，电视工作者用媒体手段，把海峡两岸的这两段画在屏幕上连接起来，那真是一个令人无限感慨的画面啊。

元末杭州的农民义军

作为横跨欧亚大陆的强盛帝国，元朝时间不算长，其中一个重要原因，就是这个王朝一直实行民族压迫政策。元朝的社会关系对前朝是有所退化的，它把社会划分为蒙古、色目、汉人和南人四个阶层。不用说，南人地位最低，而杭州，恰恰是南人居住的集中地。阶级矛盾和民族矛盾，使元朝末年的杭州社会生活十分动荡。

有元一朝，浙江作为前朝首都所在地，朝廷一直驻有重兵，浙江称得上是当时民族矛盾空前尖锐的地区之一。至正元年起，浙江一带灾荒频频，百姓忍无可忍，在浙江的台州、温州、处州等地的乡村，公然树起大旗，上面写着：天高皇帝远，民少相公多，一日三遍打，不反待如何？一场农民革命的风暴就此来临。1351年，"红巾军"揭竿而起，浙江台州佃农方国珍也随之率众起义，但最终还是朱元璋脱颖而出。而杭州在激烈的农民起义中，一度被张士诚占领。

而元朝政府直到这时还在内部互相倾轧，还逼死了最后的柱石——脱脱丞相，元朝政府事实上已经崩溃。而此时江南义军之中，有三股势力最有可能成大事，一是陈友谅，二是朱元璋，三是张士诚。其中张士诚占领杭州八年。

张士诚（1321—1367）乃淮南人，兄弟几个以撑船贩私盐为业。贩私盐利润高，张士诚又轻财帛，乐意周济贫困，很得人心，私盐贩子公推其为头目。1353年张士诚率几个兄弟在内的"十八壮士"举义。元至正十六年（1356），张士诚遭其弟张士德率军攻占杭州，兵败后又退出。至正十八年（1358），张士诚再度攻占杭州，一直到至正二十六年（1366）十一月。

张士诚自立为吴王，以平江（苏州）为大本营，按照王的身份地位设置属官，建造府第。他让弟弟张士信为浙江行省左丞相。势力范围几乎覆盖了江南大部分富庶地区。

张士诚曾经降元，故在此后六七年里，他打着官军的招牌，南侵江浙，北逾江淮，南边占领了杭州、绍兴，北边势力一直伸展到山东，拥地2000余里。而元朝方面容忍他不断扩张地盘，也有自家的苦衷。原来自从"红巾军"纵横江淮一带后，南北漕运断绝，大都缺粮，快支撑不下去了。他们要解决南粮北运的难题，不能不对控制江南的张士诚及称雄江浙沿海的方国珍实行安抚政策。

因为元时禁天下修城，强令全国各州县拆毁城墙，有着百余年历史的杭州城墙逐渐被拆除。至正十九年（1359）春，张士诚的军队占领了杭州后，开始与朱元璋对峙。为加强防卫，张士诚征发浙西之民大规模修筑杭城，由郡守谢节和守将潘元明组织和指挥，出粟20万石。所有土石砖甓灰铁木等物材，"累巨万亿而不可胜纪"，历时3个月完成。

经张士诚修筑的杭州城垣，将凤凰山截出城外，周围6400丈、高3丈、厚加1丈。有候潮、新门、崇新、东青、艮山、钱湖、清波、丰豫、钱塘、和宁、余杭、天宗、北新13座城门，另设水门6座。张士诚所建的杭州城，有凤山水门留存至今。

这次大规模的扩城工程，使杭州城面积有所增大。元至正十九年春，在改筑杭州城的同时，张士诚又组织民夫20万人，拓展自武林港至江涨桥段运河航道，长45里、宽20丈，历多年完成，称"新开运河"。

朱元璋与张士诚相持十年，打来打去，谁也占不了对方便宜。直到1363年"鄱阳湖之战"朱元璋一举击溃陈友谅，攻取武昌城，挥师东向，剑指江浙，气节有亏且只顾自保的"私盐大王"张士诚，也就朝不保夕了。

1366年十一月初六，朱元璋的部下李文忠率军占领湖州，攻下余杭，进兵杭州——杭州路下辖钱塘、仁和、余杭、临安、新城、富阳、于潜、昌化八个县和海宁州，而张士诚的杭州守将平章潘原明则不战投降，李文忠率军进城，获得21万石粮食。从此杭州的蒙古人基本上被驱逐出去，元朝也就到了最后崩溃的前夕。

1367年底，朱元璋大军包围平江城，张士诚率余部死守拒降。经十个月攻坚，平江城破，张士诚自杀，终年47岁。张士诚和钱镠一样，都是私盐贩子起家，但一个有国近百年，一个则与杭州彻底无缘。

The
Biography
of
HangZhou

杭州传

第十章 花团湮灭锦簇中

(1368—1644)

杨公堤

时代向我们越走越近，又一个农民造反之后的王朝建立了，这是一个朱姓王朝。史家说，明代开国皇帝朱元璋是刘邦以后第二个对皇权取而代之成功的农民。1364年，朱元璋自立为吴王，两年之后，他把元人定的杭州路改为杭州府。明朝政府在杭州建立了地方政权，当时杭州为浙江布政使司治所，领着下面的九个县。杭州府的府治则是原来的钱塘和仁和。这时，杭州也就失去了全国第一等的城市地位。而且连东南第一州的位置也保不住了，与当时的南京和扬州相比，它的经济发展，已经相形见绌了。

　　虽然如此，因为历史的积累所在，尤其是因为西湖的存在，在世人眼里，杭州依然是被称为人间天堂的地方。中国封建社会延至明代，此时已绵延2000余年，15世纪的欧洲正处在文艺复兴的前夜，欧洲大陆社会大变革的序幕徐徐拉开，中国的古老深潭也荡起涟漪，明朝中叶的杭嘉湖平原，农民和手工业者所生产的粮食、棉花、生丝、食盐、烟草、绸缎、棉布、瓷器都成了主要商品。江南五府苏、松、嘉、湖、杭，织机呀咿，梭飞丝长；杭州西溪一带，到处是"陌头翠压五叠肥，男勤耕稼女勤织"的景象。16世纪中叶至17世纪初叶的大明，以江浙杭州一带为代表的中国资本主义萌芽正在零星爆芽。几百年前播下的种子影响至今，是值得我们去回顾和总结的。

织机中生出的"资本萌芽"

　　从1276年元军攻下临安，一直到1356年张士诚领导的农民起义军攻克杭州止，在整整80年时间里，杭州受到元朝统治者的野蛮统治，社会经济受到很大摧残。故明朝初期的杭州，就像一个大病初愈的人那样，慢慢地才从元代的严重摧残下复苏过来。到明代中期前,在全国较大的33个商业、手工业城市中,杭州已占有一席之地。丝织业和造船业重新发展起来,至万历年间杭州附近的近郊僻地,已经重复繁华,人烟喧闹了。

事实上,中国历史上的手工丝织业,由于与皇室的消费有直接的关联,历来受官府的控制。杭州的丝织业素称发达,唐代把全国所产丝绢按质量好坏分为九等,杭州所产的缕纱列为第四。宋代开始在苏州、杭州、南京(江宁)三处设官局织造。元改织造为织染,明代在规模上大为扩充。在北京、南京以及各省设织染官局共24处。如果单讲生产规模和分工协作,那么明代,已与元朝不可同日而语。杭州的丝织品远销福建,江西及西北等地的丝商专门来杭收购丝织品,不少地方又开专门销售苏杭的丝织品商店。五代杭州作为吴越国的首府,设有官府织造局,有织工300多人。北宋太宗至道年间,又在杭州设织务局,专收丝织品,供宫廷。而明代政府自然不肯输于前朝,在杭州设织造局与官营机房,地址就在今日的红门局附近。织染局有官吏办公及仓库七十余间,机房120余间,官私织机500张左右,年产达数万匹。郑和下西洋时,也曾带去大批杭州绸缎,赠送所到各国并得到好评。

明代中叶以后,杭州商业已很繁荣,城内有近半数居民开店经商,街道上商店林立,货物充盈,一派繁华景象,不少以手工业为主的小城镇,跻身在浙江的杭州、嘉兴、湖州一带,如春笋般兴起,"小者数千家,大者万家,即其所聚,当亦不下中州郡县之饶者"。由于这些小城镇逐渐脱离了农业,取而代之的就是手工业生产,手工业的发展又意味着什么呢?明代有个叫张瀚的杭州人在他所著的《松窗梦语》中记述了祖上发家致富的经过,说他祖上先人在经营酿酒业失败后,购进织绸机一部,因织工精良,只要绸缎一下机,人们就一抢而空,算来一下就可以获利二成,时间不过两旬,就又添得织机一部,后来增至二十多部,但还是供不应求。于是家业很快富了起来,子孙们都成了家有数万金的富豪。

杭州城东及东北是私营作坊丝织业集中之地。城北近西湖的"张纱衖"有个叫蒋昆丑的作坊主,织造一种"皓纱",团花疏杂,轻薄如纸,驰名京师,故杭人称这一带为"蒋纱衖"。杭州方言因蒋、张音近,渐被人们误称"张纱衙"。相安里、忠清巷私营作场也相当密集。如忠清巷旧有一通圣庙,附近大都是以织工为业的居民。明代杭州所产的丝织品种类繁多质量精佳,有缎、罗、棉、剪绒、绸、绢、纱、毅、邹纱等10余种类。

税额的增多也是丝织业发展的佐证。洪武十年(1377)杭州所属九县夏税丝额为25590斤,到成化八年(1472)夏税丝额为614210斤,一百年内夏税增加25倍之多。

杭州的丝绸还远销国外。万历年间,便有一些本地商人,在杭大量纺制丝织品走私日本、暹罗及吕宋等地,获利甚厚,因而受到浙布政司的审讯,成为当时"通倭"的大案件。另外,福建商人杨才甫长期住杭,与本地商人张玉宇等30余人合伙贩卖杭州细绢到日本,牟取2倍厚利。

有老板,就有伙计,伙计就是替他织布的人,又可叫作机工。这些机工给老板干活,如果老板看他不顺眼,随时可炒他鱿鱼。而如果他有技术,也不妨向老板讨价还价,让老板"倍其值而佣之"。再不,干脆拍拍屁股走人,另攀高枝,可奈我何?不过,机户与机工确实是一种雇佣关系,这种关系的出现,当然是随着生产力的发展而出现的。元末明初曾在杭州府学担任过教授的徐一夔,在所著《织工对》中,曾记载了机户与织工之间的关系,开门见山就说:"余僦居钱塘之相安里,有饶于财者,率聚工以织,每夜至二鼓。老屋将压,机杼四五具南北向,列公十数人,手提足蹴,皆苍然无神色。日佣为钱二百缗,衣食于主人。"

这正是当时工场手工业的生产关系的历史记录,文中亦曾提及当时劳动力价值问题:"有同业者佣于他家,受直略相似。久之,乃曰:吾艺固过于人,而受直与众工等,当求倍直者而为之佣。已而他家果倍其直。佣之主者闵其织果异于人,他工见其艺精,亦颇推之。主者退自喜曰:得一工胜十工,倍其直不吝也。"

此处说的是有一位熟练织工,技术精湛,所得报酬却与别人相同,他对此不满,要求增加工资,被拒;于是这位工人就另找了一家,那家机户见他技术熟练,织品精巧,认为"得一工胜十工矣",就同意了这位工人拿双份工资的要求。这个记载或可说明,当时机户与工人之间已开始出现资本主义的雇佣关系,工人已可以自由地离开工场另找门路,而不同于封建生产方式中行会老板与工人之间的关系了。

这些纺织工场织户获利甚厚,工场主往往不几年便发财致富。与机户大发横财形成鲜明对照的是,织工生活却十分悲惨贫困。他们身受封建官僚、商人与机户的重重剥削与压迫,辛苦一天,却只得到一二升米的工资。那时苏杭一带流传着一首民谣,就是织工悲惨生活的如实写照:

梭子两头尖,歇落无饭钱,织的绫罗缎,穿的破烂衣。

徐一夔在《织工对》中讲到他自己亲身遇到的一件趣事。他住在杭州城内相安里时,附近有一家纺织工场,工人日夜生产,闹声盈耳,他不禁赞叹:他们多快乐啊!直到有一天早上他真的到了那家工场,才发现破旧的房屋仿佛就要倒塌,里面安着四五具纺纱机,十几个工人手提足踏,吃力地劳动着,他们的脸孔,个个"皆苍然无神色"。

这样紧张的劳动关系必然会带来尖锐甚至暴力的阶级斗争,1603 年,杭州发生了织工与市民反对封建官僚的斗争;天启年间(1621—1627)发生过"何伟然树万人一心之旗于杭郡"的事件;特别是万历八年(1580)由丁仕卿领导的杭州市民起义,更震动明朝统治者,响应者达千人。愤怒的人群首先放火烧了"独不受役"的沈魔等 40 余家豪绅的房屋,夺走了他们的财产,人群涌向巡抚衙门,大小官吏逃之夭夭。当天晚上,市民 2000 余人,打着金鼓,举着旗帜,手持白刃,涌向巡抚衙门,焚烧文书,并将新任巡抚围困于布集中。经过激烈的战斗,丁仕卿等 150 余人被俘,其中 52 人被枭首示众,丁仕卿系狱中病死,这次轰轰烈烈的杭州市民起义就这样被镇压下去了。

但是这次市民起义,有力地打击了明代的封建统治,震动了整个东南地区,更重要的是它显示了市民阶层作为一支新生力量,正在走上历史舞台,表明了在中国封建社会中,在局部地区里,阶级关系正在发生重要变化,这种变化给整个中国社会及以后的农民起义都带来了新的因素。

庞大的封建官方手工业持产关系的存在，对于丝织业商品经济的发展，当然是一个障碍。事实上，到了明朝末年，这种官局已濒于不能维持的境地，终于在明亡之前十七年全部停废。而私营的丝织行业，亦在国家大环境的恶化下委顿式微下去了。

杨孟瑛治西湖

杨孟瑛和白居易、苏东坡一样，都曾经当过杭州的最高长官，而且还和他们一样，都在西湖上修过一道堤。但白、苏二人名冠天下，杨孟瑛这个名字，在很长一段时间，却只有治杭史的专家才知道。也许是因为他的诗名不能与苏、白二人相比之故。

这样的事情在历史上也是不乏其例的，你做了一件大事，历史可能记住了你，也可能就把你忘记了。人们可能为你建生祠，可能压根儿就不知道你姓甚名谁。历史和人都更注重那些看得见摸得着的东西，比如苏堤和白堤，直到今天还躺在西湖上，没法让人忘了那筑堤的苏、白二人。但杨堤就不一样，有很长一个阶段，它似乎已经完成了它的历史使命，它消失了。

为一个被人们淡忘的好人写一点什么，为一条已经消失的堤说一点什么，这是本文的初衷。而意外的惊奇则在于：当我们以为一条堤已消失的时候，这条堤却又显现了；当我们以为那个修堤的人被忘却时，那个人却开始被隆重地纪念了。

有一个规律是可循的——凡是对西湖好的官员，生活在西湖边的人们，就说他是好官。杨孟瑛便是对西湖好的好官。

西湖，是一颗会飞的夜明珠，有一对美丽的长翅膀，舒展在江南大地上，人们在她的彩翼中穿行，她的一羽为白堤，另一羽为苏堤。其实西湖还有一羽，还有一道当年影响很大的堤，但却消失了，筑堤的人就是这个杨孟瑛。

明代田汝成在《西湖游览志余》中评价说：西湖开浚之绩，古今尤著者，白乐天、苏子瞻、杨温甫三公而已。

这个杨温甫，就是杨孟瑛。杨孟瑛应该也是会写诗的，他是明成化二十三年的进士，科举考上来的天府之国的才子，但显然和他的四川老乡苏东坡没法比，所以，后来的人们很少知道他是哪朝哪代的、何许人也。

在杭州人中，他曾经享有很高的声誉，被称为"白苏以后贤太守"。实际上，我们一直享受着他的恩惠——许多年来，杭州人天天在他曾经筑建的那条消失的堤上行走呢。堤旁是曲院风荷、金沙港度假村、郭庄和花圃。只是被称为杨堤的堤与名称俱已湮灭，人们把这条从前美丽过的堤，称为西山路。

然而，消失了的堤，若在个人的心里延伸，你不就有双重的游弋了吗？你在赏心悦目之中，再加压一点历史的溯游，你就会知道，历史曾经出现过这样的偏差，如果不是杨孟瑛，你就几乎游不成西湖，西湖差一点就没有了。沧海桑田，难道只是一个成语？

追溯历史，经过唐宋王朝的格外青睐，西湖落得个"销金窝"的名声；元代的统治者们把西湖当成了红颜祸水，打入冷宫了事。这将近百年的冷遇，一个大家闺秀也几乎沦落成了柴门环婢。苏堤以西，葑草蔽湖；六桥之下，水流如线。有钱有势的人家，把西湖像切蛋糕一样地分块霸占，作了菱田荷荡。

到了明代初年，杭州的官府看着积重难返，干脆把傍湖的水面划给了豪富。豪富们名正言顺，便编起了竹篱，高者为田，低者为荡，弄得个"碧波万顷"的西湖，阡陌纵横，支离破碎。

当时的杭州民间便流传着这样一首歌谣：

　　十里湖光十里笆，编笆都是富豪家。
　　待他享尽功名后，只见湖光不见笆。

一直到了明代的宣德、正统年间，也就是1426—1449年，杭州开始恢复繁荣，地方官也才开始关注西湖。又过了数十年，弘治十六年（1503），杨孟瑛到杭州来当太守，恢复西湖百年前的荣光，才被提到议事日程上来。

杨孟瑛，四川丰都县人。丰都在长江边上，名气倒是挺大，都说那是鬼城，今天因"鬼文化"成了旅游胜地。苏东坡的老乡杨孟瑛从四川出来做官，

248

一直做到这江南的杭州古城，这官当得可要比苏东坡更累了。苏东坡当年守杭，西湖淤塞十有四；杨孟瑛任务更艰巨，他到杭州的时候，西湖被占竟已达十之八九了。

疏浚的使命如此严峻，而疏浚的手续却更加繁复。白居易治湖，根本不要奏请朝廷批准。苏东坡就麻烦多了。等到杨孟瑛时便更为复杂，从上书朝廷到正式开工，足足花了五年时间，直到明正德三年也就是1508年3月，才开始动工。

和苏东坡当年请求浚湖时打《乞开杭州西湖状》的报告一样，杨孟瑛也阐明了五条理由。

第一，杭州为三吴都会，人杰地灵，西湖占塞，破了地利形胜，对这座城市是不吉利的。

第二，西湖起到了很好地保护城市安全设施的作用，西湖若阻塞，强盗流寇是很容易长驱直入地进入这座城市的。

第三，西湖占塞，这座城市的水就不够用了，水脉不通，怎么生存下去呢？

第四，杭州为交通要道，西湖的水对水路起着至关重要的作用，交通不行，城市就将萎缩下去。

第五，湖畔的良田，需要西湖的水灌溉。

如此论证之后，杨孟瑛非常庄严负责地说：西湖有无，利害明甚，第坏旧有之业，以伤民心，怨愤将起，而臣等不敢顾忌者，以所利于民者甚大也。

杨孟瑛做官做到这个份儿上，当然知道他将面临的险况是什么。但他是下了决心了，没有顾忌，因为西湖的疏浚，实在是关乎国计民生，太重大了。

浚湖阻力最大的，还是来自豪富。因为要浚湖就要毁田，就要侵犯有钱人的利益。为了防止豪富刁民闹事，杨太守特意写了一篇谕民文告，大意是：

先贤们为百姓着想，想到根本上，所以浚通了西湖，特来灌溉周遭良田。如今西湖却渐渐湮废了。我今虽力图浚复，但是湖上园池，却尽被豪富封殖，我一旦开毁，必有百口怨詈，当事人伤心，我也不能不动恻隐之情。但今天你们的产业，本来就是建立在公家的湖面上的，是私人侵犯了公家而肥己，而我现在，则是恢复以往公私分明的旧况罢了。何况如今水尽湖塞，田渐荒芜，数十人家得利，千千万万人却吃苦。所以，凡我统治下的湖边的父老，请率领你的乡亲族人，及早迁移，不要从中作梗。

千万不要以为，杨太守就那么一张公告了事了。父母官做事情，还是很周全的。对占有湖田的农家，如果他们开湖后无田耕种，他便用西湖周围废寺的数千亩肥田，来进行交换。

从那年 3 月到 9 月，整整半年，杨太守动用了民夫八千，历时 152 天，拆毁田亩 3481 亩，恢复西湖旧观。所挖的葑泥，一部分给乡党先贤苏东坡的苏堤，将其拓宽了五丈三尺，两岸遍植杨柳，重新恢复了苏堤"六桥烟柳"的固有景色。另一部分淤泥，便另筑一堤，与苏堤并驾齐驱，从栖霞岭起，绕丁家山直至南山。杭人感激郡守对西湖山水、百姓的一片厚爱，遂呼之为"杨堤"。

杨堤亦有六桥，曰：环璧、流金、卧龙、隐秀、景行、浚源，人称"里六桥"，与苏堤"外六桥"相衬相映。

历史上曾经有过这样一个时期，这一带非常奢华，每当春暖花开之时，游者如织，花锦纷呈。

里六桥，外六桥，隔株杨柳隔株桃。诗人用他们惯用的《西湖竹枝词》来歌唱自己的故乡：

十二桥头日半曛，酒垆花岸共氤氲；
七香车内多游女，个个搴帘过岳坟。

若说西湖是一匹锦缎，历代建湖浚湖的人，便是来来往往的一把梭。如今，却是少了一把梭子了。

杨孟瑛治湖的全过程，当有一颗不平的心。就在他还在日夜督工的日子里，已经遭到了盘查御史胡文璧的弹劾，罪名是"开浚无工，靡费官帑"，"宜罢黜"。经吏部讨论，大概看着离了他一时也实在没有人能治理西湖，就说："工在既往，理无可复。"把他降为杭州知府，同时又要他"量用民力，以终全功"，打了他，还要他干活。西湖浚疏的当年，仅仅一个月后，杨孟瑛便被反对派弹劾了，说他消费官府帑金，浚湖无功，被降为顺天府丞，终于离开了杭州。

杨堤的消失，当属清代。其时，由于西湖淤浅，杨堤西面已经多为农家的田桑之地，行游者已经十分稀少。200年之后，虽还增高增宽，但终因里湖淤浅，而废去也。

后人没有看到过从前的杨公堤，却看到了杨堤之上建成的西山路。原来西湖的西面后来又开始淤浅，堤西多为居民的田桑之地，行游者也很稀了。清代的雍正年间，曾经修过一次堤，那已经不是美的概念了，增高增阔，在体积上下功夫而已，在那体积上也不考虑花木了。到1947年，浙江省政府调集了在杭州的投降日军，把那杨公堤修复成了西山马路，又从岳坟南沿里六桥北的三桥，绕过了丁家山的西麓，一直到张苍水墓前，开辟成了环湖西路。新中国成立之后，又进行修复，成了我小时候一直看到的那条西山路。

杭人的印象中，那也是一条鲜花盛开的花路。曲院风荷在路口，早已不是从前"西湖十景"概念中仅仅看荷花的地方了，可以说曲院风荷就是一个四时不败之花的所在地。再往里走是郭庄，是花圃。杭州花圃营造的是当今中国一流的赏花胜地。花事既盛，草树亦茂。走在今日的环湖西路上，两面种植的不再是袅袅弱柳，而是粗大的法国梧桐，一场秋雨过后，人迹稀少，黄叶铺地，成了李清照词中婉约的意境，然那愁绪中又有着明丽的色调，寂静而不落寞。

流金桥附近，有路通燕南寄庐，那是"江南活武松"盖叫天的宅院，他死后就葬在西山路旁的山坡上。墓地有一亭，有一联，曰："英名盖世三岔口，杰作惊天十字坡。"原来盖叫天真名张英杰，《三岔口》和《十字坡》则都是盖叫天的拿手好戏，这一楹联中，把盖叫天的名字和名戏都点出来了。

西山路再往前走，就到了花港观鱼的后门了。这里有座小山，名字取得趣雅，叫眠牛山。过了眠牛山，就到了西山路的尽头，出来恰逢虎跑路。往右一侧，就往虎跑路去了，要往前穿过虎跑路呢，也是好去处，太子湾一年到头的花事且不去说它，最妙的却是那一年到头的婚事。这十几年来，杭州人结婚时兴到太子湾来拍室外的结婚照。你从西山路南头出来，可以说一不留神就会碰到一对披婚纱穿西装的新人，而且，就在这恍恍惚惚之中，似有香车宝马纷沓而来。杨公堤，这条消失的堤，仿佛就在这样的良辰美景中，活过来了……

杨公堤确乎是复苏了，这条堤的复苏，依旧与西湖的疏浚有着根本联系。5.6平方公里的西子湖水面，是西湖被淤塞后的面积，就一座城市而言，有更多的理由可以证实，西湖恢复她本来的面目，是一件多么重大的当务之急。

疏浚后的西湖为6.38平方公里，杨公堤尚未完全露出它的全貌之时，人们已经性急地在堤上打了好几个来回，并且已经看到了它的效果图。刚刚落成，我便一次次行走在堤上。较之白堤与苏堤，这条再生之堤当然是新的，并且是壮观的。我还要说，如果白堤和苏堤是传统的、田园式的，那么新杨堤的确是都市的，是与时俱进的湖堤。

想想那湖西吹来的风，漫步堤上的情景，而对我们这些视故乡无双、山水为性命的人而言，隔三岔五地能到杨公堤上来走一走，那是怎样的一种生活啊！

在杭州讲故事的人们

杭州是一个市民阶层庞大的城市，之所以有这样一个感觉，除了其他种种原因之外，讲故事和听故事的人多，似乎也是其中重要的一条。

明代人的故事，往往是从民间说唱开始的，而浙江的民间说唱艺术非常发达，因为它是有来路、有继承的，它从两宋的说话技艺而来，在发展中又产生了一种适合时尚的形式，发展成了话本。实际上，就是那时候的可以演说的通俗小说文本吧。

我们可以看到许多古代话本里的故事，都是反映当时杭州市民生活的。比如最早的话本刊本《京本通俗小说》，其中有一篇著名的小说，叫《碾玉观音》，写的就是南宋时候杭州城里一个绣花女秀秀的故事。这个秀秀住在钱塘门内，大概就是今天六公园一带吧，被招到今天井亭桥附近的郡王府里去做工，认识了玉匠崔宁。崔宁家住在石灰桥，就是今天的浙江饭店附近，两个古代的年轻人演出了一场惊心动魄的爱情悲剧。

这种类型的故事很多。到了明代,中国的通俗小说,一方面经过宋元话本的发展,出现了《三国演义》《水浒传》等长篇章回小说;一方面又出现了"三言""二拍"为代表的白话短篇小说。另外,明末是浙江白话小说创作的又一高峰——凌濛初的"二拍",是拟话本小说的双峰之一,与"三言"并驾齐驱。

无论长篇还是短篇,都有大量篇幅是反映杭州人的,也有不少作品是在杭州这块土地上诞生的。比如《水浒传》的孕育,就是从南宋时开始,在明代成型的,一句话,中国四大名著的《水浒传》,从故事发生、流传、编辑、润色和出版,都离不开杭州。

我们先从一个名叫李嵩的杭州人说起。他是南宋晚期宫廷里的一位著名的大画家,一生都在杭州度过,是他首先把宋江等人的故事写了下来。这些故事主要来源于街谈巷议,可以说,他是第一个参与《水浒传》创作的文人。到南宋末期,第二个参与者,是个名叫龚开的江苏人,他经历了国破家亡的全部过程,常常往来于江浙,穷困到家里来了客人,连能坐的地方都没有,但他依然不出去事新朝。正是他继承李嵩的文本,写下了《宋江三十六赞》与《序》。

第三个介入的文人是元代的周密。他虽生于湖州,但中年之后就常住在杭州了,就在当时的癸辛街上,是他为龚开的文本写了跋。

第四个介入者,就是明代的罗贯中了。明清两朝的人,大多以为罗贯中是杭州人,所以各类稗史书中说到他,常常说:杭人罗本贯中。原来他叫罗本,字贯中。

第五个介入的文人,才是大名鼎鼎的施耐庵,他是《水浒传》的定稿者,专家研究说,施耐庵必定是一个长期生活在杭州的人,否则他不可能对杭州的地理习俗、风物名胜有如此翔实的了解和描写。

杭州是产生四大中国民间爱情故事中半壁江山的地方。中国四大民间故事,牛郎织女、孟姜女、梁祝、白娘子,在中华大地上流传了千百年,其中后两个故事,就发生在杭州。《梁祝》留下了"清波门"外的万松书院,《白蛇传》留下了今日白堤的断桥。而在这两个故事中,又唯有《白蛇传》开端在西湖,结局也在西湖,那建了又塌、塌后又重建的雷峰塔,正是《白蛇传》这一千古爱情悲剧的象征。

而这一切,也都离不开文人创作演绎,以及出版业的发达。比如明代冯梦龙编撰的《白娘子永镇雷峰塔》,便是《白蛇传》故事最早、最完整的记载,是从蛇妖变为人性化灵蛇的一个重要界碑。

故事从西湖边开始,从峨眉山修行千年下山的白蛇,幻化为白娘子,与青蛇搭伴到人间天堂杭州西湖,遇见杭州药店保和堂伙计许仙,他们一见钟情,但不幸遭和尚法海破坏。因此,经历了"游船搭船、许仙借伞、还伞结姻、受银遭刑、水漫金山、断桥相会、法海合钵、镇于塔下、小青救姐、母子相认"等一系列悲欢离合的爱情故事。整个故事除个别章节在苏州和镇江发生之外,其余大多数情节都在杭州名胜古迹发生,如雷峰塔、保俶塔、断桥、净慈寺、钱塘门等处展开,主要牵连到的"西湖十景"中就有"断桥残雪"和"雷峰夕照"。那人与神的意志,在温柔美丽的西子湖畔进入了白热化的较量,最后虽以失败的爱情婚姻而告终,但那把人生中最有价值的一面撕毁给人看的悲剧本质,却使其艺术价值提升到了罕见的高度,也使镇压雷峰塔成为一个归结性的造型,成为一个民族精神的怆然象征。

其实,《白蛇传》的神话故事,最早和雷峰塔是没有关系的。初见于唐传奇《白蛇传》笔记小说,唐人谷神子撰,宋代的李昉在《太平广记》中收入了此篇,题目叫《李黄》,说的是唐代有两个男人受蛇妖诱惑,最后都死于非命;到了宋代,出现话本《西湖三塔记》,讲的也是西湖边有三个蛇妖幻成美女,毒害了许多男人;以后又陆续出现一些人蛇之间男女关系的故事,有的依然是蛇害人,有的已经没有了对异类的敌视,甚至还表现出了一定程度的同情。

明清之际,《白蛇传》的主题思想、故事情节、人物性格也随之不断推陈出新,发生了根本变化,可怕的害人妖蛇,演变成了可爱的充满人性的蛇仙。而到清末,白蛇已经被塑造成为善良、勤劳、勇敢的女子,一个反封建、反迫害、为爱情和幸福生活而斗争的妇女典型。

但是，白娘子在这里妖气尚未尽除，法海还是正面形象，许仙也还是一个为色所迷不能自拔的男人。而到了清乾隆年间，方成培（字岫云）根据梨园抄本改写的《雷峰塔传奇》是《白蛇传》戏曲中最成熟的一种，将白娘子写成了正面人物，借蛇说人，可爱可敬，戏剧情节和人物性格，都有了重要发展，如增添或丰富了"端阳""盗草""水斗""断桥""炼塔""祭塔""佛圆"等重要场景，鞭挞了作为封建势力象征的法海和尚，小青也成为与白娘子同生死同命运的姐妹。雷峰塔也成了白娘子故事中最为重要的场景。可以说，没有雷峰塔，就没有白娘子。

如此说来，评价杭州是一座对中国文学有重大贡献的城市，应该是毫不过分吧。

落在玉盘上的大珠小珠

湖上本来只有一岛——孤山。后来孤山连了白沙堤，又由西泠桥接通了北山路，从此成为半岛。在一般人眼里，它甚至不再是一个岛，而仅仅是湖上的一座山了。可见孤山实在是天赐的，天公造化，高而难问，要另外去评点了，今日便专门说说那另外的三岛。

小瀛洲、湖心亭、阮公墩，此三岛是人造的，与孤山从质量上说就是不一样。一般人都以为人造的不如天然的好，比如宝石，人工的怎么能与天然的比。但事情放到西湖上来说，就出现了另外的价值评判标准。在西湖上，人工的和天然的都一样的好。说得再透一点，连西湖自身都是一个人造湖呢，何况它身上的岛屿。

站在孤山顶上看，三岛呈一个"品"字。它们毛茸茸的绿莹莹的，簇成了三团，像西湖这匹锦绣软缎之上的装饰扣子。再定睛细看，那珠扣又有水有屋，粉墙隐，翘角露，撩人心绪，使人产生探秘的欲望。那小小的"绿扣子"里面，究竟会有什么样的锦绣世界呢？

让我们先来说西湖"品"字的第一个"口"字——小瀛洲。"海客谈瀛洲，烟涛微茫信难求。"这瀛洲，就是中国神话中的海上三座仙山中的一座。小瀛洲面积有 105 亩，是湖上三岛中最大的一个岛，完全由人工筑成。它的前身是五代吴越国时辟建的水心保宁寺，当时就是一座人工堆叠而成的水中陆地。至于小瀛洲旁的那三塔，若寻根，又要寻到苏东坡那里。原来苏东坡不仅建有苏堤，还在堤外深处立"三潭"，也就是三座石塔，这是一个标记，原本是为了告诉人们，以塔为线，石塔之内不准养菱。

不知什么时候，游人们发现了石塔与月亮之间的关系。有一种趣谈，说的是南宋时候，文人墨客夜泛湖上赏玩，遂名其为"三潭映月"。后来有人动了一个字，"映"改成"印"，倒也改得不俗，从此唤作"三潭印月"。

不过彼"三潭印月"非今日之"三潭印月"。最初的石塔，到明代时只留下三个塔基。钱塘人高濂在他的《四时幽赏录》中说，春天可去湖边看塔基春草，有"草长平湖白鹭飞"之意。至于秋风雁来，总是选择水草空阔处栖息。湖上这三塔的基址，因为草丰沙阔，雁群便多在此处聚集。晚上人若携舟夜坐，便能经常听到雁儿的叫声。而雁儿的影子，又乱了湖上烟云。秋声满耳，听之黯然，不觉一夜的西风，山头树因冷而红，湖岸的露也因寒而生白了。

再到后来，连雁儿停栖的塔基也没有了。明代杨孟瑛浚湖的时候，把这三座塔基掘去，一点痕迹也没有留下。

明万历年间，江西人进士聂心汤做了杭州的钱塘县令，史书记载此人稳健明敏，遇事果断。他在任杭州时西湖又发了大水，南湖的水溢漫了出来。他发动大家建湾筑闸浚湖，重修捍湖塘。他在自己主修的《万历钱塘县志》中对自己的评价是："不佞莅钱塘五年，致茭菱谷米水泉之用，世世功德于民。"

正是在这期间，聂心汤利用浚湖的葑泥，对公众说要在西湖上面建造一个放生池。这样，就用淤泥在湖上堆了一个小岛，又在岛外环一条堤，使其成为"湖中之湖"。他又在岛上建了一座湖心寺，令寺僧看守，以防打鱼人越界捕鱼。

不知道是不是为了仿效先人苏东坡的事功，总之，他恢复了已经消失的三潭旧迹，在堤南边重建三座石塔。它们高约 2 米，塔基是方形的，塔身是球形的，四周又挖有五个小圆孔，塔顶呈葫芦形，远望如一只香炉倒扣在湖底，露出了三只巨足。杭州人把西湖淤泥称为香灰泥，说观音娘娘的香灰炉倒扣在西湖里，这才有了香灰泥。这个传说，就是从这三个石塔而来的。

说到三潭印月，实际上是三座石塔加上小瀛洲这两个部分。原来外圈套里圈，沟通要靠小船，形成一个湖中湖、岛中岛的格局。到了清代，李卫任浙江总督时，用曲桥和土堤把堤岛之间连了起来，上面自然又是花木葱茏，美不胜收，游客来得就更加多了。

上了小瀛洲，人有一种眼花缭乱不知从何玩起、不知看什么才好的感觉。别急，不慌不忙，纲举目张。把康有为的那副长联读了，便知怎么游了。康联曰：

岛中有岛，湖外有湖，通以卅折画桥，览沿堤老柳，十顷荷花，食莼菜香，如此园林，四洲游遍未尝见；

霸业销烟，禅心止水，阅尽千年陈迹，当朝晖暮霭，春煦秋阴，山青水绿，坐忘人世，万方同慨更何之。

清代兵部尚书彭玉麟，能诗善画，长于书法，是俞曲园的姻亲。当年他以巡阅长江的空余时间，到杭州一游，于湖上垂钓，就看中了西湖。退省后到杭州，先把自己的目光盯在了阮公墩上。俞曲园老人在他的《春在堂全集》中讲到此事，说彭玉麟原来准备在阮公墩上筑屋，不料阮公墩土太软，用篙都插得进去，只好笑说，这可真是个软公墩了。原来"阮"和"软"恰巧发的是同一个音。但这位侍郎并不退却，就把兴趣转到了小瀛洲上，到岛上建了个退省庵。他曾为西湖写的一些对联倒也雅致，有"红蓼花疏，白苹秋老""天心月到，水面风来"的佳句。他一死，庵也姓了彭，叫彭公祠。辛亥革命后，彭公祠自然也就不能再姓彭了，有了革命色彩，叫先贤祠，纪念石门人吕留良、杭州人杭世骏、余姚人黄宗羲、天台人齐周华。这四人都是我国明末清初时的著名学者，都有革命气节，且都是浙江人。

斗转星移，物是人非，先贤祠也早已废了，敞轩一座，成了人们登岛的歇停处。

说到小瀛洲的绝处，实在还应该在于它的园林。这样一个小岛，若不借得山光水色，互通有无，安能不局促？中国园林，讲的就是宾主、均衡、对比、节奏、谐调。小瀛洲把远山近湖如何"借"得来呢？便要靠着那九曲石桥来串联了。左一折迎翠轩，右一折花鸟厅，等到你来至我心相印亭，那三潭已经遥遥在望了。

小瀛洲还有一绝，看睡莲。夏日午后，岛上人迹罕见，您撑着一把阳伞在九曲桥上行。池塘中有一太湖石，人称"美人梳妆"。周围躺满大红、粉红、嫩黄、纯白的各种各样的睡莲，白日天光下又被照耀得犹如要化开来一般，也如阳光之梦呢。我有一张夏日在九曲桥上的照片，那年大概我也就三四岁吧，穿着花裙子，梳根朝天翘辫，由我父亲和哥哥围着。我能够记得那童年时代游历九曲桥时的情景，那个阳光猛烈的正午，我记得岛上人迹罕见，九曲桥上，除了我们和拍照片的，其他什么人也没有。

小瀛洲的秋月之夜，浩歌湖上，有三光相映——月光、灯光、湖光；又有三影相衬——月影、塔影、云影。从前七月十五中元节，杭人惯例，放荷花灯以度冤魂。此时天上繁星，地上灯火，烟波一棹，意若神仙。至于中秋之夜，皓月当空，杭人以五色纸糊贴三潭印月之潭孔，并于孔中置灯火，再以小舟绕潭划行，水光波动，亦呈五色，至为美景，人皆以无言以叹——奈何，奈何！

小瀛洲一年四季可游，最佳时节，当属秋之月。

再说西湖"品"字中的第二个"口"字——湖心亭。"若把西湖比明月，湖心亭是广寒宫。"据说它今日的位置，就是苏东坡当年立三塔时北塔旧址。这个岛也是人工堆积，明代知府孙孟筑，论时间还比小瀛洲早半个世纪呢。建了个亭名叫振鹭亭，又种了一些花木，设了一些石栏，此处开始成为景点。不过建的亭后来又塌了，直到万历年间重建，取了个名字叫"太虚一点"。这名字取得好，湖心亭这才开始真正美化起来，也逐渐被饱览过湖光山色的杭州人承认了。

说到湖心亭的面积，你只想那"太虚一点"的"一点"就可以想象了。三岛之中，湖心亭最小。可以说它是湖光里的绿叶、月光中的广寒宫、美女眼中的瞳仁。

明末张岱的《湖心亭看雪》，实在绝妙好辞，全文录之：

> 崇祯五年十二月，余住西湖。大雪三日，湖中人鸟声俱绝。是日更定矣，余拏一小舟，拥毳衣炉火，独往湖心亭看雪。雾凇沆砀，天与云与山与水，上下一白。湖上影子，惟长堤一痕，湖心亭一点，与余舟一芥，舟中人两三粒而已。到亭上，有两人铺毡对坐，一童子烧酒炉正沸，见余大惊喜，曰："湖中焉得更有此人！"拉余同饮，余强饮三大白而别。问其姓氏，是金陵人客此。及下船，舟子喃喃曰："莫说相公痴，更有痴似相公者。"

牡丹花下一往情深

杭州是一个情天情地幻情深的所在，爱情的故事，自然就成了故事的主角。其中花港观鱼的牡丹亭便是一座情亭。想来中国历史上的牡丹亭不会只有一座，但人们今天记住的还是明人汤显祖的文学剧本的《牡丹亭》。所为何来，就因为汤显祖的《牡丹亭》，把美人鲜花与爱情结合在一起，把人们内心深处的心弦深深地拨动了。

在汤显祖的《牡丹亭》里，牡丹亭实际上是南安太守杜宝家的后花园中的一座亭台，那杜太守的女儿杜丽娘做梦游园，遇见了一位美少年，在牡丹亭下相亲相爱，醒来发现，乃南柯一梦，便偷偷带着丫头春香一起游了真正的后花园。书生倒没有找到，那牡丹亭却是找到了，杜丽娘梦境与现实已打成一片，只当是人去楼空的悲剧已经发生，因此生了相思病，画了一幅自己的玉像，藏在园中，自己也香魂一缕而散，葬在花下。谁料那梦中的少年柳梦梅真的出现在现实世界里，其人还是柳宗元的后代，而且还就偏偏借住在了杜家花园。柳书生拾得了美人图，便也开始神魂颠倒，有著名的昆剧折子戏《拾画·叫画》为证，我看过，那的确是神魂颠倒的。总之，夜里那美人的芳魂出没,来寻少年了,男欢女爱,一开始那少年也没弄明白自己是与什么样的美人相爱,后来知道是个女鬼,陷得太深,也顾不得神人鬼了。那手无缚鸡之力的书生胆子也大,竟然挖起芳坟,把那杜丽娘就从棺材里起了出来。夫妻做得正好呢,被杜太守发现了,杜太守把自家女婿一顿好打。喜讯传来,女婿考上了状元。于是最后汤显祖还是回到中国文化的大团圆格局中去了,他的概括是这样的:

  杜宝黄堂,生丽娘小姐,爱蹈春阳,感梦书生折柳,竟为情伤。写真留记,葬梅花道院凄凉。三年上,在梦梅柳子,于此赴高唐。果尔回生定配,赴临安取试,寇起淮扬。正把杜公围困,小姐惊惶。教柳郎行探,反遭疑激恼平章。风流况,施行正苦,报中状元郎。

关于《牡丹亭》的意义,作者也有一番点题,曰:情不知所起,一往而深。生者可以死,死可以生。生而不可与死,死而不可复生者,皆非情之致也。

那就完全是古典主义爱情的经典诠译。爱一个人,必须在程度上爱得死去活来,必须在时间上爱一生一世,必须在空间上爱得上天入地。这和今天人们追求的但求一时不求永远,简直是天差地别了。

汤显祖的杜家花园的牡丹亭,并不在杭州,那杭州怎么想到要有一个牡丹亭呢?那就得从牡丹开始说起了。

许多人知道,牡丹花是被誉为国花的,是武则天钦定的花,那就是皇家气派的花。唐代杭州本来没有牡丹,大约在唐穆宗时期的长庆年间(821—824),杭州开元寺的僧人惠澄,从洛阳移过来一株,称之为"洛花",白居易立刻就"花间一壶酒",跑去喝酒赏花了。关于这样的风雅之事,那写过"画眉深浅入时无"的诗人张祜又写了一首诗:

  浓艳初开小药栏,人人惆怅出长安,
  风流却是钱唐守,不踏红尘看牡丹。

白居易想必十分喜爱牡丹,所以立刻引种在自己的虚白堂前。有唐代"白市长"的欣赏导向,杭州人必定是紧跟其后的,所以到了宋代,杭州的牡丹花已经不少了。到了宋代的"苏市长"手里,牡丹花又有了大发展。据说,最漂亮的牡丹花还是长在寺庙里,独盛于吉祥寺。苏东坡第一次到杭州来任通判时,有过一篇《牡丹记叙》,讲的就是他赏花的过程。说的是熙宁五年,也就是1071年的农历三月二十三日那一天,苏东坡跟着沈太守一起到吉祥寺的僧人守璘的花圃里去赏牡丹,发现那里有上百种花,大家就开始喝酒赏花,游人们都集中过来,结果从来不喝酒的人也喝得酩酊大醉,贩夫走卒们都过来附庸风雅,插花以从,观者竟然到了上万人。这真是一次空前的牡丹花推广大会,一次成功的旅游策划。你想一想,一个寺庙里,上万人赏牡丹花,那是什么规模啊。

苏东坡又补充说,近日的牡丹花,各种颜色都有,黄紫红白争艳,但粉红色的最多,有的一株便有一百余朵花,杭州附近的昌化与富阳,牡丹花特别大,风采不减洛阳呢!

牡丹花开成那样,能不在杭州成为气候吗?南宋时的皇家花园,牡丹花事盛,在钱王故苑灵芝寺里,有一枝高丈余的牡丹,花开数千朵。而在清代的孤山四照亭前,也有牡丹数百本,花开时一片灿若云霞。真正到了1949年以后,杭州赏牡丹花的地方,便有了两处,一处是杭州花圃,另一处,便是这花港观鱼的牡丹亭下了。就在花港观鱼的牡丹园小山坡上,是全园的一个主景区点景之作。刚建时也就一个茅舍竹篱式的小亭,后来改为八角重檐,再后来改成朱栏碧瓦木结构的圆亭,置于牡丹花间。你站在亭内看牡丹,看牡丹的人看着亭内的你。牡丹花激荡着你的爱情,你的爱情感染着牡丹花。杜丽娘如果真的在此,想必也是会梦到柳梦梅的吧。

吴山越水花鸟精神

明代浙江文人绘画,从洪武到宣德、成化、弘治时期,画坛基本形成了三大体系，即继承元代水墨画法的文人画、宫廷"院体"绘画和活跃于江浙一带民间画坛的"浙派"绘画。

可是我们说明代画家，却少不了一个承上启下的大画家，画史虽把他归为元四家，而且他也算不上杭州人，但他下半辈子是活入明代的，而且还住在杭州，最后也死在明代的宫廷事变中，所以值得一说。我们要叙述的人物，就是王蒙。王蒙（1308—1385），湖州人，赵孟𫖯外孙。元末时他弃官，便隐居在杭州黄鹤山，自号"黄鹤山樵"，直至晚年才下山出仕，于明初任山东泰安知州。洪武十八年（1385），因"胡惟庸案"牵累，死于狱中。

王蒙与黄公望、吴镇、倪瓒合称"元四家"。其山水画受到赵孟𫖯影响，师法董源、巨然，集诸家之长，自创风格。作品以繁密见胜，重峦叠嶂，长松茂树，气势充沛，变化多端；喜用解索皴和牛毛皴，干湿互用，寄秀润清新于厚重浑穆之中；苔点多焦墨渴笔，顺势而下，兼攻人物、墨竹，并擅行楷。写景稠密，布局多重山复水，善用解索皴和渴墨苔点，表现林峦郁茂苍茫的气氛。

王蒙的画，代表了由元入明的启蒙画派，他的新观念表现在笔墨和布局上。密集的牛毛皴，相对于赵孟𫖯以来的清逸简淡；繁叠的山石，相对于倪瓒的一河两岸。在中国绘画史上，他的地位就像荆浩、李唐、赵孟𫖯一样具有承前启后的重要性，对明清及近代山水画影响甚大。故倪瓒曾在他的作品《岩居高士图》中题词："王侯笔力能扛鼎，五百年来无此君。"

他的"水晕墨章"，丰富了民族绘画的表现技法，他的独特风格，表现在大气磅礴，用笔熟练，纵横离奇，莫辨端倪。其特征一是好用蜷曲如蚯蚓的皴笔，以"繁"著称；另一是用淡墨钩石骨，以焦墨皴擦，使石中绝无余地，再加以破点，望之郁然深秀。山水之外，兼能人物。所作对明、清山水画影响甚大。存世作品有《青卞隐居图》《葛稚川移居图》《夏山高隐图》《丹山瀛海图》《太白山图》等。

令人扼腕的是王蒙晚年的重大人生失误。年轻时隐居江南水乡几十年，曾经过着"卧青山，望白云"的悠闲生活，能诗文，工书法，尤擅画山水，得外祖赵孟𫖯法，以董源、巨然为宗而自成面目。谁知明朝建立，汉族知识分子纷纷有了入仕的欲望和可能性，王蒙也裹挟其中，此时他已经60多岁，本该安享晚年，未曾想明初洪武年间，花甲之年的书画大师竟然出任了山东泰安知府。

本来，以王蒙的才能与名气，他在明初的官场也曾春风得意，与朝中公卿往来密切，还应邀在丞相胡惟庸府中观画，谁知却埋下祸根。洪武十三年（1380），朝廷以企图谋反为由处死胡惟庸，并大规模搜寻胡惟庸的党羽，受到胡案株连的达到数万人。王蒙也因观画事株连被捕，并死于狱中，其时为洪武十八年（1385）。直到明代后期，胡惟庸案已烟消云散近200年，他的作品才被重新发掘并广泛认可，被推崇为"元四家"之一。

"浙派"开创人为戴进（1388—1462），浙江钱塘人，浙派开山鼻祖。起初他只是个银工，所造钗朵、花鸟、人物精巧绝伦，本来他指望着以自己这一手工艺技能传世，没想到发现不少营销银饰者卖的都是他的仿制品，悔而学画。40岁左右，中年戴进应征入京，因为明宣宗喜欢欣赏书画，一群丹青画手如谢廷循、倪端、石锐、李在等都成待诏，簇拥在京。没想到戴进也入了京，众人不免妒忌。一日大家在仁智殿呈画，戴进奉上的画为《秋江独钓图》，是个穿红袍的人垂钓水边。都说画家画红色最难，戴进应该是独得古法，艺高人胆大了。谢廷循就说："此画佳甚，就是野鄙了一点。"宣宗追问为什么，对曰："红色是官服色，用来钓鱼人身，失大体。"宣宗一听有道理啊，拿走拿走，再也不看。戴进就这样失宠，离开宫廷，流寓京城。

54岁左右他才离京返乡，75岁卒。晚年卖画课徒，风格日见成熟。他的画作典型面貌是从南宋的"院体"演化而成的，多为雄劲简逸山水，同时融诸家之长。他独树一帜的绘画，征服了诸多追随者，遂开创了"浙派"。戴进为浙派元祖，真迹留存至今甚为稀少，可谓凤毛麟角。明代艺术史家给予戴进"画圣"和"国朝第一"的荣衔，可说是推崇备至！

蓝瑛（1585—1664），杭州人，明代杰出画家，浙派后期代表画家之一。他工书善画，长于山水、花鸟、梅竹，尤以山水著名。其山水法宗宋元，又能自成一家。师画家沈周，落笔秀润，临摹唐、宋、元诸家，师黄公望尤为致力。晚年笔力苍劲，气象峻嶒，与文徵明、沈周并重。作品有《秋山红叶图》《江皋话古图》《白云红树图》《松岳高秋图》《苍岩嘉树图》等，其画派在晚明影响甚大，传其画法者甚多。

蓝瑛一生以绘画为职业，漫游南北，饱览名胜，眼界开阔。直接继承他衣钵的有他蓝氏一家子孙，如蓝孟、蓝深、蓝涛等，弟子刘度、王奂等也都各有成就。明末陈洪绶以及金陵八家等著名画家，也都受他的影响，被后人称为"武林派"。

蓝瑛享世89岁高龄，是位勤奋的画家，流传下来的作品便较多。如《华岳秋高图》，是画家67岁时所作，构图奇伟、落笔纵横、飞瀑响泉、老树苍山。画中劲松常青，二高士观瀑听泉，怡然自乐。北京故宫博物院藏有如《秋壑霜林图》《江皋话古图》等代表他各个时期不同风貌的多幅精品。

另一位大师陈洪绶（1599—1652），人往往称其陈老莲，和浙江明代大画家大文人徐渭一样，本是绍兴人，一位承受着时代大悲剧大苦难的大画家，生活在晚明清初的士人。年轻时他曾经师从武林画派盟主蓝瑛，又从大理学家刘宗周，还进过晚明宫廷作画，终因不满朝政而南归。明亡之后，陈洪绶曾削发为僧，一年后还俗，晚年学佛参禅，在绍兴、杭州等地鬻画为业，在杭州度过了他的晚年。

他特别擅长人物画，尤其擅长版画，绣像插图驰誉中外。他的书法造诣极深。他的传世之作中《水浒叶子》和《西厢记》绣像图，都是绝世珍品。当代国际中国画评论学者们，推尊他为"代表十七世纪出现的、许多有极度个人独特风格艺术家之中的第一人"。

陈洪绶所画的人物，体格高大，衣纹细致、清晰、流畅，勾勒有力度，整体效果在仇英、唐寅之上，人称300年间没有他这样格调的笔墨。明清之际，模仿陈洪绶的画家多达数千人，其作品和技法远播朝鲜和日本。

陈洪绶所作版画稿本，主要是书籍插图和制作纸牌（叶子）用，著名的有《九歌图》及《屈子行吟图》12幅、《水浒叶子》40幅、《张深之正北西厢》

6幅、《鸳鸯冢娇红记》4幅，以及他逝世前一年所画的《博古叶子》48幅等。在中国美术史上，独立创作一组个性极强的历史人物而达到特殊效果的，《水浒叶子》是显著的里程碑；夸张的人物造型基于深刻的精神气质性格特征，想象力在此显示出极强的超越感。1638年，来钦之的《楚辞述注》付梓时，陈洪绶的《九歌图》被作为插图，付诸木刻，影响极大。他所创作的屈原像，被奉为经典之作，至清代以来两个多世纪，无人能超越。

综观陈洪绶在人物画上的成就，壮年时已由"神"入"化"，晚年则更炉火纯青，愈臻化境。造型怪诞、变形，线条清圆细劲中又见疏旷散佚，在"化"境中不断提炼。陈洪绶的作品一直受到鲁迅的极力推崇。鲁迅早在壮年就着手于陈洪绶作品的收集，晚年还预备把他的版画介绍出来。这一切，都说明了陈洪绶是中国艺术史上一位光彩熠熠的伟大画家。

三台山前祭于谦

西湖三英烈中，岳飞河南人，张苍水鄞县人，明代于谦（1398—1457）虽远祖河南，但几代定居杭州，算是个真正的杭州人了。常人眼里，杭州人风流倜傥，多为江南才子，于谦不然，慷慨悲怀，大有燕赵男儿之风。

今天人们所知的于谦，大多与他所写的一首诗有关。那是他少年时代在杭州吴山三茅观读书时所写下的《石灰吟》：

千锤万凿出名山，烈火焚烧若等闲。
粉骨碎身浑不怕，要留清白在人间。

于谦家住今日的杭州上城区清河坊祠堂巷42号，不过是一个小小的台门而已，里面的小屋也一望即知。6岁时于谦在庆春门附近的私塾读书，这个私塾经过600年的演变，成了今天的庆春路小学。

因被视为神童，便有了他的许多传说演绎，比如说他头上梳着两个小髻在外散步，遇到一个名叫兰古春的和尚。和尚听说此童早慧，有意试之，曰："牛头且喜生龙角。"于谦听了，立刻对道："狗嘴焉能出象牙。"

古来多少读书人，虽有满腹经纶，终无所用。于谦不一样，他也该算一个少年得志仕途通达的人了。15岁就中了秀才，20岁以第一名成绩考取廪生。23岁，获全省乡试第六名举人，24岁进京会考得第一名。这个翩翩的杭州才子可谓轰动京城。但因指责朝廷腐败，于谦还是被贬压下来。

于谦那"于青天"的美名，来自他33岁出任兵部侍郎之职以后。作为皇帝的钦差大臣，他巡抚河南、山西等地十余年。做封建社会的地方官而要做得清，无非关注吏治的得失、百姓的疾苦、农业的丰歉、水利的兴废等。于谦把妻儿留在京城，自己长年累月在州府奔波，深入群众，调查研究，战斗在第一线。

他下了一条指令，准许百姓直接到巡抚衙门告状。他的部下认为此作有伤尊严。于谦说：如果做官被百姓咒骂，这才有伤尊严。每次进京，除了简单行李，再无别物，有人就代他出主意，说："不带金银财宝去攀求富贵，倒也罢了，不过你带点土特产，什么线香、香菇和手帕之类的小玩意儿，作个人情，不也是很正常吗？"于谦笑着说："谁说我没带东西，我不是带着两袖清风吗？"真正是"两袖清风朝天去，免得闾阎话短长"。我们今天歌颂一个官员廉政，就送他一个成语"两袖清风"，殊不知这个成语，却是杭州人清官于谦送给后人的啊！

百姓拥戴清官于谦，朝贵们就忌恨他了，竟然诬陷他想置他于死地，幸有忠臣百姓作保，才从狱中放出，只不过朝廷将他的二品官降到四品官。

于谦为官的时代，仅做清官是不够的，明朝的和平中潜伏着严重的战争危机，边境打打谈谈乃常事，甚至直接威胁中央政府的生存。于谦受命于危急存亡之际，大起大落，大开大合，临危不乱，果决勇断，称得上是位非凡的政治家了。

1449年，英宗受太监王振鼓动，带了50万大军，去河北怀来县的土木堡迎战北方的瓦剌部，结果全军覆没，自己也当了俘虏，这就是明朝历史上著名的"土木堡之变"。

此时京城空虚,疲惫不堪的将士只剩下10万人左右,朝廷里就好比塌了天。在这岌岌可危大厦将倾之际,英宗之弟郕王出来监国,立刻就有人提出南逃,当了兵部左侍郎也就是国防部副部长的于谦坚决反对,厉声在庙堂上说:谁说往南逃者,就斩了谁!京城是天下的根本,一动则大事败了,难道你们没有想到当年宋王朝的南渡吗?

当时的明王朝大臣们因为考虑到国内不可一日无君,而太子又太小,就请皇太后同意让郕王为帝,于谦极力支持,说:这是为国家,不是为了一己私利。

郕王吓得发抖,死活不肯当皇帝,最后算是被逼上皇位,做了皇帝,是为代宗,代宗又让于谦当了兵部尚书,可以说杭州人于谦真正是受命于危难之际啊!保卫京城,就在此一战了。

那年于谦已年过半百了,深秋十月里,51岁的他披着盔甲,登上德胜门,流着眼泪,站在阵前,对守城官兵说:大片国土沦陷,京城被围,这是我们的耻辱,全军将士应以头颅热血,雪此奇耻大辱!为国存亡而战,有进无退。

瓦剌军队押着英宗做人质,逼到城下,于谦毫不犹豫地派人宣布:你吓不倒我们。社稷为重,君为轻,我们已经另立国君了!

五天五夜的激战,北京保住了,立下了卓越功勋的于谦,加官为少保。8年之后,英宗复辟,史称"夺门之变"。杀于谦、王文等,罪名是谋反。

后人难免要问,夺门之变的那天晚上,手握兵权的于谦在哪里,他为何不阻止呢?其实,在于谦心里,"夺门之变"在"土木堡之变"时就已经发生了,他只不过等了八年而已。

其时代宗朱祁钰真正当上皇帝之后竟然上了瘾,哥哥朱祁镇被放回后就被软禁了。也是命不好,才当了8年皇帝就奄奄一息要死,他想将哥哥立下的太子朱见深赶下去,立自己的儿子为太子,但遭到群臣的空前反对,因此,在那八年中太子位置是空缺的,而此时如果朱祁钰撒手人寰,明朝没有储君,将陷入混乱。当时的于谦正在为明朝的前途考虑,在英宗复辟、发动政变的那天夜晚,于谦、胡濙、王直一起商议,决定复立朱见深为太子,并起草了一份奏折,准备第二天上朝时交给皇帝。但就在那一晚,徐有贞等人发动了政变,到南宫请朱祁镇复位。当时的兵权就掌握在于谦手中,非常容易镇压这样的政变,但于谦选择了等死。在夺门之变发生前他就听到了风声,儿子赶来告诉他的时候,他却说:国家大事自有天命,你走吧。

于谦选择沉默,是牺牲自己一个人而保全国家,因为无论是立朱见深还是朱祁镇复位,整个国家的利益都会有保障,如镇压非但使得很多人受到株连,还会让国家不稳定,倘若外敌再借此入侵,国家又将面临灭顶之灾。所以,是于谦让朱祁镇顺利复位。他的伟大,正是把即将变成下一个南宋的国家,硬生生拉了回来,给大明王朝又续了100多年国命,无愧于民族英雄这个称谓。

临死前于谦说:"当年80万精兵凭我调遣我都不反,今日我一个秀才倒来谋反了?"旧时的于谦祠,有一副柱联,把于谦的冤案与春秋伍子胥遭谗和岳飞屈死联系在一起。联曰:

千古痛钱塘,并楚国孤臣,白马江边,怒卷千堆雪浪;
两朝冤少保,同岳家父子,夕阳亭里,伤心两地风波。

于谦死前,惯例抄家产,他当了30年京官,除了几本书,家中什么值钱东西也没有,真正实现了他生前的志向:两袖清风。他的灵柩第二年才由他的亲友运回故乡杭州,葬于西湖三台山。又一个八年,他被平反,北京的住宅改为"节忠祠",杭州的故居被改名为"怜忠祠",身后英名也被不断追加,直至万历年间,被谥为"忠肃"。

于谦祠,后来成了杭州书生考试前后祈祷的专门场所。据说还灵验得很,"于祠祈梦",成了杭州人的一项重要习俗,清末以前,一直流传在民间,主要功能就是用梦来预兆自己一生祸福。这个习俗的来历有几种说法。有一种说的是于谦平反之后被赐谥为"肃愍",一天浙江巡抚傅盈春,偶尔因为一件事情留宿在于祠,当天夜里就做了一个梦,于谦对傅盈春说,自己的谥号不当,希望能够更正。傅盈春就给朝廷打了一个报告,把于谦的谥号改为"忠肃"。从那以后,到于祠来祈梦的人可以说是源源不断了。还有种说法,说的是一个姓杨的人,没有中举之前,到西湖宿在于公墓前,梦见于谦派人来接他,与他长谈,再把他送了出来,并说:等你当了大官我们再相见吧。后来这个人果然当了大官,做了浙江巡抚,于是便来扫墓,修拓祠堂,供人们于祠祈梦。

关于祈梦的时间,也有几种不同的说法。一种说是农历每年的八月,老百姓们到这里来祈梦的人特别多,还有一种说,是在冬至前一夜,凡欲卜一生之休咎者,都到于祠的"祈兆所"去寄宿,得到一个梦后就由那庙里的庙祝代为解梦,去的大多数是秀才、举人和读书人,那天夜里,于祠可谓灯火通明。据说,只要你心诚,你的梦没有一个是不灵验的。这样一来,祠外算命的铺子就林立起来,他们靠解梦、详梦就可以为生了。

于祠祈梦的传统,大约在明代万历年就开始了,一直到清末废除了科举才逐渐消失,在杭州民间盛行了几百年。这样的传统大概与于谦高风亮节和少年才华有关吧。忠烈成为神佑,也是中国人一贯的思路,杭州书生们,有了清清白白的于谦少保的保佑,亦是一方土地的福气呢。

于谦的内心世界还有待于更深的挖掘,在他身上承载着更深的中国文化内涵。较之岳飞和张苍水,他更为自觉地挑战皇权。当他面对罢废的旧皇,喊出"社稷为上君为轻"的时候,想必也已经为信仰做好了献出生命的精神准备。三台山于谦祠,较之岳庙和张苍水墓也是相对沉寂的,连这身后的沉寂,也是于谦自甘选择的吧。

西子湖头有我师

仁者爱山,智者爱水。江南多水,较之以北人,南人多机智灵活,但从品德上说,都是汉文化圈内受儒家文化影响巨深的区域。尤其是江南文化之邦,读书人众多,当官的也多。在国家危机存亡之际,是有许多南国伟男儿挺身而出,扶大厦于将倾之际。有明一代历史,尤其明末清初之史,若一一道来,不知如何的惊天地而泣鬼神,而浙江就出现了许多这样的文化人。

而因为一个人的壮烈人生，我们走进那段岁月。这个人毕生抗清，四入长江，三下闽海，二遭风覆，而仍百折不挠。其人又钟天地造化之灵气，学识渊博才华横溢，忠烈而又有圣贤风，诗曰："国破家亡欲何之，西子湖头有我师。"他生前就对为国捐躯的人生心驰神往，欲与岳飞于谦，分西湖荣光三席。孰料有一天，后人真的遂了他的伟愿，南屏山荔板峰下其人有墓有祠——姓张名煌言，号苍水，鄞县人氏，真正民族英雄，万世楷模。

张煌言（1620—1664），字玄著，号苍水，鄞县人，世家子弟，本是个衣袖书香儒生，却尚武。16岁乡试，文武双全，以第一名中秀才，23岁又中了举人。国破山河在，张苍水的仕途被外族的侵略打断，却燃起他为国杀敌之心，他变卖家产，组织义军，形成浙东抗清中心，开始一生的戎马生涯。

纵观张苍水一生抗清史，方知其人哪里是单纯地抗击外族，本族中万千矛盾纠络一起，有朝廷的，有义军的，有绿林好汉的，还有自己家族的。意志稍薄弱者必退，性情稍投机者必变通，苟且者忠也有理，叛也有理，忠时说大丈夫可杀不可辱，叛时说大丈夫能屈能伸。张苍水绝无那个崩溃时代的崩溃和分裂，他是屡败屡战，对故国从一至终，他是那个天崩地裂的岁月中特殊材料铸成的人。

1646年，明鲁王兵败，出逃舟山群岛，张苍水回家跟父亲说："儿今日将追随鲁王而去，不能在家侍奉您老了，望父亲自己保重，等儿打退敌人，再来尽孝。"从此永诀。

第二年遇战被捕，他夹在降清士卒中，七天七夜而脱险。回来重整旗鼓，转战四明山。清军无奈，迫其父写信劝降。张苍水回信说："儿不孝，宁为赵苞，不为徐庶，大人善自为计。"又过三年，张苍水和福王在舟山会师，闽浙总督陈锦恐惧万分，首先便是劝降，总是拿高官厚禄诱劝罢了。恰逢张父亡故，陈锦劝他回来奔丧，封建社会，忠孝礼义，是读书人头等大事，从前再大的官父母死了也要"丁忧"，就是解官回来服孝3年，况张苍水一真正儒家文化继承者！张苍水痛哭整夜的同时，却严词拒绝，这才叫"忠孝不得两全"。

不降便只有死战。舟山失，张苍水忠君，决不丢下福王，与郑成功尽力斡旋，郑氏终于接纳福王于金门、厦门，此间心血，常人难测。又三年，张苍水部驻扎在浙东台州，招兵买马，休养生息，队伍又壮大到了六千。便拟举兵会师南京。义兵一举攻克金山，远望南京依稀，真是"千寻铁锁沉江底，一片降幡出石头"。张苍水缓缓而道："那就是有名的石头城，我们的开国皇帝，就葬在那里啊！"

想象当年三军服孝设香遥祭的悲壮场景吧。哭声震天，撼动江宁，滔滔江水，流不尽英雄泪。然而，二取南京又告败——呜呼，数也！是天亡我英雄也！

又二年，已是1655年的冬天了，张苍水抗清已整整10个年头，患难与共的战友去世，鲁王的旧部分崩离析，与郑成功的部队又时有摩擦，张苍水困厄至极。那后来五年的惨淡经营，潮涨潮落，又是几度的死里逃生。直到1662年，东南沿海的抗清力量，仅剩孤立无援的张苍水部。1664年，也就是张苍水举义旗近20年之际，他才被迫解散了义军，带了几个亲信，隐居在浙东海中的悬岙岛上，著书立说，等待时机。同年7月，张苍水因叛徒出卖被捕，方巾葛衣，解之宁波，慷慨陈词曰："父死不能葬，国亡不能救，死有余辜，今日之事，速死而已。"

被押杭州那日，几千百姓挥泪送别，舟行钱塘江畔，有一解押兵士，夜坐船头，高唱苏武牧羊歌。张苍水披衣而起，手扣船舷和之，慷慨悲歌，天地为之动容。这样一个大忠臣、大英雄，连清朝廷都舍不得杀，只要他肯降，此时依旧高官厚禄。

正是在把他从宁波押解往杭州的途中，他写了千古流芳的伟大诗篇，把英雄的灵魂从此和西子湖血肉交融在了一起。诗曰：

国亡家破欲何之，西子湖头有我师。
日月双悬于氏墓，乾坤半壁岳家祠。
惭将赤手分三席，拟为丹心借一枝。
他日素车东浙路，怒涛岂必属鸱夷。

张苍水只肯死，不肯降，生比鸿毛犹负国，死留碧血欲支天。清朝大臣

271

意见不一致。有的主张押到京城杀了,以震天下!有的主张长期监禁浙江,也有的主张尽量优待,以招降纳叛,最后还是刑部裁决说:"不如杀之。"

九月初七日一大早,今日的官巷口,也就是当年的江口刑场,出现了一片白帽素缟的杭州人群,他们携带着糕点水酒、香烛黄纸,专程来送张苍水就义。

45岁的张苍水是乘坐着竹轿来到刑场的。他镣铐叮当,高颧骨,长髯须,目光炯炯,拱手拜别父老乡亲。午时三刻,行刑的时刻到了,张苍水站着,高声地朗诵了他的绝命词:

我年适五九,偏逢九月七,
大厦已不支,成仁万事毕。

然后,他喝下诀别酒,面向北方挺立,最后望了一眼杭城起伏的山河,坦然道来:"好山色!"

从慷慨激昂到柔美陶醉,死得如此有气节,有豪情,有性格,有人性,又是何等的从容不迫!与岳飞死前"天日昭昭"形成怎样相同而又不同的千古风采。与张苍水同时殉难的还有罗子木、杨冠玉以及舟人。杨冠玉还是个一脸稚气的15岁的少年,却高呼:公爷我跟您来了!我亦不跪,学我公爷的勇气!而在三天以前,张苍水的妻儿已被杀害。

张苍水死后,遗体曾悬挂街头示众,据说是他的故交黄宗羲及他的亲友买回首级,收其遗骨,棺木暂停宝石山,后得人资助,葬在南屏山下。有个叫胡克木的人送一端砚,刻张煌言等数人的名字,埋入墓中,以做记号。当时又不敢公开,便称之为王先生墓,这才叫"青山有幸埋忠骨"呢!张苍水赞叹好山色时,有否要埋其骨于好山色之中的意愿呢!其墓与岳飞、于谦遥望,终以实现他"惭将赤手分三席,拟为丹心借一枝"的夙愿了。

从1664到1776年,100多年过去,民族英雄张苍水却一天也没有被人们忘却过。连统治者也不敢再小觑这种深刻的民族感情了。乾隆四十一年,清廷已稳,便来褒谥张苍水为"忠烈"。这之后的300年间,张苍水墓被修了8次,

1993年，又修了张苍水先生祠，与墓合一。祠内有碑、像、匾、画、楹联，又有几门明代铁炮，以染气氛。三米高的张苍水塑像，葛衣方巾，扶石而坐，上挂名家所书大匾，曰好山色，曰忠烈千秋，曰碧血支天。又有八幅壁画，刻画张苍水一生。

高树悲风荒草没膝的张苍水墓已消失了，这里成了爱国主义的教育圣地。他的墓地旁，就是花团锦簇的太子湾。听说太子湾本是宋代一位皇太子的墓葬之处，但还有谁知道那个太子何许人也。再细细想，倘若南山一带，只有太子湾的鲜花与花港观鱼的金鱼，那西湖还是今天人们心目中的西湖吗？

驻足伫立，再眺西湖，方知什么才是英雄的那一声赞叹——好山色！此三字若非字字千钧，怎么会成为烈士的遗言呢？

The
Biography
of
HangZhou

杭州传

第十一章
立马旗营三百年
(1616—1911)

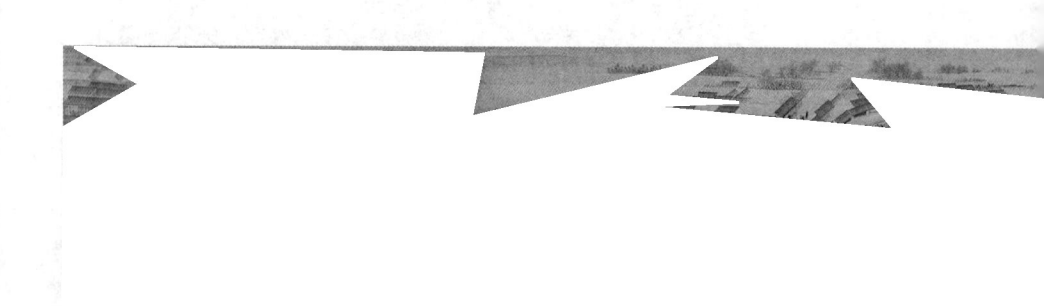

康熙下杭州

清代杭州，成为浙江省兼杭嘉湖道治所。清初在杭州城西沿西湖一带建造"旗营"，俗称"满城"。城墙周围十里，南至今开元路，北靠法院路，东临中山中路附近，西面包括湖滨公园，并辟有六座城门，总占地1436亩，成为杭州的"城中城"（民国初年拆除）。雍正二年（1724）、嘉庆五年（1800），浙江总督李卫、巡抚阮元先后疏浚西湖，挖起大量葑泥，使湖水加深数尺。杭州人口有续增加。光绪九年（1883），杭州有62万余人。光绪二十一年，清政府在中日战争中失败，被迫签订《马关条约》，杭州开为日本通商商埠，拱宸桥辟为日本租界。随着资本主义势力的入侵和洋务运动的兴起，杭州的近代工业也逐渐发展起来，废府设杭州市。

旗下营的来龙去脉

从那个时代的行政建制上来看，清代当时的地方官最高长官是总督和巡抚。浙江设置，是在顺治二年，也就是1645年。当时的杭州府，统领了一个州八个县，和今天的行政建置已经差不多。1648年，在杭州设立了旗下营。

所谓旗下，并不是在一面旗子底下，而是杭州的一处地名。就是在旗人圈辖之内的那块地方的意思，这是和当时的统治需要密切相关的。杭州城是1645年，也就是顺治二年清军入关后攻下的。当时的杭州人中，有许多汉人赴水而亡。其中有反抗者，也有被逼死者。《湖上散记》有文记载道："杭人赴横河桥死者，日数百人，河流为之壅。"在战乱中死去的杭州人的尸体，把河流都堵塞了！你看，人间天堂的杭州城，当时已经成了什么样的人间地狱。

清人对这个南宋故都、东南重镇当然是不放心的，必须要以马上民族的军队重重地压住西湖边的汉人们。他们又是划地盘,又是开军府,又是立满营,驻扎的军营中,八色的旗帜,迎风猎猎,杭州人便把那旗下的一块地方,叫作旗营,或者旗下营。

旗下营还真是不小,号称"穿城十里",位于今天的六公园,也就是当年的钱塘门和涌金门之间,挨着西湖,今天的湖滨一带。城是以砖石砌起来的,高一丈九尺,厚一丈,有人说当时的城头上可以两匹马并行,可见还是很壮观的。后来沧海桑田,城垣荡涤全无,但多少还剩一点痕迹,便有那伤感的诗人来作诗,曰:"楼阁斜阳一抹烟,萧粼车马路平平。泥炉土锉荒凉甚,剩有残砖旧纪年。"这个残砖,就是从那旗下营的城墙上下来的。

但那都是三百年之后的话了。旗下营刚刚建时,却生猛得很呢,完全是一个"超级军区大院"。当时驻扎的军人人数,有近4000人,以后又逐年增多。清王朝正处在如日中天的鼎盛时期,军威格外雄壮,清兵们日日操练,炫耀那马上的功夫。清王朝是靠此起家的,一日也不敢忘记。西湖温柔富贵乡,杀声震天,号角四起,成了一个大大的练兵场。

这种日日练兵不敢松懈的状况,直到道光六年(1826),才稍稍松动一下,报请朝廷批准,从此以后,兵马一个月能够停操一日。

杭州西湖,仿佛天然就是一个软化人的地方,北来的马上民族也不能幸免。那本来作为沙场的地方旗下营,越往后,越往旅游景点靠了。有人记载,说它是小桥流水、桃柳夹堤、鸡犬桑竹,别有天地,几乎就是一个世外桃源。最后,晚清的文人们,干脆弄出一个"柳营八景"来,为:"梅院探春,倚园消夏,西山残雪,南闸春淙,吴荡浴鹅,井亭放鸭,仓河泛月,花市迎采。"血流成河的屠场,沐浴在三百年的软风细雨后,重新化为烟柳画桥。

话虽这么说,三百年间,旗下营其实还是有过它惊心动魄的故事的。它曾经有过三度的破立:第一回在咸丰十年,也就是1860年,那一次太平军攻入杭州,驻防的将军瑞昌凭着旗城死守,直等到江南大营的张玉良派援军来救,太平军才撤了回去。第二年,江南大营被太平军破了,那瑞昌也自杀了,太平军杀入城中,旗营就成了太平营;到同治三年,也就是1864年左宗棠克复杭州之时,星散的旗营兵集合起来一数,只有40多个人了。为了重整旗营,不得不从外地调人来补充。到辛亥革命,革命军攻打杭州城,一开始旗郡将领也是死守,但革命军登上城隍山,用炮把旗下营给轰破了。至此,建立了近三百年的清王朝军事要地,从理论上说,已经从杭州地图上消失了。

旗营土崩瓦解,当年作威作福高人一等的旗人及其家人们,便走向他们的反面,许多人做了最底层的杂工,有的沦为乞丐,而旗下营也彻底成了一座空城。新成立的国民革命政府拆了城墙,将营地分为四个等级出卖,得的地价款用来修建马路。旗下营,从真正杭州的地图上消失了,但杭州人对"旗下"的称呼却一直保留至今天。

天子御驾下江南

有人称康熙皇帝是清朝乃至中国历史上最为勤政、最为贤明的君主,在位61年中,六次巡幸江南,五次都到浙江杭州,由此给后世留下了许多传奇。他的孙子乾隆皇帝自称为"十全老人",在位一甲子,处处向爷爷康熙皇帝学习,这其中就包括"六下江南"。

康熙、乾隆都喜欢漫步西湖,并撰写了大量诗文赞美之。

几乎所有的皇帝都喜欢江南与杭州。中国的第一个始皇帝在杭州城还未形成的时候,就来过这地方,把他的船绳缆在杭州宝石山的大石头上。以后千年间,有许多皇帝在杭州留下他们的足迹。清朝的皇帝也不例外,康熙、乾隆下江南,在杭州城留下了很多故事,是很可以说一说的。

康熙(1654—1722)在位六十一年,六次南巡,除了 次只到了南京,其余五次都到过杭州。而乾隆(1711—1795)在位六十年,比乃祖还彻底,六次下江南,就六下杭州,最后一次他都已经是75岁的老人了。

康熙五次来杭,前三次都住在涌金门内太平坊,第四次他换了口味,住到孤山行宫去了。今天湖上景点,多有康熙书写的,听说十景中的"曲院风荷"是他改的,原来叫"曲院荷风";"三潭印月"也是他改的,原来叫"三潭映月";"双峰插云"也是他改的,原来叫"两峰插云"。而乾隆多次去龙井品茶写诗,现在被整合成"龙井八咏",成一景点了。

以后皇帝不来了,寂寞行宫就像白头宫女,熬到雍正年间,才改成圣因寺。我们现在看到的中山公园和浙江博物馆古籍部一带,就是当年圣因寺的旧址,康熙当年驻跸的地方。

两位天子下江南,当然有着太平盛世乘兴南游的动机,所以我们现在到西湖边,一不留神就会看到这两位皇帝的御碑。这里题个字,那里写首诗,仿佛他们已经活成了散仙。其实,统治者做什么事情都和统治分不开,即便是玩儿,他们也和政治结合在一起。康熙一边泛舟西湖,一边吟诗说:"此行不是探名胜,欲使阳和遍九垓。"他要通过出游来加强他的统治。因为清军刚刚入关的时候,江南士人反抗最为激烈,如今清王朝虽然坐住了江山,但要坐稳,还需要汉族地主阶级和知识分子的支持。出于这样的历史背景,乾隆最后一次南巡时(1784),给杭州颁了《四库全书》。

清朝皇帝表现出开明宽厚的姿态,向前朝的皇帝和仁人志士忠臣良将们进行祭祀,到杭州自然少不了祭拜岳飞。皇太后、皇子们也得跟着祭扫。

整顿军旅,也是二帝南巡的重要使命。乾隆1775年来杭州,接驾的绿营兵吹奏乐曲欢迎,将领们却坐在轿子里,这让他非常生气,立刻下令禁止。皇帝生气也没用,八旗子弟入关后,习惯了奢靡生活,马上民族的矫健已烟消云散。乾隆最后一次南巡,带着皇子去看军队骑射,结果骑马的从马背上坠下,射箭的箭箭虚发,八旗兵在皇帝面前也使不出劲儿来了。

乾隆下江南,还要视察海塘。民以食为天,中国人要吃上饭,少不了江南。江南的粮食能否收上来,就看天照应不照应。但江南又是一个水患频发之地,修筑海塘,就成了历代统治者关注的要点。乾隆六下江南,四次住在海宁陈元龙家中,就是为了方便视察海塘。在视察时也的确发现问题并解决问题。比如乾隆末年,自金山到杭州全长248里修起了鳞石塘,便有效地保护了吴越平原。

皇帝总是皇帝,要起威慑作用的。有个传说,是关乎乾隆和杭州人杭世骏（1695—1773）的。此人是乾隆年间的翰林院编修，清代著名学者。某年乾隆想找一些能实话实说的人做官，杭士骏也在其列。谁知他当了真，召见时一个上午就陈述了四条意见，主张满汉要一律平等相待。这还了得，皇帝一怒之下就罢了他的官回杭州老家。后来皇帝到杭州，突然想起了杭士骏，把他找来，问道：你靠什么为生？杭士骏说：摆旧货摊。乾隆又问：何为摆旧货摊？答曰：把破铜烂铁买进来再卖出去。皇帝听了大笑，手书"买卖破铜烂铁"六字赐杭士骏。几年后乾隆又来了，召见杭士骏，又问：你的性情有没有改变啊？杭士骏说：我老了，改不了了。乾隆又说：你老了，为什么还不死呢？杭士骏说：我还要活着歌颂升平啊。

这是一个皇帝和平民斗智斗勇的故事。杭州人传说中还有那么血腥的一段，说是乾隆后来又到了杭州，问：杭士骏还没有死吗？当天夜里，杭士骏就死了。

康熙、乾隆南巡的缘由，有说是为了缓解江南地区对清朝的敌意，把江南彻底融入清朝的统治，故其行为是不可或缺的政治行动和治国法宝。但东北满族皇帝酷爱江南美景，皇帝们的任何活动，终究是从他们的家天下和个人享受为出发点的。

火器兵家钱塘人

"兵者，国之大事，生死之地，存亡之道，不可不察也。"这是两千多年前兵圣孙子对人们的告诫。研究和制造兵器的人，实际上文不治国，武不领军，但各国对他们从来都是百般呵护，宠爱有加。这不奇怪，从某种意义上说，正是这些人主宰政治家的强国之梦。这样一个理所当然的逻辑，在三百年前的中国却成了悖论。杭州人戴梓（1649—1726），就是这个悖论的悲剧主角。

戴梓为清初有名的诗人学者，同时也是个著名的火器制造专家。他出身于兵器世家，在父亲的影响下，自幼就对机械有着浓厚的兴趣，少年时他制作的火枪，就能打到百步开外，天生就划为"能工巧匠"一族。

那年头，不走科举就想博得功名是不可想象的，所以戴梓一介布衣，最后竟然走进清廷的南书房，成了康熙大帝的"高级参谋"，实在也够传奇的了。用今天的话来说，他走的虽是野路子，但真正是身怀绝技。康熙十三年，吴三桂拥兵叛乱，福建的耿精忠也乘机响应，康亲王杰书奉召征讨。而戴梓这时在民间已有名声，因此被杰书聘用军中。戴梓不负杰书所望，献上一物，顿显奇功。那玩意儿，状似琵琶，装有两个机轮开关，两个机轮相衔如牡蛎，只要扳动一下机关，火药和弹丸就自动落入枪膛；而第二个机轮也随之而动，一次可以连续发射28枚，射程在百步以外。戴梓把这种火器取名为"连珠火铳"。这是一种连扳连发的燧发枪，由单装、单发向多装、连发、连射过渡的新式单兵用枪，在当时可算是一种富有创造性的新奇火器。

从此，康熙对戴梓大为赏识。戴梓不仅做了翰林院的"教授"，还同时入值南书房。不久又改值养心殿，为康熙起草诏书，成了康熙的机要秘书。一次，有外国使臣送给康熙皇帝几把"蟠肠鸟枪"。本来要送的东西呈上就是了，可是那使臣却不停地夸耀他们的枪具精良，说得康熙恼了，就说：这种枪大清王朝早就有了。戴梓赶快仿制，那使臣临走时，康熙让他带上十支回国。

比利时传教士南怀仁，老在康熙面前吹嘘比利时的"冲天炮"。康熙年间，四方未定，正是频频用兵的时刻，康熙就让南怀仁赶快制造。哪知南怀仁空有虚名，一年以后，依然没有结果，康熙就把此事交给戴梓。戴梓又不负圣望，只用8个月就把炮给造出来了。试射那天，只见炮弹从天而下，片片碎裂，锐不可当。康熙看了非常满意，亲自将这门炮封为"威远将军"，还把戴梓的名字刻在炮上，以示褒奖。

不久，这种"冲天炮"就随清军出征准噶尔部，在平定噶尔丹的叛乱中屡建奇功。戴梓又一次在皇上面前露脸，按理真该春风得意，不料这事竟成了戴梓噩梦的开始。

正是戴梓的成功，使某些小人十分难堪，觉得戴梓让他们在皇帝面前丢了脸，于是串通皇室内侍，诬陷戴梓私通外国。康熙竟轻信小人之言。里通外国，按律当斩，可能是念其多有功绩，流放沈阳，时年他刚好40岁，正当盛年。

戴梓之冤案，一是康熙偏听偏信，二是康熙可能也觉得戴梓可有可无。在康熙眼里，大清如朝日初升，国威远播，四海臣服。他哪里想得到，欧洲正处在工业革命的前夜，一场新的较量即将来临。

正是康熙的错误，断送了一个兵器专家的前程。这一件事，与其说是戴梓的悲剧，不如说是大清王朝的悲剧。在清王朝还在向所谓乾隆盛世艰难攀升之际，"万马齐喑"端倪已经显露了。百年之后，在鸦片战争中，大清的水手还在用粪便泼向英国人的炮舰的时候，"天公"到哪儿再去寻找戴梓这样的人才呢？

三十多年后，戴梓才被赦免，但此时他已是风烛残年，虽有心愿还乡，但已力不从心，一代江南奇才，终老死于他乡。

李卫的花信风

杭州杨公堤上的第一站，可以是从湖山春社开始的。而说到湖山春社，就不可能不说到本为清代浙江巡抚李卫。

李卫（1688—1738）是雍正的亲信，说起来也很有意思。想当初他曾主持疏浚西湖，此举为清朝最大的一次保护西湖工程。但其人在杭州的知名度，就是不能跟白、苏等大诗人相提并论，与杨孟瑛、阮元也不在一个层次上。所以他虽然官运亨通，皇帝又青睐，但时过境迁，在历史这座巨大的林子里，后世百姓仍然不知他是只什么样的飞鸟。

偏偏这个李卫又最想流芳百世。生前就想把自己的"光辉形象"传诸后世，在杭州有两个典型代表，一个是元代恶僧杨琏真迦，他在灵隐飞来峰让人雕塑了他的石像，百年之后，到底还是被山阴大才子张岱砸断了脑袋扔到茅厕里去了。还有一个，就是这位江苏徐州人氏李卫了。

杭州人赏花，可谓风流悠久矣。二月十五，从前一直是杭州人的花朝节。这个节日的来历，倒真的是有些不明了。大概就因为"花朝月夕"为一句俗语，二、八两月又为春与秋之中，八月半既然给了秋天的月圆，那二月半自然就得给春天的花朝了。

那一天，宋代有花间扑蝶的传统民间游戏，后来是没有了。但明清时二月香市倾城仕女皆往寺院，据说就是它的遗俗，可见杭人围绕花所作的生命表现种种，是很丰富的。陆游有"小楼一夜听春雨，深巷明朝卖杏花"之说。那条深巷，即今日杭城孩儿巷。的确深长，巷口尚有碑记之，惜杏花女无存。

花朝时节，杭州马塍的园丁可就忙坏乐坏了。他们竞相挑着花担子上街叫卖，那声音跟唱歌似的，好听着呢。有个叫黄子常的人，专门作了一首《卖花声》的词曰：

人过天街晓色，担头红紫，满筠筐浮花浪蕊。画楼睡醒，正眼横秋水，听新腔，一回催起。

惟红叫白，报得蜂儿知未？隔东西，余音软美。迎门争买，早斜簪云髻，助春娇粉香帘底。

要说当时的杭州，什么样的花最有名，大概要推桂花与荷了。柳永为什么要写"三秋桂子十里荷花"呢，据说金主完颜亮就是读了柳永的词才动了立马吴山之念的。有人不念朝廷腐败，倒怨起桂荷来，写诗说："谁把杭州曲子讴？荷花十里桂三秋。那知卉木无情物，牵动长江万里愁。"

有个叫罗经纶的不同意这种看法，说："荷花艳，桂花香，只是为了装点湖山更加美丽。可恨那些士大夫，竟因此而流连歌舞，忘了中原，那不是花的罪过啊。"

杭人还是喜欢花的，便有花神庙。1731年，45岁的李卫正处在政治生命鼎盛之际，便在今天的岳庙对面建了个湖山春社，表面上是祀西湖湖山之神及12花神，实际上就是亮他自己的形象，顺便把他12个大小老婆一起都带上，也算是一人得道，鸡犬升天。

人们很难想象李卫长得一个什么模样，配得上西湖的湖山之神。倒是在电视剧《雍正王朝》中看到过今人的演绎，眼白多，眼黑少，是皇上的缺少文化但忠心耿耿的体己，觉得还算是神似，让人不免做如此联想：官场的另类，金庸笔下韦小宝的生活原形。

史料记载中的李卫，自己是不怎么识字的，但对读书人却很尊敬。同时又很负气好胜，凡是碰到官场上能跟他有一拼的，袖子一卷就上。年羹尧、田文镜、鄂尔泰，都曾是脚一跺地发颤的人物，偏偏都成了遭他弹劾的主。李卫气盛有因，他是雍正的亲信啊！

1726年和1731年，李卫两次疏浚西湖之后，新增了西湖十八景，湖山春社就是其中之一。不过这个雅名知道的人不多，倒是另一个俗称"花神庙"知名度大多了。原来李卫有个创意，认为西湖一年12个月花事甚美，肯定少不了神仙暗中照应，所以要奉一个湖山之神，再奉12个月的花神。李卫很仔细，连闰月也考虑到了，真是"一个都不能少"。

湖山春社建好之后，李卫又建了一大批配套设施，主要景观为竹素园，里面又分了临花舫、水月亭、聚景楼、观瀑轩、泉香室等，又请了皇帝来亲笔题词，那就叫御书了，"竹素园"三个大字，挂在正厅，那就是最高指示。

其实人人心里都明白。皇帝题词，那是用来拉大旗做虎皮的，人文景观建设的主体还是文人，里面诗词楹联必不可少，其中有一联道："翠翠红红，处处莺莺燕燕，风风雨雨，年年暮暮朝朝。"半个世纪之后，后人犹记。

李卫实在是一个旅游策划高手，把资源用足了，把游人的心理揣摩透了。况且杭儿风一阵风，对时尚是一定要赶的，所以，一到春天，都人仕女祈赛于此，热闹非凡，湖山春社一时名声大震。

应该说，李卫的创意还是接通民间习俗的，24番花信风，风迎花期次第来。古人以为，自小寒到谷雨，每候5日，各有一种花与它相应。问题是李卫在美好的创意里塞进了自己的私货。他要是一个风流文人倒也罢了，最多像北宋词人柳永那样，皇帝永远不让他考状元。李卫年富力强，进步欲旺盛，却犯了大忌，活着就想进入神仙行列，那是不行的。湖山春社创建4年之后，雍正去世，又过三年，李卫也跟着走了。呜呼，才52岁啊，那12个大小老婆应该都还活着吧。

据说乾隆初年，有人举报李卫自塑其像，乾隆下令把像都给捣毁，另塑神像，也不知那时李卫是死了还是活着。要是还活着，这件事无疑便是他的催命符；要是死了，人一走，茶就凉，你活着时发这样的大兴又何必呢。一个人心里太有自己，人家眼中偏没有了他，一个人心里没有自己，人家反倒千秋万代地记住他了。李卫与白居易、苏东坡、杨孟瑛等人的高下，一件事情就点题了。

湖山春社在清代的咸丰末年，毁于兵燹，光绪年间，被杭州知府林启改为蚕学馆了，那个著名的报人史量才，就在这里读了好几年的书。这所学校，便是今天浙江理工大学的前身。直到今日，它又回到当年的风流偶傥之处，纳入"曲院风荷"的大景观中去了。

虽无苏白之风，李卫对杭州还是有很大贡献的。他疏浚西湖，在金沙港建金沙堤，在岳王庙立"碧血丹心"坊，在钱王祠立功德坊，延请一批名士，主持修《西湖志》……我们还是应该记住他。毕竟，他的过失可笑也不失几分可爱，较之于卫道士，那是不可同日而语的。

剑气箫心龚自珍

当下中国有不少人会背这首诗："九州风气恃风雷，万马齐喑究可哀。我劝天公重抖擞，不拘一格降人才。"然而，诗的主人究竟是谁？生活在什么年代？为什么要写这样的诗？在历史上究竟有怎样的地位？便没有多少人清晰了。

诚如恩格斯所言，封建的中世纪的终结和近代资本主义纪元的开端，是以一位大人物为标志的。这位人物就是意大利人但丁，他是中世纪最后一位诗人，也是近代的最初一位诗人。无独有偶，中国近代历史也有它的过渡时期，这个过渡时期也有它自己的人物。这些人物中，有一位当之无愧地属于龚自珍（1792—1841），他是经学家、文学家、地理家、散文家、诗人和词人，19世纪上半叶中国最杰出的杭州人。

杭州的名人中，隶籍人居多，真正地道的，明代于谦算一个，再一个便要算龚自珍了，他的诗中就有"家住钱塘四百春"句。但他的纪念馆与其他历史名人的纪念风格又不太一样。人家的陵墓庙宇，大多建在湖山怀抱之中，如岳飞庙在栖霞岭，于谦墓在三台山，张苍水墓和苏东坡馆、章太炎馆、马一浮馆，均在南屏山下，而龚馆则坐落于市区深巷。

据说建馆以前，有关方面已经发现马坡巷小米巷内有一座保存基本完好的清代古建筑，格局颇有旧时书香门第与官宦世家风貌，主体建筑为具有江南风格的清代楼房，上下五开间，又有耳房，回廊通向右侧小花厅。院内有假山、小桥、水榭。此园清时便几易其主，曾被叫作小米园。之所以称为小米，据说是因为宋代画家大小米父子中的小米曾住过这里。小米叫米友仁，南宋时曾任敷仁阁直学士，所以才叫小米园。但过去也有此宅为龚氏旧居之说，不管怎么说，龚自珍家是住在这马坡巷里的，此园做了纪念馆，也是顺理成章。纪念馆有龚自珍半身铜像一座。时人记载龚定庵有异表，"顶棱起而四分，如有文曰十，额凹下颏仰上，目炯炯如闪雷下电，眇小精悍。作止无常则，语非滑稽，不以出诸口也"。

文人喜欢龚自珍，首先是喜欢他在文学尤其是诗歌领域里的不可取代的地位。他是古典诗史的殿军，他的诗像一片落日的余晖，又散作绮霞，给人以无限美感与遐思；像一曲最后的高歌，响遏行云；像一颗夜空中的陨星，打破了明清以来诗坛的沉寂；又像那颗东方拂晓的启明星，预示了新时代诗歌的诞生。

有不少人，一旦真正开始接触龚自珍之诗，便如电如雷，立刻就和南社先人一样，成了龚诗的狂热崇拜者。剑气箫心，奇谲瑰丽，幽思狂想，回肠荡气，歌泣无端……龚诗之魂，自此绕梁不去。

以柳亚子为首的南社诗人，是龚自珍诗歌顶礼膜拜五体投地的崇拜者。柳亚子说："三百年来第一流，飞仙剑客古无俦。"然后他干脆以龚自珍自居了，说："我亦当年龚定庵。"

请读这前无古人后无来者的《西郊落花歌》：

西郊落花天下奇，古来但赋伤春诗。
西郊车马一朝尽，定庵先生沽酒来赏之。

先生探春人不觉，先生迷春人又嗤。

呼朋亦得三四子，出门失色神皆痴。

如钱塘潮夜澎湃，如昆阳晨战报靡，

如八万四千天女洗脸罢，齐向此地倾胭脂。

……

虽然将诗说在前面了，但龚自珍的历史地位，首先还在于他是中国近代思想的启蒙者。风雨如晦，鸡鸣不已，他是个醒得过早的独行侠。一切有志之士都是如此，走在时代前列，具有超越时代的意识。正是在那暮气夜色之中，他听到天地间隐伏着的大声音，他预先感到了山雨欲来的征兆，看到了潜伏升平之下的危机。我们称他为时代的预言家，衰世就要来临了，这是一个苦闷时代的大苦闷者、大预言家，但他预言的不仅仅是光明和希望，更是魔影的忧虑。

从龚自珍的家庭出身来看，他应该算是一个繁华世家的大公子了。祖父和父亲都在外地做官。他母亲段驯，是著名文学家段玉裁之女，龚自珍21岁那年，外祖父做主，亲上加亲，把孙女嫁给了外孙，希望这个风发云逝又有不可一世之概的外孙，将来当个名臣名相，千万不要只当个名士。此时的龚自珍，中顺天乡试副榜刚两年，青春奋发，踌躇满志，新婚宴尔，泛舟西子，忍不住一展胸襟，词云："屠狗功名，雕龙文卷，岂是平生意？……怨去吹箫，狂来说剑，两样消魄味……"可见他的志向并不在"屠狗功名雕龙文卷"，欲要有力挽狂澜之大作为的。

龚自珍与科举考试可谓相看两厌，很不顺利，19岁乡试中的是副榜28名，以后两次乡试均落第。27岁乡试，才中举人第五名。接着参加会试，连续5次考进士落第，38岁第六次会试才考中第95名进士，还因为楷书写得不好被抑置，在京都也不过做个小官吏而已。

这叫一个封建时代的文人心理怎么平衡。一方面龚自珍诗文论述已天下闻名，冠盖华夏；另一方面，他一次又一次地落榜，被朝廷刷落，要知道龚自珍年轻时绝不是一个散淡无为者,相反,他是嘉道年间提倡"通经致用"的今文经学派的重要代表人物,最反对脱离社会实际的烦琐考据和空谈心性的宋明理学。一个儒学知识分子,在封建社会的政治抱负,没有舞台又如何施展。这是他个人命运的不幸,也是封建社会所有有抱负的知识分子的命运的不幸。

龚自珍所经历的时代,封建社会已近尾声,政治上极端腐朽,生活上又骄奢淫逸,民族矛盾也日益尖锐。衰世就要来临了。极具才华又极具洞察力的龚自珍,是这个阶级少有的清醒者。黄昏时分,龚自珍登京都陶然亭。那里地势低洼,芦苇丛生,深处似有大动,使人暗自心惊,茫然恐惧——那莽莽苍苍的中原大地,可怕的暮霭渐渐升起。这是一个苦闷的时代,龚自珍是这个时代的大苦闷者。但他并没有一味沉溺于箫心,他的才华和主张便是他的"剑气"。他的启蒙学说振聋发聩,梁启超惊呼他为"思想界之放光芒者"。读他的著作,若受电击,受到了强大的刺激,进而誉之为中国的卢梭。

在伦理思想上,龚自珍主张善恶都不是天生而是后起的;又以为人情怀私才是人性;他主张个性解放,冲出罗网。他把300只病梅盆砸了,把病梅种在地上,要把这些扭曲的灵魂疗之纵之顺之。在治学上,他开诵史经,考掌故,慷慨论天下事风气,引用古文,讥议的却是时政,诋毁的则是专制。在政治主张上,他更是惊世骇俗。他公开提出更法,并预言,若不更法,乱将不远;他那君臣共治和贫富平均的思想,被康梁继承发展,成了戊戌变法的理论基础。在外交政策上龚自珍又宣扬知耻振邦,大力支持他的好朋友林则徐禁烟,并用武力抵抗外国侵略……作为中国近代社会前驱的思想家、文学家和学者龚自珍,在经济学、文学、哲学、佛学等各方面无不成家,从而成为近代具有重要地位和深远影响的开风气人物。

龚自珍一生都处于剑气箫心的矛盾之中。既有济世救民之抱负,又有逃禅避世之偏念头。我欲收狂渐向禅,但又摆脱不了尘缘,激荡的诗情冲动不已。"我生受之天,哀乐恒过人。"晚年他好赌,游妓,参禅,千方百计要从惨烈的精神苦闷中挣脱而出。1838年,终于摆脱官场辞官南归,一路写诗315首,题名《己亥杂诗》。其中一首,正是歌颂故乡西湖的。诗云:

浙东虽秀太清羼，北地雄奇或犷顽。

踏遍中华窥两戒，无双毕竟是家山。

龚自珍死得很神秘，1841年暴病殁于丹阳书院。死前一年，鸦片战争爆发，死后一年，《中英南京条约》签订。人们对他的死作过种种猜测，其实不以为怪。一个长时期处于精神激烈抗争中的人，张力和敛力两面夹攻，实在是自己对自己的精神火并，深刻的预言和瑰丽的诗章乃命运煎熬的火花，一旦熬尽精神，溘然而逝，又何复疑哉。

龚自珍纪念馆大厅客堂上挂一对联，曰：来何汹涌须挥剑，去尚缠绵可付箫。

这就是龚自珍一生的概括了吧。

清空传音浙西词

词起于唐，盛于宋，而衰于元、明；到了清代，词的创作和研究又重新活跃起来，词家辈出，词作繁富，景象繁荣，蔚成大观，被人们称为词的中兴时期。而作为清代前期最大的词派，浙西词派影响深广。随着清朝统一全国，浙西词派顺应太平，以醇正高雅之音，播扬上下，绵亘康、雍、乾三朝。其创始者朱彝尊（1629—1709）及杭州人主要作者都是浙西人，故以"浙西"称之。

吴山越水的旖旎风光和甜美柔软的吴音乡语，与词体十分相宜。宋以后，词就在嘉兴土地上良好地生长着。清初，一批在词坛上有影响的文人大力提倡，互相唱和，切磋观摩研讨，形成良好氛围，使词得以迅速发展。他们崇尚姜夔、张炎，标榜醇雅、清空，以婉约为正宗，认为词"宜用于宴嬉逸乐，以歌咏太平"。因此在创作中更注重词的格律精巧，词句工丽，典故孤僻，风格"幽新"。康熙十八年（1679），钱塘龚翔麟将朱彝尊的《江湖载酒集》、李良年的《秋锦山房词》、李符的《耒边词》、沈皞日的《茶星阁词》、沈岸登的《黑蝶斋词》以及自己的《红藕庄词》合刻于金陵,名《浙西六家词》,陈维崧为之作序。浙西词派由此而名。

总体来说,浙西词派有以下几个特点:

第一,宗南宋,崇醇雅、清空词风,针对明代词的弊病,适合清初时代需要,他们提倡以南宋姜夔、张先词风为圭臬,清空醇雅,以适宜表达家国之恨的幽情暗绪。

第二,提高词的地位。词历来为诗余,浙西派词人将它当作寄托家国之恨的工具。词虽小技,昔之通儒巨公往往为之。

第三,词要有自己的特色,符合词体,无论前、后期的浙西派词论家,都标举神韵、清空、淡远、清丽的标准,将此种词比作淡雅悠远的南宗画。

后期浙西词派重要词人的代表为钱塘人厉鹗(1692—1752),号樊榭,钱塘人。乾隆年间的厉鹗便崛起于词坛。著有《樊榭山房集》《宋诗纪事》《辽史拾遗》《东城杂记》《南宋杂事诗》等书。其人家境贫寒,全家人靠卖烟叶为生,因家庭生活所迫,几乎被送进庙宇。乾隆元年(1736)由浙江巡抚程元璋推荐,参加博学鸿儒科考试,却因误把《论》置于《诗》前,次序摆错而名落孙山。从此罢应试而教书为生。

然而,就是这样一个大半生坐馆的私塾先生,却深深地被家园江浙的山水沉醉,激发了他的豪迈诗情,迷人风光,丰富了他的美妙想象。在大自然的怀抱里,这位贫寒之子和一位高雅诗人合二为一。他在诗歌的领域里搜奇嗜博,钩深摘异,尤熟宋元后掌故,尊周邦彦、姜白石,擅南宋诸家之胜,成清中叶浙西词派的中坚人物,使得浙派之势益盛。

康熙五十三年(1714),厉鹗受聘于汪舍亭家,在听雨楼授教汪家的两个孩子:汪浦、汪沆。雍正九年(1731),浙江总督李卫奉敕修《浙江通志》,厉鹗、杭世骏等28人受聘担任分修。二年后开始删改定稿,又一年就出版印刷,大功告成了。

我们读他的《谒金门·七月既望,湖上雨后作》,写的也是雨后西湖,但和白苏意境迥然各异:

凭画槛，雨洗秋浓人淡。隔水残霞明冉冉，小山三四点。

艇子几时同泛？待折荷花临鉴。日日绿盘疏粉艳，西风无处减。

厉鹗也长于写诗，特别是五言诗。中国传统文人习惯于将诗的品相高于词的格调来认识，以为诗言志，而词言情。好在宋词有苏东坡、辛弃疾等人压阵，超越私人情调一跃而为家国情怀。故厉鹗诗歌最大特点是学习宋诗，专法宋人，好用宋代典故。

而诗法宋人，是一种特定历史背景及相应的民族情绪下产生的文化景观，是在清前期相当普遍的现象。因明清易代的沧桑巨变，使汉族士人很容易想起被蒙元所灭的大宋王朝。在清人看来，宋诗不仅是一种与唐诗有别的诗学范式，而且是同样被"夷狄"征服的王朝所留下的文化遗产。这两个王朝的兴衰命运如此类似地叠加在一起，使诗人们对宋诗情有独钟，既出于刻骨铭心的故国之思，也有同病相怜的类比联想。尤其杭州人，身处南宋故都，举目皆宋迹，自有特殊感情，故不约而同宗宋，形成以宋诗背景为基本特征的浙派诗。

浙派诗中的广义浙派自黄宗羲创始，大都是学习苏轼、黄庭坚、陆游等大家，历经康、雍、乾三朝，前后百余年；而狭义浙派专指以厉鹗为首的杭州诗人群体，所学的主要是南宋永嘉四灵，旁及姜夔。永嘉四灵指南宋浙江永嘉的4位诗人：徐照（字灵晖）、徐玑（字灵渊）、赵师秀（字灵秀）、翁卷（字灵舒），因他们同出永嘉学派叶适之门，其字中都带有"灵"字，故称永嘉四灵。他们的诗风承袭晚唐，选择晚唐诗人贾岛、姚合诗风，以清新刻露之词写野逸清瘦之趣。风味清幽，善于刻画小境界，很合清代杭州诗人们的精神口味。

作为狭义浙派的奠基人，厉鹗的《理安寺》就很有代表性：

老禅伏虎处，遗迹在涧西。
岩翠多冷光，竹禽无惊啼。
僧楼满落叶，幽思穷板跻。

穿林日堕规，泉咽风凄凄。

读来意境幽深古拗，但言辞清新淡远，句句都是自然景观，仿佛一只神奇之手将自然截图，构成即可连贯又独立的象征画面，诗人审美的眼光和抓捕词句的能力可见一斑。

浙西词派的词论主张，在当时是有一定现实意义的。因为它企图匡正明代词坛俚俗粗陋之流弊，以醇雅清空来洗除纤靡淫佻之颓风，故对整个清代词坛影响甚大。但他们局限于个人的审美体验，多在词的格律、技巧上下功夫，诗歌状景很工，幽夐清冷，诗中有画，画中有人，喜欢的人无比痴迷，评价为"寒翠欲滴，野禽无声，非此神来之笔不能传写。"但也有人评价，这一派没有把目光投向活生生的丰富复杂的社会生活，在"写什么"上下功夫不多，只在"怎么写"上下大力气，故题材不广，开掘不深，寄兴不高，终究格局小了一些。

相传厉鹗曾住在杭州道古桥，有道古堂藏书楼，藏书不下数万卷，后又建"补史亭"。晚年的厉鹗虽治生无术，贫病交加，著书立说却达到高潮，《宋诗纪事》和《辽史拾遗》是厉鹗的两部力作，受到时人的好评。乾隆十七年（1752）秋，厉鹗辞世。他的《樊榭山房集》是诗文集，乾隆年间刊行于世，被收入《四库全书》。读毕，确有"空中传恨"之声。

浙西词派艺术评价可另当别论，知音却是代代都有的。民国年间的1920年，南浔周庆云在西溪重建秋雪庵，设两浙历代词人祠，1044位先贤词人列于堂内，成为国内唯一祭祀词人的地方，被誉为词人圣地，并约定每年霜降节午刻举行社祭。另，因厉鹗的墓在西溪花坞，地近交芦庵，其人有咏西溪诗词上百首，而杭世骏在西溪藏书万卷，故有后人在旁重修交芦庵，建厉杭二公祠，纪念此二位乡贤。

建造阮公墩的人

西湖上应有四岛：孤山、小瀛洲、湖心亭、阮公墩。然而孤山是天给的，天公造化，高而难问；后三岛则是人给的，碧波浮翠，亦巧夺天工。我们今天单单来说一说阮公墩，因为阮公墩与杭州的一个重要的文化人相关。

站在孤山顶上看，三岛成一个"品"字。那西湖"品"字中的最后一个"口"，在右下方。站在今日中山公园，望去最近，郁郁葱葱，像是一粒翡翠，"嘈嘈切切错杂弹，大珠小珠落玉盘"。若说西湖是玉盘，大珠乃大瀛洲，小珠便是那湖心亭、阮公墩了。三岛浮于湖上，形成中国传统文化理想仙境"蓬莱三岛"的意境。

阮公可说是湖上"蓬莱三岛"最后完成者。此人非常人，当重笔述之。

阮元（1764—1849），江苏人，清朝官僚和著名学者。一方面他是进士，官当到体仁阁大学士，又做过浙江学政和巡抚；另一方面，他又工隶书，通金石考据、经学、数学，是位才通六艺的一代经师。

有学问又有权的人，到杭州这种地方来做官，是杭州的造化。比如他注重兴办教育，杭州最著名的"诂经精舍"就是他创办的。说到诂经精舍，此处要插一段话，提一提精舍的山长俞曲园。俞曲园是阮元的好朋友，是阮元请来的先生。孤山脚下的俞楼，就是为了纪念俞曲园而保留的。从前是两层的青红砖房，还住着房客；现在修复得很整齐了，真正成了俞曲园纪念馆。

许多人知道俞樾俞曲园（1821—1907），都是从他的重孙俞平伯开始的。实际上俞曲园的国学地位在中国学界已堪称执牛耳。曾国藩是他的考官，特别看重这位浙江德清的举人，一首"花落春常在"得进士复试第一名。在我们后人眼中，俞曲园是以经学大师和教育家闻名的。他与李鸿章都是曾国藩看重的人，曾有两句话评价此二人：李少荃拼命做官，俞荫甫拼命著书。

俞曲园的春在堂在苏州，但俞楼却在孤山。他47岁那年应阮元之约到杭州，任西湖诂经精舍山长，先后共31年。那诂经精舍就在孤山南麓。从他门下出的弟子前后有3000余人。章太炎跟他学了7年，著名的"我爱我师，我更爱真理"的宣言，就是对俞樾发布的；而这座俞楼，也就是他的弟子们为他们的老师建造的。

俞曲园78岁才辞去山长之职,86岁去世之后,就葬在俞楼望出去的西湖湖南、三台山上从前的法相寺旁。俞曲园的经学、史学、诸子学、文字学以及音韵、训诂、诗文等学问,属于那个时代的知识高峰,它们凝聚在孤山,凝聚成一座楼。这期间,是少不了阮元的推荐之功的。

阮元除了创办诂经精舍之外,还在灵隐创设了"灵隐书藏",说起来,这可是浙江最早的公立图书馆呢。他聘用人才潜心教学,辑成48万字,收入中西数学家280人的《畴人传》四十卷,那可是中国数学史上的一部空前的巨著。至于山中湖上寺庙外,文心一动所拟楹联诗文,竟也比比皆是了。他任浙江学政时,在贡院门首撰一联曰:

下笔千言,正桂子香时,槐花黄后;
出门一笑,看西湖月满,东浙潮来。

因下联最能道出士子交卷后的心情,所以文士们广为传颂。

阮氏筑阮公墩,主要倒不是为了游赏放生。和白居易、苏东坡、杨孟瑛一样,是为了治理西湖。因为1800年阮元任浙江巡抚时,西湖又渐淤塞。他花了两年时间调集民工疏浚西湖,湖泥垒成这个大约8.5亩的湖中小岛。人们为了纪念此公,遂称阮公墩。阮元自己在《西泠怀古集》的序里,解释了他筑阮公墩的原因,他说:北山至南山,相距十里,湖面空旷,三潭以南,遇风作,无停泊处。适浚湖,因仿坡公筑堤之法,积葑为墩,为游人舣舟之所。郡人植芙蓉其上,呼为阮公墩,以比安石东山,则余不敢当也。

阮公墩土质很软,100多年来一直没法在上面造亭建阁,人笑曰:阮公墩,真"软公墩"也。

杭州人从前游湖,并不上此岛,盖因岛上无亭无物,杂树丛生,眼观足矣。现在岛上已有竹建之云水居——环碧小筑,居内挂阮元对联:"胜地重新在红藕花中绿杨荫里;清游自昔看长天一色朗月当空。"这些年阮公墩轰轰烈烈。声名鹊起,阮公环碧也列入西湖新十景,何故?盖因顺应时势,岛上盖起了有中国特色的娱乐场所。尤其夏秋间，一船船人驶向该岛，一上岛便有"家丁""相公"手持灯笼问候，原来府上"小姐"今夜要抛绣球定终身呢，那贵婿呢，自然就在游客当中选了。这样一晚上的假戏真做，一直做到入洞房为止。如此台上台下皆大欢喜，一夜笑声，虽是俗了，倒也是一景。

倘若你在夜的苏堤上漫步，远远地，犹如鲁迅小时看社戏般的，看那黢黑的阮公墩，周遭用暗红色灯笼挂满了一圈，便勾画出轮廓。天哑地静了，这个时候你会想起那个名叫阮元的人。在200年前的清代，他为杭州做了许多事情，今天的西湖，也就郑重其事地留下了他浓重的一笔。

杭派的园林与庄园

清代杭州西湖的旅游业，应该说是发展到庄园的旅游了。杭州西湖是一个大园林，园中有湖光山色当然不够，那是体现天意的，还得有展现人意之处，方见出山水的人文品格。行家有言，山水有三类：纯自然风景类、普通风景类和艺术风景类。艺术风景类中便有庭院、宅院、游园等。西子风光甲天下，半是湖山半是园。到清代的时候，杭州的园林建设也达到了它登峰造极的时代了。

杭州这个大园林中，皇家园林、寺观园林相互争妍。灵隐寺是杭州最著名的寺观园林，隋唐时代的孤山亦是寺观园林的典型代表。至于皇家园林，应该是以西湖南山凤凰山脚下的州治花园为基础的，到南宋时掀起了第一个建园高峰。宋室小朝廷既然已经把杭州作为自己安身立命的偏安之行在，从宋室王朝到王公重臣，大多死心塌地地放着被掳的二圣不管，只顾自把私家庄园建设得日益精美奢侈。元朝，对宋王朝的首府临安（杭州）而言，总体上说是一个倒退和破坏的王朝，但世界上最大的都城并不是那么容易衰败的，元代依旧保留着许多美丽的园林，并把它们送进了又一个高峰——明代。清代的乾嘉年间，杭州的造园又进入新一波热潮，那时候的豪门贵族、封建士大夫阶层和封建文人，开始时兴把园改为庄了。

"庄"这个字,是和村连在一起的,村庄村庄,听着都顺。庄字一旦和园林结合在一起,对它的感觉也就立刻大变。这里的庄字,让人想起了大观园里的稻香村。自然是刻意做出来的,但做得没有匠气,让你欣然接受,这并不是一件容易的事情。

把私家园林建成庄,也体现出那个时代文化个性上的张扬,庄前常常是要冠以姓氏的,郭庄、汪庄、刘庄,点名道姓,凡庄园就务必带上这个姓氏的文化印记。这可不是小事情,那时候的西湖,园林匠师层出不穷,园林艺术也进入了一个新的境界。常言道,是骡子是马,拉出来遛遛。一个庄园也是这样,一旦建好了,就成了人们评价的目标。一座建得不成功的、缺乏文化品位的庄园,它的主人,是要被那个时代的文化人看不起的。

到了晚清民国初年,庄的兴建已经成了庄主金钱地位艺术品位的重要象征,当时名重一时的庄宅有刘庄、蒋庄、汪庄、郭庄、高庄、杨庄、许庄以及南阳小庐、俞楼等。我们现在要讲的这湖上四庄:郭庄、汪庄、蒋庄和刘庄,便是其中的佼佼者。

之所以在这里先讲郭庄,乃因四庄中唯郭庄如今尚名正言顺地存在着,依旧作为私家园林对外开放着。郭庄的大门门楣上,写的不是郭庄,而是汾阳别墅。此庄建于清朝咸丰年间。太平军攻入杭州那年(1861),不知烧掉了多少精美建筑,这片庄园却未遭战火,开始是个名叫宋端甫的人所建,所以叫端友别墅。人世沧桑,不过几十年,宋家就败了。光绪年间,房子属了新兴的丝绸实业家郭士林,改名为"汾阳别墅",大概是要把他自己和唐代的汾阳郭子仪联系在一起吧。

清人汪春田曾言:"换却花篱补石阑,改园更比改诗难。"郭庄曾经一度破败不堪,完全没有江南名园风貌了。20世纪80年代开始修复,由陈从周先生的高足陈梓得主持。陈从周前后去过5次,郭庄石碑上镌刻的"重修汾阳别墅"就是陈从周先生所撰。陈从周对郭庄成功的借景十分满意,他一再强调,园林之妙,就妙在借景。他甚至对郭庄有了一份特殊的偏爱,说郭庄那种以湖光山色塔堤痕迹及周围植物借景的独特造园环境,是海内孤例,再三强调:不游郭庄,未到西湖。

蒋庄在今天的花港公园内。它的前身是无锡人、著名金石书画家廉惠卿的别墅,名叫小万柳堂。从廉惠卿身上是可以深入挖掘出中国最后一代封建士大夫文人的典型命运的,喜欢古董书画,却不善经营生财,家计日窘,不得已把这湖庄卖给了南京人蒋国榜。蒋国榜很孝,买下这房子,改名兰陔别墅。专门侍奉母亲。陈寅恪先生的父亲陈三立还专门作过一篇《兰陔寿母记》。因为主人姓蒋,人们习惯把这里叫蒋庄。

蒋庄实在不大,有亭、台、楼、廊,集中一起,借的南面的南屏山,背面九曜山,又濒临着小南湖,住人最好。人称最后一位国学大师马一浮,1950年以后就住在这里,盖因蒋国榜乃马一浮学生。1957年4月里的一天,周恩来总理陪同当时的最高苏维埃主席团主席伏洛希罗夫来杭,专门到蒋庄拜访了这位国学大师。伏氏问他最近在干什么,大师说他在读书;伏氏又问他最近在研究什么,大师又说他在读书。此一行人,就在蒋庄拍照留念。大师又说年纪大了,恕不远送,短短的会见就此结束。1966年,先生84岁,亦遭浩劫,毕生收藏之古书古画,就在这蒋庄的西子湖前被当众焚烧,先生眼睁睁看着这些宝贝整整烧了一天,又被勒令限期搬出蒋庄。临走这一夜,他独坐凭栏,对天长叹,低头短嘘,尽管腹中藏书五车,还是想不通也解释不通。其时有人告诉他浙江美院院长潘天寿亦遭此厄运。大师连叹:斯文扫地,斯文扫地!一年后他带着叹息溘然而逝。如今这里已辟为马一浮先生纪念馆。先生魂兮归来,西湖南线又多一人文景观。

湖上诸庄中,位于丁家山下的刘庄最好,前人评述:"西湖得天下山水之独厚,刘庄占西湖风光之灵秀。"它三面临湖,一面依山,面积为西湖别业中最大者。

说起刘庄,也是一段奇事,原来光绪年间广东香山有个叫刘学询的举人,中举次年进京会试,回家时路过杭州,着实吃惊,叹道:故乡无此好湖山!便下了个惊人决定,要移居此处,在这里建一座"水竹居"。

刘学询绝对是个人物。读罗以民先生所著《刘庄百年》一书即可知。别看杭州暖山温水,但也是藏龙卧虎之山河。这个广东人,身为前清进士,朝廷命官,李鸿章的幕僚,却又是孙中山造反的同谋,最后看破一切,终老西湖。

水竹居是1898年开始建造的。1900年,刘学询已经45岁了,他开始全心全意地在西湖边营造他的安乐窝。原来他在广东已有一座规模宏大的刘庄。他把它拆了个七零八落,那些雕镂篆刻的文字和钟鼎图案的楠木门窗,悉被运到了丁家山下。拆了自己的,不忘人家的,广州家道中落的潘士成家"海山仙馆"里的精致家具,尽被他买下来,运到水竹居。所以刘庄的格局颇有岭南风。

这占地36顷的西湖第一名园也是命运多舛。原来刘学询与孙中山同乡,曾为其筹款10余万。他又热心地方建设和慈善事业,跑到上海去开自来水公司,开办"信大钱庄",结果贪多嚼不烂,他自己的水竹居反而保不住了。因资助革命党经费,与大清银行、交通银行发生债务纠纷,水竹居抵押给银行达十年之久。辛亥革命后,才消债赎回。这刘学询大概也累了,从此长住林泉,不问时事,直到1935年1月病逝。

看样子刘学询的确是决心长做杭州人了,他把家祠也搬到了这里。家祠后面甚至还有墓地。那墓地也着实宏大,共设十穴,他和夫人两穴,另外八穴,一边4个,全是小老婆的。

刘庄后来的命运,肯定是合久必分的,刘学询一死,家道中落。1937年12月日本军队进占杭州时,刘家人把庄宅中的大批红木家具扔进西湖里,然后各自作鸟兽散。1949年后再捞上来,有的依旧完好,直到今天还摆在那里供人们使用呢。而刘庄的人呢,在杭州的,只剩下一个八姨太范媛英,后来做了人家保姆,晚年无处栖身,搬到一家尼姑庵里去了。

湖上数庄,汪庄从前最开放,盖因此处从前还兼做茶庄生意。说起来,你也可以称汪庄就是一个茶庄。

原来汪庄是安徽茶商汪自新的私宅茶庄庭院,起初叫清白山庄,建于1927年。据说因汪庄建造时占西湖面积过多引起杭人公愤,还讼之于官。后来汪自新答应百年之后把庄屋交给地方政府,这才摆平。汪家的茶是老牌子了，汪裕泰茶庄，至今还在上海留存着。

后人印象中的汪自新是个儒商，建了这汪庄，占地24万平方米，三面临湖，颇具特色。人去买茶，只管临湖品茶，谈天说地，待要起身，店家已把茶称好包好，送到你面前。

这汪庄的主人还有两大特点：一曰精于琴学。他庄中有一座置琴的楼室，名叫"今蜷还琴楼"。庄内藏有琴百张。所藏唐琴有龟纹断者，色黄黑相间，纹有形无迹。他给自己的书房题的名字，就叫"琴巢"。1929年西湖博览会艺术馆中展出的唐、宋、明古琴，均来自他家。他还喜欢用松烟造墨，形状也都是琴的样子。二是爱花如命。汪庄一年四季奇花异草不断，秋之后菊花尤胜，杭人多趋之。这时便要买门票观赏了，到底汪氏商人本色，美也要产生效益的。

这样一处园林，抗战中竟被日本人作为马厩了。名琴名花安在哉？1949年以后，它的命运和刘庄一样，如今也被修复成宾馆。

丁氏兄弟与文渊阁

《四库全书》是中国最大的一部古籍丛书，因为分经、史、子、集四个部分，所以叫四库。当时任总裁的是杭州人、户部尚书王际华，任副总裁的有杭州郊县的富阳人董诰。全书共收书3503种、36000册、79337卷，清代乾隆年间花10年时间完成。全书先抄了四部，藏在四个地方：一是北京紫禁城内的文渊阁，二是北京圆明园的文源阁，三是河北避暑山庄的文津阁，四是辽宁奉天行宫的文溯阁，被称为北四阁。

听一听这四个地方，就知道它没有脱出皇家的宫廷。都算是在天子脚下，眼皮子底下的地方，所以称为北四阁。

大概是觉得国宝只置放在宫廷内并不安全，又考虑到宫廷外的藏书，所以又抄了三部，全放到江南。一部在扬州大观堂文汇阁，一部在镇江的文宗阁，还有一部，就藏在杭州文澜阁了。这三部统称为江浙三阁，又称作南三阁。看这七阁的名称就会发现，六阁都有三点水旁，唯文宗阁没有。道理也很简单，藏书最忌火，所以用水来克，但文宗阁已在金山，是水漫金山的地方，就不需要更多的水了。

文澜阁这个地方，从前是康熙南巡时在杭州建的行宫。雍正年间，这行宫的日常费用实在是让地方政府承受不了了，上报朝廷批准，改建成圣因寺。乾隆四十七年，《四库全书》修好之后，本来准备放在寺后面的玉兰堂，但这玉兰堂已经逼近山脚了，怕书受潮，这才把藏经堂改建之后作了文澜阁。乾隆很欣赏宁波天一阁藏书楼的样式，就让文澜阁仿建。他又不放心，派了个杭州织造名叫寅著的亲自去考察。文澜阁一造就是五年，1787年全书才入了此阁。

《四库全书》在文澜阁静静地躺了七十多年，大祸临头了。1861年，太平军和清军在西湖展开了一场万人水战。杭州历史上一些很著名的人文景观和历史古迹，有许多是毁在这场兵火之中的。文澜阁既在西湖边，湖上打得天昏地暗，就不可能不殃及它。因它地处城外，就做了太平军的军营。秀才见了兵，有理说不清，这些书籍一时被扔得狼藉满地，被任意践踏。刚刚打完仗，一些贪小利者就溜进阁内窃书盗卖。有的书归了私人，有的书归了书贾，有的书干脆当纸包东西。

这样，我们就要说到钱塘人丁氏兄弟了。哥哥丁申（1829—1887）清藏书家、金石学家，与弟丁丙号称"双丁"，同为诸生，官五品衔候选主事，特赏四品顶戴。浙江省奏开书局，多藉其家藏本以补校勘。撰有《武林藏书录》三卷。丁丙（1832—1899），别署钱塘流民、8000卷楼主人、竹书堂主人、书库抱残生、晚清著名藏书家。"双丁"因有藏书八千卷而闻名于世。他们的一大功绩就是补抄了《四库全书》，并完成了《武林掌故丛书》和《武林坊巷志》。

丁家兄弟并不单单是学者，他们是当时杭州城里的著名乡绅，家境比较富裕。而且丁丙在清末时已经开始办工厂，1895年，他和庞元济集资30万元，在杭州拱宸桥如意里开办了杭州第一家近代缫丝厂。可以说，丁氏兄弟当时在杭州城里就是名流，办义学，施教济，办公益事业，许多事情都少不了他们。

听说《四库全书》被毁，丁家兄弟在战事结束后，立刻冒险连夜赶回城里，将文澜阁的残书潜运到今天的西溪留下镇。这个留下，就是南宋皇帝赵构下旨要"此处暂时给我留下"的地方。如今留下虽然没有留下皇宫，却留下《四库全书》的踪迹。这丁家兄弟每天往返数十里，共抢运出8140册阁书。又怕这书得而复失，再用船运到绍兴和宁波一带，又经海上运到了上海。这一路上屡遭歹徒袭击，万千的辛苦，只有他们自己知道。

战事结束之后，书终于运回杭州来了，丁氏兄弟又开始补缺。到光绪十四年，共耗资51000多元，书已经补到3396种。这才有了以后的张宗祥补订，才有了今天完整无缺的《四库全书》。

1909年，新学开始进入中国，浙江巡抚增韫奏请在浙江建图书馆。到民国元年，文澜阁旁建成图书馆，《四库全书》从此离开文澜阁。等到1929年西湖博览会之后，文澜阁归了博物馆，不再藏书了。

文澜阁虽然不再藏《四库全书》，但人们对《四库全书》的推崇和热爱并未减半分。辛亥革命之后，浙江省首任图书馆馆长钱恂和后来上任的馆长张宗祥，历八年之久，带领工作人员抢救补缺图书。以后，张宗祥又补缺了一次。这三次补缺下来《四库全书》总算完璧，大功终于告成了。

《四库全书》后来被藏在孤山上的清白山居中。这是一幢建于30年代的中西式花园别墅，看上去与西湖边的其他别墅风格很不一样。因为它的屋顶采用了中国传统的建筑风格，飞檐翘角，立于湖上，像一座宫殿，倒有几分王者气度。但它的墙体围栏却又选用了西式建筑，所以富丽堂皇之间倒也不落俗套，从山下望去，有鹤立鸡群之感。关于这个清白山居，曾经有这样一个传说，说这座房子的主人是国民党上海警备司令部的司令杨虎。别墅建成后，他还没来得及住进去享福呢，蒋介石到杭州来了，看到这房子很不以为然，问是谁盖的。这一问，吓得杨虎就不敢住进去了，这别墅就空了下来，最后做了浙江图书馆的藏书室。

如果有人问，要这个《四库全书》手抄本干什么，一台电脑、一个光盘，不是什么都解决了吗？我们或只能这样反问：要哥德巴赫猜想干什么，一加一等于二不就完了吗？这个世界上的有些东西，就是人类文明的结晶，确实不能全从实用主义去理解。比如西湖的孤山上,有没有《四库全书》,难道分量是一样的吗?

杨乃武与小白菜

同治光绪年间,中国又出一桩奇案,这场官司,从县里一直打到北京,连"老佛爷"都惊动了,这就是发生在杭州的杨乃武、小白菜案。一百多年来,这个故事不仅纷纷被写进稗乘野史,还竞相编为戏剧、电影、小说、曲艺,流传至今。

杨乃武(1841—1914),浙江余杭人。20岁考取秀才,同治十二年八月又中举人,可以说是个已有功名的读书人。小白菜姓毕,名秀姑,面目娇艳水灵,因常穿白衣绿裤,故人称小白菜。对于小白菜的出身多有说法,我们只知道小白菜17岁时嫁给了仓前镇黄家村的葛品连。

本来杨乃武走他的"阳关道",小白菜走她的"独木桥",井水不犯河水,两人很难扯到一起。之所以二人相识,只因为杨乃武是小白菜的房东。

原来,小白菜的丈夫葛品连是个入赘的女婿,在县城一家豆腐店里当伙计,每天起早摸黑,有时还不回家,一些市井无赖便常上门调戏小白菜。继父胆小,怕惹事,就逼小白菜赶快搬家。恰好葛品连的父亲正给杨乃武修房,经他一恳求,杨乃武答应把房子借给小白菜,这事就这么定了。

小白菜虽然搬进杨家,但那些地痞还是纠缠不放,还在墙上张贴"羊(杨)吃白菜"的招贴。杨乃武乃正人君子,为避嫌又让小白菜搬了出去,这样,小白菜前后在他家不过住了两个月。以后小白菜又搬到继父表弟王心培的楼上住,小白菜虽然躲过市井无赖,却还是躲不过花花太子。原来县太爷的大儿子刘子翰是个好色之徒,在他和姘妇密谋下,奸污了小白菜。县里有个叫何春芳的粮官也常打小白菜的主意,一次正想施暴,正好葛品连下工回家,小白菜才算躲过一劫。

小白菜自从搬出杨家后,杨乃武与她再无往来,杨乃武吃的这场官司是从葛品连之死开始的。同治十二年十月初九,葛品连因病收工回家,他让小白菜取钱一千文,叫岳父去买些东洋参、桂圆,煎汤服下后,不料神情大变,口吐白沫,至申时便气绝身亡。

儿子突然死了,母亲做出些反应,哪怕是有些过头也好理解。其实,葛品连的死从医学上来看是很容易解释的。葛品连得的是流火疹,属热症,而桂圆性热,热上加热足以致死。葛母要告官也只是说死因不明,要求验尸而已。但此事一到官府,便风云突变了。

这事首先坏在一个叫陈湖的绅士手里。此人也是个秀才,却非常巴结官府,一向与正直为人的杨乃武有隙。他一听说此事,便到大堂上告杨乃武与小白菜通奸。知县刘锡彤本来对杨乃武就抱有成见,这下更是一口断定是杨乃武与小白菜合谋毒死葛品连。人命关天,小白菜如何能兜下这人命案,审到半夜,还是一无所获,县太爷只好退堂。

这时杨乃武对此事还蒙在鼓里,但知县的儿子刘子翰和粮官何春芳却是坐卧不宁了,二人唯恐他们的丑事会由此败露,于是买通了一个衙役的姐姐,此人名叫阮桂金,让她进牢中恐吓小白菜,说如不招供是用杨乃武给的毒药,就要活活让三十六刀鱼鳞剐凌迟处死,如说出刘大公子之事,根本不会有人相信,那只能是罪上加罪。小白菜妇道人家,本来就已经吓得半死,再加上大堂连连用刑,只好按阮桂金说的招了。

正中下怀的刘锡彤,立刻拘捕了杨乃武,连审三次,都是大刑伺候。杨乃武双膝都被烧红的火砖烤焦了,但杨乃武哪里肯招。虽然杨乃武拒不画供,但这位知县大人还是认定"犯妇"供认不讳,案情已明,上报给了杭州府"定谳"。

杭州知府陈鲁是个当兵出身的武夫,本来就轻慢读书人,过去也曾听说杨乃武"毁谤官府"之事,于是即下令送交案件,而知县刘锡彤又趁机篡改供词原件。陈鲁第一次提审,就滥施淫威,在杭州吓得小白菜不仅依旧是诬供,就是杨乃武也终受不住酷刑,屈打成招。陈鲁立即定下"葛毕氏(小白菜)凌迟处死,杨乃武斩立决"。接着就把卷宗往省里一送,想在杭州府了结此案。

杨乃武最终没有走上断头台要感谢他的姐姐杨菊贞。听说弟弟被定下

"夺妻谋夫"之罪的时候,她就决定要去省里鸣冤,所以浙江巡抚杨昌浚不得不派人前去察访。但派去的人收了刘锡彤不少贿赂,巡抚大人朱笔一勾,勘题上报,待"最后法院"批文下来,即可秋后问斩。

杨菊贞听说杨昌浚照旧定案后,决心上京城告状,当时连杨乃武本人都没有这个信心,还是在杨菊贞一再坚持下,才在狱中又写了诉状,杨菊贞身背"黄榜",历尽艰辛,跋涉两个多月,才走到北京。但都察院根本不接受,还将杨菊贞押送回浙江,案子仍由省巡抚审理,而杨昌浚又退到杭州知府。知府陈鲁照例是一顿酷刑,杨乃武、小白菜照旧画供。于是陈鲁又按原判报给巡抚。

杨乃武绝望了,但杨菊贞没有绝望,她准备二上北京。这时,家里的资财已经变卖殆尽。好在胡雪岩不枉为一个治病救人的药店老板,还是他送给杨菊贞二百两银子,并向回杭奔丧的翰林院编修夏同善讲了杨乃武这桩冤案,希望他能有所相助。

此案的转机也是从这里开始。杨菊贞到北京后,先是拜见了夏同善,在夏的引见下,跑遍在京的浙籍大小官员30多人。夏同善也多次拜会大学士、户部侍郎、都察院左都御史翁同龢。这个翁同龢可不是等闲之辈,不仅身居高位,而且还是光绪帝的老师,在朝中是个有分量的人物。尽管这样,由于朝中派系林立,也有不买他账的人。当翁同龢想看一看此案的卷宗时,也是碰了一鼻子灰,刑部尚书桑春荣以无怨无私,即将入奏为由,一口回绝。

但"县官不如现管",恰好林则徐有个儿子叫林文忠在刑部为官,正好分管浙江司刑狱,他也觉得此案似有疑窦,就自作主张地把卷宗拿给了翁同龢。翁同龢果然查出疑点,桑春荣这才无话可说。这时此案在朝中已无人不晓。两宫太后发出谕旨,要刑部"务提实情,毋枉毋纵"。桑春荣只好把此案又退回浙江。

虽然杨昌浚一百个不乐意,但表面的文章还是不能不做的,他把此案又交给了湖州知府许瑶光。这次他倒确实没有用刑,杨乃武还以为姐姐在北京鸣冤成功了,所以尽翻前供,小白菜也极口喊冤。审来审去,许瑶光确实感到此案蹊跷,原案难以成立,实情上报又难以交代,只能一拖再拖。

由于许瑶光迟迟不与断案,都察院有人又向慈禧太后奏了一本,于是又请出了钦差大臣。谁知这位钦差让杨乃武和小白菜吃尽了苦头。原来慈禧派去的这位钦差是个科班出身的庸臣，对刑法可以说是一窍不通，自己只审了一次，就交给杨昌浚的心腹宁波知府边保诚了。

边保诚每每坐堂，都是严刑逼供。杨乃武两腿全被夹断，但这次杨乃武却异常坚强，他觉得与其背上这样的黑锅去死，只能遗耻于士林，若死于重刑之下，尚可留一千古疑案。但小白菜乃一民间小女子，就没有杨乃武这等情操了，她不仅十指尽折，还被烧红的铜丝穿入双乳，小白菜受刑不过，只能再次诬告。这时，杨乃武在牢中作了这样一副对联："举人变犯人，斯文扫地；学台充刑台，乃武归天。"连皇上派来的钦差尚且如此，他必定难逃这一劫了。

钦差大臣胡瑞澜将审讯结果上报北京，但监察御史边保泉又以复审草率为由，要求由刑部亲审。连慈禧都觉得没有必要这样长途劳作，还是让胡瑞澜再审，但"不得再用严刑逼供"。太后有旨，这回胡瑞澜果然不敢再用刑了，但这案实在又让这位钦差老爷左右为难，这个庸才最后只好打了这样一个报告："案情重大，人言纷纷，实非愚臣所敢专断，请特简大臣，另行复审。"

此案迟迟未决，在京的那些浙籍要员也不耐烦了，翁同龢与夏同善又亲见两宫太后，要求将此案移北京刑部亲审，并奏如此案冤情不平，只怕浙江将无人肯读书上进。话说到这个分上，已经是关乎社稷之大事了。慈禧终于在光绪元年十二月十五日下了谕旨，此案"着提交刑部秉公审讯，务得确情"。

以后此案在北京又是三司会审，又是开棺验尸，真相大白于天下。此事平反，引起轩然大波。慈禧太后连发旨意，余杭知县刘锡彤流放黑龙江，相关三十多名官员被革职充军。浙江巡抚杨昌浚、学政胡瑞澜、杭州知府陈鲁等100余官员被革职，永不续用。

这就是杨乃武和小白菜一案的最后结果，这桩轰动一时的奇案以一大批官员的落马而告终。

咫尺金石间的大师

　　印学是完全建立在中国传统文化修养上的一门学问，是一门集书法和镌刻于一炉的艺术。清代杭州的文化现象非常丰富，尤以金石书画为首。两千年前的战国时期，国人始用印章。质地很考究，用金银，用玉，还用犀角和象牙，当然最多还是用铜。秦汉时代，印学史上的第一个辉煌的高峰就来到了。不过那时的印，主要是作为印章来使用的。封建社会，人分等级，印也跟着排名次。因为大印就是大权，权力的象征，所以秦始皇帝的印叫"玺"，官吏百姓的印才叫"印"呢。印章的字体用的是当时流行的小篆。篆刻在秦汉时就达到了很高的艺术水平，至唐，皇帝又叫印为"宝"了。官印、私印，可以叫"记"或者"花押"什么的。今天的人们，干脆就叫其"图章"。一个单位里，谁要是管图章，那可得刮目相看，不敢小觑的。

　　以上讲的是实用。进入艺术的印，是唐以后的事情，时人要用印，先由篆刻家写了印文，再叫印工刻成，南宋大书法家米芾提倡自刻印章，成了第一个吃螃蟹的人，米芾也就成了文人治印的先河。元代杭州大书法家赵孟頫独创了一种妩媚华美的篆字"圆朱文"入印，不过捉刀还得他人。诸暨人王冕又用青田石刻印，从此文人学者的治印之风大盛。

　　印风既盛，便成流派，文人画流行的明清时代，印学史上的又一个辉煌时代来到了，出现了以文彭为代表的吴门派，以何震为代表的皖派和以丁敬为代表的浙派。浙派形成在清乾隆年间，以丁敬（1695—1765）为首。

　　丁敬，钱塘人，就住在杭州候潮门外，晚年才搬到城西的张纱弄。因为家穷，卖酒为生，又好学，一手卖酒，一手还捧着本书看，终于修成个有学问的人，却又不要当官，一生布衣。丁敬酷爱篆刻，除了求教于古书外，他还常常带了干粮、纸墨、工具，遍寻西湖群山洞壑、寺庙、塔幢，临摹壁画及石刻书法，但有收获，如获至宝。丁敬为收集西湖的金石文字，常不顾危险，披荆斩棘前往人迹罕至的深山野岙。他治印，善用细碎短刀，把刀棱显露出来，字笔便有意韵，印面呢，又有一种斑驳和冶铸的金石气。当时印人刻边款时，大多用双刀。丁敬推陈出新，一刀而就，称单刀。这样，他那种朴质苍深的风格,一洗纤弱娇柔之流习,开创了印学的"浙派"先路。

丁敬沉迷篆刻、埋头故书之时,浙江印派却沉湎于泥古萎靡的境地,丁敬敏锐地意识到如此下去,篆刻就不能摆脱匠人之窠臼。他在《论印绝句》一诗中,直截了当地指出,艺术不能因循老路,应当独辟蹊径,开创自己的风格:

古人篆刻思离群,舒卷浑同岭上云。
看到六朝唐宋妙,何曾墨守汉家文?

这种胆识与气魄在印学史上是极为罕见的。丁敬的艺术主张反映在艺术上,便是古拗峭直,直追秦汉。时人因此评价他,在印坛上是别树一帜,力挽颓风,印灯续焰,功莫大焉。

丁敬稍后还有一个杭州人黄易(1744—1802),以丁敬为师,时人并称"丁黄"。再加上另外几个杭州印人蒋仁、奚冈、陈豫钟、陈鸿寿、赵之琛、钱松,一并称为"西泠八家"。这八个人并不是一个时代的,前前后后大约相差有二百年呢,但他们的共同特点是在艺术趣味上都力追秦汉,讲究刀法,善用切刀,人们就把他们称之为浙派。浙派形成后,在中国印坛称雄100多年,是中国金石篆刻艺术的一个高峰。

晚清艺术界,另有一位大名鼎鼎的赵之谦(1829—1884),在清代同治光绪年间,若论书画印三绝,人们多以赵之谦为翘楚。李仲芳先生在他的《百年篆刻》一文中这样评价赵之谦,以为连接篆刻艺术古典和现代的纽带,是赵之谦、吴昌硕和黄牧甫,他们是篆刻史上的三座高峰。其实,这位只活了56岁的大艺术家,无论在碑刻考证、诗文、绘画和书法方面,都是当世大师。沙孟海先生对他这样评价:学问文章,根底深厚,书画篆刻,皆第一流。

《西湖新志》中关于赵之谦也有这样一段评价:怀才负奇,博通今古,所为文,奇玮恣肆,浅学之儒,无从句读。……于书,初学颜平原,继专力于篆隶八分及魏书,更推篆隶之意以作画,山水花卉,古茂沉雄,嘎嘎独造,墨迹流传,人争宝贵。这嘎嘎独造的形容,有声有动有态,让人想到制印时的金石之音。记得从前到西泠印社,在那里看到二十八印人画像碑,其中就有赵之谦。

赵之谦,绍兴人,咸丰时的举人,当过七品芝麻官——江西南城等县的知县,卒于任上,葬在杭州,墓地就在九曜山。

我们可以从他的治印中看出一些命运端倪。有一件朱文印,印文为"悲盦",取法皖派风格,篆法紧结洒脱,是朱文印的典型作风,短短两个字,那是为了纪念亡妻范氏而作的,无限的苍凉都在其中了啊。

赵之谦19岁就结婚了,娶的是会稽县的范姓之女,大名范璪,字敬玉,小名秀珊。说到这范家女子,也是一个不平凡之人。6岁时她要求读书,母亲认为她是个女孩子,不必读书,她小小的年纪竟然不同意,父母只得把她当男孩子来教习。她又是那么热爱读书,7年时间便把五经都读遍了,这样一来,她就成了封建社会里难得一见的有修养的才情女子。

自从20岁嫁到了赵家,范氏女子对赵之谦一家,可谓恪尽媳职。1861年夫妻分别,赵之谦去了闽中,谁知第二年,范氏就病故在了绍兴的母家,女儿蕙榛也跟着死了。那年范氏才不过35岁,而兵荒马乱之际,赵之谦被困在异乡,只能在万水千山之外为亡灵遥祭,这样的悲痛,真是撕心裂肺啊!中国最下层的知识分子,小人物的命运,大师的痛苦,除了化为艺文,还能化作什么呢?他在诗中这样写道:我妇死离乱,文字无一存,唯有半纸书,依我同风尘。他在为悼念妻女而篆刻的印章上刻了"餐经养年",又在侧款上题跋曰:……为亡妻范敬玉及亡女蕙榛造像一区,愿苦厄悉除,往生净土者。

倘若没有友情,不知道赵之谦在闽中如何生活下去。幸亏他入闽后不久就认识了杭州人魏锡曾,当时他正在福建任盐大使,因为爱好金石,见解高超,被当时的人称为"印奴"。他与赵之谦目相识之后,终生友情深厚。魏锡曾写诗乞画曰:知君家住大门口,十讨君门九回首。而赵之谦因为写信未及时得到他的回信,竟然再去信把他骂得狗血喷头,说:……此信到日若竟无一字来,则魏稼孙(锡曾之字)狗心鬼肺,神人共愤矣!况前此寄尺牍,价便嫌少,亦必写一收到之条,自此以后,竟不发一信,吾以汝死矣。……

写出这样的信而不伤友人之情,也只有深刻了解赵之谦的人才能够做到。

正是魏稼孙为赵之谦集印谱《二金蝶堂印谱》，请赵之谦题词，赵之谦写了"稼孙多事"这四个字，真是意味深长。实际上他为魏稼孙的刻印是相当多的，共有20多枚，且都是在治印艺术高峰之时所刻。1881年魏稼孙去世，赵之谦长叹：金石之友不获金石之寿。谁料三年之后，他自己也去世了。

赵之谦并不是一个人去的闽中，他还带上了杭州人亡友钱松的儿子、16岁的钱式。说起来这钱松一家也是可怜，1860年杭州城遭太平军之役时，作为西泠八家之一的钱松，一家六口五人罹难，只有14岁的次子钱式由钱松的弟子华复襄携出逃，留得一命。后来这孤儿就投奔了赵之谦，成了他门下的入室弟子。

赵之谦对这位身世悲惨命运不幸的弟子视为骨肉，显示出了中国传统文人中十分可贵的品行。正是在闽中的日子里，赵之谦开始教钱式刻印，他自己的那些悼亡妻女的印章祭跋等，也由他自己篆稿后再由钱式镌成。他对这位弟子是相当满意的，给人写信说："钱生人极聪明，而身体太单薄。"他这么说不是没有道理的，因为就在那年秋天，他去了京城，行前将钱式交付友人照顾，还四处写信为钱式筹备冬衣，那些文字读来实在让人心酸：弟拟为之筹冬衣，已遍告友人，苦无欲此者，兄于诸朋中择一二欲刻印者告之，公醵四五金，以50钱刻一篆字何如？再让亦可。以有为主。此事必求略办，此信到日，赶速招来。……弟去后兄等有可手援处，万望援之。如弟有插根处，必移植盆中。

赵之谦到了北京，也常常寄钱寄物给钱式，可惜这被赵之谦称为"孤根危绝"的少年才子，到头来还是在贫困中早夭，年仅19岁。

赵之谦曾专为钱式刻印，赵之谦自己的印也让钱式协助。比如有两枚印"俯仰未能弭寻念非但一"和"如今是云散雪消花残月阙"，边款就是他让钱式镌刻的，可惜尚未刻完，钱式就去世了，最后由另一位大印人汪述庵完成。一印而三易其手，这人间苍凉，怎不叫人感慨万千。

1862年之后的两年，是赵之谦一生篆刻事业的高峰，无论在数量还是在艺术水准上都十分可观，亲人死别，自己又流离远迁，悲哀愁苦之衷，愤激放浪之态，都从其中发出，竟然成就了千古绝品。都说文章憎命达，难道艺术不也是那样吗？

我们可以发现，正是在那一年以后，他写信给他的朋友秦勉锄，展示了他的艺术抱负，说：弟在三十前后，自觉书画篆刻尚无是处。壬戌以后，一心开辟道路，打开新局。

壬戌正是1862年，以后，他又在"松江沈树镛考藏印记"的边款上说："取法在秦诏汉灯之间，为六百年来摹印家立一门户。"口气是很大的，但沙孟海先生却评价说：这话并无夸大之处。赵之谦的时代，金石学盛极一时，参考资料既众多，又方便，吸收精华，充实创作，赵之谦有此条件，更有此才力。从他死后到今将近一百年，本国及日本印学界学习他体制的接踵而起，绝非偶然。

说到了沈树镛，又有赵之谦与他的一段印坛掌故。在《赵之谦尺牍》中，有这么一段记载，说的是他和同年考上举人的沈树镛如何访碑的，且记录如下：

《戚伯著碑》世间只一本，居然在都中，已访得其地，然未之见也。藏碑之人有一女，未字人，闻均老断弦，令人说亲，均初不肯因一碑许之。弟又誓不续弦，且贫，非彼所愿。此碑不到眼，碑自不幸，非我等罪。

为了一件碑文，竟想出娶那藏碑人家的女儿，不能娶，以为碑不幸，自己无罪，这是什么感情，这样的痴迷之人，世上能找到几个？

赵之谦到北京后不久，认识了另一位金石之友潘祖荫。此人一生高官，同时又是一位高明的金石鉴赏家，非常赏识赵之谦，故而在赵之谦谋拟捐官之时，出助百金。从那以后同治三年到光绪八年之间，潘氏几乎所有的印都出于赵之谦之手。光绪八年，潘祖荫获得了慈禧的表彰，他特请赵之谦为他刻了"赐兰堂"一印。金石界的人以为此印实为绝品，也是赵之谦平生刻的最后一枚印章。在此之前，他已经十年未刻印了，所以，在边款上写道：不作印已十年，目昏手硬。那年他已经54岁，离他去世只有两年了。

光绪十年（1884），赵之谦病死在他小小的江西南城官舍，一代金石巨子，就这样以56岁的年华，无声无息地在人间消失了。他平时交往的友人中有不少是达官贵人，他们的荣华与他的清寒成了鲜明的对比。想必他一定是一个非常极端的完全艺术化的人，在晚清这样的现实生活中，实在是非常难以维系下去的。

在封建时代，艺术大师们的天才之作，说到底，在官僚们眼里，还是玩物，是雕虫小技、风雅之物，与治国经邦是不能相比的。因此到头来，艺术家只能是体制的附庸，是栋梁上的装饰物罢了。而在艺术家眼里，他们的艺术就是他们的生命，他们不会真正为了一官半职抛去艺术，但在现实生活中又不能不求得一官半职而维持能够从事艺术的生命。这是多么半吞半吐的生命，而在这样的生命里，竟然还吐出了这样鲜美的人的花朵。

赵之谦时代的政治大厦，在他去世27年后就倒塌了，如果那时他还活着，正好83岁，这并不是一定就不能够活到的年龄，当世的许多老艺术家比如黄宾虹、齐白石都活过了90岁，但赵之谦的时代，容不下这样的大天才。

而今天的赵之谦，则将永远活在人民的心里。湖西开发，在赵之谦旧墓前建了纪念亭，相信随着时间的推移，人们对这位大师将有更多的了解，他的艺术和生平，将唤起更多人的共鸣——大师永存，艺术永存，王公将相则忽略不计、烟消云散了。

红顶商人胡雪岩

胡雪岩（1823—1885）名光墉，祖籍不在杭州，本是安徽绩溪人。徽帮商人闻名遐迩，富商巨贾大有人在。胡雪岩闯荡杭州的时候则两手空空，不名一文。那时，徽州人在杭州做买卖的特别多，杭州人称之为"徽州朝奉"。胡雪岩初来杭州的时候还是个少年，离乡背井，惶惶凄凄，按时下的话来说，也就是个打工仔。

不敢说胡雪岩此时已是满腹经纶，雄才大略。一个穷小子，填饱肚皮是第一的，但中国人还有一句话——时来运转。

19世纪的中国已进入了封建王朝的晚期，即使西方列强不打开中国的大门，在这块古老的土地上的资本主义萌芽也依旧会缓缓地生长。晚清的杭州，家庭手工业又有了进一步发展，木匠、漆匠、泥水匠都是来杭州求生计者的活计，胡雪岩来到一家钱庄做学徒，这一步真走到点子上了。

钱庄自然不是现代意义上的银行。钱庄老板不过是高利贷者。但能直接观察货币形态的变化，对于一个注定要在财富上大有作为的少年来说，不能不说是一种启蒙。这种启蒙在当时正急剧演变的年代里，不能不说是深刻的。胡雪岩一脚踏进杭州，就抓住了历史的契机。

果然，胡雪岩一到阜康钱庄就表现出他的机敏和勤勉，尤其善于应酬。为商者，眼观六路耳听八方，来的都是客，和气生财，胡雪岩深得老板器重，逐渐升为"跑街"，可以算是业务主管了吧。

胡雪岩是如何发迹的呢？众说纷纭。

胡雪岩的后世子孙胡亚光在《安定遗闻》中说，阜康钱庄老板无后嗣，胡雪岩又深得老板赏识，于是，老板在临终前就以钱庄相赠。对胡雪岩来说这比天上掉下个林妹妹还要高兴，不费吹灰之力，自己就成了老板。

而蔡冠洛在《清代七名人传》中又是这样说的：湘军一军官向钱庄筹军饷，老板恰好外出，胡雪岩擅自做主，借款2000银圆，老板得知此事大怒，将胡雪岩逐出店门。胡雪岩虽困顿一时，却终因祸得福，日后那军官发了大横财，一出手将十万银两借给胡雪岩开钱庄，此后，胡雪岩生意日盛一日。

还有一说法更为传奇。一日，胡雪岩在吴山遇到一个正在长吁短叹的书生，得知是因为无钱上京求职而愁眉不展，胡雪岩观此人生有吉相，暗下决心欲助一臂之力，在讨得一笔欠款后，即将银两交给了书生，自己却谎称未能讨得欠款而瞒过主人。这落魄士人就是王有龄，以后鸿运当头青云直上，官至浙江巡抚。有如此知遇之恩焉能不报？王有龄自然重酬胡雪岩。

胡雪岩有官府依托，又善于经营，阜康钱庄如同雪球越滚越大，仅十余年，29家分店遍布大江南北，拥有良田万亩，白银两千万两，顿时成为东南首富。商人以赚钱为本，胡雪岩亦不例外。不过胡雪岩与官府交往甚密，比起一般商人来更谙生财之道，深得官府器重。

太平天国战争中，王有龄曾命胡雪岩筹办粮草，以供军需。是时，李秀成已将杭州团团围住，胡雪岩入城不得，就将粮草转送给湘军，此湘军头领乃悍将左宗棠。1864年，左宗棠攻克杭州，令胡雪岩"主持善后诸事"。胡雪岩鞍前马后，竭尽犬马之劳。左宗棠以后又升任闽浙总督直至朝廷重臣，有左宗棠做靠山，胡雪岩成为当时最有名的一方士绅。

但在百官眼里，胡雪岩更出彩的还是在以后的洋务运动中。1866年，左宗棠任浙闽总督期间，决心创办福建船政局，胡雪岩多方献策。从建厂择地，谈判签约，到购买进口轮机，"凡一切工料及延洋匠，雇华工等船局事务""均由胡一手经理"。左宗棠在上海办军装局，在兰州办甘肃织呢总局，在酒泉开采金矿，在平凉开发泾河，这些企业所用机器都是胡雪岩向德商购买，外国技术人员也是由胡雪岩邀请来的。左宗棠兴办洋务企业，胡雪岩可谓劳苦功高。

从此，左宗棠更把胡雪岩视为心腹中人。兵马未动，粮草先行。这是军中常识，但军中无戏言，当左宗棠挥师西北，平定新疆阿古柏叛乱，又将东南补给线的重任托付给了胡雪岩。胡雪岩不但要负责上海转运局，还要兼顾福建船运局，同时又千方百计为左宗棠筹集军饷，购买新式武器。俨然是左宗棠的后勤部长了。

有此功绩，左宗棠岂能"委屈"了胡雪岩。光绪四年，新疆平定，左宗棠回京上奏皇上，称赞胡雪岩主持后方补给，"援其功绩，实与前敌将领无殊"。有重臣保举，胡雪岩由一个商人破天荒地被授予一品顶戴，再赐黄马褂，红顶商人胡雪岩显赫一时。

杭州清河坊的大井巷旁有胡雪岩的胡庆余堂，马路南侧一面长达60米的白色的封护墙，高在10米以上，光那块石垒成的墙角就有2米左右。墙上赫然写着"胡庆余堂国药号"7个大字。这是真正意义上的大字，每个字占墙面20平方米。后面落款的名字是章其炎，杭州城里不少的商家的招牌都出自他手。后来知道，章其炎先生是出身于油漆工的书法家，他这7个字写得何其有魅力啊！看到它们，就让我想起胡雪岩这个人。

胡庆余堂实际上不需要我们再多花笔墨来介绍，北有同仁堂，南有庆余堂，电视上一天到晚做着广告：江南药王，胡庆余堂。杭州著名的企业家，也是胡庆余堂最后的一个学徒冯根生前几年接手管理了胡庆余堂之后，这家百年老店可以说是越开越红火。但百闻不如一见，到杭州来的游人，还是非常值得到胡庆余堂中药博物馆看一看，那才叫长见识。

清代的杭州是江南药业的主要集散地，有"六大家"传世，其中方回春堂、张同泰国药号、叶种德堂国药号等，在江南一带都是名声很大的药店。当然，名气最大的，还是要数胡庆余堂。胡庆余堂建在吴山脚下的大井巷，占了八亩地，是座江南园林式的商业建筑，据说建筑木料都是建颐和园用剩的物资，进口的铁杪木。大门朝东，青石的石库门，门楼上的楷书透着金光：庆余堂。这三个字非常奇怪地没有落款。有人说是集秦桧的手迹，也不知是真是假。

胡雪岩于同治三十一年设庆余堂药号。不知是否能说这是胡雪岩平生最得意之笔，但此时正是胡雪岩一生事业的全盛期。不愧为有远见的商人，他这一锤子买卖果然做得可以。

19 世纪 70 年代，胡雪岩已成市场巨擘，垄断金融，操纵江浙商业，从事对外贸易，兼营茶叶和鸦片，何故又创胡庆余堂，亦多有说法。

一说是在咸丰、同治、光绪年间，疫病流行。当时军队调动频繁，途中经常有人倒毙，胡雪岩曾请医师配制了"避瘟丹""诸葛行军散""红灵丹"等药品，送交曾国藩、左宗棠军队及陕、甘、豫、晋各省藩署使用。以后各地时来取药，目不暇接，这引起胡雪岩开药店的兴趣，依他的精明和胆识，岂能放过如此商机。

还有一说颇为有趣，胡雪岩有个小妾生病，他叫人到药店配药，发现其中有几味药质量不好，就差人去调换，不料该药店不仅拒绝调换，还讽刺说：我店只有这种货色，如要好的，除非你家胡大先生自己去开一家药店。胡雪岩一气之下，决心自己开一家大药店。看来胡雪岩倒还是性情中人。

光绪四年春天，大井巷店屋落成，胡庆余堂正式营业。建筑形状如鹤，细颈、宽体，好像一只美丽的仙鹤停在吴山脚下，极富江南园林特色。仅就外在形式来说，胡庆余堂确有非常之举。一百多年，风雨剥蚀，建筑用的木料丝毫未损，坚固如初。

不用说，胡庆余堂的独特布局，宏大气魄，足以独步海内。但要和当时药业最负盛名的北京同仁堂叫板，拿今天的话来说，靠的还是"内功"。把胡庆余堂放在吴山脚下，实乃胡雪岩一大高招。当年的吴山可比现在生猛，山上一溜小街，庙宇、店铺、茶馆比比皆是，平常日子里也是人来人往，若在春秋两季那更是香客如潮，在这里做生意，首先就得了人气之先。人气旺不等于就能日进斗金，胡雪岩还得有绝活儿。在胡庆余堂开办之初，就以施药为名，派人到各地水陆码头赠送药品。当时中国也许还没有广告一说，但通过这类善举，胡雪岩确实取得了扩大影响的作用。据说，胡雪岩还常常到店里来站柜台，一次，有一位顾客对药品质量稍有异议，胡雪岩二话不说即收回成药，表示歉意，并保证在一两日内赶制好药调换。此事一传十、十传百，胡雪岩不就做了一回活广告吗？作为大老板真是"身体力行"了。

胡雪岩有两个远胜他人的地方：一是他的药主要是具有专项治疗价值的成药，便于病家选购、携带和使用。这比医生号脉后再来配方煎药方便快捷多了。此举大受病家欢迎。二是胡庆余堂资金雄厚非同一般药铺，不但可直接去全国各地收购药材，还自建药库，这就保证了药材成色上的"地道"且减少了批发环节。适销对路，货真价实，于是，胡庆余堂成了江南"第一药王"。时称"北有同仁堂，南有庆余堂"，胡庆余堂声名鹊起，远播海外。

药为治病救人，君子取财有道，这不用说。商人唯利是图，难道胡雪岩例外不成？但为商者亦有高下之分。胡雪岩深谙其道，为此煞费苦心。至今在胡庆余堂后厅的中堂上还悬挂着一块匾，上面写着"戒欺"二字特别引人注目。"戒欺"二字旁有胡氏亲自立下的戒律，曰："凡百贸易均不得欺字，药业关系性命，尤为万不可欺。余存心济世，誓不以劣品弋厚利，惟愿诸君心余之心，采办务真，修制务精，不至欺余以欺世人，是则造福冥冥，谓诸君之善为余谋也可，谓诸君之善自谋也可。"这话是否说得冠冕堂皇，后人自有公道。

胡庆余堂信誉蒸蒸日上，数度易主，店名始终不变。而且业主在招牌上除去"雪记"二字，顾客就不信任，营业额就下降。自己开的店，要用人家的牌子，想来心里也不是滋味。但没有办法，还得照旧使用"雪记"的字号，这叫无形资产。你用人家的资产，自然要付出代价。所以胡雪岩的子孙，也借此得以在全部股份中占有"招牌股"，每年按股份分得红利，直到公私合营为止。

胡雪岩在商场、官场左右逢源，游刃有余，飞黄腾达，财源滚滚。在生活中亦穷奢极侈。然盛极必衰，不久胡雪岩陷入一场经济危机之中。其人在丝业中与外国银行展开了一场激烈对抗，外商全力倾轧，封建官僚又趁火打劫，引发全国性的金融风潮。阜康钱庄在北京、上海、宁波、福州、镇江等地的分号全部倒闭，胡雪岩在破产困境中又挣扎两年。这时左宗棠病重，胡雪岩顿失靠山。清廷又一次下令：一面速将已革道员胡雪岩交刑部严定拟治罪，一面将胡雪岩家属押追着落，扫数完缴。胡雪岩大祸临头。

胡雪岩一世风光，死后却很是悲凉。杭州街巷里弄一时众说纷纭，连胡雪岩的葬身之地都没找到呢。大约又过了几年，报上有消息说，在杭州郊区上泗地区的一个山上，发现了一座废弃的孤坟，因为有一块墓碑，最后确定为胡雪岩的墓。那块墓碑倒是被有心人收回来了，但最后又被民工毁掉了。呜呼！胡雪岩的故事轰轰烈烈，好多有关胡雪岩的故迹却零落不明。又过了几年，当年胡庆余堂的最后一名传人冯根生主持胡庆余堂，上任伊始，他就专门隆重地修复了胡雪岩的墓。前人种树，后人乘凉，我们不能把种树的先人就这么忘掉啊！

实际上，真正的胡雪岩故迹还有一处，很大，杭州人都知道，就是他元宝街的故居。元宝街本身就很有意思，它在中河附近，据说元代时是个富藏库址，所以才叫元宝街。20世纪90年代初，它依旧保留着江南民巷的那种特有的风格。石板很大，整个巷子两头低，中间微微地拱起来，下雨若巷内无人，青石板上泛着水光，人走上去，发出咚咚的声音，那意境是别处无法领略的。听说30年代时元宝巷口真的放着一只硕大的石元宝，人们走来走去，可以从它身卜跨讨夫，后来被岁月踏成两半，再后来，干脆消失了。

巷子两边是很高的墙，剥落的墙壁上长着一从从墙草，胡雪岩的故居大门就在巷当中，大门紧紧关着，这里已经是七十二家房客的大杂院了。

进入2000年，忽闻"红顶商人"胡雪岩的故居真的要修复了。这些年来杭州有关方面的人士也没少呼吁，但一直听说没有钱，没法修复这江南名园。

胡宅建于1872年，比胡庆余堂还早建两年。那是胡雪岩血气最盛的得意时光，从他的宅院中也能看出他当年的气派。同治十一年，他在元宝街一侧划地十亩，修建了这个宅院。因里面有个芝园，所以也有人称胡宅为芝园。旧居占地有7000多平方米，现存古建筑还有2000多平方米，仍算是杭州市规模最大的园林式民居。分为东西两大部，东部是园林，西部是住宅，分里7间和外7间。

胡雪岩异想天开想把西湖搬进家里。其中一个花园就是按西湖设计的，湖边的假山仿飞来峰，光是这座假山的建筑费，就耗资8万银圆。假山上建有重檐方亭"拜月亭"和跨空书院"四照阁"。为了使胡宅中联系方便，胡雪岩特地请了外国技师，装置了连上海都没有的电话机。逢佳日盛期，踏雪寻梅、中秋赏菊、婚丧喜庆、唱戏打醮，无不极尽奢华。

胡庆余堂博物馆保留着一张有关芝园的老照片，那的确是十分有气派的园林，可惜胡雪岩在这里只住了10年左右。1883年他彻底破产，朝廷治了他的罪，圣旨未到，胡雪岩先走一步，死了。当时杭州知府和仁和、钱塘两县县令同去查看，真是悲凉到家。只见桐棺七尺，停放在堂前，灵幔垂地，烛光如豆。再对其家产一细点，哪里还有什么东西，除了桌椅板凳，其余细软，早就抵了债务，人亡财尽，无产可封也。

当年胡雪岩停棺之处，就在这元宝街的故宅里吧。一代巨贾就此了却残生。这幢花园住宅，也抵给了当时最大的债权人刑部尚书协办大学士文煜，以后又渐渐败落。

幸运的是，1920年有个叫沈理源的人，是中国第一批留学归来的建筑师之一，他给当时的胡宅画过一张平面图。整整80年之后，这张图在这一次修复中用上。胡宅从前很讲究，有红木厅楠木厅，摆设多用酸枝木制成，这些家具早已流散一空了。但听过去的人说，那大户人家的气派依然还在。比如胡宅的采光非常好，厢房多用落地大玻璃。胡宅的防潮层非常科学，最底下是沙土，沙土上是倒铺的瓦盆，瓦盆上面才是石板。在保温散热方面，胡宅也有神来之笔，它屋檐的椽子上面有着蘑菇形的砖头，这样一来，房屋便冬暖夏凉了。

凭良心说，胡雪岩应该算是当时的商界英雄，他最后的失败，是中国萌芽的资本主义不敌西方帝国的倾轧，说是虽败犹荣也不为过。

西湖边的洋教

　　清朝晚期，西方文化开始与东方文化发生激烈的撞击。在西方文化对华的渗入过程里，宗教始终处于最大层面、最先进入态势。我们的家园杭州，在基督教对华的传播当中，起着很重要的桥头堡作用。前美国驻华大使司徒雷登就出生在杭州，他父母一代在杭州传教、办学校数十年，去世后也依他们的遗愿，葬在九里松。

　　如果从清代往上追溯，在杭州这个地方，是很可以看出一点中西文化的冲撞的。研究吴越文化的专家们以为，生活在这块土地上的人们有着比较开放、敢于和外部世界接轨的精神，在宗教信仰上，似乎也是如此。4世纪时，一个从西域来的印度人慧理带来了佛教文化。一千多年后，另一群高鼻子蓝眼睛的洋人，则把另一种信仰栽种在西湖边的沃土里，直到今天。

　　元代初年，基督教就曾在杭州传布。明末清初，号称天主教三柱石中的两大柱石就是杭州人，一个叫李之藻，另一个叫杨延筠。再加另一个柱石式人物——上海的徐光启，也是江浙一带的人。李之藻是明代著名的科学家，曾任过工部侍郎，因为跟着意大利的传教士利玛窦学习西方科学，最后把天主教也学习上了。明朝万历三十八年（1610），他受洗成了天主教徒。第二年他父亲去世，奔丧回家，他还不忘带上他的教徒和神父朋友一起来到西子湖边，一边奔丧一边传播起天主教来。

　　杭州人杨延筠和李之藻本来就是朋友，此时当然要到李家来吊丧。真不可思议，都这时候了，李之藻也没忘记在父亲的丧礼上向老朋友传教。这个杨延筠，也是万历二十年的进士，从前是笃信佛教的，乍一接触天主教，从激烈反对到渐渐接受，后来竟然入了迷，两年之后，他也受了洗，成了天主教徒，以后还出资在天水桥修了一座教堂，这就是司徒雷登故居旁的天主堂的前身。

　　杨延筠信天主教，也真够虔诚，他甚至把他家的坟地都献了出来，作了传教士们的墓地。这个墓地在今天的杭州老东岳的桃源岭，至今尚存。

但杭州毕竟是东南佛国，有悠久的佛教文化传统，佛教徒们怎么能眼看这些洋教恣意发展呢？两边的人就打起嘴仗和笔仗来。仗打到万历四十四年，南京礼部侍郎沈㴶发起一场反教运动，驱逐传教士，禁传洋教，李、杨、徐奔走呼号，此事即南京教案。后天主教恢复传教，算是逃过一难。

清朝前期，朝廷对天主教小心翼翼，有种种限制，但还不到禁止的地步。当时杭州的天主教由一个中国名字叫卫匡国的意大利人主持。这个卫匡国是29岁那年来到杭州的，一开始在兰溪传教。在江南抗清热潮中，曾经跟着明室抗清。后来从事中国地图绘制。据说清军刚打进杭州城的时候，他想出一条保护教会的妙计，在天主堂门口写上：大西天学修士寓此。清军果然没有动教堂。顺治七年（1850）他回国一次，专门向罗马教廷解释中国的教徒们可以祭祖和祭孔的理由。1657年，卫匡国回到杭州，从此一直在杭州传教，直到1661年48岁那年死于杭州，就葬在今天杭州桃源岭下的小溪旁。直到今天，他在本国意大利还非常有名。

到清顺治年间，杨廷筠死了，可他的女儿却接了上来，对天主教虔诚一如父亲。当时的浙江总督佟国器，本是皇亲国戚，自己和他的夫人都信天主教，还出资建了宏大的教堂。但本土信仰和西洋信仰的斗争始终没有停止过，直到雍正朝，李卫担任浙江总督时，天主教堂终于被没收，成了天后宫，专门用来祀水神。看来李卫对天主教真是深恶痛绝，他刊石立碑，洋洋千字，把天主教骂得狗血喷头。从此，杭州的天主教中断了一百三十多年。

鸦片战争以后，天主教在杭州恢复了活动，而且基督教新教也传播进来。传教士纷纷来杭，司徒雷登的父亲就是在这样的历史背景下来到杭州的。论起家族渊源来，司徒雷登和林肯总统还沾着亲呢，不过是远亲罢了。他的曾祖父是林肯夫人的表兄。1868年，司徒雷登的父亲司徒尔单身来到中国杭州，在一座鸦片烟馆的楼上租了间住处，又雇用了一个没有受过训练的厨师，就这样开始了他的传教生涯。五年之后，他离开杭州回国，然后和司徒雷登的母亲结婚。1874年，他们又从美国回到杭州。

据说那个时期的杭州传教士们，一开始是住在吴山顶上的。根据司徒雷登回忆录的说法，当时在山上住着一位姓马的政府官员，相当于省财政厅长的职务，他的儿子生了病，认为是传教士们住在山上的缘故。这样，他们就被迫搬到了今天的天水桥一带。他们说，当时这里是杭州最贫穷的地方。两年之后，司徒雷登在这里出生了。

当时天水桥畔的天主教堂旁的巷子，原名兴福巷，因为住在这里的传教士多了，改名为耶稣堂弄的。到1873年，司徒雷登出生前三年，堂中的教士们在这里开办了仁慈堂，设了医局，办了学校，又办了育婴堂。基督教文化，就这样在杭州扎下根来了。

拱宸桥的日租界

拱宸桥是一座古桥，建立于1631年的明代。位处杭州的北部，大运河南端。当年一个姓祝的举人，认为这个地方属于交通要道，应该建一座桥，就发起募资，筹集了一万多两银子，造了此桥。桥名也起得有意思，那"宸"字，原意即北斗星，象征帝王宫殿；"拱"字，当然就是对帝王的相迎和敬意，桥名因此而得。这座桥附近原本是荒凉的，桥自身也没有什么太大的名气，如果不是后来中国社会性质发生了实质性的变化，拱宸桥也就是杭州北郊一座普通古桥罢了。但中国历史上的一个重要对外条约，改变了它的命运，使拱宸桥成为一座具有历史见证意义的桥。

1895年中日甲午海战后，中国被迫与日本签订了《马关条约》。当时日本方面要在杭州市开辟通商口岸，中国方面也不能说不抗争，无奈弱国无外交，到头来，杭州还是成了人家日本人嘴里的一块肥肉。

日本谈判代表珍田舍已是1895年11月到杭州的。这家伙通汉语，也通英语，一行数人，一到杭州就住在当时广济医院隔壁的圆通寺。当时中国方面已经决定把拱宸桥一带划作日本租界。地域面积"径直三里，横约二里"。日本方面最后认可了这块地方。1896年10月1日，清政府设立的杭州海关正式开关。

在拱宸桥的海关尚未开埠之前，日本方面已经在西湖边的石塔儿头设立了日本驻杭领事馆。这幢当年建立的西式楼房直到今天还在，成了浙江省旅游局的所在地。

拱宸桥地处运河终点，在当时应该说是一个交通要冲，有着重要的经济意义。日本人实在是精明的。拱宸桥在开埠前，并不是一个商业特别发达的地方；开埠之后，在相当长的时间里生意也并不好。当时日本到这里居住的侨民，大多是一些小商小贩，卖药的、做鸡蛋卷的、卖杂货的，他们小心翼翼地向杭州人打听杭州的地理环境，学杭州人的方言。这样过了一段时间，腰配刀剑披头散发的日本浪人涌进了拱宸桥，他们和当地的青洪帮打成一片，与原来就盘踞在此地的帮会势力相互勾结，狼狈为奸，时间长达半个世纪之久。

三五年之后，拱宸桥开始畸形地发展起来了。日本人在这里设置了邮电所，兴办了汽轮会社，在街头放映当时杭州最早的无声电影。这一切，着实把当时的杭州人给震了一下。

一个商业中心就这样初具规模地建立起来了。日本人在这块地方搞了一个"五馆"政策，就是兴办烟馆、戏馆、妓馆、赌馆和菜馆。其中最恶劣的就是设娼卖淫。当时的清政府早已没有能力管事，只好睁一只眼闭一只眼，任日本人将拱宸桥变成一个公娼区。妓艺稍强的，多在福海里，有近两百多户。次一等的，多在大马路和里马路的茶园酒肆里晃荡。再有那三等的，就只能在拱宸桥西鬼混了。

在这片不大的日本租界里，也住着日本军妓，她们都是从本国的妓女中挑选而来的。抗战时期的日本官妓则住在今浣纱路旁边的泗水新村。

拱宸桥有过这样一段不正常的盛极一时阶段，许多剧团也从外地和本地到拱宸桥的剧院丹桂园来演出。到20世纪30年代的时候，拱宸桥到了历史上最繁华的时期。现在想来，它就是一个当时标准的红灯区。

抗战时期，日本军队用混凝土把拱宸桥中间铺成了斜面。以通汽车和人力车。抗战胜利后，中国人收回了租界，拱宸桥那一页耻辱的历史也永远被翻了过去。

最后的清吟

1900年，岁在庚子，闰八月，清德宗爱新觉罗·载湉登基已经有26个年头。时值春夏之交，义和团聚集京津；八国联军先占天津，又攻北京；慈禧太后携光绪帝出逃皇宫，经怀来、宣化、大同、太原，一路亡命向西。

与此同时，71岁的杭州人氏、户部尚书、协办大学士王文韶，并未意识到时世给他的那只绣球如此凄惶。7月21日，慈禧召见王公大臣五次，最后仅剩下王文韶、刚毅、赵舒翘三人。慈禧离京时，旁边没有什么老臣护驾，唯有无轿可雇的王文韶父子，徒步三日，于怀来追上主子，肿跛的双膝一软，便涕泗横流。西太后见满朝文武作鸟兽散，独此江南老人追踪而至，百感交集，痛哭流涕之后，遂解随身佩戴的玉中之玉——"脱胎"一块，恩赐于他。这位大清王朝，也是中国两千年封建王朝临终苟延残喘之际的"宰相"，就这样狼狈而又痛楚地载入史册。

几乎整整一百年之后，无意之中，我走进了杭州上城区清吟巷。这里有王文韶的故居。1908年底，王文韶在这里去世。三年后，中国最后一个封建王朝——大清王朝寿终正寝。

王文韶的故居在清吟巷里。旧日相府的一部分做了小学，另一部分被占为他用。这座建于清末的中式宅院，今天看起来，依然基本完好，现在已成西泠印社拍卖公司所在地。王文韶的祖上就住在这条巷里，后来家道中落，直到王文韶手里又重振家业。他当上大官后，听祖上传说曾有红蝙蝠绕着祖宅的梁上飞翔。福蝠同音，蝙蝠在中国人眼里一直是吉祥之物，吉利之兆。因此王文韶就大兴土木，耗巨资兴建了这规模宏大的住宅。宅内原有退圃园、红蝠山房、藏书阁等大小厅堂楼阁花园天井十数处。直到现在，门厅、轿厅、中厅、戏厅和鸳鸯厅等古建筑，依然保留着原来的样子。但从前的辉煌却再也不会回来了。真是"数十年来车马散，古槐深巷暮蝉愁"啊！

倘若你有兴趣，站在已经当作小学操场的院落里，可以想象从前的光景。那一进门就可以看到的蓝底金边幡龙的"太子太保大学士第"的匾额，厅堂上挂满了的匾额"重游泮水""重赴鹿鸣""松茂柏悦""兰馨松盛"……它们都到哪里去了呢？

从这个大院子的后门侧入，走进一条极狭的小巷，旁边的风火墙极高，走进院落，人们仿佛又回到了清朝。这个院落里的一切虽然已经非常衰败，但依旧可以从一檐一柱一井一石看到当年的盛况，甚至那些爬在窗棂上的青藤，也仿佛在诉说着历史的沧桑、命运的起落。

王文韶（1830—1908）这个杭州人，实在是一个很值得一说的人物。他虽然做了朝中的大官，但并没什么背景。他的家世，到他父亲这一辈，已经十分清寒了。父亲在江苏嘉定城里开了家小酱油铺子，他自己从小就帮着父亲打下手。说起来，也就是个小伙计吧。但王家祖上曾经是有过"光荣历史"的，有个祖先宋代当过丞相。王文韶的父亲虽然一身酱油味道，但心里还是念念不忘那个当大官的祖先，并把这光荣梦想的实现，寄托在儿子王文韶身上。

望子成龙，父亲把儿子送到私塾里去读书。但王文韶从小不学好，用杭州土话说，他是一个"不要好的坯子"，小小年纪就学会赌博，到15岁那年，赌债已经多到可以买40担大米。年关时，债主们堵塞了他家的门。

王文韶的父亲倒还沉得住气，把家中的年货全部抵了债，不够部分写欠条，答应一定还清。王家这个年过得可想而知。王文韶大哭一场，把赌牌扔进河里。从16岁开始发奋读书，19岁中秀才，以后就一路考上去，23岁中了进士。在科举时代，这也应该算是少年得志。

王文韶在北京做了十几年京官，日子过得一直很清苦，但他很有文才，写的奏书在京城内外广泛传诵，这就给他日后的名声打好了基础。他也曾放到外省去当官。这时他在官场里已经磨炼得非常得心应手。因为他一生谨慎，人们给他取了个外号叫"玻璃球"，就是圆滑的意思。杭州人对这样的人还有一个形象的称号：油煎枇杷核儿。这个王文韶称得上是一个油煎枇杷核儿式的人物。

光绪八年（1882），王文韶已经年过半百，在官场里和人斗了起来，最终斗不过别人。第二年，他只好以奉养母亲为借口，回到杭州城，就住在钱塘门外的味莼湖舍。那年，他的人生道路可以说到了一个最低谷，母亲、儿子和媳妇相继死去，他自己也大病一场，耳朵几乎聋掉，住在西湖边，眼看就等死了。不料命运又起了巨大转折。

王文韶58岁那年东山再起，李鸿章保他到湖南当巡抚。后来又到云贵当了总督。1894年，他已经64岁了，当了直隶总督兼北洋大臣，这才算是真正的青云直上了。

1899年，王文韶当了户部尚书、协办大学士。一年以后，义和团运动起，王文韶是反对派，他跪在慈禧面前，一边磕头一边讲自己的主张，把血都磕出来了。站在慈禧身后的端王载漪是义和团运动的支持者，听了王文韶的话，气得当场喊道："杀此老奴！"

慈禧差一点真的把这个老奴给杀了，只是局势变化太快，八国联军一下子就到了京城外，这才保下了王文韶的一条命。

义和团运动之后，慈禧太后对王文韶的信任到了空前的地步。1900年冬，他被任命为体仁阁大学士，当时清王朝的国内外大事，基本都由王文韶一手抓。李鸿章死后，外交事务上的许多事情也都是王文韶接手继续干。他毕竟是70岁开外的人了，耳聋眼花，续妻又死，他也不想再干下去了，打了5次辞职报告，直到1907年，清政府才同意他回杭州养老，他这才回到清吟巷的相府之中。

1908年，王文韶79岁，按照杭州人过生日的习惯，叫"做九不做十"，八十寿辰，要在80岁生日时做。整整60年前，他考上了举人，这也是一个庆祝的由头。这位老相爷心里高兴，准备大庆一场。就在清吟巷的相府里搭了一个台子，演三天戏祝寿。那一天，杭州城里的名流官吏可都是到齐了，正热闹着呢，噩耗传来，皇上升天了！太后升天了！晴天霹雳，相府乱作一团，连忙罢宴，收去一切红色的物件。客人走得一干二净，一场喜庆，顿化丧事。王文韶本来就有病，听说主子去了，急火攻心，伸伸腿，他也跟着老佛爷去了。

因为王文韶是位极人臣的大官，丧礼也很是花了一番周折，所以直到第二年的旧历三月才出丧。从北京专门来了32个抬棺材的人。出丧用的纸扎不计其数，一个开路神高过屋檐，装上轮子还要4个人推。杭州城里的纸扎铺3

个月前就在扎那些纸人、纸马、纸房子。浙江各地的人，包括临近省份的人，听说杭州有天下第一大官要发丧，跟看戏似的，早早地准备，到了那一天，就从四面八方赶来看热闹，当时杭州城大小旅馆，全部爆满。

说起来这个王文韶也实在是晦气，声势搞得那么大，天公却偏偏不作美，第二天发丧，头天夜里下了好大一场雨，因怕那些纸扎货经不起淋，只好又等了三天。到真正发丧那一天，送丧队伍排了10里路长，有的人早晨六点就起来守在路口，到十点钟还没看到棺材。那架势，不说别的，光是御赐的各种珍物，就有70多个彩亭。

王文韶发丧，成了当时杭州城里一件轰动的新闻。知否知否，这哪是为杭州的一个退了休的老官僚送丧，这是在为2000岁的帝制王朝送丧啊！

The
Biography
of
HangZhou

杭州传

第十二章

三千年未遇之变局

辛亥革命前后的杭州（1911年前后）

国魂不死

20世纪初,中国几千年的封建社会已走到了尽头,《马关条约》刚刚签订,杭州拱宸桥已割给日本人为租界,丧权辱国的严酷现实就摆在眼前。戊戌变法失败,意味着改良的道路已走进死胡同,一场更猛烈的风暴正在酝酿。

此时的中国正处于社会大转型时期,杭州得风气之先,传统与现代并存。银行、铁路、工厂等不断出现,股票开始发行,民族资本家阵营开始形成。江浙财团在中国各大城市尤其在上海建立了对外开放的桥头堡,浙江的经济,已完全从农耕文明中脱颖而出,机械化的纺织、造船等现代大型企业纷纷出现,新学统领下的教育也随之水涨船高。

思想转折,文化多元,维新思想依然被进步的士大夫们信任和实践,新式教学、东南互保和保路运动成为浙江新旧政见相结合的成功产物。

此时浙江思想者的天空可谓日月星辰灿烂,没有一个时代的精神如此激进,而行动又是如此剧烈。以秋瑾为代表的革命义士们在杭州直接参加了推翻帝制的暴动;以鲁迅为首的新一代文化人执笔为枪,口诛笔伐,直接参与了扫荡腐朽的旧世界精神战斗——浙江的一群豪杰与义士,成为时代上空灿烂的星座,浙江在这一时期先进的文化突发,堪称中国即将到来的大革命的先锋队。

1911年10月10日,武昌起义一声枪响,大清帝国轰然倒塌。以该年农历"辛亥"命名的大革命,从根本上摧毁了统治中国两千多年的君主专制制度,开启了民主共和的新纪元。1911年11月,各地会党百余人在杭州会合,秘密组成敢死队。11月5日凌晨,起义的浙江新军分兵进攻吴山旗营的将军衙门,迫使旗兵投降。杭州宣告光复,就此进入了一个新纪元。

为我名山留片席

教育总是一切革新的开端,在一切新事物的芽尚未呈现时,教育的花骨朵儿就开始绽放了。走在中国前列的浙江新思想新文化运动,也毫无例外。清末的浙江是中国现代思想浪潮汹涌掀起的浙江。教育开放,成为主张新政者的第一要务,林启这个外省人,就这样成为浙江人的文化符号。

现在的孤山脚下放鹤亭旁,有一幢二层楼的青砖西式楼房,早已作为林启纪念馆对外开放。此馆恰恰与中国的新学教育相辅相成。人们不禁要问,林启何许人也,他怎么会有与林和靖比邻而居的荣幸呢?

林启(1839—1900)并不是杭州人,但他是作为杭州知府长眠在杭州的,他生前曾写下过这样的诗句:为我名山留片席,看人宦海渡云帆。后人也就遂了他的愿,把他葬在了孤山脚下,林和靖墓旁。

林启字迪臣,福建福州人,和林则徐同姓又同乡,同样都在杭州做过官,同样都是生于忧患死于忧患。林启是第一次鸦片战争前一年出生,第二次鸦片战争三年后,也就是清同治三年(1864)中了举人,12年后也就是光绪二年(1876),他又中了进士。官路本来走得还算稳当,一路累拔,担任过编修、陕西学政,后来还出任过浙江道的监察御史,提出过"简文法以核实政、汰冗员以清仕途、崇风尚以挽士风、开利源以培民命"的政治主张。清军对外战败,可慈禧太后却耗巨资建造颐和园,林启十分气愤,毅然上书:"请罢颐和园之役,以纾民困",结果得罪了慈禧太后和亲贵大臣,他被外放到浙江任衢州知府。

杭州人民记住了他,主要还是他对杭州近现代教育所作出的不可磨灭的巨大贡献。他在杭州的最大政绩,就是兴办学校,提倡农桑,开笃实士风。林启是1896年从衢州调到杭州来任知府的,那年他已经47岁了。彼时《马关条约》刚刚签订,杭州拱宸桥刚刚割给日本人当租界,丧权辱国的时代开始了,林启显然已经意识到教育与救亡之间的那种关系。据说他到杭州,刚下车就兴冲冲地奔到东城讲舍,以政治和时事来与学子们讨论。他出了两个题目,一个是《兴亚策》,另一个是《诸葛公可谓名士论》,讨论结果,当时还是学子的章太炎得了第一名，真是千里马还养在厩中就被伯乐相中了。

第二年，1897年春天，林启在普慈寺办起了"求是书院"。履行《中庸》的精神"博学之，审问之，慎思之，明辨之，笃行之"。他招收了第一批学生，共30名，章太炎是第一名。这是中国创建的最早的新式学堂。新学办得可以说是举步维艰，处处卡防。就在"求是书院"创办的第二年，百日维新失败，六君子被杀，当时的维新人士人人自危，求是书院的学生们一时十人中退学了七八个。学生都跑光了，这学校还怎么办下去。有不少人以为求是书院完了，林启却义无反顾，在求是书院第一任校长的职务上无畏地挺住："居今日而图治，以培养人才为第一义。居今日而育材，以讲求实学为第一义。"在杭州，他培养出陈独秀、厉绥之、施承志、邵飘萍、许寿裳等杰出人才。

办学，经费总是最困难的事情。林启建议浙江巡抚廖寿丰（1835—1901），利用被充公的杭州蒲场巷普慈寺的寺屋。书院"以讲求实学为第一义"，廖寿丰曾是封疆大吏，也是福建人，他们政治立场一致，又有乡谊，所以事情很顺，他任命林启为"求是书院"总办，负责确定章程、延聘师资、招收学生等事宜。

林启可不是挂名校长，每逢望日（每月十六日），他就亲临书院课学，命题阅卷，督促甚勤。书院开设了数学、物理、化学、史地、博物、音乐、英语、日语等现代课程，购置了教学仪器和图书。书院还聘请了美国人王令赓担任总教习，另请两位具有革新思想的学者任教习，成为当时传播新知识、新思想的场所。杭州人学者邵裴子（1884—1968），曾说求是书院"为浙江革命思想重要源泉之一。求是书院成立不过三年而校内革命思想已蓬勃发展，后来参加革命的亦有多人，成为本省及全国革命史上不可或缺之一部分"。可以说，浙江和杭州的近代高等教育就是在这样的高度上开始的。

同年夏天，林启又建了"蚕学馆"，这回又创了一个第一：这个蚕学馆，也是中国最早的蚕桑学校，中国第一所纺织学校，后来的浙江丝绸学院，再后来的浙江理工大学的前身。

说到办蚕学馆，林启也是有切身体会的。人们说，他在衢州为官的时候，官府里种的不是桃柳异花，摆置的更不是金鱼假山。他在府署的前院种上了桑,后院则种上了棉。有人劝他,你这么一个堂堂的知府,怎么可以来做这样的事情?林启可没有这些想法,他不但自己种桑麻,还让夫人带着儿媳妇们一起养蚕,果然不久之后,衢州四乡就一片蚕箔了。

所以,林启关注蚕桑,是在他任衢州知府时就开始了。调任杭州知府后,他大力提倡发展蚕桑。因为他看到了由于蚕桑技术落后,"蚕病蚕窳而丝劣",蚕丝生产衰退,农民养蚕歉收,杭州市场上已经充斥了东洋人的丝,而当时浙江丝的产销已经到了一落千丈的地步。当时的民间,每年在蚕丝方面要锐减白银580万两,而国家的关税则要减少20万两。正是在这样的局面下,林启意识到发展蚕桑业的重要性。为此,已经58岁的林启开始学习日语,以便了解日本蚕桑业的发展情况。他还自己掏钱买了一架国外的显微镜,领着他的儿子一起选种,做试验,最后终于兴办了注重课堂教学与实习的蚕学馆。馆里请来日本教师,又让学生边实验,边走出国门,走向乡间,把教育和振兴中国实业相结合,目的在于除去蚕微粒子病,选育佳种,把优良的饲养技术传授给学生,然后推广到民间。

蚕学馆在金沙港一带择30多亩地为馆址,经费由布政司拨给。蚕学馆设有动植物、理学、蚕体生理、病理、解剖、气候、土壤、饲育、植桑、缫丝、采种等课程,并在杭州城内和湖州设置了试验场。蚕学馆学制为两年,学生多为秀才,向全国招生。蚕学馆不仅供给伙食,还给每个学生3块钱零用钱。林启自兼总办,请在法国留学时学过选种的江生金任总教习,聘请日本蚕学家轰木长子、前岛次郎和西德德太郎等为教习。还派毕业生去日本学习养蚕和制丝技术。蚕学馆的兴办,对全国蚕桑丝绸业的发展作出了重要贡献。

两年之后的1899年,林启又改当时的圆通寺为"养正书塾",这也是浙江省建立的最早的普通中学,即今日杭州高级中学和杭四中的前身。

养正书塾,显然来自孟子的"吾善养吾浩然正气"。校址在杭州直大方伯路原圆通寺。1899年,维新派刚经历失败,清政府下令各省停止办学,林启只能使用"书塾"的旧名。林启为杭州中等学校的创办开了先河。养正书塾成为浙江省最早的公立中学,开设了许多现代课程,培养适应时代发展、能为社会所用的人才,设置的课程有国文、小学、经学、修身、算术、历史、地理、物理、体操、英文、音乐等。教师中有陈叔通、汪希和常为林纾口译英文小说的魏易等。

养正书塾的地址得来也颇有戏剧性。原来这条巷里有个圆通寺，寺里原有和尚，但这些和尚不守清规，倚仗官势，做了许多坏事，被百姓告发。林启查封了寺庙，将这里改成了教化之堂。

1897年建的"求是书院"，为浙江大学的前身。同年办的蚕学馆，为浙江理工大学前身；1899年办的养正书塾，即今杭州高级中学前身。三校为浙江省开创省立大学、职业学校和普通中学先河。

应该说浙江人还是有福气的，在这样的大变局时刻，有幸遇见这样一位省城父母官。他摒弃官场陋规，刚正廉明，勤于治理，倡导务实之风，杭州市民称他"守正不阿，精明笃实"。史书记载，林启"守杭五年，政平人和"，"治杭得其政，养士得其教，为匹夫匹妇得其利"。而这三所学校建立在杭州，恰成为杭州近代教育的鼎立三足，它的深远影响，怎么形容都是不为过的。

1900年4月24日，林启在杭州去世，享年62岁。其后人欲将其遗体运回家乡福建安葬，杭州人民则要求把他安葬在西湖旁，最后，还是因为林启生前有"为我名山留片席，看人宦海渡云帆"的诗句，林家子孙终于同意将林启安葬于孤山北麓。

林启墓的墓门做成石牌坊，林启墓的石牌坊上有一联，写得实在是好：上联为：树人百年，树木十年，树谷一年，两浙无两；下联是：处士千古，少尉千古，太守千古，孤山不孤。

杭州人在孤山放鹤亭旁创建了林社，又称"林启纪念馆"，坐落在放鹤亭东面，这是一座中西结合、飞檐翘角的小楼。1900年林启病逝后，杭人邵章、陈敬第、何燮侯等为永志思念，谕准以孤山民产四分之厘为社基，倡议建林社设祭。初建时为砖木结构的中式平房。每年农历四月，杭州各校都要到此来进行祭祀。1925年，陈叔通先生等人发起扩建林社，但经数十年之后，社宇渐渐倾圮了。抗战胜利后，1946年，林启创建的这三所学校都回到了杭州，于是又发起重建林社，但当时时局动荡，到1948年，房屋尚未结顶的时候，就再也没有人力物力来完成了,连张宗祥先生撰写的"重建林社碑记"也因无钱刻石而暂停在那里。直到新中国成立之后的50年代初,小楼才全部完工。

1997年,林启来杭任知府一百周年了,他建立的求是书院、蚕学馆也创建一百周年。此时的林社重新开放。孤山下从此双林相映,光照千秋。

山长和他的学子

讲述了林启,我们再来讲述他的一名学生章太炎(1869—1936)。林启知府料也想不到这位学生会成为辛亥革命时期首屈一指的人物。

许多人以为如章太炎一般的大人物,是那种只能在高头讲章中矗立的塑像,无论是从革命、从学问,还是从人生,他们都不是在闲谈中可以展现的。但章太炎先生实际上又是那种可以被人们在闲谈中说起的人物,因为他的性情,是可以入街谈巷议的。人们说到他的怪异性情,稍不留意,就容易遮蔽他的伟大思想。他在中华民族历史进程中曾经起到过的重大作用,被后来的严肃学者们反复研究,而他留下的那些个性极强的所作所为,则被文人们写进文章中,诉于口端,散落在民间。

杭州净慈寺前方,苏堤尽头,南屏山荔枝峰山脚,有章太炎先生墓,又有先生纪念馆。先生名炳麟,号太炎,余杭人氏,中国近代著名的革命家、思想家和国学大师,毕生致力于资产阶级民主革命,虽历经磨难,七遭追捕,三入牢狱,矢志不渝,且又学识渊博,文通古今,生平400万字著述,字字珠玑。

先生早慧,也是那种传统文化正统礼教土壤里生长出来的叛逆种子。从小习汉学,理想大概也是树在汉学之上的。故1890年21岁时,便来到杭州孤山脚下的诂经精舍,师从俞樾。1897年,当时的杭州知府林启办浙江近代第一所新学"求是书院",招生30名,据说第一名录取的便是章太炎。考中了却不去读,这大概也正是章太炎这样的天才之人才有自信做得出来的吧。手头无确切史料,不知事实确凿否?但有一件事是可证的,就在同一年,他做了另一件大事，与宋恕等人，在杭州发起创立了"兴浙会"。这个组织的建立，标志着近代浙江知识分子的新觉醒。他后来那"吾爱吾师吾更爱真理"的惊世骇俗著名宣言中的"师"，正是俞樾。所以说，影响章太炎一生的有两位先生，除了林启，更重要的还是俞樾。

俞樾（1821—1907）人称俞曲园。杭州一座西湖，竟有两处景点与俞樾有关，一楼一墓，一生一逝，真当得上"花落春仍在"了。恐怕许多人起初还是因为他的曾孙俞平伯追溯到他的吧。20世纪50年代大学者俞平伯因为《红楼梦》评论之故而名声大震，这可是他的曾祖父俞樾怎么也不会想到的。

这祖孙二人共有相似之处，他们都因为一部作品影响一生。在俞平伯，是鸿篇巨制的《红楼梦》评论，在俞曲园，则是短短小小的一句诗。

俞樾乃德清人氏，有过他风华正茂的入仕年代。32岁那年到京城赶考，试官正是大名鼎鼎的曾国藩，出了一道试题则为"淡烟疏雨落花天"，要考生们根据这个意境来一幅春景图。俞樾上场就生发开了，写了一首《春日》之诗，开篇首句就是：花落春仍在，天时尚艳阳。

曾国藩看了大欢喜，说此诗可圈可点，甲等里的第一名，立刻就中了进士，皇上钦点，做了翰林院的庶吉士。负责起草诏书，讲解经籍，就此进入朝廷重要干部人才库，夫人孩子也一并进了京，眼看着要长长远远地把这个京官当下去了。

没想到八年之后一场大祸飞来，"割裂试题案"彻底改变了俞樾一生。这种罪名中外古今恐怕也只在中国才有。原来咸丰七年，他出任河南学政，主持乡试。那次的试题也真是出得机关算尽，要求把经书上的句子在不应当连接的地方加以连接，不应该割断的地方又加以割断，以此来测试应考者对经文的熟悉程度。

俞樾用了《孟子》中的"王速出令，反其旄倪"之句，把它组合成了"王速出令反"，又用了另一句"二三子何患乎无君，我将去之"，一组合，成了"二三子何患无君我"，让应试者解。谁知道有一个曹姓御史对俞曲园怀恨在心，将这两道题目曲解为了"王出令使造反"和"无君而有我"。告到朝廷，俞樾立刻被拘捕下了大狱。因老师曾国藩保奏，才捡回条命来，但被革职回籍，永不录用。真是八年一觉京都梦，40岁的俞樾就此携家南归。

与他同科考上进士的李鸿章这时官运却正亨通，在江苏当他的巡抚，就邀请他到苏州去客居。俞樾接受了这一雪中送炭的机会，从此在苏州住下，一心一意做起学问。曾国藩对此二学子的评价是"俞曲园拼命读书、李鸿章拼命做官"。一晃又是十年，李鸿章升了洋务大臣，官当得越发大了，前往北京时，又把俞樾介绍给了浙江巡抚阮元，俞樾这才回到浙江杭州，到西子湖边的孤山脚下诂经精舍当了山长，这一当竟然就是三十多年。

俞樾很安心自己在西湖边的教书生涯，曾有一联曰：读书养气十年足，扫地焚香一事无。又有诗云：越水吴山随所适，布衣素食了余生。晚年他的学生凑了一笔钱，给他在西泠桥边孤山脚下建了座二层小楼，人称俞楼，他就在此面对湖山度过余生。

想必俞曲园一生对他的"花落春仍在"都是自豪无比的，所以他的著作《春在堂全书》，洋洋490卷，用的就是"花落春仍在"的意境。86岁寿终正寝后，葬在了杭州三台山，和于谦做了邻居。

1897年，林启办"求是书院"，招生30名，其中便有章太炎（1869—1936）。也就是同一年，章太炎却做了另一件大事，与宋恕等人在杭州发起创立了"兴浙会"。这个组织的建立，标志着近代浙江知识分子的新觉醒。

说章太炎是革命家，其实开始他也只是倡导变法维新，1898年戊戌变法失败，章太炎被通缉，亡命台湾时，他还是个维新派。两年后，20世纪来临，1900年义和团运动，《辛丑条约》之后，章太炎断发易服，这才不搞改良搞革命了。

章太炎搞革命最名扬四海的，当是《苏报》一案。18岁的邹容著《革命军》，34岁的章太炎著《驳康有为论革命书》，结果双双入狱。邹容病死狱中，章太炎1905年6月出狱，孙中山派人迎至日本，7月在东瀛，受到两千中国留学生的热烈欢迎。

孙中山将兴中会、黄兴的华兴会和章太炎的光复会，合并成了中国同盟会。1906年7月，章太炎入会，并担任《民报》总编辑和总发行人。先生一支笔，与康、梁大打中国前途往何处去之论战。改良乎？革命乎？章太炎与陈独秀伏案挥毫之余，扪虱论道，谈笑风生，指点江山，欲主沉浮，为资产阶级民主革命立下赫赫战功。他的革命理论和宣传家的地位，正是这时奠定的。

革命不忘学问。这大概也是一些革命家昙花一现而先生则名扬青史的原因之一。1906年9月，章太炎成立了"国学讲习所"，周氏兄弟、许寿裳、钱玄同、黄侃等人均为他的学生。在文字、音韵、伦理、逻辑、文学、史地等领域，他是不鸣则已，一鸣惊人，不树则已，一树便是丰碑。

1911年章太炎过了不惑之年，回国便顺理成章投入辛亥革命，他是"中华民国"这一国家概念的最早提出者，并与人联合发起"中华民国联合会"，又手书订稿《中华民国联合会章程》。然先生毕竟是书生，力主消除内部纷争，提出一个无法操作的口号，曰："革命军起，革命党消，天下为公，乃克有济。"这种良好的意愿源远流长，上继承于孔孟，下授予孙中山，结果却被立宪党人所利用，成为袁世凯上台的重要社会影响之一。这可真是先生始料未及的呀！

袁世凯当了临时大总统，开始拉太炎先生当高级顾问，召章太炎到北京任国史馆馆长，还赠以大勋章。时间一长，两不相容，袁世凯便把他发到了东三省做筹边使。章太炎很认真，顶着严寒北上，怀里揣着《东三省实业计划书》，雄心勃勃地以为从此可以建设边疆保卫边疆了。结果要钱没钱要人没人，章先生一筹莫展，只绘制了一幅比较精细的黑龙江省地图。当官要办事，办事要钱，太炎先生只管向他袁世凯要，袁世凯只管去做他的皇帝梦。先生火了，致电十字：只管推宕不要你的钱了。

第二大沪上报纸便刊登电文。从此，章太炎看透了袁世凯的真面目，日日在家里大书"袁贼，袁贼"，饮酒佐以花生米，吃时去其蒂说："杀了袁皇帝的头。"1914年1月，章太炎忍将不住了，他身穿皮袄，足蹬破靴，手持羽毛扇，拿袁世凯所授的大勋章做了扇坠，来到总统府大闹大骂一场。气得袁世凯杀又不敢杀，放又不敢放，只好把他囚禁在北京钱粮胡同。直到袁世凯死，章太炎方解脱。

一般以为，章太炎先生宣布不过问政治，是在1917年的护法运动失败以后，先生痛感"西南与北方者，一丘之貉而已"，从而崇儒尊孔，埋头学问，倡言国学，退出了20世纪初叶那风云骤变、光怪陆离、惊涛骇浪般的中国政治大舞台。

1934年以后，章太炎定居苏州。抗战烽烟一起，先生立即拍案而起，奔走呼吁。1935年，国民政府见他身体恶化，赠他一万元疗养费，他全部转赠给了国学会。1936年6月，先生逝于苏州，遗言曰："设有异族入主中原，世世子孙毋食其官禄。"先生之气节，固与家族有关。自清兵入关以来，章家世代人逝殡殓不穿清服，故其父章浚先生临终遗言说："不敢违家教，入殓无加清服。"

先生一去，朝野惊悼。当时的国民政府颁布了国葬令。下葬地址，按先生夙愿，希冀能与张苍水为邻，共说天下兴亡，便选择在南屏山下。

然而直到国民政府撤离大陆，先生遗体依旧默默地躺在苏州旧寓后园。直到1955年，方被隆重安葬。呜呼，先生之命乖舛也，十年浩劫，墓穴被打开，棺盖被撬，遗体弃之于野，风吹雨打，惨不忍睹，惨不忍言。

1981年后，章先生陵墓终被修复。又建纪念馆，内藏先生文物一千余件。纪念馆庄重典雅，松柏环翠，桂影婆娑。自1988年开馆以来，已成为全国章太炎先生资料收藏、宣传展览、学术研究的三大中心了。置身其间，先哲精神如光如电，令我后生之辈肃然起敬。先生余杭人氏，辖于杭州，葬于西湖，与张苍水毗邻；可谓生于斯葬于斯，从这块土地生长出来的光荣，又回归于这块土地，这才叫死的其所呢。

从前做有关辛亥革命与五四运动这一段文章，每每被吾两浙之地那众多的志士仁人感动得热泪盈眶，他们是20世纪初天空上灿烂的日月星辰。杭州风流妩媚的温柔富贵乡，世人便以为此地只出唐伯虎、秋香之类的才子佳人。殊不知此地既出大才子，也出大圣贤、大师。仅西湖南山一带数里，便有李叔同、马一浮、苏东坡、章太炎等人的纪念遗迹在。湖山壮丽，又岂是"风流"二字便能囊括的呢！

秋风秋雨西子湖

燕赵多慷慨悲歌之士，越地有倾城倾国佳人。追溯佳人与国事的关系，春秋时自然是西施。20世纪初的革命，却当从一位石破天惊的女侠说起。

秋瑾（1875—1907）在近代中国的横空出世，并非偶然。作为中国第一位女革命家，秋瑾诞生在全球女权主义运动风生水起的时代，她是那个大时代的女儿。

秋瑾，绍兴山阴府人。1896年，在湖南做官的父亲秋寿南做主，将21岁的秋瑾嫁入了湖南湘潭当地一户有钱人家，丈夫王子芳，公婆给她的见面礼就是湘潭城内的一家钱庄。

秋瑾腹有诗书气自华，和这样一个生意人家族从气质上便是格格不入的。结婚以后，闺怨焉能不深。秋瑾对这桩婚姻的失望可想而知。王黼臣就托人给儿子联系捐官，王子芳21岁进京，先后当上了工部主事和户部郎中。秋瑾随夫入京，由此得大开眼界。视野一开阔，生命便转折了，秋瑾从此开始她另一番惊天动地的人生。

中国没有欧洲贵夫人沙龙的文化传统，但名媛们还是可以常常聚集在一起活动。秋瑾在北京结识了许多新派人物，尤其是和大名鼎鼎的吴芝瑛互结金兰。吴芝瑛就是后来杭州蒋庄前身小万柳庄女主人。

1904年6月22日，秋瑾启程去日本，带着吴芝瑛写给日本朋友的一封信，特别介绍秋瑾是自费来留学的，因痛心中国的女子教育落后，希望通过在日本的学习，回国改变几千年来中国女子不能受教育的状况，让中国的女子从此得到独立与自由。

东渡日本后她别号竞雄，自称"鉴湖女侠"，浙东向有卧薪尝胆、复仇雪耻之士，大英雄比比皆是，剑与酒，是绍兴豪杰的两大主题。酒由鉴湖水酿，剑为欧冶子铸，均为女侠所钟爱。她蔑视封建礼法，提倡男女平等，又作《宝刀歌》："主人赠我金错刀，我今得此心雄豪……"在日本留学，宣传革命，上台演讲，未曾开口，先从靴筒里取出倭刀往讲台一插，说："如有人投降满虏，卖友求荣，欺压汉人，吃我一刀！"女侠为大诗人，曾词曰："痛同胞之醉梦犹昏，悲祖国之陆沉谁挽。日暮穷途，徒下新亭之泪；残山剩水，谁招志士之魂？不须三尺孤坟，中国已无干净土，好持一杯鲁酒，他年共唱摆仑歌。虽死犹生，牺牲尽我责任，即此永别，风潮取彼头颅。壮志犹虚，雄心未愈，中原回首肠堪断。"读来惊心动魄，热血沸腾。

回国后，在徐锡麟介绍下，加入光复会。不久秋瑾再赴日本。1905年8月，孙中山创建的同盟会在东京成立，秋瑾入会，被推举为同盟会浙江的主盟人。1906年初，秋瑾结束了在日本的留学，从此全力以赴地投入新的生活。这新生活在常人看来是如此不可思议。在那个时代，这新生活甚至在七尺男儿眼里也会不寒而栗，这就是——职业革命家。

吴山越水之间，行者匆匆，弥天黑夜中奔走着复仇雪耻和排满革命理想溶于胸腔的独行侠。彼时，共产主义幽灵尚未在中华大地登陆，浙江山河便星散着以暗杀来实践革命的志士。箭在弦上，革命党人的武装起义在各地都紧张进行，杭州就是秋瑾进行武装暴动的一个重要据点。

1907年春，秋瑾接替徐锡麟任大通学堂督办，回到了她的故乡绍兴，在武备学堂、弁目学堂、新军犹下功夫，动员了许多学生参加光复会，为组织起义准备军事干部。4月，孙中山在广州举义，声震海内，秋瑾立即号令各路人马，在西湖白云庵召开会议。那些日子，为绘制军事地形图，杭州的过军桥、吴山、将台山都留下了秋瑾与闺密好友徐自华的足迹，她多次登临西湖群山，走遍杭城大街小巷。来到岳庙，在岳飞墓前，秋瑾久久徘徊，不忍离去，对徐自华说：我若能埋葬于西湖，那真是我的福分。

剑心侠胆的秋瑾也时时流露着对西湖的眷恋。她路过放鹤亭，看到在严寒中绽放的梅花，就这样低吟：

一度相逢一度思，最多情处最情痴。
孤山林下三千树，耐得霜寒是此枝。

秋瑾登上吴山，面对钱塘浩浩，耳听松涛阵阵，就这样放歌：

老树扶疏夕照红，石台高耸近天风；
茫茫灏气连江海，一半青山是越中。

深夜，面对西湖，夜不能寐，秋瑾内心深处那种渴望宁静生活的向往也油然而生，她不由得想起了颜真卿当年因为生活所迫写下的《乞米帖》，并坚定了自己的信念，写下了《杂兴》一诗：

羞写平原乞米书，月明如镜夜窗虚。
为栽松菊开三径，门对西湖此地居。

黎明前的暗夜是最沉重的，清王朝行将就木，但依然高悬屠刀，原定7月19日的起义计划失败，年仅36岁的徐锡麟受伤被俘，惨遭杀害。清兵以安徽徐案为名，突然包围了大通学堂，秋瑾被捕。

山阴知县李钟岳提审秋瑾，他敬重秋瑾为人，在花厅屏退众人，让秋瑾坐在椅上，缓缓对谈。秋瑾早有必死的准备，她回答说："吾自庚子以来，已置生命于不顾，即不获成功而死，亦吾所不悔也。"此刻秋瑾忍着手痛，在纸上先写下了一个指盖大的秋字，之后，便续出一联，"秋风秋雨愁煞人"！李钟岳看得一片黯然，当晚向贵福禀明秋瑾之案无凭无据，不该定罪。然而贵福竟向浙江巡抚谎称秋瑾已伏案认罪，立时得到了就地正法的手谕。

7月15日凌晨，一夜未眠的李钟岳来到大牢。秋瑾镇静地听着宣判，提出临刑前的三个请求：一、准写家书诀别；二、勿袒衣；三、勿枭首示众。行刑之前，正是黎明到来的最黑暗时分，绍兴城中不少人家被知情人敲门，告知轩亭口要杀人，有人血馒头可供了，这正是以后鲁迅的名著《药》的真实生活素材。

秋瑾殉难之时，她的家人都已躲身在外地，留在绍兴城内的族人，慑于清政府的淫威，也无人敢出面承领女杰遗体。直把她停厝在一堆荒冢乱坟旁边。凶讯传来,她的密友吴芝瑛悲痛欲绝。秋瑾被清廷杀害后,吴芝瑛冒着生命危险,在自己的杭州寓所小万柳堂内专门新建了悼念秋瑾的建筑悲秋阁。"悲秋阁"位于小万柳堂南园东首,面积约12平方米,上下两层,下层为六方形高阁,琉璃砖瓦,玻璃门窗。阁中有平台,供有秋瑾身穿和服手持宝剑的大幅遗像;前方供有鲜花果品。吴芝瑛还抄写《楞严经》一部藏于阁中。为了保密,阁中无楼梯,仅有一长10米的吊桥供出入。"悲秋阁"匾额是一级革命文物,是秋瑾故居纪念馆的镇馆之宝。吴芝瑛还约请画家秦岐农绘制了《西泠悲秋图》,画面以西泠桥畔的秋瑾墓园为主题,后附吴芝瑛诗跋,记载收葬秋瑾经过,图上有题款"万柳夫人嘱题"。这些展品表现了吴芝瑛与秋瑾深厚的情谊。

吴芝瑛在秋瑾遇难后的岁月里,撰写了《秋女士传》《秋女侠遗事》等诗文,追忆和缅怀秋瑾,为后人研究秋瑾留下了珍贵的史料。其中作于1908年《戊申花朝西泠吊鉴湖》一诗就提到了悲秋阁:"南湖新筑悲秋阁,风雨英灵傥一还"。

秋瑾的金兰女友中,除了吴芝瑛,便是徐自华(1873—1935)、徐蕴华(1884—1962)姐妹了。

比吴芝瑛更幸运一些的是,徐氏姐妹的故居至今还被保留着,地点在今日浙江桐乡崇福镇庙弄十九号,即当年的石门语溪。这是一幢晚清建筑,有三厅一过楼,所居楼舍保存尚完整。当年秋瑾为了宣传革命,办《中国女报》,徐自华鼎力资助,秋瑾常赴石门,每次必寓居中间楼上。秋瑾和徐自华抵足而眠之床,至今仍保存着。

徐自华,字寄尘,号忏慧,和吴芝瑛一样,徐自华出生于名门望族,自小就生性敏慧,10岁即解吟咏,她的妹妹徐蕴华,字小淑,号双韵,比姐姐小11岁,比秋瑾小9岁,亦是一位7岁便能引诗酬唱的女才子。她10岁便受学于姐姐自华,1903入吴兴南浔浔溪女学,从此也成为秋瑾的忠诚小战友。

1893年,21岁的徐自华嫁给吴兴南浔富商梅家梅韵笙,生一子一女,婚后7年夫亡,年少寡居的徐自华从此以诗赋自遣,并成为进步诗社南社社员。

1906年春，南浔乡绅创办浔溪女校，34岁的徐自华被聘为校长。适逢秋瑾从日本归国，经浙江早期的革命党人褚辅成介绍，秋瑾至浔溪女校任教。两位才女一见如故，同事数月后便结拜为姐妹，订生死交。此时徐自华的妹妹徐蕴华也正在浔溪女校就读，就此师事秋瑾，成为秋瑾最得意的女弟子。

秋瑾那特有的感召力，像火种点亮徐自华幽暗的人生。这年夏天，徐自华姐妹两人同时加入了同盟会和光复会。从此，徐家姐妹的一生，由封建社会的大家闺秀转变为革命志士的挚友。

秋瑾在浔溪女校积极宣传革命思想，抨击腐败的清皇朝，影响越来越大，这让校方十分害怕，最终迫使秋瑾辞职。彼时，秋瑾准备办《中国女报》而缺少资金，徐自华一次拿出1000块钱给了秋瑾，姐妹们的捐款，使秋瑾很快在上海创办了《中国女报》。

1907年早春，秋瑾与徐自华泛舟杭州西湖上，于暮色苍茫中徘徊岳王坟畔，久久不忍离去。秋瑾唱《满江红》，至声泪俱下，慷慨叹息道："苟得葬于此，为福多矣！"自华为之动容，亲口与之约"埋骨西泠"。

当时全国的革命活动已经十分活跃。秋瑾为策划浙江起义急需军饷，一日穿着男装夜半赶至石门徐家，告诉徐自华，革命的大风暴即将来临，自己打算立即回到绍兴组织起义活动，但缺少起义资金。自华二话不说，悉倾奁中饰物约值黄金30两，秋瑾感动得热泪盈眶，取下身上一双翠钏回赠徐自华说："事之成败未可知，姑留此以为纪念。"临别前秋瑾再次嘱咐徐自华，一旦起义失败，自己牺牲后，请把她的遗骨安葬在杭州西泠。当时执手相别、紧紧拥抱、放声大哭的场景，至今想来，亦让人热泪盈眶。

随后，秋瑾又到了上海爱国女校徐自华的妹妹徐蕴华的住处。也是同盟会成员的徐蕴华一听，和胞姐一样二话不说，拿出了手中的存款给了秋瑾。秋瑾取出小提包里的一张小照和一方手帕还赠徐蕴华，她略略思忖之后写下"此别不须忧党祸，千年金石证同盟"的绝句。想不到这一别竟是死诀！

古之君子，向有千金一诺之言，何况情同姐妹的金兰之情。秋瑾遇难三个月后，吴、徐二姊妹即做出了为秋瑾埋骨西泠的千秋之举。

徐自华与吴芝瑛联系商定：按照秋瑾遗愿，合力营葬鉴湖女侠于杭州西湖，先购得墓地，再图营葬。地如姐得，营葬妹任之；地如妹得，营葬姐任之。

不久后徐自华寄书吴芝瑛："妹已在西湖苏堤春晓处购得葬地，今请姐从初议，地为妹得，姐任营葬。望速派人来杭料理造墓事，运柩一节亦已议妥，待墓造成，由同善堂运送来杭，省得现在来杭又须另觅安厝地。"

吴芝瑛接信后与丈夫廉惠卿商议，立即派人前往杭州造墓。1908年1月22日，离过年只有10天左右，漫天风雪，寒风刺骨，一叶扁舟载着徐自华和她的义女濮亚华渡过钱塘江，来到绍兴城，寻到和畅堂秋家，告诉秋家人，她已与吴芝瑛购地西泠桥畔，要为秋瑾营葬。秋家人闻说深受感动。当夜徐自华由秋誉章等人陪同，持火把去荒冢探寻秋瑾的灵柩。徐自华看到三尺桐棺凄凉野栖的景象，顿时失声痛哭。她祭告英灵：英魂不灭，神魄难安，一定实现烈士"埋骨西泠"的夙愿。

徐自华在秋家逗留3天，和秋誉章商定了秘密运送秋瑾灵柩去杭州的计划。1908年1月25日，秋瑾的灵柩被绝密地渡过了钱塘江。它从江干上岸，过南山，经苏堤，被抬往西泠桥畔。

秋瑾棺柩经过苏堤第六桥跨虹桥，当时正为下午一点，灵柩下葬于西泠桥左侧墓地。从当年留下的照片上我们可以看到，四名脚夫抬着灵柩，两个戴瓜皮帽穿马褂子的男人一前一后走在灵柩边上。这两个男人一个是秋誉章，一个是吴芝瑛的丈夫廉泉先生。桥堍旁烟水迷茫，桥石荒凉，一片肃杀冬景。

在凛冽的寒风中，秋瑾的灵柩缓缓放入青砖砌成的墓穴中。计划周密，营葬顺利，没有惊动新闻界，没有惊动官府，鉴湖女侠"埋骨西泠"的遗愿得以实现。

那一次吴芝瑛因病未能亲临墓地，在《哀山阴》诗中记述了营葬经过，诗云：

大地苍茫百感身，为君收骨泪沾巾。
秋风秋雨山阴道，太息难为后死人。

新年一过，徐自华在《时报》上刊登《会祭鉴湖公函》。函曰："鉴湖之柩一日不葬，余与芝瑛女士一日不安。幸得地西泠，已于去腊廿三草草入土。因值岁暮，且又风雨，芝君清恙未痊，余复喉痛，故未公布同人。今择月之廿四日至坟前公祭，凡我男女同胞如痛鉴湖之冤者，届时务请降临。"

到了农历正月二十四日那一天，有各界人士400余人前来参加秋瑾追悼会并谒墓致祭。会后，陈去病、褚辅成等人相约秘密成立秋社，推选徐自华为社长，决定每年秋瑾殉难日举行纪念活动。

徐自华践约西泠后，如释重负，写下了一首诗：

> 湖云山树总悲凉，春晓苏堤柳未长。
> 添个鉴湖秋侠墓，游人凭吊泣斜阳。

秋瑾的土冢造好了，土石垒成，芳草覆顶，第一块墓碑上本来题的是"山阴女士秋瑾之墓"。然而两位盟姐姐都觉得用词太温和了，无法体现瑾妹妹的英气与风骨，于是重新刻了一块，吴芝瑛带病书丹，并题"呜呼鉴湖女侠秋瑾之墓"墓碑和"一身不自保，千载有英名"墓联一副，碑由浙江金石名家胡菊龄刻石。撰文、书丹、勒石皆出自当时名家之手，时人称为"三绝碑"。同时，徐自华撰《鉴湖女侠秋君墓表》，吴芝瑛书写。在"墓表"的最后，徐自华写道："石门徐自华，哀其狱之冤，痛其遇之酷，悼其年之不永，憾其志之不终。为约桐城吴女士芝瑛，卜地西泠桥畔葬焉。用表其墓以告后世，俾知莫须有事，固非徒南宋为然；而尚想其烈，或将俯仰徘徊，至流涕不忍去，例与岳土坟同不朽云。"

秋瑾墓完善后，吴芝瑛又诗云：

> 莽莽神州叹陆沉，救时无济愧偷生。
> 搏沙有愿兴亡楚，击浪无锥铲暴秦。
> 国难方知人种贱，义高不碍客囊贫。

经营恨未酬同志，把酒悲歌泪涕横。

1908年夏，清廷御史常徽巡视杭州，在西泠桥畔发现秋瑾的墓，勃然大怒，回京后立即呈上《奏请平秋墓表》，张之洞看到这般情况，致书增韫，教其10个字："墓可平，碑可铲，人不必拿。"是徐蕴华与当时的革命党人朱瑞一起，把碑石和墓表起出，藏匿在朱公祠供案下的泥土中。

秋瑾就义前曾说，要用她的死换得革命的早日成功。果然四年后的辛亥革命，一举推翻了腐朽顽固、丧权辱国的清政府。1912年，民国政府在南京成立，秋瑾的两位盟姐适时提出了让秋瑾遗骸移葬到杭州西泠的议案。这一议案很快得到浙江省议会的赞同，还划拨了经费，并委托秋社办好此事。当年10月24日，秋瑾灵柩运抵上海港。驻沪福字营官兵及学界排队到码头迎灵，官兵鸣枪致敬，徐蕴华领着36名女学生扶棺登岸。1913年农历六月初六，秋瑾英勇就义六周年之际，秋瑾的新墓园落成，石碑上镌刻着"鉴湖女侠之墓"，墓碑由浙江都督朱瑞题写，墓前的一对石柱上刻着"丹心永结平权果，碧血长开革命花"的联句，为冯玉祥所题。自此，秋瑾便伴着岳王，在西泠桥畔，朝看飞霞，暮送归鸿。

徐自华祭拜秋瑾新墓后，长长地舒了一口气，总算不负夙约，女侠从此可以永远在这里安息了。为此，她书写下了千古记文《西泠重兴秋社并建风雨亭启事》。

1913年，徐自华去上海接办竞雄女校，该校系辛亥革命后王金发等创办，南社社友陈去病、胡朴安、黄宾虹、叶楚伧均曾执教。当初筚路蓝缕，由小学扩充为师范、中学，十五年后，徐自华方将此校交由秋瑾之女、长大成人的王灿芝接管。而徐自华当年珍藏女侠遗物翡翠钏多年，此时终把此钏交给灿芝，并撰有《还钏记》一文，这篇情文并茂的文章被选入民国国文教科书，使后人睹物思人以志不忘。

晚年的徐自华多病，回杭主持秋社，历经艰辛，使秋社、秋祠得以保存。63岁卒，比吴芝瑛只晚走了一年，葬于杭州山水之间，也算是与秋瑾姐妹魂魄共存西湖。

谁也不承想到，山阴知县李钟岳无法忍受秋瑾死于他任上的痛苦，离职后寄住杭州。在杭州寓所里，他终日闷闷不乐，反复念叨"我虽不杀伯仁，伯仁由我而死"之句，对秋瑾之死深感内疚。他经常独自一人将密藏的秋瑾遗墨"秋风秋雨愁煞人"七个字注视默诵，并对此泣下，甚至到了一天三五次，以致七八次的地步。闻者皆安慰李钟岳，但李钟岳在良心的自责下始终不能释然，并渐萌殉身之念。他先是几次自杀未遂，一次跃井被救不死，数日又结绳老树，却被夫人发现，于是家人防范，不敢远离，但他死志已决。1907年10月29日（光绪三十三年九月二十三日）上午9时许，李钟岳乘家人不备，在寓中悬梁自缢，年仅53岁。此时距秋瑾遇难只有百余日。

1966年，秋瑾墓被迁往杭州的鸡笼山中，直到1981年才重新迁回原址。墓的形式以秋瑾立像为主，下有骨穴，正面刻有孙中山先生的手书：鉴湖女侠千古。

女侠牺牲已百年有余，孤山之墓，早已溶入湖山胜景。细细想来，秋瑾从留学日本到牺牲，也不过三年时间。无论是关乎女性的精神解放，还是更为本质的民族的解放、人类的解放，秋瑾都勇敢地以身伺虎，走在时代的最前列。

鲁迅先生和"木瓜之役"

"木瓜之役"发生在1909年初冬，是当年浙江两级师范学堂教师反对旧礼教、旧文化教育的一场暴风骤雨式斗争的序幕。彼时，中国正处于千年变革之危局，林林总总的历史人物纷纷登台亮相，参加的人物足以撑起新文化运动的半壁江山。

浙江两级师范学堂，当年东南人才荟萃之地，是中国建立的最早的六大著名高等师范学校之一，也是浙江新文化运动中心，一百多年前的青春圣地。

1905年，清政府下诏，废止延续一千余年的科举取士制度。同年，浙江巡抚张曾敭（1852—1920）奏请创建全浙师范学堂。1906年，获得批准，校名定为浙江官立两级师范学堂。翌年，浙江提学使委派杭州人学者邵章（1872—1953）任首任监督，委任上虞人教育家经亨颐（1877—1938）为首任教务长。1908年5月14日正式开学。谁知一年之后，"木瓜之役"就爆发了。

不管哪个朝代，人事更替，都是最容易出现风波的，这次的起因，就在于新旧校长的替换。1909年10月，浙江两级师范学堂校长是嘉兴人沈钧儒（1875—1963）。他本是清光绪甲辰（1904）进士，被清政府派赴日本，入东京私立法政大学法政速成科政治部学习，1908年4月毕业回国，与阮性存、褚辅成、陈敬第等发起组织立宪国民社，推动浙江省的立宪运动。1909年夏，沈钧儒任浙江官立两级师范学堂的监督（校长），而1909年9月，同样从日本留学归来的鲁迅，就成了杭州两级师范学堂教员。仅仅一个月后，10月，沈钧儒因当选为浙江省谘议局副议长，就要离开学校了。

11月，清政府派来大学者袁嘉谷（1872—1937）出任浙江提学使。浙江巡抚增韫则乘机请出夏震武继任两级师范学堂监督。增韫是1908年才被提升为浙江巡抚的，而他提议的夏震武，正是大名鼎鼎的"木瓜"。

夏震武（1854—1930）乃孙权的同乡杭州富阳人，当过浙江省教育会会长，提倡"廉耻教育"，是全省素负重名的"理学家"。他是个自负、自信又任性的硕儒，青年人眼中的冬烘先生和封建顽固派，就任前就要求增韫始终坚持不为浮议所摇，教员反抗则辞教员，学生反抗则黜学生，得增韫肯定，他终于同意出任。

上任前一天，他送了一封信给监学许寿裳（1883—1948），大意是说：他准备明天到校，全校教师必须各按自己的品级穿戴礼服，在会议室迎候，并须设立"至圣先师孔夫子"的神位，由他率领全体教师谒圣，不得有误。这封信传阅后顿时引起轩然大波。鲁迅与许寿裳友谊贯穿始终，此次风潮，可说是鲁迅与许寿裳的第一次并肩战斗。鲁迅首先发声，认为孔子是权势者的圣人，不值得参拜。也有些教师认为教师们如果按各人的品级穿戴礼服去见夏震武，等于是官场里下属参见上司的"庭参"，有损教师人格。

1909年12月22日,夏震武头戴白石顶帽子,身穿天蓝色大袍,外罩天青色套子,脚穿一双黑靴,冠冕堂皇地来到两级师范学堂。跟随他来的有各府代表10余人,甬道上却冷冷清清。夏震武走进会议室后,教师们三三两两地进来,也不向他打招呼,自顾自地找位子坐下。教师们根本没有按照夏震武的要求穿戴礼服,特别是鲁迅,特意穿了西装,留洋发,连假辫子也不装一条。

令夏震武气愤的是,长方桌上空空,并无"至圣先师"的神位。面对髡首易服的"异党",夏震武火冒三丈地咆哮:神州危矣!立宪哄于廷,革命哗于野,邪学滔天,正学扫地,髡首易服,将有普天为夷之惧。学校种种腐败,非整顿不可了!

鲁迅寸步不让,厉声要求夏震武将学校腐败之处一一指出来,其他教师也纷纷站起来提出责问,夏震武则口口声声申明:兄弟不敢放松,兄弟坚持到底!教师们则一再坚持请将何项腐败说明,否则全部罢课。当天,全校教师就开始宣布罢课,并由许寿裳领衔拟写了《师范教员全体上增中丞书》。夏震武也不客气,写信给监学许寿裳,责以三罪:非圣无法、蔑礼、侵权,有此三者,已足以辱我师范,加之连日开会,相约停课,顿足漫骂,则真顽悖无耻者之所为。他公然宣布"请即辞去,无以污我师范",并致函教师照常上课。又致全体学生一函,令七日以内教员上课,诸生仍听讲,如教员不上班,则愿诸生自习。

教师们闻信愈加气愤,经商议,鲁迅和10多位住在校内的单身教师,将行李杂物全部搬到上城区小营巷酱园弄12号的湖州会馆,并电禀学部,公禀浙抚及提学使,"请为辩名誉甚坏之诬"。

夏震武也是要顽抗到底的,他以梁山泊诨名骂许寿裳是"白衣秀士",鲁迅是"拼命三郎",决定提前一个月放寒假,把此事晾它一冬再说,但他校的教员也起来声援了,省城各学堂教育会开会集议,《申报》登载了《学界公启》,全文如下:

两级师范学校监督夏震武对于教员,滥用威权,串引外人,蹂躏师校，人所共知，无烦赘述。既为清议所持，竟至恬不知耻，违背部章，提前放假。似此以私人志气，凌蔑学界，贻害学生，大局何堪设想！凡为学界一分子，均得主张公道，维持教育前途。同人等准于十九日午后四时，假木场巷仁钱教育会开会集议，公决办法。事关吾浙学务全局，非区区为教员鸣不平也。届时务乞早临为盼！

全省学界也议齐集省城，公决维持之办法。《申报》以《两级师范风潮再志》报道了这一消息。罢课就这样坚持了两个星期，少数科举出身的教师有些动摇了，夏震武趁机开展活动，暗暗地请他们几个到他家去吃"便饭"。鲁迅知道后说：这个时候，我们当中如果有人三心二意的话，就会有不少人将被夏震武革除，新开的课程，也大都会被砍掉，那我们就会前功尽弃了。现在只有坚持下去！鲁迅的话坚定了大家的信心。风潮坚持了两个星期，巡抚增韫眼看教师心齐力坚，复课无望，只好照会夏震武，另派他人出任两级师范监督。新任监督孙智敏则亲到湖州会馆，请鲁迅等教师返校，斗争胜利了。

因为夏震武平日固执己见，木头木脑，泥古不化，大家都叫他"夏木瓜"。这场反对夏震武的斗争，经张宗祥提议，就取名为"木瓜之役"。

"木瓜之役"实质上是一场坚持进步的民主主义文化，反对封建旧文化和旧礼教的斗争，更是一次新旧文化教育思想的斗争，是鲁迅归国后，怀着"我以我血荐轩辕"的志向所进行的第一次战斗。"木瓜之役"发生在辛亥革命前夜，对教育界民主运动有着相当影响，使辛亥革命在浙江光复的进程大大加快，为"五四"时期的浙江第一师范学校成为新文化运动基地打下了扎实的基础。

说说这场运动的反方人物也很有意思。夏震武守旧有遗传，首先他父亲就是个讲求程朱理学的贡生。夏震武自幼刻苦向学，清同治十二年（1873）考中举人，次年就成进士。八国联军攻陷北京后，夏震武应慈禧太后、光绪帝之召，奔赴西安，他上了《应诏进言，谨陈中兴十六策》，反对屈辱求和，建议"奋发自强，任贤才，修政事，明耻教战，运东南之财，练西北之兵，东向以恢复两京"。奉旨引见时，又面陈和战大计，连上数折，弹劾他的杭州老乡王文韶、盛宣怀、翁同龢等挟外洋之势以胁朝廷的奸人。看来他是为朝廷操心得过头了，为此触怒权贵，未被重用，再一看和议已决，倔书生夏震武遂告病回乡。

宣统元年（1909），夏震武被选为浙江教育总会会长，旋兼任浙江两级师范学堂监督，经"木瓜之役"后，夏震武被迫离校，转任京师大学堂教席。在京期间，他继续坚持他的封建立场，向学生发表《勉言》五篇，反对立宪和革命；他对学生的勉励着实苦口婆心："昌明经训，扶植伦纪，守先待后，为天下倡"，关键是学生们全都不听他的。辛亥革命爆发后，夏震武南归故里，从此束发古装，足不入城市，以华夏遗老自居，彻底与新时代一刀两断。倒是民国待他并不薄，浙江都督朱瑞、吕公望以及袁世凯先后请其出山任职，均被这花岗岩脑袋严词拒绝。

1918年，一意孤行的夏震武，以"孔、孟、程、朱公道为天下倡"，倒也有那么几位忠心耿耿的弟子跟着他。学生刘可培等发起捐资，在富阳里山水竹蓬隐岩岗建了一座"灵峰精舍"，以明伦、立志、居敬、穷理、力行、有恒为讲学宗旨，不论出身、年龄、学历均可入学。除西藏、新疆、青海三省区外，各地都有慕名而来的学生，甚至朝鲜、越南、日本也有学者来此求学，先后有学生1000余人，一时成为清末民初发扬传播宋代理学的一大学派，还真是吾道不孤也。

夏震武擅长古文辞，灵峰精舍又陆续出版不定期刊物《灵峰小识》，遗著有《人道大义录》《灵峰先生集》《悔言》《悔言辨正》《衰说考误》《寱言质疑》《〈资治通鉴后编〉校勘记》《大学衍义讲授》《论语讲义》《孟子讲义》等。作为学问之道，亦可一论。"木瓜精神"奉行到底，堪称一道另类教材的文化风景线。

杭州的光复

1911年11月5日深夜两点，杭州城突然枪声大作，在不时传来的爆炸声中，紧一阵疏一阵的枪声持续到了黎明，红日高悬之时，已是满城飘着白旗。虽然清波门旗营里的八旗兵似乎还不相信杭州三百年大清统治就此完结，但也不过是多支撑了一天。

杭州的光复，虽非兵不血刃，但作为一场革命，还应该说是顺利的。彼时，城站的革命党人临时总司令部里，人们个个神采飞扬，连清廷最后一任浙江巡抚增韫也被擒获，这意味着浙江光复了，一张张安民告示立刻贴满了杭州的大街小巷，署名是临时都督童保暄（1886—1919）。大概没有几个人知道，这位临时都督，当时年方25岁。

宁海人童保暄属于少年英才，很重视自身修养，尊方孝孺为夫子，其座右铭是"为民为国不为名"。每日坚持记日记，从中修炼精神。1907年，童保暄考入保定陆军速成学堂，入学途中于上海结识吕公望、夏超等，并经吕公望介绍加入光复会，成为该会在浙江的负责人之一，与浙江新军中朱瑞、顾乃斌、葛敬恩结交甚深。同年底毕业，任军校副总办。次年初，入天津陆军警察学堂。1910年回浙，任新军第21镇宪兵营执事官。

武昌起义爆发，湖南首先响应独立，嗣后陕西、山西、江西、云南、贵州等纷纷独立，浙江何去何从？上海方面于10月12日、20日、27日三次派人来联络发动，先后有陈其美、李燮和、姚勇忱、黄郛、蒋介石等人，在白云庵、吴山四景园、大狮巷童保暄宪兵队等处和浙江方面商议浙江独立大计。

据说有一次在顾乃斌家中开紧急会议，诸多军警界人士参加，并推葛敬恩起草，决定攻击计划。在推举由何人出任都督时，突然大家矜持起来。有人请褚辅成，褚说："最好推一位有实力的人，或请汤蛰老（汤寿潜）来做也好。"可汤老根本不在杭州。年轻气盛血气方刚的童保暄，据说此时挺身而出，慷慨陈词，自告奋勇，愿当临时都督，待起义成功后即让出。这样童保暄就成为临时总司令官。会议又决定在城站设立临时总司令部。起义各方分头准备，上海方面亦答应派敢死队相助，并帮助筹划经费、筹办军械，甚至连告示、印信、旗帜都一并筹办，一切完备。

13日夜，上海已光复，并已占据制造局，浙军同志闻信之后，各志士遂决定于次夜两点钟光复杭城。11月4日午夜，周承菼率八十二标，在张伯岐、董梦姣、蒋介石、尹维峻敢死队的配合下，火烧抚署，活捉增韫；朱瑞率八十一标在王金发敢死队的配合下，占领军械局；葛敬恩、周亚卫率陆军小学学员占领城站，控制交通；炮兵占领城隍山，攻打旗营。11月5日凌晨，杭城街头，白旗飘扬，全城街头巷尾遍贴浙江临时都督童保暄的安民告示：

> 为出示晓谕事。照得本都督顷起义师，共驱满房，原为拯救同胞，革除暴政起见，惟兵戎之事，势难万全，如有毁及民房，俱当派员调查，酌予赔偿，以示体恤。查杭城内有积痞藉端抢米情事，以致扰乱治安，实属目无法纪。现在大局已定，本都督已传谕各米商，即日平价出售，以救民生而维秩序。自示之后，如再有滋扰，定为执法。且吾浙人民素明大义，如能互相劝诫，日进文明，尤本都督所厚望焉。为此出示晓谕，其各懔遵。特示。

> 黄帝纪元四千六百零九年九月十五日

光复杭州时浙江临时都督为童保暄是不争的事实，然而事后异议颇多。这些非议至今还是史家争议之说，情况必定是十分复杂的。一方面童保暄还只是个25岁的青年，资历甚浅，自封都督，必难以服众；另一方面，实际上起义成功与否很难料定，一旦失败，这个"都督"是首先要人头落地的。项雄霄在《辛亥革命在浙江》一文中指出："童保暄在起义时的紧急情况下，见义勇为，不谷退让，故即负责起指挥的重任。辛丙日任务胜利完成了。迨各界人士集议推汤寿潜为都督时，童即让位于汤，其革命品德足可称道。"黄禹超评价他是"具危直前，趋利独后，念国步之艰难，辞金印之如斗"。1912年，孙中山杭州之行，对童保暄亦大为赞赏。

1919年3月，童保暄任护国军军长，闽浙援粤军副司令，南下光复福建时，操劳得病，同年5月20日病逝，年仅33岁。杭州人为他立祠，灵柩回籍,安葬在宁海水车村。段祺瑞题了墓碑,徐世昌大总统追赠童保暄为上将。章炳麟亲撰《童师长祠堂记》,称赞他"少以干翮闻于军中,初举大义,君实为干魁,其后拒袁氏帝制,走其幸将,功亦第一"。

非常有戏剧性的是,这位旧军人出身的临时都督也太"临时"了,当了不足一天,"正式"的浙江都督就上任了,他就是大名鼎鼎的汤寿潜。而正是这位汤寿潜,牵出了一位今日几乎被人遗忘的浙江辛亥革命的关键人物。

辛亥革命中,杭州还有一位满族人贵林,也是一个非常值得一记的人物。就像有人称童保暄是"浙江蔡锷"一样,有人称贵林是浙江的"清朝孔子",这都是夸张的说法,但又有了一定的指向。在杭州驻防营中,贵林属于为数不多的与汉族新学界人士关系密切的满人。《清史稿》为贵林所写的传记极其简短,但不过100字中,却专有一笔记其"与浙人士游,有贤名",可知其为人处世之特出。

贵林有一个极好的汉人朋友,乃浙江平阳人宋恕(1862—1910),贵林曾以"亦师亦友"概括其与宋恕的关系。宋恕对其"内行纯笃而好学特至,守孔子之戒而亦不娥骂二氏,究我国之病而渐知折服西人"已留下很深印象。凭借对师友的笃厚、个人英气的发露以及口耳相传(特别是宋恕的称扬)建立起来的口碑,贵林在浙江新学界也广有人缘。贵林还有一项杰出的才能为"善演说",亦以此而为大众知晓。

杭州新军的起义于11月4日(九月十四日)夜发动,汤寿潜为都督。下午,汤即乘专车由上海赶到。短短一日间,政权已易手,尚在抗拒的旗营于是成为顺利推进的革命军唯一也是最大的阻碍。以旗营5000余人计,如做困兽斗,对新政权固然有相当大的威胁,杭城民众亦将遭无辜屠杀。

这种民族仇恨的紧张气氛,在新军起义前已充斥全城。《申报》上一则题为《杭垣恐慌种种》的报道,于革命军起事的谣传造成惊扰外,对此也有详细描述。

按照旗营中骁骑校迎升的记述,力挽狂澜的关键人物并非他人,正是贵林，这一言说确实符合贵林一贯的思想逻辑与行事风格。不仅开战前力求安定人心，避免冲突，甚至在11月4日夜新军已经入城，各军官请求分兵增援抚署之际，贵林仍按兵不动，称："事已变，吾营城小兵单，无与大军构衅也。"

贵林属于满族内部的改革派，早已心仪议会，在政治上倾向立宪党人；参与维护浙路、筹还国债等活动时，曾因清廷危害国家权益与地方利益，出言愤慨，态度激烈。故其心路历程应与维新派相近，对朝廷早已积聚大量不满，对其自救前景最终也失去希望。

不过，贵林毕竟是满人，从民族认同与情感上，仍无法斩断与清政权的系连，王朝的存亡也确实关乎其个人命运。而贵林所接受与服膺的儒家孝悌忠信观念，更会让他自觉把尽忠放在首位；何况，为前朝殉节，本是清代执政者大力表彰的品格。为此，贵林决意"一死以自谢"，确属合乎情理的第一反应。

最后贵林选择放弃抵抗，作为旗营的议和代表，署理浙江将军的德济本来指派的是文会。但文会"怯辞"，方"复命贵林往"。依据迎升的描述，"贵林衣朝衣，戴大冠，徒步入民军"；马叙伦所写更生动——"他也全身'命服'，最惹人注目的是两根雪白的忠孝带"。

既以旗营代表的身份出现，理智上的接受现实与情感上的恋恋不舍，都反映在贵林精心设计的穿戴上。他侃侃不屈地在争某些条件，似乎难得解决。他看见汤老到来，立刻就说："蛰老来了，蛰老怎样说，我无不依从。"蛰老草草看了一遍条款，就说，"便这样，我签字吧"，提起笔来写上他的大名。这样一来，大家都无话说，一场议降会议，就此告终。无论如何，至少到当夜12时，旗营已悬白旗。11月6日"晨七句钟时，驻防营门大开，全军纷纷缴械"。

实际上，就在11月7日，贵林当众表达"满汉一家，意见尽释"的感想之时，其人已被刚刚建立三天的新政权判处死刑。有人指控贵林表面上投降，仍住旗营里，想趁机叛变。经人告发，浙军司令部立即命部队驰赴旗营，起出私藏枪2000余支，子弹无数，还有好多箱炸药。贵林和他的儿子量海当场被捕，解送司令部，受军法会审。当时问贵林："投降条款中不是写得明白不得私藏一枪一弹，日后如发现所报不实或私藏枪械的，应处极刑吗？现在人证物证俱全，你还有何说？"当即判决贵林父子死刑，就在德议局的广场上执行枪决。

枪毙贵林父子的时候，汤寿潜适因事去上海，他一得到消息，下一天就回杭州，质问当时担任总司令的周承菼，何以不向他请示。答曰："此案人证物证俱全，用军法紧急处分，是我们的责任。"汤听了，也就无话可说了。

处决贵林的影响，从革命政权方面说，在当时人心惶惶、谣言纷起的局面下，确实可以起到稳定汉族民心的作用。至于汤寿潜对贵林被杀的反应，则应以极度愤怒来形容。不只是与贵林的个人私交令其心痛，更重要的是，汤引为自豪的"杭旗和平解决"模式，也就此失效。

1915年，内务部下令"彻查贵林枪毙案"。最终结果见于袁世凯1915年5月7日签署的命令，全文如下：

> 内务部呈：查明浙江已故协领贵林等死事情形。据称辛亥杭州改革时，新军子弹缺乏，贵林拥有旗营兵械，竟能申明约束，与前浙江都督汤寿潜议立条件，缴械输诚，全城以定。嗣因人言庞杂，由咨议局邀其会议，该员并其子量海及协领哈楚显、存炳等同被残害，请予褒扬，以彰公道等语。前清浙江驻防正红旗协领贵林于民国缔造之初，赞助共和，保全杭城生命财产，其功实不可没。策勋未及，遽罹惨祸，深堪悼惜。伊子量海与协领哈楚显、存炳等亦能深明大义，死难甚烈。应均由内务部查照条例，酌予褒扬，用阐幽光而彰公道。余如所议办理。此令。

放在清末民初的政局中，作为满族中的立宪派与杰出人士，贵林曾积极推进晚清浙江的社会改革；即使杭州举义期间，由他主持的旗营缴械，也为政权的和平转移作出了贡献。论其一生事迹，显然还是功大于过的。

而进攻南京的新军，由于屡攻不克，又撤回到镇江。这时上海、浙江都收到要求增援的急电。既然革命，四海同为一家，焉能置之不理。浙江都督府立刻召开军事会议，组建了一支名为"浙军攻宁支队"的部队。由朱瑞任支队长，吕公望任参谋长，共有3000多人组成，卫生队中还有30多名女子先锋队队员。

攻宁之役只打了十天,但浙军直到第二年5月中旬才班师回乡。浙中父老乡亲为子弟兵举行了盛大的欢迎会,在西湖边还建了一座凯旋碑,碑铭由首任浙江都督汤寿潜撰写,最后几句是这样写的:

  昭洪捷兮奠南疆,一禹域兮除秽荒,
  矫多士兮不吴不扬,思御侮兮在四方,
  树隆碣兮示弗忘。

自有青山埋忠骨

杭州辛亥革命烈士墓群,位于杭州西湖区龙井路南天竺。1912年在此筑墓9座,合葬此役牺牲将士43人和在杭州、武昌二战役中牺牲的2人。1981年辛亥革命70周年之际,又迁徐锡麟、陈章平等烈士墓于此。墓群在西湖畔凤凰岭下南天竺,龙井路旁,选址在原演福寺遗址上。墓体均用条石及板石构筑。墓碑均用太湖石阴刻。墓台用石板铺设。1991年,在墓区内新塑辛亥革命烈士雕像一组,并新建辛亥革命纪念馆。

徐锡麟、陶成章和秋瑾三人都是光复会的核心成员,被称为"辛亥革命三杰"。徐锡麟和秋瑾约定于1907年7月在安庆和绍兴同时起义。徐锡麟在起义中刺杀了清朝安徽巡抚恩铭,但终因寡不敌众而被捕,最后遭斩首挖心,实在悲壮!徐锡麟之墓两旁是在起义中同时遇害的陈伯平和马宗汉烈士。

辛亥革命著名的女性烈士,除了秋瑾还有尹氏俩姊妹等人。尹维峻9岁就随姐尹锐志在绍兴、上海等地参加光复会的反清革命活动,光复杭州时尹维峻手持炸弹,带领敢死队率先冲进巡抚衙门。之后与丈夫裘绍一起随孙中山赴粤护法,不幸被北洋政府暗杀,年仅23岁。

一方并不敞阔的陵园里,辛亥浙江风云人物悉数亮相,其中有的身背双重身份,既是辛亥英雄,又是反革命分子。比如朱瑞,先前他骑着高头大马率领革命军冲锋，之后又悄悄地踱到了革命的对立面，他的脸孔在历史的幽暗处明明灭灭，一会儿朗润一会儿丑陋，让人琢磨不透。

1911年11月5日之前，浙江海盐人朱瑞（1883—1916）的人生轨迹从贫寒的学子、留学生、旧军人一步步走来。让我们再回到100多年前辛亥年的杭州，杭城黑云压城，在笕桥军营中的朱瑞，手中没有任何胜算，但他早已将生死置之度外，毫不犹豫写下了绝命书，通篇全是为国牺牲的真理。在那个紧锣密鼓的凌晨，你能说他的革命动机不纯？假如他在此役中罹难或者在光复南京的战役中牺牲，那么矗立在我们面前的会是一个高大伟岸的民族英雄。当然，历史没有那么多的假如。革命时的一腔热血在以后的日子中被消磨得冰冷，真让人感叹世事无常，人心不测。

朱瑞曾是一个鲜亮的爱国青年，比起那些混入革命队伍中的前清官僚、军阀、地痞、流氓和文人纯洁多了。辛亥革命将他推上了风口浪尖，年轻的灵魂有过精卫填海的勇气，坦然面对过死神，朱瑞载入史册的起点在1911年的11月4日夜10时，他率领新军81标（团）起义，率领1400名新军突入艮山门，与王金发、蒋介石等人率领的敢死队会合，攻克了清军驻防重地军械局，继而围攻旗营，为杭州及浙江的光复立下了大功。即便是品评人物极其挑剔的章太炎也说，不是朱瑞，浙江难定。

1911年11月，长江一线随着波涛荡漾的尽是阴霾的冬天，从武汉至南京，清军和革命军两大阵营在这条战线上反复搏杀着，枪炮声响彻长江两岸。

在辛亥革命历史上，南京城的光复之战具有鼎定江山的象征性意义。革命军全力进攻，清军凭固死守，他们也许没有想到，南京战役居然是辛亥最后一战，也就是说革命军旗帜插上紫金山天堡城的那一刻，清朝也在这一刻走向了终结。将旗帜插上天堡城的正是朱瑞，历史诡异地在这个年份月份停留了片刻，朱瑞改写了历史，历史责无旁贷地成就了朱瑞。

1911年11月，革命军与清军在此形成顶牛状态，徐绍桢的第九镇（师）举义失败，退出了南京城，同盟会、光复会立即组建了以徐绍桢为总司令的江浙联军，多路大军围攻南京。朱瑞被任命为浙军总司令，率3000将士从杭州开拔，奔赴南京前线。在浙江辛亥革命博物馆，有一张浙军出征检阅的照片，骑兵、步兵、炮兵、辎重车辆排列得整整齐齐，两列骑着高头大马的军官从远处哒哒走来，一面巨大的"浙"字军旗在方阵前迎风招展，雄赳赳的受阅部队精神抖擞，刺刀在阳光下闪着凛冽的光芒，军乐队的鼓点疾风骤雨般地敲响，士兵们发出了山呼海啸般的呐喊……

朱瑞一生之中最辉煌的时刻到来了，光复南京的重任，历史性地落在了他和江浙联军的肩上。在战斗最胶着的时候，朱瑞曾下令："如有先登天堡城者，为夺取南京第一功。首入官兵，赏50大洋，伤亡者铸像立名！"这就是浙军攻克金陵阵亡诸将士纪念碑的由来。在大墓的石板上密密麻麻地写满了阵亡将士的名字，那些名字整整齐齐，如同整装待发的将士，个个渊渟岳峙，即使死去依旧存留着一股让强敌为之丧胆的阵势。

1912年，是一个万象更新的年份，这个数字是近代中国的分水岭，许多人的命运在这个时间里被无情地改变。朱瑞也在这个年份中好运走到了头，1912年竟然成为他人生滑铁卢的开始，一个正面人物不消几年时间便蜕化成反面角色。

当年的辛亥功臣分化成倒袁和拥袁两个对立的阵营。还有部分投机者，脚踏两只船进行观望，他们竖起耳朵辨别来自两方一丝一毫的动静。

朱瑞就是这样一个人物，他的摇摆不定，正好代表那个特定年代特定人群的是非观，一部分人假借革命升官发财，一部分实权人物为了巩固既得利益而投机钻营，让你难以辨别出他们的真实世界。在袁世凯心目中，朱瑞是城池、兵马和实力的象征，是他拉拢诱惑的对象；而驻守杭州的30岁的朱瑞的确血气方刚，虚荣正盛，面对50岁的老谋深算之人，高下立判。袁世凯吃准了他的心思，接二连三地授予朱瑞陆军中将、陆军上将、兴武将军、一等侯爵等多个名衔。

朱瑞听懂了袁世凯的声音，官场的腾达毕竟比起战场的枪炮更具有诱惑，在高官厚禄面前逐渐暴露出了自己的政治底色。反袁"二次革命"兴起，作为革命党的朱瑞拒不响应。蔡锷在云南发起的讨袁护国运动，朱瑞又在浙江境内倡议"环境息民"，压制反袁活动。朱瑞对袁世凯的拥戴由暗地转为公开，在一片劝进声浪中，朱瑞的分贝着实有些高，表现得相当踊跃，他多次投递劝进书恳请袁世凯称帝，甚至在袁世凯授意下捕杀昔日的革命兄弟。

1916年4月，童保暄、夏超等人率部围攻都督府，朱瑞从乱兵中仓皇突围，潜逃到了天津。辛亥年打拼下来的基业，在一步棋之间就再也不复存在了，昔日的部下和同志纷纷反戈，对于一个权力欲望和自信心极其强盛的人来说这是一个致命的打击，足以让他的雄心荡然无存。为什么朱瑞让人侧目，想来更多的是密谋诱杀光复会战友王金发等人的缘故。朱瑞背负骂名，难逃口诛笔伐，抑塞难舒，短暂的33年中矛盾丛生，亦正亦反，历经大起大落，有人说他是千古功臣，有人说他是乱臣贼子，他是那个时代的缩影，既有为民国建立而出生入死之功，也有为复辟帝制而倒行逆施之过，身后饱受非议，功劳转眼灰飞烟灭。此后，朱瑞肺病恶化，前往天津后，于1916年8月3日逝世，享年34岁。

博物馆展厅照片中的朱瑞低头颔首，目光虚弱，表情复杂，似乎也有些无奈，又似乎带着哭相，他的人生基调本不该如此消沉，他是在忏悔吗？博物馆选用了这张照片，是否能够代表历史中朱瑞的本来面目呢？

紧挨着朱瑞的是一张囚犯照片，摄于1915年6月2日的杭州陆军监狱，囚犯临刑前抿嘴轻笑，眼神中分明透着不屑，他的内心一定非常复杂，他是否慨叹未死于敌人的刀枪之前而葬身同志之手？他的名字叫王金发，一个至死不肯出卖党人的草莽英雄。

孙中山先生在成立南京政府后，曾为国民革命军亲任了一个副司令，那就是被他赞为"东南一英杰"的王金发。

王金发（1883—1915），嵊县人，光绪三十年的秀才，光绪三十一年（1905），王金发在绍兴大通学堂加入光复会，很受徐锡麟赏识。这年冬天，王金发东渡日本，在日本大森体校就读。王金发从小就喜欢舞枪弄棒，本来体育基础就很好，第二年夏天，他以第一名毕业回国。在革命党安排下，他在大通学堂任体操教员，实际上做的是培训会党骨干工作。

光绪三十三年，徐锡麟、秋瑾合谋在安徽、浙江同时起义，王金发被任命为绍兴光复军分统。但起义不幸失败，徐锡麟、秋瑾双双就义。王金发立誓要为烈士报仇。他和余部潜藏浙东山林草泽之中，劫富济贫，锄强扶弱，王金发"强盗"之美名就是从这儿来的。

1908年，王金发随陈其美去上海，同年夏回到董郎岗变卖家产，所得款项买下上海天保客栈，作为革命联络站。而后手刃劣绅胡道南，剪除内奸汪公权，惩戒叛徒刘师培，营救战友张伯岐，追回被变节分子侵吞的革命经费……他出入虎穴，神出鬼没，仿佛整个上海滩都由得他纵横驰骋。因此，被人们称作"中国的罗宾汉"。

在武昌起义的鼓舞下，1911年11月3日上海举义，王金发率敢死队"一行三十人奔杀制造局"，为光复上海打头阵。光复会决定1911年11月5日在浙江杭州举行起义。当时清廷在杭州的巡抚衙门和军械局驻有重兵，为了使起义更有把握，11月5日，蒋介石、王金发、张伯岐等又率领敢死队100余人抵达杭州，参加浙江起义。关于杭州光复，当年11月9日的《民立报》，以《浙江敢死队之壮观》为题，作了生动的报道：

> 浙江革命军之编制，皆以敢死队为先锋……第四队由王金发为队长，攻击军装局。其实为天然之形胜，守易而难攻……凡察杭垣阵地者，无不以此为最险、最难之区，乃敢死队竟自起点以至军械局头门，直前冲锋，势如霹雳。

在王金发和张伯岐率领下，革命党人一举攻克军械局和巡抚衙门，还活捉浙江巡抚增韫。在光复杭州的起义中，王金发是立有大功的。

11月10日晚，得胜后的王金发率部回到绍兴，等到天亮时绍兴军政分府已经成立，革命成功，王金发自任都督。刚上任时，是很有一番雄心的，他是"绿林大学"出身，办起事来也颇有绿林味。上任伊始，他就学古代清官那一套：开仓放赈，豁免一年的钱粮，减除苛捐杂税，饬令富商粜平价米，平抑市场粮价。他还出资金让鲁迅办报，办学堂。当然，于王金发来说，督绍最扬眉吐气的莫过于轰轰烈烈地祭奠恩师徐锡麟和秋瑾，厚恤革命先烈家属，惩治与秋案有关人士。

秋瑾一案，据说系叛徒章介眉告密，而彼时的章介眉，早已嗅出形势不对，摇身一变成为"咸与维新"者，和王金发站在革命的统一战线上。王金发当然晓得章介眉的小九九，便以"有要事商量"为由，将章介眉诱至府衙门猝然逮捕，在逮捕章的同时，还派兵出其不意地封锁了章宅，然后调齐章告密的案卷，准备举行公开会审。在那段日子里，章介眉被戴上纸糊的高帽，游街示众，并跪在秋瑾烈士就义处的古轩亭口。他的头顶套上一只火油箱做的桶，边上放着棍子和小石块，供路人经过时敲打和投掷……王金发做都督亦如做强盗，有恩报恩，有仇报仇。章介眉是后来因为黄兴、陈其美出面求情，王金发才放了他，后来王金发死于章介眉和朱瑞之手。

但说起来，这个莽男儿，毕竟还是当得上"磊落妩媚雄奇壮烈"这8个字的。1913年3月20日，宋教仁在上海车站被刺杀，王金发立即以"国民党特派员"身份参加缉拿凶手，仅用三天时间，就将凶手捉拿归案。真相大白后，国民党发动了讨伐袁世凯的"二次革命"，王金发在上海起草了讨袁檄文，还招兵买马，自任浙江驻沪讨袁军总司令，旗帜鲜明地表示追随孙中山革命。

"二次革命"失败后，王金发遭到通缉，曾亡命日本。袁世凯一直想要暗杀他。1915年，隐居在上海逸园的王金发，虽然处境仍然很危险，他却一意要来浙江会见旧部，以图东山再起，便借口要在西湖边造房子，4月5日带着同盟会会员姚勇忱等人，来到杭州。

这一步棋却酿成大错。莽男儿王金发，还以为当年的辛亥革命战友、浙江都督朱瑞会念及旧情，到杭后便毫无防范地去见他。朱瑞果然殷勤，设宴请他，又派专人作陪同。一日游湖，陪同者指湖上野鸭曰："久仰先生绝技，是否能使我们一饱眼福。"王金发不知是计，取手枪，果然好枪法，应声便击落两只。谁知枪声方落，朱瑞便派人来调查，道："当前非常时期，谁在西湖打枪，从速缉捕。"

王金发便被捕走了，进了监狱还不知是怎么回事，以为误会，立刻就会放人呢。其实，朱瑞早下了杀王金发之决心。此人乃"辛亥革命阵营中从两面派走到叛徒的典型人物"（邵力子语）。原来，杭州辛亥起义前夕，王金发率领敢死队来杭，进攻报国寺军械局时，海盐人朱瑞作为新军步兵营的代理标统，正包围着旗营，他们那时确实是一条战壕里的战友。浙江军政府成立后，自以为对光复杭州有功的朱瑞没有捞到重要职位，而王金发却前呼后拥回到绍兴，朱瑞心怀不满。1911年12月攻克南京之后，朱瑞便暗中投靠了袁世凯。"二次革命"期间，王金发信促朱瑞在杭独立，措辞激烈。此次王金发落他手中，焉能生还？1915年6月2日下午4时，王金发在杭州陆军监狱小车桥被杀，时年仅33岁。据说，他是陆军监狱被杀的第一个政治犯。

王金发死得从容，刑前从手指上脱下"海神女儿"像戒指，传至后人。他的战友姚勇忱绑在一边，大骂朱瑞。朱瑞本想放姚，姚说金发既死，自己决不生还，最后也被枪杀，与王金发同葬一处。原墓在杭州西湖卧龙桥畔，上香古道旁，后迁西湖龙井村。1992年2月，烈士魂归故里，墓地迁回嵊州鹿山公园内，墓地位于嵊州市烈士陵园西侧。

王金发追悼会，也是在西子湖畔开的，就是当年的昭庆寺，今日的少年宫内。据当时人忆，会上除有其生前好友之外，还有众多的杭州百姓。原来的会党成员，又都佩上会党标记。朱瑞大怒，派了军警前来弹压，到现场一看声势浩大，只好退却。

孙中山生前曾称王金发为"东南一英杰"，黄兴称他为"东南名士，英雄豪杰"。闻王金发牺牲，孙中山沉痛地说："天地不仁，歼我良士"；蔡元培为王金发写了传，称他"磊落妩媚"。王金发战友将他葬在西子湖畔。蔡元培还为墓题了词："生死付常，湖山无恙，智勇俱困，天地不仁……"。

百年风云，弹指一挥间。但莽男儿传奇一生，终不负"英雄豪杰"4个字。

翩翩蝴蝶梦

掌故大王郑逸梅先生的一篇回忆短文，引用了一位杭州籍文人陈定山的回忆文章《我的父亲天虚我生》，文中说，天虚我生有着"颀长的身材，戴着金丝边近视眼镜，穿熟罗的长衫，常常喜欢加上一件一字襟马甲，手上拿着一把洒金画牡丹的团扇"。一位正向新时代转型的旧时代文人,就此从纸上栩栩如生地立了起来。

在20世纪上半叶的中国文坛上,有一位鸳鸯蝴蝶派阵营中的主打手杭州人陈蝶仙(1879—1940),自号天虚我生。

鸳鸯蝴蝶派是兴起于清末民初的以上海为中心的一个文学流派。这派作品多以文言描写才子佳人的哀情故事,常用鸳鸯蝴蝶来比喻这些才子佳人,故被称为鸳鸯蝴蝶体。代表作家有徐枕亚、陈蝶仙、李定夷等。他们出版的刊物有《民权素》《小说丛报》《小说新报》《礼拜六》《小说世界》等,其中《礼拜六》刊载白话作品,影响最大,故鸳鸯蝴蝶派又有"礼拜六派"之称。撰写"鸳鸯蝴蝶"的杭州老乡天虚我生,风流才子,几近半仙,潇洒是不用说的,而且书生不穷酸,因为开了现代文人下海的先河,挣钱去了,还因为实业救国,竟成了五四时期的民族工业代表人物。同时因为有深厚的传统文化积淀,在天南海北实业之花到处开放的时候,也没有忘了风花雪月琴棋书画。而天虚我生的生命终结也终不虚我生,他是在对日本侵略者的强烈愤慨中辞世的,鸳鸯蝴蝶的天虚我生盖棺论定,成了爱国主义者的天虚我生。

《申报》的附刊《自由谈》,历史是很悠久的。该刊创始于1911年,由青浦王钝根担任编辑,继之者为吴觉迷、姚鹓雏,直至1916年,才改由天虚我生主持笔政。这"天虚我生"四个字的署名,和吴趼人的"我佛山人"为同一类型,原来都应当在四个字的第一字后,加一逗号,为"天,虚我生""我,佛山人",显见其取义所在。

天虚我生,姓陈,字蝶仙,一署栩园,浙江杭州人。近来,红学盛行一时,蝶仙醉心《红楼梦》一书,著有《泪珠缘》长篇小说,运笔结构,无不师法曹雪芹,且亦点缀一些诗词酒令。全书满拟为一百二十回,奈时辍时写,仅至一百〇七回止,由中华图书馆印行问世。据云,是书始作于丙申年,蝶仙18岁,可见其早慧。此后,应许伏民群益书局的征约,为《月月小说》撰《新泪珠缘》,亦未完。最特殊者,他把实事演为小说,名《玉回恨史》,初刊于《申报》副刊,颇受读者欢迎。嗣后由中华图书馆刊行单本,题词之多,为从来所未有,随书刊出,几占全书之半。此外,代表作有《天虚我生十种小说》，合装一函，十种均属文言体，如《鸳鸯血》《满园花》《红丝网》《情网蛛丝》《丽绡记》《芙蓉影》《琼花劫》《井底双鸳》《双花冢》《诗魔小影》，虽属写情，笔墨都是很纯洁的。甲子岁，他的老友周拜花，汇编了蝶仙的诗文词曲，附着蝶仙之女小翠的《翠楼吟草》共十册，刊为《栩园丛稿》。

他是文学兼实业的，所办家庭工业社的始基，开设在上海南京路上，有相当的规模。为什么用这狭义的"家庭"两字作为牌号？在当时是名副其实的，后来扩充，却名不符实了。

陈蝶仙与辛亥革命后浙江首任总督汤寿潜是儿女亲家，陈的女儿小翠嫁给了汤的孙子汤彦耆。

从目前掌握的资料来看，陈蝶仙的出身很可能就是杭州的市民阶层，是清末民国初年时的那种正在转型期的典型文人。在那个时代应该是非常进步的、思想解放的、求新求变求发展。在与时俱进的阵营中，天虚我生是走在前列的一位。

革命往往从舆论始，陈蝶仙起家也是从办报始的。1895年他才16岁，就在杭州办《大观报》，宣传维新学说，抨击时弊，未及半年便被封禁。以后他又在杭州办过公司，专卖文具，又开过石印局，1906年他又创立了著作林社。两年之后，他迁往上海，主编《著作林》文艺杂志。1916年之后，他在《申报》副刊《自由谈》当编辑，文学这一摊子够他忙的。奇怪的是他又偏爱科学，什么声光化电，他都了解一些，常常写些这方面的小文章，又意犹未尽，干脆另辟一《常识》专栏，向大众传播科普知识。

今人对陈蝶仙印象最深的还是他的"无敌牌牙粉"，其实他的创业，远非如郑老先生所言的那样一个留神，是当得上"艰苦卓绝"这4个字的。

辛亥革命前后，日本人用他们的金刚石牌和狮牌牙粉垄断了中国市场。1912年，陈蝶仙在浙江镇海任知事，有一次去邻县慈溪访老友何公旦，两人在文昌阁饮酒赋诗，突见海滩一片数十里白皑皑的乌贼鱼骨。原来这鱼骨头又名海螵蛸，有磨齿作用。当时中国人的牙粉，全让日本的狮子牌与金刚牌垄断了。陈蝶仙要为中国人争口气，见遍地乌贼鱼骨，以为可以制作牙粉，便和他的四弟蓉轩商议生产，蓉轩当时正在镇海任警察局长兼犯罪研艺所所长。报告打上去要求拨2000元款项，上司以为文人想挣钱想发昏了，一顿训斥，陈蝶仙这才愤而辞了他那小吏之职，回到上海。直到1916年他担任《申报·自由谈》主编之后，才有一定的经济条件来圆他的牙粉之梦。

牙粉的原料也不是喝喝酒放眼海滩就能发现的，事实上光靠乌贼骨头是不行的。陈蝶仙跑到舟山群岛的岱山一带，从废弃的苦卤中提炼出了基本原料，其成本价格比日本产的便宜一半。在那个时代，绝对就是高科技产品了。牙粉很快问世，陈蝶仙趁热打铁，成立了家庭合作社，开始实业生涯。便叫来夫人儿女，一起动手，试制牙粉，居然一举成功。况且这牙粉又可以擦面，因此定名为无敌牌擦面牙粉。文人到底有眼光，当年的包装意识极强，牙粉便有了袋装、匣装，又绘着彩色蝴蝶。"蝴蝶"者，"无敌"之谐音也；无敌者，无敌于狮子牌和金刚牌牙粉也。当时正值五四前后，举国上下，一片抵制日货之声，碟仙之女、江南女才子陈小翠足蹬高跟鞋，面擦无敌牌牙粉，昂首阔步如模特，在上海南京路上飘然过市。中国牙粉轰动中国，日本牙粉从此偃旗息鼓。陈蝶仙实业救国一炮打响，便成立了家庭工业社。

当时的中国现代化妆业，几乎全由外国人垄断，中国只有两家刚刚初创的小企业。陈蝶仙致力科研，解决原料，更注意包装，提高机械化程度，向国外订购先进机械，很快就使一个家庭作坊发展成一家著名的化妆品公司。分公司代销点设到全国各地。

到底是文人，广告打出来也别出心裁，现在的老人还有记得他们小时候用过的无敌牌牙粉，包装图样中间是一个网球拍，代表中国与国货。因为网球是圆的，与日本的国旗相似，代表日货，所以要用网球拍打击网球，也就是用国货抵制日货，将日货一网打尽。商标图样中间文字是商标名称：无敌牌，和上海话"蝴蝶"谐音。右下角设计了一只大蝴蝶，左下角是一朵大玫瑰花。中间4个红色大字：擦面牙粉，说明产品又可以刷牙又可以擦面。左边是厂家名称，右边特注一行小字：天虚我生发明。最要紧的是正下方4个大字：中华国产。读来真是扬眉吐气！

近二十年努力之后，家庭工业社发展成了一个以制粉为中心、包括原料、包装和副产品制造在内的近代企业集团，民国时期化妆品生产行业的巨擘。

如日中天的家庭工业社，完全毁灭在日本侵华战争中。当时身在杭州的陈蝶仙对日本侵略者还是有警惕之心的，曾提出让其子陈小蝶组织迁厂至内地的建议。但当时的总经理李常觉却不以为然，以为日本人不敢进犯上海。家庭合作社当年起步，资金主要靠陈氏父子和李常觉的稿费，李多年战斗在实业的第一线，他的意见当然也是举足轻重的，结果只将半数资财运往了汉口。

最终的结局是日本人炸毁了家庭合作社的上海总厂和无锡纸厂，以后又炸毁了迁往湖北和四川的两个厂，分布在全国各地的机构又陷入沦陷。

即便如此，陈蝶仙依旧不气馁，他回到上海法租界，重新设厂生产。同时又到四川开展改良纸张的实验。之后，又到云南昆明筹建制粉厂。

请想想这只年事已高的"老蝴蝶"吧，在烽火连天、国破家亡、民族面临深重灾难的黑暗时刻，他没有一天停下他的美丽的翅膀，他一直在枪林弹雨的天空下飞翔，在采蜜，在为美延续着和平的弧线。这是一幅怎样的壮美的画面！

1939年冬，"蝴蝶"终于飞不动了，陈小蝶把他送回了上海。1940年3月24日，天虚我生辞世。他的同行、侦破小说家陆澹安挽联云：公真无敌，天不虚生。另一文人朱莲坨亦有挽联曰：齐物逍遥，一夕仙踪圆蝶梦；儒林货殖，千秋史笔属龙门。

陈蝶仙过世，这毁灭性的打击使家庭合作社一蹶不振，元气大伤，被迫改组为有限公司，从此日趋衰落，最终退出市场。此情此景，不由使人们想起前些年流行的一首歌曲：看似个鸳鸯蝴蝶不应该的年代，可是谁又能摆脱这人世间的悲哀……

关于实业家的陈蝶仙我们的叙述到此为止，而关于文人的天虚我生，又有着多少的往事可供言说啊。他是晚清以来中国最早模仿西方创作侦探小说的文人之一。陈蝶仙在艺术上另一大成就也被世人公认，他是南社中有名的填词大家，他在曲学界的影响，还在于他通过办学习班的形式，授徒传曲，牙板所及，自然颇有成就。1938年，他曾在《雁儿落带过得胜令》中吟道："谁料得去秋赤紧的烽火凑。连朝警角吼如牛,蓦生地飞来灵鹫。呀,乱离中有多鸾凤俦,都做如分飞的劳燕休。"表达了对日本强盗的强烈仇恨。两年后,他就带着这样的爱国思想离开人世。临终遗言,要儿女将他葬于他生前在杭州桃花岭所置生圹蝶冢之中。抗战胜利后家人遂其所愿,将他安葬在桃花岭上。故人终得以回归湖山。

修铁路的布衣都督

清代晚期,浙江有一群革命志士,他们光芒万丈,遮蔽了暗夜中的其他。其实有人的地方就有派别,尤其是这样的大动荡大变局时代。在浙江,立宪派也是很热闹的,其代表人物之一,就是杭州萧山人氏汤寿潜(1856—1917)。

纵观其人一生,前三十年倒也是个规矩的读书郎,四书五经,滚瓜烂熟,敏有器识,声震乡里。年方弱冠,又赴杭沪作起经世致用的文章来。所以,水利、财政、交通等诸多方面的学问,那时他就打下了好基础。

有了这一身的知识武装,30岁的汤寿潜便决定出山走仕途。当时的萧山属山阴管辖,山阴也就是绍兴,读书人的出路大多是当幕僚,俗称做师爷。汤寿潜也继承传统,投奔了山东巡抚张曜。他倒不是靠什么诗文书画来打天下,正经靠的是他的经济文章,一篇阐述水利的论文《分河》让张曜拍案叫绝,汤寿潜为政的第一步踏稳了。

胸怀大志者,心在治国平天下,区区一小吏岂能为之。1890年的中国,人民流离失所,哀鸿遍野,汤寿潜夜半风雨茶饭无心,遂把历史研究所得,以《危言》为名汇印成篇,从此,便以中国早期资产阶级维新思想家而闻名于世了。五年间其人过五关斩六将,考试中榜,在科举道路上攀完所有台阶,赴安徽做了3个月的青阳县知县,便辞官回乡,全力投入了社会活动。

在清政府眼里,汤寿潜显然不是激进党人。他本是立宪派,和革命党是两股道上跑的车,是康梁维新运动的支持者,也是义和团运动中的"东南互保"活动发起人。清王朝对他颇有好感,便授他一肥缺——两淮盐运使。这可是个升官发财的良机，难得汤寿潜可贵，竟辞了这份官职。从1905年开始，他便全力投入了"以铁路见贤"的保路运动中去了。

中国近代史上的保路运动，长话短说倒也简单——无非是清政府无钱修铁路而外国人要通过在中国筑铁路来控制铁路权，清政府要借外债，而百姓坚决不答应，便自发捐钱，造中国人自己的铁路。汤寿潜便是江浙一带保路运动的发起人之一，甚至出任了浙江全省铁路公司的总理。

汤寿潜一直信奉实业兴国。1905年2月，汤寿潜与张謇、许鼎霖等在上海创办大达轮步股份有限公司；同年2月至3月，汤氏又与张元济、夏曾佑等发动旅沪浙江同乡，倡议集股自办全浙铁路。以后为抵制英国侵夺苏（沪）、杭、甬铁路修筑权，汤氏又与张謇联手，发动"集民股、保路权"的爱国运动。8月，经浙江股东推荐，汤氏被清廷授予四品京卿，总理全浙铁路。

难以想象，在自己的国土上，花自己的钱，造自己的一条铁路，竟会如此之难。一是英国人不答应，二是清政府出尔反尔。为此，汤寿潜这个为人臣者和清王朝斗争之激烈，简直可说是闹翻了天。清王朝先是拼命给他加官晋爵，好调虎离山，实在行不通，便革了职不准他管路事，而中国人的铁路就在这样的激烈斗争中修成。在此期间，汤寿潜布衣芒鞋，备尝艰苦。人称汤寿潜是"不授薪金，不支公费，芒鞋徒步忽杭忽沪者无论矣"。短短三年，杭州至枫泾的160多公里铁路及沿线114座路桥、14处涵洞、113处水管全部建成，确保了沪杭铁路于1909年的如期接轨通车。

1909年8月13日，杭州至浙苏交界处浙江境内段铁路修成。那日下午，骄阳如火，从清泰门外到艮山门车站，沿线空地挤满杭城市民。他们背着条凳，带着干粮和凉茶，头戴草帽，把收割前的络麻地全部踩倒，就是想看一下火车——这个他们从未见过的庞然大物。

汤寿潜多年身居要职，但生活简朴，有"布衣都督"之称。他不富、不贪，袁世凯就任临时大总统以后，他拒绝北京政府邀请，继续留在南方经营浙江铁路。在全浙铁路被袁世凯收归国有两年后，袁通过全浙铁路公司拨发20万银圆，作为汤总理全浙铁路4年多不支一分薪金的补偿，但汤分文不受，将全数款捐给公益，建造了大学路的浙江图书馆。

　　这么看来，抛开政治立场不说，汤寿潜算得上是一个干实事的人。虽说立场也不是永远不变的，但立场也不是立马可变的。辛亥革命，众人请他出山当浙江都督，汤寿潜拒绝上任，两天后，浙江各界代表在杭州开会，正式选举汤寿潜为浙江都督，他也就认了。不过，汤寿潜在都督任上只干了两个月就辞职了，他后来还曾被孙中山任命为交通总长，只是他也未去到任罢了。

　　1912年1月中华民国临时政府成立，汤寿潜自请担任劝募公债总理，赴南洋各地募集捐款，纾解革命政府的财政困难。1915年，汤寿潜致电反对袁世凯称帝，之后逐渐远离政治。

　　如果说作为布衣都督的汤寿潜以保路运动为世人所熟知，那晚年退隐故里的他，则以致力于家乡建设称誉乡邻。1917年6月，殁于萧山临浦家中，临终遗言说："吾一生正气，从不屈服于权势，死后找一块远离吾乡、地势开阔的阳山薄葬就行。"故葬桐庐县质素乡，终年亦不过61岁。其一生有著作多种，除《危言》4卷外，尚有《尔雅小辨》20卷、《说文贯》2卷、《理财百策》2卷、《三通考辑要》30卷及《文集》数卷。

　　多年来，人们鲜提汤寿潜其人，多为汤参与秋瑾一案之故。比起革命志士秋瑾，汤寿潜固然算是个保守派了，但说他参与杀害秋瑾，据近年史学家论证，还是证据不足的。兹事体大，故新编县志中，作了回避处理。唉，真是千秋功罪且待后人评说。

天涯五友唱《送别》

　　李叔同（1880—1942），是著名音乐家、美术教育家、书法家、戏剧活动家，中国话剧的开拓者之一。在中国近百年文化发展史中，弘一大师李叔同是学术界公认的通才和奇才，作为中国新文化运动的先驱者，他最早将西方油画、钢琴、话剧等引入国内，且以擅书法、工诗词、通丹青、达音律、精金石、善演艺而驰名于世。

　　　　长亭外，古道边，芳草碧连天。晚风拂柳笛声残，夕阳山外山。
　　　　天之涯，地之角，知交半零落。一瓢浊酒尽余欢，今宵别梦寒。
　　　　长亭外，古道边，芳草碧连天。问君此去几时来，来时莫徘徊。
　　　　天之涯，海之角，知交半零落。人生难得是欢聚，惟有别离多。

　　这首歌是李叔同为许幻园所写的，"天涯五友"为许幻园、袁希濂、张小楼、蔡小香和李叔同，这个五人组合在当时的上海可谓"名震一时"。

　　"天涯五友"第一次聚首，乃是在李叔同初到上海那年，即1898年。百日维新失败，李叔同因为涉嫌"康梁同党"自家乡天津逃至上海。那年满腹才学却并未大施展的李叔同年方19岁。之所以在百日维新失败后受到牵连，乃是因为他曾经公开说过"老大中华帝国非变法无以图存"一类的话，他甚至自刻了一方闲章上书："南海康君（康有为）是吾师"。而选择上海的原因乃上海与当时他所生活的天津相似，李家在上海的申生裕钱庄设有柜房，他也可衣食无忧。

　　李叔同租住在法租界卜邻里。当时，非达官显贵是不能住在这种地方的。卜邻里靠近城南，而城南是文人雅士居住的地方。早在李叔同抵达上海的前一年，后来的"天涯五友"之其余4人，即当时的宝山名士袁希濂、江阴书家张小楼、江湾儒医蔡小香、华亭诗人许幻园已建立了城南文社。文社建在许幻园的住所：城南草堂。城南草堂位于大南门附近，草堂边有一小浜缓缓流过，还留有些许江南农村的气息。作为沪上诗文界领袖人物之一的许幻园，每月都会组织文人聚会，偶尔还会组织会客、出资悬赏征文。

　　因为征文，李叔同的几次投稿都得到了文社一致好评，很快他们便正式邀他入社。1898年底，李叔同第一次到城南文社参加会课。当日他一身考究打扮，头戴丝绒碗帽，正中缀一方白玉，身穿花缎袍子，曲襟背心，后面扎着胖辫子，底下缎带扎脚管，脚蹬双梁头厚底鞋子。非一等公子哥还真学不来。

　　当李叔同站在许幻园等人面前时，英气逼人，器宇轩昂，谈吐间神色风采，让他们欣赏不已，许幻园等人对他相见恨晚。

第一次会课时出题者是当时的宋儒性理学大家张蒲友，他出的题目是《朱子之学出于延平，主静之旨与延平异又与濂溪异，试评其说》。这等题目自然难不倒李叔同，首次以文会友，李叔同便被张蒲友评为："写作俱佳，名列第一。"

几番接触，被李叔同风采才华倾倒的许幻园决定将自己的城南草堂辟出一部分，邀请其一家搬来居住。故第二年春夏之交，李叔同带着家人住进了城南草堂。许幻园还特地在李叔同书房挂上了"李庐"的牌匾，李叔同后来的"李庐主人"别号便由此而来。

"天涯五友"之一的名医蔡小香出身中医世家，专治妇科，著有《妇科述要》《女科秘笈》《验方秘录》等。因为在沪上妇科界无人能及，蔡小香的"生意"好到爆表。

五友中年纪最大的袁希濂，入仕后曾任天津、杭州、武昌、丹阳等地司法官多年，他也是五友中受李叔同影响最深的一位。李叔同曾在出家前向有为官意向的他推荐了一本《安士全书》。《安士全书》是清代人周安士所写，民国高僧印光法师曾大力推荐过此书，李叔同很可能是受印光法师影响而读到了此书。这本书里，周安士用旁征博引的方式讲述了慈悲的重要性。全书中，安士都在教人因果报应的道理，他甚至还讲到了如何在日常生活里行善。

李叔同当时的本意是：希望好友能通过此书感受慈悲的力量，感受生命无常和因果报应，从而对他当法官审理案件有所帮助。

五友中，最晚辞世的是张小楼，他和李叔同一样精通儒学和书画。自日本法科大学毕业回国后，他先后担任了南京江南高等学堂、两江优级师范学堂教习，北洋政府翻译官、外交部编译员。

昔日"天涯五友"在上海发起成立"书画工会"时，任会长的就是组织、管理能力均一流的张小楼。同许幻园、袁希濂等一样，一心救国的张小楼之最初志向是做官。可因为和许幻园一样不懂为官之道，他最终也和老友一样丢了官。丢官后，穷困潦倒的他只得靠卖字画和向亲友借贷度日，皈依佛门后，他自号尘定居士。后来，张小楼又辗转在刘海粟主持的上海美术专科学校任教。

张小楼一生子嗣稀薄，他仅有一个女儿名叫张曼筠。1928年，张曼筠嫁给了即将赴美留学的革命者李公朴。

李公朴和张小楼一样一心救国，这样的女婿，张小楼自然十分满意。李公朴回国后，翁婿俩还合作一起创办了申报流通图书馆、业余补习学校，以及《读书生活》半月刊。有了女婿的帮衬，张小楼的生活也终于逐渐稳定。"天涯五友"中，他算是唯一能专心书画并且开办画展者。

与"天涯五友"结识一二年间，李叔同在城南草堂相继撰成《李庐诗钟》、篆刻《李庐印谱》、编年诗文集《辛丑北征泪墨》等，出版后李叔同在沪上的声名越来越大。

李叔同与许幻园等虽有不同的成长背景，但他们又有很多共同点：同是出身名门世家，都爱好文学，喜欢读书、喝酒，游览名山大川。除了唱和之外，李叔同与其他天涯友人最常做的事情便是讨论救国救民之法，他们经常聚在一起讨论时事，谈到激动处，他们还会当场吟诗作赋。

也是因着这份忧国忧民之心，李叔同等的诗词才与同时代那些单纯抒发情感的诗词截然不同。后期，随着李叔同身上佛性的慢慢显现，许幻园等也受到了感染，他们甚至开始在文字上发挥补偏救弊、使人心转恶向善之功，这也为他们后来与佛结缘打下了基础。

1901年，"天涯五友"之一的张小楼受东文学堂之聘前往扬州。不久后，李叔同入南洋公学特班，许幻园开始商海打拼，袁希濂则做了官……

"天涯五友"逐渐在无形中解体，但那段岁月对他们所有人的影响却一直在，他们的情谊也一直未改变。

短短十多年间，五人都经历了各种人世的沧桑变迁：李叔同辗转多地求学，经历了母亡子夭后，他又只身前往了日本留学；许幻园的生意也是几经波折，其间他更是经历了几次生死抉择；袁希濂在丹阳做官后，见识了官场的尔虞我诈；蔡小香身为医者，却经常被各种病痛折磨……

1912年，身为名医的蔡小香却因病辞世，享年仅49岁。自此，"天涯五友"只剩下了四人。而李叔同自日本留学归国后，1913年便受聘为浙江两级师范学校（后改为浙江省立第一师范学校）音乐、图画教师。1915年起兼任南京高等师范学校音乐、图画教师,并谱曲南京大学历史上第一首校歌。从此他就居住在杭州,定时坐火车去南京授课。

1913年底,蔡小香去世一年后的一个冬日,上海下了一场很大的雪,这雪把旧上海衬托得格外凄凉。李叔同突然听到门口有一个熟悉的声音在喊,出门一看,竟是许久不见的好友许幻园。李叔同欣喜非常,刚准备请他进屋,许幻园却突然地蹦出了一句:"叔同兄,我家破产了,我们后会有期!"说完这话后,许幻园便转身踏雪离开了。

瞬间,李叔同愣住了,只能呆呆地看着他的背影慢慢消失在雪里,就如《红楼梦》中的贾宝玉最终消失在茫茫大地上,落了片白茫茫大地真干净。

原来李叔同与许幻园宣扬民权思想,提倡移风易俗,宣传男女婚姻自主。一度成为社会风口浪尖改革潮中的人物。而1913年的二次革命失败、袁世凯称帝、层出不穷的社会变幻,导致许幻园家中的百万资财和家业荡然无存,许幻园要赶往京城讨回公道。

正是那天的别离,使李叔同写下了《送别》这首歌词。

实际上《送别》这首歌的曲调,用的是捷克作曲家安东·利奥波德·德沃夏克《e小调第九交响曲(自新大陆)》第二乐章中的"思乡曲"。德沃夏克于1892年9月到1895年4月6日应邀就任纽约国民音乐学院院长,在美国期间,对于美国这块充满活力的土地,德沃夏克产生了极大的兴趣,对于美国黑人和印第安人的悲惨境地,他又有着深深的同情,对自己家乡和亲人的怀念又时时在他的心头萦绕。就在这些经济、文化、艺术的刺激下,德沃夏克酝酿并完成了他来美国后的第一部作品《e小调第九交响曲(自新大陆)》,大获成功。而19世纪美国音乐家J.P.奥德威根据"思乡曲"创作了一首歌曲《梦见家和母亲》,这首歌曲流传到日本后,日本音乐家犬童球溪又以原歌的曲调,填上日文新词,写成《旅愁》这首日文歌。1907年《旅愁》发表后在日本被广泛流传。1905年至1910年,李叔同留学日本,故接触到了《旅愁》,当时他就被这首歌曲的旋律深深打动。

所以说就歌词而言，《梦见家和母亲》《旅愁》《送别》则分别是三位艺术家的个人创作，三个独立作品，之间无直接联系。但由于曲调的一致基础，在艺术神韵和情愫表达上是会有一定气质的。

1903年，李叔同去杭州任教，正好应该是秋日吧，那"长亭外，古道边，芳草碧连天"的意境，与杭州苏堤南北的意境实在是相吻合了。当时的李叔同经常带着学生们在深秋的西子长堤上写生作画，那告别夏日迎来秋天的肃杀之气，长亭古道，送别故人，青草碧绿仿佛能够延伸至天际。晚风吹拂着柳枝轻动，斜阳依依，山水叠嶂。生命中那些知己朋友啊，早已经天涯海角，万水千山，能留在身边的能有几人呢？人生总是欢聚的时候少，离别的时候多，人生的悲欢离合，无边无涯。一期一会，正是永恒的诀别啊！

当年在浙江省第一师范学校教绘画和音乐时，李叔同的学生都爱听他的课。因为"他博学都能，其国文比国文先生更高，其英文比英文先生更高，其历史比历史先生更高，其常识比博物先生更富"。想必他的杭州学子们，也都会唱这首曲子吧。此歌作为当代电影《城南旧事》的主题歌，其宁静、淡泊、简约的意境立刻击中人心。前些年歌手朴树弹唱此曲时，数度哽咽而无法唱下去，台上台下尽是热泪盈眶。如此才华横溢的人，一旦下笔，百感交集中那渗彻人性的穿透力，实在是不言而喻的。

丰子恺（1898—1975）是李叔同的高足，与李叔同关系深厚，1918年李叔同出家后，二人来往也十分密切。1927年秋李叔同还曾在丰子恺家中小住。丰子恺曾向人推荐李叔同此歌的准确原版，读者可在开明书店出版的《中文名歌五十曲》中窥见。而因某些人手上并没有《中文名歌五十曲》，不通四书，也不理解文人的情操，因此曾发生严重错讹，将"一瓢浊酒"之"瓢"，误作"觚""壶"与"斛"，其实，这"一瓢浊酒尽余欢"之典故出自《论语·雍也篇》；子曰："贤哉回也！一箪食，一瓢饮，在陋巷，人不堪其忧，回也不改其乐。贤哉回也。"所以"瓢"这个字是不能够改的。

1914年春，李叔同从杭州来到上海度假，路过草堂旧址时，他看着已大半荒芜的草堂感慨万千。许幻园请他在其亡妻宋贞所画花卉横幅上题词，李叔同挥笔写下了:"恫逝者之不作,悲生者之多艰,聊赋短什,以志哀思。"

四年后的1918年,李叔同在杭州虎跑寺毅然出家,剃度为僧,法号弘一。1926年夏天,出家已经八年的弘一法师途经上海,等待轮渡时,他再度踏访了城南草堂。恍惚间,他竟以为自己出现了幻觉。细问之下才知:草堂早已经换了主人,之所以有和尚念经,乃因这个草堂已被主人送给和尚了。

看着已经更名为超尘精舍的草堂,城南草堂近旁的风物都变了:原先的小河已经没有了,新修了一条马路;杨柳则被砍去了。四处打听后,弘一法师在草堂附近的马路边一个破旧的小房子里,找到了昔日知己许幻园。两人再见已是十二年后。白发苍苍、憔悴不堪的许幻园,正趴在陋室的桌上用毛笔涂鸦着什么。他如今耳已半聋,且一直靠给人上点私课维持生计。抬头间几秒对视,百感交集无语。

1927年秋天,弘一法师北上探亲途经上海,住在江湾弟子丰子恺家。"天涯五友"中的四人李叔同、许幻园、袁希濂、张小楼再次在上海相聚。此时蔡小香早已去世,官运不畅的许幻园家道中落,袁希濂则已卸去政职,并介绍许幻园到上海大王庙,两人均成了居士。临别时,有人提议重摄一影。合完影后,感慨万千的李叔同还在照片上写了题跋,以为纪念。

仅仅两年后,弘一法师再来上海,许幻园在大王庙离开了人世,年仅51岁。张小楼则去了重庆,只有袁希濂依旧留在上海。行到此,"天涯五友"散落各处,已真正成为"天涯"。

弘一法师闻名于中国僧俗两界,在近代文艺领域里无不涉足,诗词歌赋音律、金石篆刻书艺、丹青文学戏剧皆早具才名。而他在皈依佛门之后,一洗铅华,笃志苦行,成为世人景仰的一代佛教宗师。他被佛教弟子奉为律宗第十一代世祖。他传奇的一生为我国近代文化、艺术、教育、宗教领域里贡献了13个第一,堪称卓越的文艺先驱,他爱国的抱负和义举更贯穿于一生。

大名鼎鼎的李叔同出家之前就是浙江第一师范学校的音乐美术老师。和前面提到的刘大白、陈望道、李次九应该都是同事。只是他走了一条极为独特的人生道路罢了。李叔同常自称"当湖"人,其实这是母亲的籍贯,真正说的是嘉兴平湖，他虽出生在天津，但自认了浙籍，其中之意自然是深远又隐秘的。

李叔同本是翩翩红尘公子一个，对金石书画均有造诣，后东渡日本，专攻西洋画，又习音律，还组织剧社演出，中国最早的话剧社团"春柳社"就是他与同人组织的。他出演的茶花女一角色还留有照片，歪着头作娇憨状，腰细得只有一握，谁会想到他便是后来的那位律宗高僧。由日本归国后布衣素鞋为人师表，再不复从前批发佯狂之浪漫青年状。这样一个才华横溢、胸怀壮志的爱国知识分子，中国著名的新文化运动启蒙者，中国新戏剧运动的创始人，谁会想到他成为后来的律宗高僧？

出家前他还专门到了西泠印社，把他那些笔砚印刻封于孤山，名曰"印藏"，从此便和红尘一刀两断。弘一法师修的是佛门中最艰辛的律宗。戒律之严，莫过于其宗，一日二餐，过午不食，冬日不袄，弘一法师从此芒鞋破钵云游四方。初出家时穿的一件衲衣，一直穿了26年，直到圆寂那一日，补丁达200余处。

李叔同出家之时，已经有两个女儿，又有日本夫人。当初他刚进虎跑山门，他的日本夫人绕寺三日，哀哭跪求一见，法师闭门固拒。1942年10月13日，他在福建泉州圆寂前有遗偈：

君子之交，其淡如水；执象而求，咫尺千里；
问余何适，廓而忘言；华枝春满，天心月圆。

临终绝笔：悲欣交集。

弘一法师的灵骨，一分为二，一在泉州，一在虎跑。1954年，他的学生刘质平、丰子恺等人在虎跑后面的山坡上为他安葬建塔。十年浩劫，石塔被毁，直到1980年才重新修复。半个世纪以来，有多少人想参破他的梦却不能够。多少论文多少书，纷纷解说李叔同，便有了今天的李叔同纪念室。

赵朴初赞："深悲早现茶花女，胜愿终成苦行僧。无尽奇珍供世眼，一轮圆月耀天心。"

林语堂曰:"李叔同是我们时代里最有才华的几位天才之一,也是最奇特的一个人,最遗世而独立的一个人。"

张爱玲说:"不要认为我是个高傲的人,我从来不是的,至少,在弘一法师寺院围墙外面,我是如此的谦卑。"

夏丏尊叹:"综师一生,为翩翩之佳公子,为激昂之志士,为多才之艺人,为严肃之教育者,为戒律精严之头陀,而以倾心西极,吉祥善逝。"

1959年12月,"天涯五友"中的袁希濂辞世后不到一个月,张小楼就因胃出血在上海辞世,享年74岁。自此,"天涯五友"终于再次在九泉下聚首。

而那首《送别》,百年传唱,已成为今日中国人耳熟能详的不朽之歌。

两个遗老的爱恨情仇

凡大时代的遗老们,大多有着惊心动魄的青壮年时代,还有着死不瞑目的梦想与遗憾,故而他们的命运往往越发与同时代休戚与共。我们不妨从杭州的两个庄园说起,或可走入一百年前的时光深处。

都说位于杭州丁家山山下的刘庄好,前人评述:"西湖得天下山水之独厚,刘庄占西湖风光之灵秀。"它三面临湖,一面依山,面积在西湖的庄园中堪称最大。

别看杭州暖山温水,但也是藏龙卧虎之山河。刘学询(1855—1935)绝对是个人物,广东香山县人,人称其刘三国:文可华国,富可敌国,妾可倾国。身为清朝进士,朝廷命官,李鸿章的幕僚,却又是孙中山的造反同谋,最后看破一切,终老西湖。

说起刘庄的打造,也是一段奇事。原来光绪年间广东香山这个叫刘学询的举人,中举次年进京会试,回家时路过杭州,着实吃惊,故乡无此好湖山。传说还有这么一个掌故,说的是湖畔杨公堤旁有一个苏式园林郭庄,刘学询递上名片要求拜访,谁知郭家人不理他,连门都不开,把刘学询气坏了,便下了个惊人的决心,要移居到郭庄隔壁,在此处建一座"水竹居",一比高下。

刘学询与孙中山同乡,也是同道中人,光为孙中山筹款就有10余万银圆。还亲自跑到日本去暗杀保皇党康有为,结果康有为没杀成,自己差点儿被反杀。以后他又企图说服李鸿章到南方独立,与清廷对抗,孙中山给他写信,还建议他当中国大总统。他又热心地方建设和慈善事业,跑到上海去开自来水公司,又办"信大钱庄",结果他自己的水竹居反而保不住了。因资助革命经费,与大清银行,交通银行发生债务纠纷,水竹居抵押给银行十年之久。辛亥革命后消债赎回。这刘学询大概也辛苦够了,从此长住林泉,不问时事,直到1935年1月病逝。

水竹居是1898年开始建造的。1900年,刘学询已经45岁了,他开始全心全意地在西湖边营造他的安乐窝。原来他在广东已有一座规模宏大的刘庄。他把它七零八落地拆了,那些雕镂篆隶的文字和钟鼎图案的楠木门窗,都被运到了丁家山下。拆了自己的,也不忘人家的,广州家道中落的潘仕成家"海山仙馆"里的精致家具,全被他买下了,运到了水竹居。所以刘庄有岭南风。据说这占地36顷的西湖第一名园,从前门有联曰:因树为屋,举网得鱼。客厅中又有书联,曰:

故乡亦有西湖一半勾留行窝且傍蕉屏石,
旧宅尚留南海三千里路别梦应寻荔枝湾。

西湖,西南面是南高峰,一道山梁从南高峰逶迤而下,斜斜的直插湖中,这就是丁家山,丁家山古木参天,三面临水,与孤山遥遥相望,所以又叫小孤山。康庄坐落在丁家山,他是康有为的庄园,故因姓而名。

掰起康有为(1858—1927),国人可谓家喻户晓。一百多年前,中国一群先进的士子终于被祖国痛苦的呻吟惊醒,他们从西方文明中得到启发,勇敢地提出了变革社会的要求,康有为在这场史称"戊戌变法"的运动中,不愧为风云人物。

但康有为没有料到,他所依靠的光绪皇帝,在慈禧太后面前竟是如此不堪一击。光绪被囚瀛台，康有为则仓皇逃往海外。几经奋争，终于不得东山再起。从此康有为远离京都，常住上海。杭州近在咫尺，自然是常来常往了。

他非常痛恨竟然敢暗杀他的刘学询，但又非常痴迷刘庄。此时的刘庄被抵押给了上海银行，康有为打了个招呼就住进去了，把刘学询气得捶胸顿足，他想尽办法还清债务，把刘庄重新赎了回来，一家人又安营扎寨到西湖边。康有为只得搬出刘庄，不过完全复蹈了刘学询当年对郭庄的套路，他要在刘庄旁边建一座康庄。

当时，浙江省省长是夏超，虽身为革命党，但对大名鼎鼎的康有为，夏超不仅是不敢怠慢，甚至可说是恭敬有加，何止是恭敬有加，为能留住"康圣人"，奉送一块风水宝地有何惜哉？丁家山就划出一块地皮归了康有为。

康有为正待大兴土木，突然冒出浙江内河警察厅长徐则恂，声明这块地皮乃他族弟徐永泉赠送，且已承粮过户，实为私产。康有为也急了，托文人孙康前往徐处，说明这山本是公产，如果对簿公堂，徐将摆脱不了盗占公山的干系，不如大家甘休。这时徐则恂已知道康有为身后有夏超，而且还是当时很有势力的军阀卢永祥"卢大帅"的朋友。原本以为"过时的凤凰不如鸡"，想不到还是"瘦死的骆驼比马大"，徐则恂只得委曲求全，并顺水推舟地将粮串户折一并送给了康有为。

以后夏超下台，杭州有关当局也以丁家山是公产为缘由，曾和康有为打过官司，还是因为康有为的这块牌子硬，最后不了了之。

一幢美轮美奂的别墅矗立在丁家山，世人不免有窃窃私议。古人云：君子固穷。况"圣人"乎？"康庄"的建造经费据说至少要四五万银圆，康有为名声虽大，但此时已凄惶几近流浪者，何来巨款？有人说这笔钱是吴佩孚、卢永祥送的，但斗转星移，时过境迁，说得清楚吗？当年丁家山上的康庄可是热闹非凡，不要说一般军官、政客、官僚、文士和前朝遗老遗少们常来常往，就是浙江省的头面人物卢永祥、夏超也不时光临。丁家山上笙歌丝竹，置酒高会，几无虚日。

康有为晚年爱好古董，古今中外，无不搜罗。他将这些东西陈放在"人天庐"和"开天天室"中，有外国皇帝坐过的椅子，有某某将军的佩剑，有光绪皇帝赐给他的清宫古玩，也有吴昌硕的字画等，日日品咂，自得其乐，沉迷其中，他自己也渐渐沦为古董。

康有为身居丁家山，沉迷西湖美景流连忘返。在西湖小瀛洲御碑亭柱上曾有康有为的一副长联：

> 岛中有岛，湖外有湖，通以九折画桥，觅船湖老柳，十倾荷花，食莼菜香，如此园林，四周游遍未常见；
> 霸业锁烟，禅心止水，阅尽千年陈迹，当朝辉暮霭，春煦秋阴，山青水绿，坐忘人世，万方同慨更何求。

此处对三潭印月景色的描述真是一流手笔，康有为当时的心境亦跃然笔端。有谁想到，当年曾如此轰轰烈烈力挽乾坤的"南海圣人"，晚年竟浪迹西湖，在"山青水绿"中"坐忘人世"。

但要做到禅心止水又谈何容易，康有为在康庄"一天阁"中自题一联：

> 割据湖山少许，操鸟兽草木之权，是亦为政；
> 游戏世界无量，极泉石烟云之盛，聊乐我魂。

从这副楹联中，可以想见他失意后胸中的不平之气。

康有为久居丁家山，在杭州娶了一个19岁的船娘做了六姨太，名叫张光。我们难以想象刘学询和康有为各被一个小妾挽着，在西湖边散步时擦肩而过的尴尬。他们算是邻居了，曾经彼此都想要了对方的命，此刻却颇有殊途同归之感。康有为比刘学询小三岁，却比他早逝八年。1927年康有为病逝于上海。康庄重又收归公有，可惜的是这座别墅在抗日战争中被毁，丁家山上这抹斑驳的残云终于在烽火中散尽。

1949年以后的几十年中，康庄并到了刘庄之中。有一段时间，毛泽东凡到杭州都住在那里。改革开放的数十年来，刘庄作为西湖国宾馆对外开放。

虽如此，直到今天，刘庄对许多人而言，依然是神秘的。

西泠印社的创立

全中国乃至全世界大概都很难找到像西泠印社这样一种人文景观了——人们不知道应该称它为一个文化团体，一个经营组织，还是一处园林名胜。它是一个最阳春白雪，也是最下里巴人的地方。它的核心——印人，自然是中国传统文化中精粹部分的继承者，然而它面向与开放的，却是一切平民百姓。人们无论高低贵贱、满腹经纶还是胸无点墨，只管来此一游，只管享用它的功能。艺术面前人人平等。这西湖孤山南麓的艺术园林，将给你提供任何地方也不会重复的文化享受。

浅浅地欣赏西泠印社，是很方便的，你只管沿着白堤走去便是。过了平湖秋月，再过中山公园，再过楼外楼——这红尘中衣食住行最要紧的"食"处，紧邻，便是那精神食粮所在地西泠印社了。印社既占楼阁，曲径通幽，春有芳草，秋有芝兰，良辰美景，一饱眼福，此行足矣。

西泠印社，却还有另一种意义的游历。印学，在中国是一门大学问，它又古老又年轻，中国人评论一个人有学问，传统文化根底扎实，常说他是金石考据无所不通，就是说，此人必通印学。

要谈建立在浙江杭州西湖孤山上的西泠印社，就不能不谈浙派印学，而谈浙派印学，就不能不谈丁敬、黄易和"西泠八家"。浙派形成后，在中国印坛称雄100多年，是中国金石篆刻艺术的一个高峰。

浙派影响既大，印人便多聚西子湖畔，这也叫物以类聚，人以群分吧。光绪年间，杭州有几位金石家丁仁、王禔、叶为铭、吴隐等，常到孤山的数峰阁来探讨印学。时间长了，就想成立团体。1904年商定了成立印社。这个社前前后后筹备了十年，直到1913年暮春，恰逢王羲之兰亭修契雅集第26癸丑年，这才正式召开成立大会，社址既在西泠桥畔，人以印集，社以地名，便叫"西泠印社"了。首任社长，公推著名金石书画家吴昌硕。

吴昌硕（1844—1927）是那种必须以大师而称之的人物。他原本是浙江安吉乡间一个农家子弟。家境贫寒，少时借书一读，要走几十里山路。又逢战火离乱,命运多舛。22岁那年中秀才,从此自绝仕途,潜心艺术。据说他少时常到溪边捡石头刻字,有一次不小心把食指指甲都削去一大半,后来这个手指就一直没有指甲了。成人之后,他便肩挑一担行李,开始了他浪迹城乡的艺术生涯。

50岁那年,吴昌硕曾当过一个月的安东知县,立刻就吃不消辞职不干了,还专门刻了一方足以自豪的印章,曰:"弃官先彭泽令五十日",他比陶渊明还不肯为五斗米折腰呢。没有了"五斗米",卖画为生,穷,典衣,卖书,老友也不来了,屠贩也笑他了,便自嘲"酸寒尉",老朋友任伯年就为他画了一幅"饥看天图"。

吴昌硕说他自己是"三十学诗五十学画",以为自己书法比画好,金石比书法好,所下功夫最深。他上溯古人又旁敲侧击,况他摹写石鼓文有基础,故穷极而变,别开天地,印面古朴苍劲,气魄雄伟,为印学界开清刚高浑一路,推其为印社首任社长,当之无愧矣。

印社以"保存金石研究印学"为宗旨,清明重阳各聚会一次,十年一庆典,至今,一百多年了。知晓了这一番来龙去脉,再游印社,处处有典,方才游出品位,游出金石意韵来。

西泠印社园林,分三个层次:第一个层次为下,以月洞门进去的那一大块平地为主。进洞门便是莲池,后是柏堂,柏堂始建于北宋,现在作为纪念室,里面挂置着大幅印社创始人群像图及他们的生平简介。西面是竹阁,据说这是唐代白乐天在杭州当刺史时的旧景。东面长廊墙壁嵌有数十块书画石刻,都是印社社员历年收集的碑刻精品,记得曾有一方曰:海为龙世界云是鹤家乡。还有一遇碑刻着苏东坡像,说是古物,却充满现代派精神。柏堂后面的斜坡口有石坊,坊有楹联,是印社创始人叶为铭所拟写,曰:石藏东汉名三老,社结西泠纪廿年。

从这里往上走,就进入了第二个层次,中间部分了。仰贤亭就在这个地方,那是1905年时印社发起人筹资修建的,镌刻了28位印学先人镶于壁间,当中一块巨大丁敬石刻像,是由扬州八怪之一罗两峰画、金石家吴石潜摹刻的。亭中共有 17 块碑 27 位印人画像。两边挂着的一副楹联，其字之多，据说是西湖少有的。

这里有印泉，在宝印山房前，山川雨露图书室后，据说曾经是印社的旧界墙。1911 年一场久雨之后墙塌了，掘地却涌出泉水来，1913 年就干脆浚成一眼泉水，命名印泉。那两个斗大的题字还是日本印人长尾甲书写勒于其上的。他是首批外籍社员，20 世纪初，曾作为日本侨民，在杭州开过照相馆。

印泉旁边山岩上嵌有一小碑，细细一看，原来正是李叔同出家前在这里埋的印藏，上面有叶为铭碑刻："同社李君叔同，将祝发入山，出其印章移储社中，同人用昔人诗冢书藏遗意，凿壁庋藏，庶与湖山并永云尔。戊午夏叶舟识。"

沿鸿雪径，春浓时有累累紫藤花可赏。径半有凉堂，传说南宋画家萧照就是在此画的四堵壁画。皇帝赐酒 4 斗，其人夜入，四鼓更落，4 斗告罄，四堵以满，天子叹为观止。如今的凉堂，是后人建的，堂壁嵌有岳飞草书洗马赋碑 9 块，自然是碑刻珍品。

山顶是第三个层次，印社的上层部分了。站在这里远眺西湖，三岛呈现品字，尽在眼中，使人豁然开朗。山上有题襟馆。联曰：

宜雨宜晴静观自得，
尽美尽善为乐当斯。

该馆也有来历。原来吴昌硕、吴石潜早在上海成立过一个"题襟书画会"，苦于市声如沸，后来并到了西泠印社。如今馆外粉壁上，还嵌有丁敬《研林诗卷三卷真迹刻石》30 块。

山顶纪念丁敬还有一处，就是那个可以通往后山的"小龙泓洞"。这个洞是 1922 年人工开凿的，龙泓是丁敬的号。洞口岩壁上凿有文曰："东坡游赤壁后八百四十年，凿通岩洞，湖光山绿，呼吸靡间，登临涉览，遂为绝胜，纪念印人雅名，故名小龙泓。"此洞前清水，游鱼可数，岩壁上凿出一个龛，名"缶亭"。缶是一种小口大肚的罐，吴昌硕的别号就叫缶庐，所以这缶亭里的座像也就是吴昌硕了。有许多年这尊像都是无头的，浩劫时被砸了，后来再补上去，所以头像和身子颜色是完全不一样的。

池畔最显眼的一处，是手拿笠帽的皖派印家邓石如像。在浙派创始地为他派争风流，西泠诸公是真印人，也是真名士。另有华严经塔，西泠印社的标志，西湖群塔之殿军。僧人弘伞于1924年造，其高20余米，八面十一级。最下层是《华严经》文，末尾有弘一法师之偈。中间两层是杭人扬州八怪领袖金农手写的《金刚经》经文。上面还有八级，全是佛像。每一层的亭檐上都挂着小铃。另有16应真像刻于其上，据说临摹的是五代诗画僧贯休的佛像画作。

连那小小的石桥也有来历，桥唤作锦带桥，和白堤上的那一座一样。当年丁仁得白堤上锦带桥的旧石栏，移到了这里的闲泉与文泉之间，那小心翼翼间的文化怜惜，今天我们这些后人想来，依旧感动不已。塔旁有汉三老石室，它是中国印人精神操守的丰碑。原来这里主要藏的是一块汉三老讳字忌日碑。"三老"是汉代官职名，从师道自尊，后汉时，上自朝廷，下自郡县乡里，都有三老。而这块石碑，记载的就是一位掌管文化教育的乡级官吏去世的碑。其人专门负责教化工作，姓董，名通，而立碑人则是董通的9个孙子中的第七个孙子邯。他担心后世的人忘了爷爷的名讳和忌日，专立此碑。1852年，此石出土余姚客星山，距今1900年历史，是浙江省迄今发现的最早的石碑，共217字，字体介于篆隶书之间，海内视为瑰宝。

1921年，这块藏在余姚周家的石碑被卖到上海，入日人手。幸被西泠诸公获悉，吴昌硕等人奔走呼吁，义卖捐献，筹钱8000元赎回，又在印社内造石室。万世珍藏古碑。劫难从此结束，特殊年代也无法撼之。大幸！吴昌硕有《汉三老石记》一文记之，藏于石室。

石室旁有吴昌硕纪念室，从前叫观乐楼，吴昌硕来杭往往就住在这里，内有吴昌硕的纪念介绍、作品及吴昌硕半身铜像。说起来这铜像也有一番来历。原来是日本著名雕塑家朝启文夫于1921年时制作并赠予吴的，十年浩劫中被砸。后来朝启之女西常雄根据父亲留下的模子重铸胸像送给印社，亦重铸中日印人间的一段佳话。

四照阁在山顶平地的西南，它原来就建在华严经塔矗立的地方，据说还是林和靖建的。现在的四照阁则是1914年重新移建的。它三面皆轩，一面为门。在此览山，绣屏锦障；在此瞰水，翡翠世界。青天碧洗，绿水明镜。登斯阁也，廓尔忘言。面面有情，环水抱山山抱水；心心相印，因人传地地传人。立于此处，不由使人想到那仰贤亭前的长联：

诵印人传记，如龙泓之雄浑，鹤田之渊懿，完白之清奇，自子行铁笔后各具丰裁，固不囿两浙专家，集同好讨论一堂，洵能绍秦汉先型，斯冰遗法；

考西湖志乘，若君复作水亭，嗣杲作书楼，东坡作石室，与乐天竹阁侧别开幽胜，更卜筑数椽精舍，继往哲重联八社，允足助林泉逸兴，唐宋流风。

出后门缘阶而上，左视右顾，都与金石有关。不一会儿就到山顶，站在西泠印社的园林前，饱览西湖秀色，仿佛看一幅中国山水画长卷。西泠印社，不正是西湖这幅锦绣长卷图画上的一枚最精美无比的印章吗？没有这枚印章，西湖，就是一幅未完成的天然画图啊！

The
Biography
of
HangZhou

杭州传

第十三章

五四运动以来的浙江

(1919—1949)

司徒雷登访杭

甲午中日战争后,中国一些知识分子从日渐解体的旧社会和日益没落的封建家庭中分化游离出来,形成资产阶级知识分子。他们以激昂的爱国热情,走向民主革命的道路,经历戊戌变法运动的兴衰,其中先进的一部分,探索着救国救民的真理。他们既是旧文化的承袭者,又是新道路的开拓人,最终他们成为马克思主义的信徒,相信只有共产主义才能够救中国。并开始以激烈的斗争哲学实践解放全人类的理想。他们明知政治行动充满危险却一如既往,生活在一个四分五裂、险象环生的世界上,他们表现出了非凡的战斗能力和智慧勇气。

这是席卷了整个20世纪的激烈革命,有着鲜血般的颜色,20世纪初一代中国的普罗米修斯,从岁月的厚幔中呼之而出。

20世纪这一部激荡的百年史,大写书成的家国之书,就这样从岁月的深处向我们发来。

孕育风云的引领人

杭州高级中学创建于1908年。今天,一块"浙江省第一师范学堂"石刻门额仍留在校内,站在这块门额下,我们不能不感受到迎面扑来的历史风云。

新文化运动时期,中国有两座师范学堂名震华夏。湘江畔的第一师范走出了共和国的创建者毛泽东,而浙江第一师范在新文化运动中亦称得上东南巨擘。杭州不再是暖风吹得游人醉的后花园,她成为思想者的摇篮,盗火者的故乡,叛逆者的天堂,中国共产主义运动史上开革命先声的地方。中国第一个全文翻译《共产党宣言》者为陈望道,新文化运动中在杭州担任过浙江第一师范学校教员;中国最早的社会主义青年团员二分之一出自浙江第一师范学校;中国最早由共产党领导的农民运动,发生在钱塘江南岸——杭州萧山衙前;中国第一个为宣传马克思主义而献身的人,是在求是书院读过书的邵飘萍;第一个在 1927 年"四一二"政变中牺牲的中国共产党人则为上海总工会委员长、曾经是浙江第一师范学校学生的汪寿华。甚至中国共产党的创始人陈独秀,也曾经在求是书院求学。

摧枯拉朽、高歌猛进中,如果说陈望道、刘大白、夏丏尊、李次九四大金刚为急先锋,那么,坐镇的老帅就是经亨颐了。经亨颐就是当年"一师"的校长,那个孕育风云的引领人。

经亨颐(1877—1938),浙江上虞人,出身绅商之家,祖父经庆桂曾是闻名沪上的巨贾。因为有了这样一个背景,他受到的教育当然是"正统"的:修身、齐家、治国、平天下。换句话说,读书,中举,致仕,高官厚禄,光宗耀祖,就是父辈寄予的最大愿望。

但虎门海面的隆隆炮声,摇撼这封建王朝的千年根基,也震撼了年轻的经亨颐的心。他的青年时代,经历的是中日甲午海战的惨败,是举国震惊的《马关条约》。彼时,维新改革的呼声,响彻大江南北,中华大地蒙难的阴影,启开了他的救国之心,在社会剧烈的震荡中,他和许多有志青年一样,从阶级的营垒里分裂出来,走上革命的道路。

1903 年初,经亨颐东渡日本,就读于东京高等师范学校。是时,国内各路反清义士云集扶桑。经亨颐与孙中山、廖仲恺等人相识,并加入了同盟会。

同为革命者,比起徐锡麟、秋瑾的立马横刀,剑拔弩张,经亨颐似乎显得"温情"得多。留学期间,他深深迷恋法国启蒙思想家卢梭写的教育名著《爱弥儿》。卢梭启迪民智,发展独立、自由的个性,反对封建专制的教育观念,让他五体投地,赞叹不已,由此萌发了创办新教育、走教育救国之路的决心。

经亨颐早年加入同盟会,可谓国民党元老。孙中山先生逝世后,他紧随革命潮流，向往光明。中共领袖毛泽东就将他划为"国民党左派"。同时，经亨颐又是一位才华横溢、造诣极深的大艺术家，集诗书印画于一身，深为各大家首肯。但最能让后人景仰的还是他对教育事业所作的贡献。

经亨颐与教育事业的真正缘分，开始于留学期间。当时筹建浙江两级师范学堂的有金华蒲塘人王廷扬（1866—1937），是清光绪二十四年（1898）进士，早年曾入绍兴大通学堂，后加入同盟会，与孙中山书信往来频繁，历任留日学生监督、浙江两级师范学堂监督、浙江省视学等职，也算是个革命的同道中人。他看中了经亨颐，请他回国便担任了浙江两级师范监学。1913年，两级师范改名浙江省第一师范学校，经亨颐任校长，从此有了新文化运动前哨的平台。

经亨颐有一句响亮的口号：教育是继往开来的精神事业。五四运动使他的思想又大大前进了一步，给了他一种前所未有的体验："五四运动凑巧为我做十周年纪念（在一师任职十年），使我大觉悟、大忏悔，这几个月的进步，至少抵得二十年。"

在选聘教师方面，他的大胆之举，是主张教育者要有高尚之品行，反对用学历和资历来评判一个人的水平。即便是在今天，要实施也不容易，何况当时。于是一批非凡之人，先后归于经亨颐麾下，诸如李叔同、刘大白、夏丏尊、陈望道、李次九……他们或博学多才，或学问精深，或激情革命，可以说是风云际会，石破天惊。

作为两次留学日本，受过完整传统教育，又深受民主思想熏陶的教育家。他任"一师"校长兼浙江省教育会长期间，提出"人格教育"思想，和另一教育家黄炎培提出的"职业教育"在中国并行，以为人格教育是一碗清水，求其淡，方可具种种作用；而职业教育则是有味之水，有局限性，遂成　家之言。

经亨颐的苦心经营，使"一师"形成了安静肃穆、崇尚自然的风气。学生心胸开阔，易热烈追求真理，易发动政治运动。五四以后，经亨颐又提出了"与时俱进"思想，迎时代潮流，顺时代潮流，故深受拥戴。

经亨颐爱喝酒，好直言，金石篆刻书画体育样样精通。这样一个教育家，必定和官场缙绅之流处不好，因此便被起了个外号，叫"经独头"。

在遗老遗少眼中，经亨颐有几大罪状误人子弟，首先便是废孔。原来学堂每年都要祭孔，谓"丁祭典礼"。杭州师范生是要参加"八佾舞于庭"的队伍的，而经亨颐则是重要的陪祭者。1919年五四运动以后，满朝的遗老遗少们都在想：看你经某人来还是不来！经亨颐却偏不来，他找了个借口，跑到山西开会去了，一时便被称为大逆不道，为日后的"倒经运动"埋下了祸根一条。

1919年11月16日，"一师"学生自治会宣告成立，这在教育界又是一件破天荒的事。这一棒直接打在了中国几千年的"师道尊严"上，老夫子们简直匪夷所思。师生们实行民主治校，设立评议会，讨论学校重要事务，经亨颐还把民主管理进一步深化，支持学生自治，把学校事务分为学校行政和学生自治两部分。学生自治制度由学生自行议定，校方不干涉。经亨颐精心地在"一师"铺设了一张"温床"，自由民主的萌芽一天天生长。果然，"一师"在新文化运动中刮起一股旋风，而这股旋风终于酿成了震撼全国的"一师风潮"。

经亨颐大力提倡新文化，"一师"创办的刊物如雨后春笋，其中影响最大的当属《浙江新潮》。大刀阔斧的改革早已引起守旧势力的敌视，当局借口《浙江新潮》上"非孝"一文"大逆不道"，查封了《浙江新潮》，接着教育厅又趁寒假之机，撤免了经亨颐的校长职务，但后来引发的风潮是自以为得计的当局万万没想到的。反动当局的举措，激起了"一师"学生和教职员工的强烈义愤，为了保卫新文化和教育改革的成果，师生们发表了《挽留经校长宣言》，掀起了一场轰轰烈烈的"留经运动"。"一师"师生的斗争，获得了全国各界进步人士和海外侨胞的声援。恼羞成怒的当局，竟于3月29日出动军警700多人，武力强迫先生离校，并悍然宣布解散"一师"。这时杭州各校的师生纷纷前来声援，举行了大规模的请愿游行。"一师"风潮愈演愈烈，持续两个多月，迫使当局答应了师生提出的条件。

1921年冬，经亨颐离开"一师"，同时辞去省教育会会长的职务，回到上虞故里。至此，经亨颐在杭州度过了十余个春秋，春华秋实，桃李芬芳，这大概是一个从事教育事业的人最大的追求吧！经亨颐在"一师"的开拓，有了丰硕的回报。以后的杭州高级中学名闻遐迩,是全国四大名牌中学之一,革命家宣中华、俞秀松、施存统、梁柏台、杨贤江。画家潘天寿、丰子恺,作家郁达夫、徐志摩、柔石,……都是从这里跨出校门的。

值得一提的是,经亨颐回到故乡后,仍不改书生本色,一所新的学校在白马湖畔诞生,经亨颐又亲自担任这所学校的校长。这所名叫"春晖"的学校从此声誉鹊起,名闻远近。而经亨颐最终也长眠在故乡那美丽的校园里,朝夕与他亲爱的学子们相处。

黑暗里透出一线光

这是一首发表在1919年五四运动之年的新诗,作者为当时浙江第一师范学校的老师、大名鼎鼎的刘大白(1880—1932),诗名《红色的新年》:

朦朦胧胧地张眼一瞧,
黑暗里突然透出一线儿红。
这是什么?原来是北极下来的新潮,
从近东卷到远东。
那潮头上涌着无数的锤儿?
直要锤匀锄光了世间底不平不公。
呀,映着那初升的旭日光儿,
一霎时遍地都红,
……

五四运动的杭州,激流澎湃,新青年们冲锋在前。一场被称为"一师风潮"的学生运动激烈展开。

浙江第一师范学校是中国五四运动前后教育界群星荟萃的所在,这里有过周树人(鲁迅)、沈钧儒、李叔同、夏丏尊、叶圣陶、俞平伯、朱自清、刘大白、陈望道、朱光潜、马叙伦、马一浮等一代大文化人……以陈望道等教师为代表，还结成了"四大金刚"，即陈望道、刘大白、夏丏尊、李次九老师，形成五四青年们的坚强后盾；全体师生簇拥在一面大旗之下——旗上大写民主、科学四字，举旗者，乃中国著名民主战士、浙江第一师范学校校长经亨颐。

新文化运动时期，刘大白算得上是民国名士中的名士，人们一般知道他，是那首开白话诗之先河由赵元任谱曲的《卖布谣》："嫂嫂织布，哥哥卖布，卖布买米，有米落肚……"当时流布全中国，可见影响之广大。后来再闻说刘大白先生时，他在人们的印象里却已经是一位怒目金刚了。1920年初的浙江"一师"学潮，和他很有一些关系。当时在"一师"教国文的有四员大将，正是夏丏尊、陈望道、李次九和刘大白。他们坚决使用"人话文"（白话文）而竭力反对"鬼话文"（文言文），博得五四青年的热烈赞赏，也遭到军阀当局的无理镇压。刘大白就是在这以后离开"一师"的。

刘大白先生乃绍兴平水人氏，20世纪初的民国前，他已经加入光复会。爆发辛亥革命时，他在《绍兴公报》主笔政治，撰文数次用"可浮一大白"之句，一时越中传诵，从此无人不晓刘大白，他那个本来的名字刘靖裔却反而不为人知了。其实"靖裔"这个名字当时还是很有政治含义的，意为汉中山靖王的后裔，乃是他对清王朝的一种抗议。我们至少可以从中看见年轻时那个血气方刚的刘大白了。

因好友沈玄庐之故，他曾当过浙江省议会秘书长，也曾在沪上进行过早期的革命宣传，还因此而加入和发起过早期的共产主义小组的活动，不过很快就退出了，据说因为信仰无政府主义之故。后来他与沈玄庐同去沈的故乡萧山衙前，醉心于乡村革命，写了许多白话诗，《卖布谣》便是其中一首。衙前有他的"白屋刘寓"，因此也有了《白屋文话》《白屋说诗》《白屋联话》等著作。当此时，刘大白已经是一名很有影响的大学者了。

据说大白先生搞文学革命，也是颇为激进的。

然而，他又是十分传统的。他的古文功底相当深厚，而他的为人，又十分严谨。性情孤僻独来独往，话不投机半句多；而一时兴起，却又是书生意气,挥斥方遒,酒逢知己千杯少了。时人论其容而曰:"刘大白先生,高高的前额,额定上稀少的头发,从眼镜的边缘望出三角形的目光,常常紧闭着嘴似在凝集思想的习惯,一望而知是个富余理智与意志的人。"

刘大白后来到复旦大学当教授、文学系主任,还著作了《中国文学史》,《复旦大学校歌》歌词也是他写的。本是大名士,后来也和官场结缘,任教育部次长。1929年杭州西湖博览会之际,教育馆门口有一副对联就是该馆主任刘大白先生所撰,曰:

> 定教育的规模,要仗先知,做建设的工作,要仗后知,以先知觉后知,便非发展大、中、小学不可;
> 办教育的经费,没有来路,受教育的人才,没有出路,从来路到出路,都得振兴农、工、商业才行。

这副对联,有期望也有针砭,直到今天还有现实意义,读来绝无过时之感。

刘大白后来到底还是辞官回乡,两袖清风,晚年寓居杭州钱塘路,还常常忘不了喝酒。一日在楼外楼喝醉了吐血,回来还写诗一首并自注:"昨日在西湖上楼外楼大醉一场,喝了二十八两酒,回来酒花和血花齐喷,十五年来无滋狂矣。"

大白先生临终前曾要求把遗体交医院解剖,然后趁着钱塘江的下午潮水葬。他的亲属没有按他的意愿办,刘大白先生就被葬在今日的灵隐附近了。

与刘大白当过同事的,还有个先生李次九。我们知道七十多年前,杭州浙江"一师"教师中有四个新文化人将,专鼓吹白话作文,非议之乎者也,人称"四大金刚",其中三大金刚,实在后世有名——陈望道、夏丏尊、刘大白,每个人都可以写一部长篇传记。但李次九却不能够。他既大名鼎鼎,又默默无闻;既载入史册,又沉埋忘川;一度灿烂夺目,归路了无踪迹。生平坎坷,雪泥鸿爪,终极何处,不知已然。后人为了纪念"一师风潮"所出的集子,倒是有个李次九小传,简略得很了。当年"一师风潮"中的施存统离开学校先期北上，李次九把他唯一的一件裘皮长袍给了叛逆弟子施存统——北方冷而学子寒呵！

陈望道后来回忆道："那时我很年轻较激进，李次九则比我更激进。"怎么个激进法，史料上却没有了记载。这个被人评价为无政府主义者的李次九，是一个完全从封建礼教文化熏陶出来的中国书生，骤然表现出来的极端叛逆和激进，恰是"五四"之后中国铁屋中先醒者们的狂吼摸寻罢了。

一晃二十年，当年"一师"师生，进退共产党有之，进退国民党有之，信佛者有之，名流有之，发财有之，学者有之，李次九却好像什么也"有之"不了。1920年至1937年，李次九不知藏在命运之河的哪一叶浮萍之下。总之，当他以浙江省贫儿院院长身份再度浮现时，他已双鬓花白、须长垂胸，俨然垂暮之年菩萨心肠的慈祥老人了。

1937年11月，日寇犯浙，当时的省民政厅不打招呼顾自撤退，贫儿院成了烽火中的弃儿。50多个贫儿看着70多岁的院长，呜呜哭得伤心。李次九老泪纵横，老伴和女儿都陪着哭，哭完了，老人下了决心，带着孩子们撤离杭州。

千辛万苦上了船。半夜里，警察来征船，骂着吆着，枪栓拉得咔咔响。李次九喝道："要我上去？好！你们叫朱家骅（浙江省政府主席）来同我说。他还认不认识我这个教过他书的先生。还有民政厅厅长阮毅成，他也是我的学生。好啊！他们自己溜了，把我们这些老的小的丢下不管，叫我们留在杭州做汉奸吗！"

先生一气，破口大骂，竟把警察骂走了。

两条小船，溯江入婺。一路上，李次九把自己家乡湖州的烘青豆拿出来分给大家吃。境况可比"陈蔡之厄"，先生儒家风骨显现无遗。生死存亡，忧国忧民，书生本色，二十年来未尝移志矣。

把那些无家可归的贫孤儿安顿在金华山村，衣食有着，教育有着，抗日有着，先生于1938年夏天，带着全家去广西避难投亲，从此再无音讯。

先生到广西了吗？高寿多少？烽火连天，生死无常，先生老泪依旧吗？先生再度一展壮年的金刚怒目吗？

《共产党宣言》最早的翻译者陈望道（1891—1977）也是从"一师"中走出来的教师，他是金华义乌人，我们可以从他的教学改革来切入他的新文化运动具体内容，那就是改教文言为白话文国语，这是"一师"教育改革的一项重要内容。校长经亨颐以为："经史子集，不但苦熬了学生，实在是错导了人生。"故废读经课，这在"之乎者也"满天飞的当时，犹如长衫堆里冲进了个赤脚的短裤党，一时文言文派和白话文派"打"得天昏地暗，甚至破了君子动口不动手的老规矩。陈望道先生当时刚从日本留学归来，血气方刚，脾气火暴，人称"红头火柴"，一擦就要着火。1919年秋，他在"一师"担任国文教员，因为从《新青年》杂志中选白话文作为课文，被守旧者视为大逆不道。有个学生，自称"独见"，坚决反对白话文，陈望道上课，独见学生突然冲上讲台，攥住老师衣领便要跟他"拳头理论"。"红头火柴"顿时着火了，一把拎起学生就甩出门外。学生冲动过后知道错了，眼泪鼻涕哭着去道歉，一时传为笑柄。

在《五四时期浙江新文化运动》一文中陈望道说："五四前后的新文化运动，以全国范围讲，高等学校以北大最活跃，在中等学校则要算是湖南第一师范和浙江第一师范了。"湘江畔的第一师范走出了共和国的创建者毛泽东，而浙江第一师范在新文化运动中亦是高举巨擘，摧枯拉朽。

"一师"运动后，陈望道也离开了杭州。陈望道留学日本时，虽然专业为法科和物理，但他视野广阔，还自学了社会科学，并开始给《新青年》等投稿，得到陈独秀青睐。辗转数人，特嘱《星期评论》社的邵力子、戴季陶等人请陈望道翻译《共产党宣言》。此时正在上海的湖州人戴季陶，还不是国民党早期理论家，倒是对共产主义理论很有兴趣，本想自己翻译，又觉功力不够，这个历史重任，就此落在了陈望道身上。

1848年，一个幽灵来了——它出自德国马克思（1818—1883）和恩格斯（1820年—1895）合著的《共产党宣言》首句："一个幽灵，共产主义的幽灵，在欧洲大陆徘徊……"两个大胡子在欧洲创建了它，通过俄国十月革命的炮声，发射到东方亚洲，日本首先出现了日文版的《共产党宣言》。

《共产党宣言》在欧洲问世整整72年之后，1920年初，年轻的陈望道回到家乡金华盆地的义乌"分水塘"。此时的陈望道成为人间的"盗火者",专心致志,心无旁骛,潜心翻译《共产党宣言》。为此,他把工作间安置在正厢房外面一间低矮的柴房中。房中搬了一张书桌,桌上一瓶墨水、一盏油灯。书桌上两本"共产党宣言",左边一本英文版、右边一本日文版,他坐在当中,左右开弓,互相对照,以日文版为依据,与英文版相互对照,夜以继日,沉醉其中。

母亲端来过年吃的粽子,在外面喊着:儿子,吃粽子要蘸红糖水,你沾了吗?陈望道回答:蘸了蘸了,很甜啊。母亲推开柴门,吓了一跳,一张墨赤铁黑的大嘴套在脸上,旁边一碗红糖水一动未动,原来他把一瓶墨水当红糖水给蘸了。后人形容他的浑然不觉,赞美道:那是因为真理的味道非常甜。

这位黄皮肤的普罗米修斯,以平时译书的5倍功夫,终于在1920年4月下旬,完成了《共产党宣言》一书的中文译稿。就此,从思想启蒙开始,中国踏上了伟大的共产主义里程。

陈望道一字一句翻译《共产党宣言》时,中国各地的共产主义小组也正如漫漫长夜中纷纷跳跃而出的星辰,真理的光芒是如此遥远,却又是这样迷人,唤起了多少逐梦之心。1921年7月,中国共产党诞生,8月《共产党宣言》中译本正式出版,付印前由陈独秀作了校阅,出版后立刻寄给北京的李大钊。这本只有28000多汉字的小册子,从此成为中国共产党创造革命信仰的思想起源,初印千余本被抢购一空,之后不断重印,到北伐期间的1926年5月,《共产党宣言》中译本相继印刷17版。

鲁迅先生称赞说:"现在大家都在议论什么'过激主义'来了,但就没有人切切实实地把这个'主义'真正介绍到国内来,其实这倒是当前最紧要的工作。望道在杭州大闹了一阵之后,这次埋头苦干,把这本书译出来,对中国做了一件好事。"而1936年毛泽东主席在延安窑洞会见美国记者斯诺时则说:"有三本书特别深刻地铭记在我心中,建立起我对马克思主义的信仰……《共产党宣言》,陈望道译,这是用中文出的第一本马克思主义的书……"

石破天惊的"一师风潮"

现代史上的杭州"一师风潮",是一场后人无论如何也绕不过去的新文化运动。"一师"是浙江第一师范学校的简称,从"一师"中出现过多少风云人物、时代之子。经亨颐精心地在"一师"铺设了一张"温床",自由民主的萌芽一天天生长。这一棒直接打在了中国几千年的"师道尊严"上,故"老夫子们"感觉简直匪夷所思。"一师"在新文化运动中刮起一股旋风,而这股旋风终于酿成了震撼全国的"一师风潮"。

1919年11月10日《浙江新潮》创刊,该刊由浙江省第一师范学校、第一中学、甲种工业学校学生施存统、俞秀松、沈乃熙(夏衍)、查猛济等20多人在《双十》半月刊基础上创办,是浙江最早受十月革命影响、宣传新思想和马克思主义的刊物。

这个刊物的第一期,就刊登了一幅"社会新路线"图,认为社会终将走向布尔什维克。一周后是1919年11月16日,"一师"学生自治会宣告成立,师生们实行民主治校,设立评议会,讨论学校重要事务,这在教育界又是一件破天荒的事,经亨颐还把民主管理进一步深化,支持学生自治,把学校事务分为学校行政和学生自治两部分。学生自治制度由学生自行议定,校方不得加以干涉。

第二期,11月17日出版,我们的《在希望的田野》上的作者、音乐家施光南先生的父亲施存统,后来曾担任中国社会主义青年团书记、1949年之后新中国第一任劳动部副部长——发表了他那惊世骇俗的《非孝》。这篇被惊呼为洪水猛兽和红头发绿眉毛的《非孝》,其中心思想,不过是主张在家庭中用平等的"爱"来代替假惺惺的虚伪的"孝"。

文章发表后,恍如在浙江大地扔了一颗"精神原子弹"。施存统后来回忆说:我的表妹在女子师范晓得了,伊回家后,告诉了伊的母亲说:"姆妈!姆妈!表哥不得了了!现在已经'非孝'了。"伊的母亲不信,痛骂伊,说:"唉,表哥那么一个人,哪里会非孝?他以前孝顺母亲!你如果再说这话,阎罗皇帝就要割你的舌头!"伊(对我)说:"唉,表哥,你害得我好苦!我为你一篇文章,被母亲痛骂一顿且不说,还被许多同学冷嘲热讽,说我是禽兽的表妹,我死也辨不清!"

施存统在"一师",原来是个绰号"道学先生"的穿长衫的好学生,深受夏丏尊所爱,后来"非孝",实在是受了严重刺激,思想发生革命所致。原来他母亲生了重病,他赶回金华老家一看,一件破单衣,一些冷硬饭,没人医治,没人照料。家人宁愿把钱花在求神拜佛上,也不肯给她棉被盖衣服穿,还说:"活人要紧,她横竖迟早要死的!"施存统两夜睡不着,想:我是做孝子呢,还是不做孝子呢?我是在家呢,还是回校呢?我要做孝子做得到吗?我对于父亲要不要一样孝呢?一样的孝是否冲突呢?我究竟孝谁呢?我做孝子于父母有利吗?我在家看到母亲就算是孝子吗?

施存统终于"非孝",三天以后,含泪离开垂死的母亲,决然返回学校,并写下了《非孝》一文。不久,母亲便死了。而这位中国社会主义青年团的创始人,新中国成立后的劳动部第一副部长,从此就决计"献身革命",并说:"我从前总有所挂念,总有所踌躇,如今无反顾之忧了。"

青年施存统作惊人语,虽意见相抵者大有人在,但新文化人一般以为后生可畏,语气虽过激,大方向还是不错的,故倒不是孤军作战。《浙江新潮》上发表陈独秀的鼓励文章。陈文说:"《非孝》和攻击杭州四家报的文章,天真烂漫,十分可爱,断断不是乡愿派的绅士们说得出的。"

施存统"非孝",非了当局的祖宗。省长齐耀珊、教育厅长夏敬观双脚跳了起来。外号"琉璃蛋"的齐省长是个清末进士,曾上书袁世凯要他当皇帝。他最恨经亨颐这干新系,弄得君不君臣不臣子不子孝不孝,说:"什么妇女解放、文化运动,统统都是苗子的事情!"那个夏敬观则是个庸俗的实用主义者,对学生说:"你们且不必讲什么抵制日货的外交问题,只要静心读书,将来总有飞黄腾达的日子。"

当时经亨颐大力提倡新文化,"一师"创办的刊物如雨后春笋,其中影响最大的当属《浙江新潮》。大刀阔斧的改革早已引起守旧势力的敌视,当局借口《浙江新潮》上《非孝》一文"大逆不道",查封了《浙江新潮》,这样一伙人把持着浙江教育界生杀大权,再容不得经亨颐了。他们一方面查封《浙江新潮》,一方面唆使那些曾欲缩减教育经费为自己加薪,最后却被学生闹得一无所获的议员们来查办案子,污经"非孝,废孔,公妻,共产",污蔑"四大金刚"不学无术,接着教育厅又趁寒假之机,撤免了经亨颐的校长职务。而经亨颐的"罪状"之一便是"默许"施存统"非孝"。

杭州著名的学生运动"一师风潮",就这样在1920年的2月被掀了起来。校长、老师、学生,均卷入了这场改变中国走向的大运动。我们将会在历史长河之中看到,这些青年教师和学子——他们中的许多人,在以后的岁月里,将以一种炽热短暂的生命燃烧方式,以一种理想主义星辰的姿态,永远地升起在20世纪上半叶灿烂的历史天空。

施存统的"非孝",自然也是在五四运动思想背景下发生的,而引发的风潮更是自以为得计的当局万万没想到的。当局的举措,激起了"一师"学生和教职员工的强烈义愤。为了保卫新文化和教育改革的成果,师生们发表了《挽留经校长宣言》,掀起了一场轰轰烈烈的"留经运动"。"一师"师生的斗争,获得了全国各界进步人士和海外侨胞的声援。恼羞成怒的当局,竟于3月29日出动军警700多人,武力强迫先生离校,并悍然宣布解散"一师"。这时杭州各校的师生纷纷前来声援,举行了大规模的请愿游行。"一师"风潮愈演愈烈,持续两个多月,迫使当局答应了师生们提出的条件。

"一师"运动后,随着校长、国民党元老经亨颐的离开,新文化运动的得力干将、以刘大白为首的"一师""四大金刚"们都纷纷离职,许多学生亦下了离开"一师"的决心。和后来共青团的创始人施存统、俞秀松等人一样,李叔同的弟子、年轻的西泠印社会员叶天底,是在毕业前一个学期走的,他不要那张文凭了。

迷人的晨辰闪烁夜空

在新文化运动中,青年学子们上穷碧落下黄泉,四处寻求精神出路,革命真理。他们很多人首先投奔了具有空想社会主义性质的"工读互助团"。施存统他们一行同学少年，当即自杭州去北京工读团，立下誓言曰："一、脱离家庭关系，二、脱离婚姻关系、三、脱离学校关系、四、绝对实行共产，五、男女共同生活，六、暂时重工轻读。"

按照施存统的解释，工读互助团乃是一个试验新生活的新团体。"工是劳力，读是劳心，互助是进化，工读互助是人的生活，工读互助是做人的团体……终身读书，这是我们对于工读互助团的信念。"热血青年俞秀松也曾说："我来的目的，实验我的理想生活，想传播到全人类，使他们共同享受这甘美、快乐、博爱、互助、自由……的新生活才算完事。"

当时的中国，除了北京、天津、长沙、武汉以外，在上海、广州、南京、扬州等地青年学生中也出现过类似团体，然而，这些团体均在实验过程中宣告破产。俞秀松、施存统们的工读互助团第一组于1920年3月解散。这个组依靠放电影、洗衣服、印刷和办食堂等项收入维持。但放了一个多月电影只赚了3块钱。至于食堂，直到8个做工的人也吃不上饭。施存统说："我们为什么会失败，这其中有两个很大的原因，一是经济的压迫；二是能力的薄弱。"因此他得出了这样的结论：要改造社会，必须从根本上谋全体的改造，枝枝节节地一部分地改造是不中用的。社会没有改造以前，不能试验新生活，不论工读互助团还是新村。

从"一师"前往北京的那些热血青年，陷入了一种从未有过的困境。一位工读互助团成员、"一师"学生、后来成为开明书店《中学生》杂志编辑的萧山人傅彬然回忆说："……有一个时期，曾经把团员的衣服都集中起来，分类放置，只要谁爱穿，谁就可以自由捡来穿。这是我们对所憧憬的'各尽所能，各取所需'的美好理想的尝试。来自各地的团员，多数是少不更事、天真率直的青年，性格、习惯各不相同。由于对某个问题的看法不一致，有时会争得面红耳赤，但是吵架的事情似乎没有发生过。"

尽管如此，轰动一时的工读互助团还是烟消云散了。而另一件中国现代政治史上最重大的事件，马上就要发生了。那一群北上的青年，此刻开始南下上海，俞秀松完全同意他的同学施存统的"要改造社会，须从根本上谋全体的改造"的观点，并悟出了"要改造社会，终不能一时离开社会"的道理。因此他果断地宣告："我从此以后不想做个学问家（这是我本来的志愿），情愿做个'举世唾骂'的革命家！"

1920年4月，他回到上海，并进入《星期评论》社工作时，他的老师陈望道在他的义乌清水塘恰恰翻译完《共产党宣言》。大约在俞秀松到达上海的同时，陈望道也带着他的译本来到上海，他立刻就担任了《星期评论》的编辑。同乡加同志，自然倍加亲切，理想加探索，他们就这样迎来了1920年5月。俞秀松与沈玄庐、李汉俊、陈望道等人一起参加了由陈独秀发起的上海马克思主义研究会，中国最早的一群共产党人，就这样，浮出了东方的地平线。

感谢中国社会主义青年团的首任书记俞秀松，他记下了当年的英雄梦。在整整七十一年之后的1991年"七一"前夕，人们奇迹般地发现了他的手迹。从这本残破不全的日记中，我们寻觅到了先行者的足迹。

1920年7月9日，俞秀松随沈玄庐从沪至杭。10日，又从杭来到了钱塘江南岸——萧山衙前，沈玄庐的家乡。在江边渡口旁，富有同情心的俞秀松布施给乞丐几个铜板，玄庐则说：用不着布施的。因为前面还有许多乞丐，你布施得尽吗？关键是要我们能想出办法来，能使千千万万乞丐摆脱贫穷。这些细节，都被俞秀松记载了下来，成为历史。这热情敏感的五四青年还在他的日记中记下了有关人生的诸多话题，有关于信仰的，关于爱情的，关于前途的，关于职业的，自然，也用相当的笔墨涉及农村问题，而其中相当多的话题又是和沈玄庐一起展开的。

你想，这一群热烈的先进的知识分子，既有着忧国忧民的崇高理想，又有着江南文人的满腹才华，本来诗句文章，琴棋书画，剑气箫心，便有着一腔豪情正待抒发，此时同学少年，风华正茂，焉能不一展胸襟乎？我们可以设想，他们在一起豪饮之时，是必定要谈论他们未来蓝图的。他们想必也一定商量了有关在农村做事的打算和计划，想必也一定谈及了许多有关贫苦农民深受剥削阶级压迫的痛苦。当然，他们想必也乐观地看到了农民身上所蕴藏的反抗精神，唯其如此，他们才会以这样的情怀，画下这样的画卷，写下这样的诗章。

倘若不是1920年发生在杭州的学生运动"一师风潮",倘若不是在"一师风潮"中军警对准叶天底(1898—1928)鼻子的那一枪托子,那么浙江上虞谢家桥出生的"五四"青年会不会从画家叶天瑞变成革命家叶天底呢?会书会画能诗善文的叶天底,李叔同的弟子,丰子恺的挚友,西泠印社一时闻名的少年会员,曾经是那种特别具有成为江南才子素质的小布尔乔亚;他何以没有成为徐志摩,也没有成为丰子恺,最终却以被抬在门板上押赴刑场的结局,来完成了其作为一个共产党人的短暂生命呢?

当浙江第一师范学校的学生开始上街游行请愿的时候,"一师"的音乐和美术老师李叔同已经在虎跑出家,叶天底还偶尔去导师那里求教人生与艺术,可知那时的叶天底还是个安分守己埋在人群里的好学生。直到"一师风潮"闹大,双方开始争执,叶天底才脱颖而出,冲到前面,责骂警方的无理。不料那一枪托竟打得他鼻青脸肿,满面鲜血,晕倒在地。醒来后叶天底大叫:"打倒军阀!"从此真正革命了。

1920年夏天,叶天底由陈望道推荐为《新青年》工作,也就在此时,叶天底开始接受马克思主义。1920年8月22日,叶天底成为中国社会主义青年团八个创始者之一。不幸的是,第二年春,他那可怕的先天性麻风病症从体内显现出来,他不能与王一飞、俞秀松、梁柏台一起去苏俄投身革命了,病稍控,叶天底去了经亨颐出任校长的春晖中学。被誉为纯粹艺术家的叶天底依然画画,不是为艺术而艺术,甚至不是为人生而艺术,而是为革命而艺术,以期"做革命器具"了。1923年由瞿秋白、恽代英介绍,他加入了中国共产党,成为苏州和上虞的建党者及第一任书记,并参加组织了著名的"浙东暴动"。

他的病情越来越重,全身浮肿,毛发脱落,甚至不能走动,但他的崇高威望在浙东一带却越来越如日中天。世界麻风病史上罕有这样的病人。农民们冒着生命危险上山捉毒蛇为他们敬仰的叶先生治病,敌人来抓捕他时他们抬着轿子带着叶先生满山遍野地躲避。只要一有机会,喉咙嘶哑、面容变形的革命家就在穷苦人中间出现。这个有钱人家的儿子像圣徒一样播种他的信仰,这是一个有天使般灵魂的共产主义信仰者。1927年底,叶天底被捕,是从箩筐中抬往囚车的。警察抬着他在前面走，二三百百姓在后面跟着哭，警察们只能抬着轿子把他送进陆军监狱。已经成为国民党极右派的沈玄庐曾希望他从前的少年朋友能悔过自首，而监狱当局又以治病为由说，只要他承认以前走错了路，马上释放他。再后干脆把他假释，让他住到杭州一个亲戚家养病。他则对家人说："天底相信共产党，故加入共产党。谁要是说一句劝我自首的话，就是对我侮辱，我绝不认这个亲戚。天为棺材盖，地为棺材底，我不免一死，早已准备好了。"

无可奈何的当局只得重新把他关回监狱。在狱中他写下了遗书："我绝无生路，不死于病，而死于敌人之手！大丈夫生而不力，死又何惜？先烈之血，主义之花，我决不愿意跪着生，情愿站着死。希望……忠实的同志不要以我死而灰心，继续奋斗。"

1928年2月8日，被放在门板上抬往刑场的叶天底奋力支撑起半个身子，高呼口号就义。他的母亲至死不知儿子已这样死去，逢年过节总要在桌上摆一副碗筷，默默祈祷儿子平安。

为真理献身的"一师"青年翘楚中，有不少是叶天底的同学，其中，首任中国社会主义青年团书记的俞秀松（1899—1939），是中共上海发起组成员，中共最早党员之一。1939年他作为国际主义战士牺牲在苏联，信守了自己的诺言。

还有在新文化运动中最早被推举为浙江省学生领袖的宣中华（1898—1927），1921年他在上海参加了马克思主义研究会，1924年加入中国共产党。作为杰出的革命活动家，他毅然与曾经是他革命引路人、后来走向革命反面的师友坚决斗争，一刀两断。1927年"四一二"政变后，他不幸被捕，在上海龙华英勇就义。他当时的革命伴侣吴先清作为地下党员、红色间谍，长期潜伏战斗在最危险的地方，直到1938年牺牲在西伯利亚。

我们又怎么能够忘记，中华苏维埃共和国第一位司法部长和检察长梁柏台（1899—1935）呢，当年离开家乡时家人问他何时归来，他回答：革命胜利归来！作为无产阶级革命家、第一部红色宪法起草人，他负责起草了《中华苏维埃共和国宪法大纲》等法令，1935年牺牲在红军长征途中。他没有活着归来，但他的雕像却永远矗立在家乡的青山绿水间。

又有"四一二"政变中第一位牺牲的共产党员汪寿华（1901—1927），作为上海总工会代理委员长，周恩来的战友，他先后参与指挥了上海工人三次武装起义，1927年4月11日深夜，他被上海青帮头目杜月笙骗到杜公馆，最终被杜的手下活埋于上海城西枫林桥。他的名字，是被冠以中国共产党早期工人运动的杰出组织者和领导人之名，镌刻在红色记忆碑上的。

首次农民运动与总发起人

衙前农民运动应载入我国现代农民运动史册首页。它兴起的时间比广东海丰农民运动早，较之湖南农民运动更早。它产生了中国现代史上第一个农民阶级团结战斗的革命组织——衙前农民协会，制定了中国现代史上第一个农民运动的行动纲领——《衙前农民协会宣言》和《衙前农民协会章程》。他是现代农民运动的先声。而这位现代农民运动的总发起人，便是沈玄庐。

现在我们得面对这位在中国革命史上极为罕见的杭州萧山人氏沈玄庐（1883—1928）。要描述衙前首次农民革命运动，便必须从这个错综复杂的沈玄庐说起。

像沈玄庐那样在短暂一生中扮演过如此众多之角色并迅疾走过各个历史阶段的人物，在中国近现代史上实属罕见。19岁中秀才；20岁时剪发易服，单骑轻装赴云南广通县任知事；1911年参加辛亥革命，在沪上创"中华民国学生军团"，自任团长；1912年当选浙江省议会议员；1913年参加倒袁；1914年东渡日本流亡并加入同盟会；1916年回国任浙江省议会议长；1919年参加五四运动，办《星期评论》；1920年参加发动成立上海共产主义小组；1921年回乡开展农民运动。自此，他的思想犹如一支利箭，只知疾声向前。

今天的人们已经不再回避"沈玄庐是中国共产党的创建者之一"这一历史事实了。正是在"一师风潮"以后，在陈望道翻译了《共产党宣言》以后，在沈玄庐的《星期评论》在上海刚刚被封以后，在沈玄庐和俞秀松一起回到他的故乡衙前之前，沈玄庐作为上海共产主义小组15人之一的成员，参与了中国共产党的建立，而且，在这15个人之中，沈玄庐又是较早参加组织活动的成员之一。

1883年出生的沈玄庐，本名叔言，后改名定一，字剑侯，玄庐是他的号。因其排行老三被乡里称为三先生，出身于拥有千亩良田的大财主家庭。从小就百般聪敏，又有一种常人所无的胆气，俗谓"三岁看到老"，认得他的人都道他非等闲之辈。

10岁那年他握笔行文，弄出一些稀奇古怪的问题来难先生，三个老师都被他搞得窘态百出而吓走。父母无计可施，便也只好放羊，让他在家中天马行空而独行独来。时年其正年少，恰逢西学东渐之时代，又闻康梁变法维新，很是欢欣鼓舞，便大读他们的文章，从此立下了志愿，定要做一个出人头地、改造世界的大英雄。

18岁那年，他考中了秀才；20岁那年，沈玄庐剪下那大清朝视为命根子的辫子，得母亲资助的一万元，单骑轻装，行如游侠，赴云南广通就任知县去也。时年正为1904年，清光绪三十年春。

广通地处偏僻，十分闭塞，这江南富家公子倒也不嫌，竟在此轰轰烈烈地干了三件大事：一是办学堂，二是办团练，三是坐堂判公道。干这三件大事，他掏的都是自家腰包。老百姓便视他为青天大老爷。

某次，一个巡抚老太爷的儿子，为了抗议沈玄庐要求大家讲卫生，特意在沈玄庐巡街时，蹲在那城门之中当众大小便。沈玄庐见了，二话不说，当即赐他40大板。

当了四年的七品芝麻官，在官场中惹了一身祸水，告密者说他剪发辫、着洋装、立学堂、办团练、谋不轨。而沈玄庐此时也看清了清王朝的没落，便以"父老多疾请准回籍终养"为托词，辞官返乡。当时的官场中有一句谚语，叫作"三年知县府，十万雪花银"。可这个沈玄庐，当了四年知县，反而倒贴了数万银，这在当时的中国，也可以说是十分罕见的了。

1908年沈玄庐回到了阔别四年的江南。此时，浙江的路权运动，正在一个名叫汤寿潜的萧山同乡领导下轰轰烈烈地进行着。沈玄庐自然是不会错过这样的机会的。大概也就在这时,他加入了光复会。

历史进入了一个至关重要的年头——1911年,沈玄庐来到了上海。其时,陈其美正在沪上成立中部同盟会,那可真是革命者云集,滔滔者天下。沈玄庐在其中,竟也算不上什么人物。这激动人心的场面,着实叫沈玄庐又兴奋又着急。他什么时候才能够和那些正在时代的聚光灯下亮相的人们一样光彩夺目呢?

命运,在于机会和抓住机会的能力。机会,很快就向沈玄庐投来了青睐的目光。就在一个名叫"中华民国学生军团"的组织成立的当天,沈玄庐突然在这些组织者前冒了出来,并且可以说是以迅雷不及掩耳的动作,夺得了这个组织的头把交椅。

那天,沈玄庐西装革履,气宇轩昂地走进会场,那签名就透着与众不同。不说那一手龙凤飞舞的漂亮书法,单看那内容就会立刻让人刮目三分。在职业一栏中,他写了"国民"二字,顿时便让那些还没真正见过大世面的学生大为惊奇。会议一开始,几个人发言之后,沈玄庐就上了台,平时要说的那些话苦于没有机会说,这下好了,他滔滔不绝地讲了一个半小时。这还不算,他又当场解下自己身上那些金表金链条,说是捐助给学生军团。这一下全场可是到了高潮,主持人看他实在是能干,便推他作了一个临时主席,沈玄庐便也当仁不让地坐在了台上。待到散会之时,他突然反客为主地下达起通知来:一是让大家到指定地点去体检,二是当晚开座谈会,弄得几个真正的发起人目瞪口呆,无言以对。

沈玄庐就这样成了中华民国学生军团的团长,又发衣服又发枪,还请了名角来捧场。在成立大会上又读了自己起草的中华民国学生军团宣言,又特意发给每个到会者白兰花两朵、青果两枚,并借物发挥说:"这白兰花就是我们新中国的自由之花,愿它开遍全国,这青果就是那清朝的结果,永不再生。"这一番话下,那可真是掌声雷动,泪花齐飞。沈玄庐由此脱颖而出。

民国初年的中国,政坛上可以说是党派林立,沈玄庐和这些党派的首领,大多数友善,但他并不想加入他们的党派,要入,就入自己的党。

1912年2月13日,他团结了一批同道中人,在上海成立了一个党,取名为中华民国公民急进党。他们还起草了自己的简章。但是，这个党唯一的活动，就是出版了九期《公民丛论》，不过两年，这个党就被查封，而他自己，也因坚决反袁世凯而遭通缉，被迫亡命天涯，东渡日本。

当时的日本东京，有孙中山的"浩然庐"在，沈玄庐仿孙中山，也将自己的住所取名为"玄庐"，本意是说自己尚处在黑暗之中。以后，这个"玄庐"也成了他的号，并成了他的笔名，越传越广，他的本名反而鲜为人知了。

1915年春夏之交，袁世凯答应日本人二十条卖国条约，流亡日本的沈玄庐和他的好友刘大白、沈仲九在日本开展了反日活动，引起日方的日夜监视，沈玄庐真是有国难投，有家难回，仓促之间不得不和好友刘大白等人再度亡命于南洋。行走之间又闪了腰腿，真是弄得个穷困潦倒，狼狈不堪。

1916年6月，袁世凯去世，沈玄庐这才回到了阔别数年的故乡。在一大批青年人眼中，沈玄庐无疑是个大英雄，他自己本是个有着英雄情结的人，这时便也当仁不让地以英雄自居了。恰逢孙中山来杭，他到火车站去接中山先生时受到了孙的重视，这无疑又使他的名声大振。在一番谋划之后，沈玄庐成为浙江省参议会议长。

这个议长实在是不好当。军阀正在混战，沈玄庐提出的"浙人治浙"的口号，立刻被军阀视为大逆不道，他自己也成了军阀的眼中钉。沈玄庐不得不再次出逃，来到了上海。

沈玄庐生命中又一个重要的时刻来到了。1917年，俄国十月革命胜利，沈玄庐受到了很大的震动。我们可以发现，沈玄庐的特点是对一切轰轰烈烈的大事件都抱有极大的敏感，他说："世界上的人类，对于一切旧制度，起了一个很大的怀疑，并且急于希望新制度、新建设的实现。试问世界汩汩的新潮，中国能不受着影响吗？我想是一定要受着的。"他原本又是一个十分好动，也爱表现自己的人，眼看着革命风暴就要来了，哪里肯就这样旁边观战作一个历史的看客，便立刻就大声地呼吁起来了：打碎一切旧制度的时刻来到了。

那个时代，我们可以说，沈玄庐的确是一个狂热的马克思主义的信徒。他说：是马克思等发明了这种造福世界的主义，我们正在没路走的时候，前面发现了这盏明灯，在我们认定了这是正义人道的大路，便努力向前进行，后面也有寻不到路的人,我们这些宣传者,就是通告他们的指路碑。

《星期评论》,是在一大批革命者均以办"评论"书刊为时兴的年代中诞生的。1918年12月,陈独秀、李大钊在北京创办了《每周评论》。1919年6月8日,沈玄庐和戴季陶等人创办了《星期评论》。此后一个多月,毛泽东等也在长沙创办了《湘江评论》。但在这三种当时称为最革命、最激进的评论中,最后以《星期评论》发行最广,达十几万份,时间也最长,历时一年,共出了53期,其中发表诗文四百余篇,光沈玄庐一人就写了100多篇。

和中国很多文化人一样,沈玄庐琴棋书画无所不通,在新文化运动中也曾一展其浪漫主义风采。你看他那时的写诗:"把大海搓圆／朝太空掷去／浩浩荡荡／脚底下十万波涛／吼声正急！／狂情把酒烧,天上星摇,地上山摇／手中杯摇。"

当然他绝不会仅仅满足独自"把大海搓圆"的,他是个有政治大抱负并具有英雄情结的人物。1921年4月,上海共产主义小组成员沈定一从上海回到家乡萧山县衙前村,开始实施其"中国底社会革命,应该特别注意农民运动"的革命实践。沈玄庐独资创办的衙前农民小学,今天看来规模依旧不小,他请了新文化运动的健将刘大白、宣中华、徐白民、唐公宪等人来担任教员,并对他们说:你们同学青年和我,在同个时期中,吸同样的空气,必有同样的感想,你们无论到哪里,都要奋斗。

1921年9月27日,上千农民摇船而来,于此集会,宣告农民协会成立。船只太多,途中堵塞,四乡农民弃船步行,80余村穷人欢欣鼓舞。农民们在衙前东岳庙集会,宣告成立衙前农民协会,发布了由沈玄庐起草经全村农民议决的《衙前农民协会宣言》和《衙前农民协会章程》,严正声明"本会与田主、地主立于对抗地位","土地应该归农民使用",并废除重租苛例。严正的声明强烈地渗透着沈玄庐个人的激越气质:"大地敞着胸襟,欢迎我们下锄头铁耙造成锦绣,人人生活在这种锦绣堆中,全仗农民底气力。"提出了世界的土地应该归农民使用,由农民所组织的团体保管分配的革命主张。

东岳庙墙上用蓝色绘制的"萧山东乡自治会章程",虽被后来的石灰涂抹剥落,但仍依稀可见。上有关于土地、学校、道路、水利的一系列构想,为沈玄庐所设计。这份蓝图在那个时代当然永无实现之可能。蓝图勾画半年之后，46岁的沈玄庐和他的东乡自治会便一起夭折。平心而论，那个时期的沈玄庐是真革命的。一切从自身开始革命，他命令所有的长工丫头都不许叫他老爷须直呼其名。他给长工丫头们银圆，叫他们到茶馆里喝茶去。他自己呢，则带着一批太太少爷小姐挑水烧饭，还骑着自行车到处去分发他的《星期评论》。然后他就开始四处讲演，说农民翻身的道理，说农民团结起来就能打倒他这样的地主资本家的道理。最后他说："我是一个资本家，讲这些话，并不是荷叶包刺菱，里戳出。我已经明白了我吃的穿的住的一切享受的东西，都是劳动者底汗血，我再也不能良心泯灭了！"

只用了短短两个多月，萧绍平原上共有82个村建立了农民协会。而在他支持下的农民领袖李成虎，把围身布绑在竹竿上当大旗，带领农民捣毁了哄抬物价的米店，顿时大快人心。

农民们热烈欢迎三先生。这个地方的人们，直到今天还把三先生当作传奇英雄来传颂，但沈玄庐本阶级的人们却恨死了这个标新立异的共产党。衙前与绍兴毗邻，《越铎日报》便发表了一篇斩钉截铁的檄文《拒绝共产主义》：

> 共产主义是什么？洪水猛兽！那个人敢提倡共产主义！大胆的省议员，居然提倡洪水猛兽的共产主义！幸亏我们有许多自治委员知道了这种学说的祸害。否则我们的绍兴危险极了！唉！共产主义敢到绍兴来么！去，去，去！绍兴不是你来的地方！绍兴不是苏维埃！

各地的减租斗争迅速展开，地主阶级惊恐不安，12月18日，农民运动惨遭镇压，李成虎光荣牺牲。衙前农民运动是中国共产党领导的第一次有组织有纲领的农民运动，它揭开了中国现代农民革命斗争的序幕，被誉为"中国农民运动历史上的最先发轫者"。它在中国革命史上写下的浓墨重彩一笔，是永远不会被忘却的。

虽然共产主义思潮铺天盖地地来了，但又很快地从已经是共产主义小组成员的沈玄庐身上退却。诸家杂糅、众说互渗的沈玄庐，加之他那仿佛天生的"领袖"气质，使他对党内的生活颇不适应。他在党内没有职位，看不惯陈独秀的家长作风，又加党当时对农民不够重视，他便干脆要求退党，并拒绝参加中共"三大"。1923年8月与蒋介石同团的苏联之行使他打消退党要求，却又于1923年12月以个人身份加入了国民党，1924年1月他与宣中华同时出席了国民党"一大"。回浙以后，便与宣中华等人在杭州建立了国民党临时省党部。可以说，从这时开始，他和宣中华等共产党人的政治分野开始日趋明显。

1925年3月，孙中山逝世，身集共产党与国民党双重身份的沈玄庐在同年5月召开的国民党一届三中全会上，公开支持戴季陶的"清党"主张，中共中央开除了他的党籍。这个已有4年党龄的沈玄庐，就以这样一种方式，离开了他亲手参与缔造的、一个将来有着远大前程的政党。

1925年7月，沈玄庐与戴季陶决定在衙前召开"临时浙江省执行委员会全体会议"，正是在这次会议上，沈玄庐和他在衙前农民运动中的挚友，学生辈的宣中华、吴先清等人，成了针锋相对的敌人。这是多么不可思议的事情——浙江人戴季陶、沈玄庐等人，都是中国最早的马克思主义研究会的成员，是宣中华等学生辈的革命领路人，孰料五年之后，学生成为坚定的共产主义者，而老师戴、沈等人却成为国民党的极右派。

沈玄庐反共也反得标新立异。他把住宅"光禄第"全部整修一新，又做了一块青底白字"天下为公"的匾额，挂在二门之上。同时，他把家中所有的对联统统漆成青底白字，以示正统。衙前会议上，还通过了一个现在看来十分奇特的"鲜明色彩之决议案"：色彩为团体之标志，亦即主义象征。吾党之旗帜为青天白日。斯吾党之色彩为青白之色彩，实为青白二色，必造成全国之青白化，而后吾党之主义乃能印入国民之心脑……

宣中华曾经是沈玄庐最知契的同志和学生，此时沈玄庐对他就如仇人，公开说："你们再不要相信宣中华了，他是共产党，他受第三国际指挥，不是我们国民党的党员了。"当时也有革命同志问宣中华：你和沈玄庐有过一段合作，人家说你很难同玄庐决裂。宣中华正色道：我为革命和玄庐合作，玄庐能劝我加入共产党，但决不能拉我退出共产党组织。他敢反对革命，我就同他干到底！

1925年12月，沈玄庐在北京参加了国民党右派的西山会议。回来后，共产党开除他党籍，他也开除了宣中华等人的国民党党籍，并筹备了国民党浙江省党部。宣中华以牙还牙，继沈玄庐等人的西山会议之后，也在浙江海宁开了个东山会议，成立了浙江省各县市党部联席会议。与此同时，国民党内部对西山会议派也颇多声讨，沈玄庐被两面夹攻，称病回乡。

1928年8月28日下午3时，一辆客运汽车从江边经衙前驰往前清，车上下来了个子高高风度翩翩的沈玄庐。有两个壮汉尾随其后，趁其不备，向他连发数枪，沈玄庐倚着墙壁倒在血泊之中，凶手则夺路往西逃之夭夭。谁为凶手至今依然是一宗历史悬案，有说是蒋介石派人暗杀的，但也有人说是共产党干的，还有人则说为私仇之敌。为纪念他而建造的亭子新中国成立后被一炮轰得只剩断壁残基，他的坟墓也被炸得尸骨无存。

1928年8月26日，沈玄庐"壮志未酬身先死"，只落得东岳庙墙上那一版蓝图。那年他46岁，年富力强，政治上堪称日趋"成熟"。但他依然在变，像个万花筒一样使人看得光怪离奇，他是在变的过程中、在动态中骤然而亡的。如果他不死，他究竟会转向何方呢？像戴季陶那样投靠蒋介石，最终绝望而自杀吗？像蔡培元、马叙伦那样当初也反对国共合作主张清党，而最终则成为共产党同路人吗？或者像梁漱溟一头扎进农村搞乡村改革实验……然而他就这样戛然而止，就这样盖棺论定了。这个值得深入研究的光怪陆离的党史人物，千秋功罪，且待后人评说。

秋之白华与神秘紫罗兰

越女天下秀，与沈玄庐同时代的杭州姑娘中，出现了不少女中豪杰，其中有两位与时代风云紧密相连，其中一位还曾经是沈玄庐慧眼独具发现的。办农民小学时，他专门请了离家乡不远的三岔路村一位刚从女师毕业的姑娘来任女教员。这位剪了短发,骑着自行车满乡跑的漂亮姑娘,就这样登上了20世纪20年代的历史舞台。

只要想一想,全中国的乡下姑娘都还在缠小脚的时候,杨之华就敢穿着泳装往水里跳,岂不吓煞了当地的豪绅乡愿。然而,这位姑娘却吸引住了沈玄庐那个擅长诗画的大少爷沈剑龙。1921年的初夏,沈家上下喜气洋洋,沈玄庐的大公子沈剑龙,要迎娶他的新娘子了。新娘子家在萧山坎山的三岔路村,离萧山衙前的沈家,也就不过10多华里。那一天三岔路村和衙前看热闹的人们,惊异地发现了一件破天荒的"喜事",新娘子竟然不坐花轿。她容貌俏丽,穿一套粉红色的衣服,拖着新郎的手,见了新郎,人们不由叫起来:"是沈家的'六六倌'啊!"

一群城里来的朋友,簇拥着他们,跨入了"光禄第"的大门。沈家大花园摆着茶几,茶几上放着烟果糖,沈玄庐喜笑颜开地招呼着来客,孩子们在花园中嬉笑奔跳。新娘子和新郎大大方方地站了起来,各自做个简单的自我介绍,朋友们笑着拍手,乡间的父老乡亲们惊异地张开嘴,合都合不拢。他们互相间询问着:"这就是成亲吗?这就是称富于萧绍平原上的沈家娶媳妇吗?"

这个新娘子可不简单,她就是中国共产党的第一代女革命家,也是中国共产党早期领导人瞿白秋同志后来的忠诚伴侣,她就是大名鼎鼎的杨之华(1901—1973)。

出生于坎山三岔路村的杨之华家境尚可。之华小时候也过得衣食丰足,且又出落得美秀聪慧。圆圆的脸,一笑两酒窝,长睫毛下,亮晶晶的大眼睛。她无忧无虑,整日蹦蹦跳跳,十分惹人喜爱,大家给她一个昵称,叫她"小猫姑娘"。

一个女生在五四时期能否成为女性和自由女性的重要标志,乃是看她敢不敢解放她那双脚。杨之华便绝不愿像别的女孩子那样裹脚,家里的人到底还是被她搞得没办法,也就只好作罢了。

这样一个江南女子还算幸运,出生在了一个开明家庭。"五四"前夕,父亲在沪杭等地受到了一些进步思潮的影响,思想也逐渐开通起来。女儿既喜爱,就让她到外地学习吧,遂设法让之华进了杭州女子职业学校就读。不久,她又以优异成绩考入了杭州女子师范学校。

五四运动的爆发给了她一个更大的天地。她和同学们一起参加游行示威,到茶馆等公共场所演讲,还集资创办了一个名为《进步》的油印刊物。她勇敢地冲破了"男女授受不亲"的旧礼法的束缚,主动与男子师范学生取得联系,共商开展学生运动。她"无法无天"的行动怎能不引起老封建校长的恐惧。杨之华被视为"洪水猛兽""害群之马",被逐出了校门。

失学的她并不消沉,从杭州回家便毅然剪掉长发,活像一个假小子。此举顿时轰动乡里。既然离经叛道,干脆离叛到底。她不仅剪发,还下水游泳,上街骑自行车,年轻的伙伴们称赞羡慕,封建老朽们则目瞪口呆。

1920年,之华来到上海。她原本是抱着想学俄文,想看看十月革命的俄国的目的。这个愿望没有实现,她却进了她父亲好友沈玄庐办的《星期评论》社。这里云集了一大批进步的青年知识分子,正是恰同学少年风华正茂,之华在此间如鱼得水,帮助搞油印,看稿子。其间结识了陈望道、李汉俊、俞秀松等,更是得到了沈玄庐关照。

沈玄庐有个儿子叫沈剑龙,品貌出众,精通诗词,爱好绘画和音乐,与之华情投意合,早在那里互通书信,自由恋爱了。沈玄庐很喜欢这个敢说敢为的新女性,把她当作亲女儿看待,并且希望能早点把她变成沈家媳妇。参加了杨之华婚礼的那一群朋友,也就是同时参加了衙前乡村教育和乡村革命的那一群朋友。不妨以为,那一次婚礼,实在便是20年代的一个典型的"革命加爱情"式的婚礼吧!

也就在沈玄庐自己感情生活七荤八素之时,他的家庭,发生了一件与中国革命史挂上钩的私事——他那个公子沈剑龙,婚后不久便去了十里洋场,抛下了妻子杨之华与刚刚出生不久的女儿,他们那传奇般的婚礼成了遗老遗少的笑柄。

早就在1922年,杨之华就在萧山加入中国社会主义青年团,一个受过人类解放精神熏陶的知识女性如何能够如此坐以待毙呢?1923年冬,杨之华来到沪上,考入上海大学社会系读书。1924年,由瞿秋白、向警予介绍加入了中国共产党。

杨之华与瞿秋白的妻子王剑虹是很要好的朋友。但不幸王剑虹生了肺病，杨之华还为此悉心照料，病魔很快就夺走了王剑虹年轻的生命。杨之华对瞿秋白却由同情而产生了感情。

瞿秋白亲自出面去找沈剑龙。沈剑龙也不愧是开放型人物，立即就把秋白和之华接到了沈家。他们先在书房，后又到花园进行了推心置腹的长谈。两天后，秋白又把之华和剑龙接到常州自己家中，三个人又谈了一天，终于协商出了解决问题的办法。事后，杨之华对她的好朋友李文宜说："你想不到秋白的生活是多么穷困，一间斗室，家徒四壁，连一张椅子也没有。我们三个人就坐在一条破旧的棉絮上，谈呀谈，终于谈出了一个解决问题的办法。真滑稽……"

问题的解决颇具戏剧色彩。1924年11月27日到29日上海《民国日报》连续刊登了三条启事：一是杨之华、沈剑龙的启事，宣布11月18日起"正式脱离婚姻关系"；二是杨之华、瞿秋白启事，宣布自11月18起"正式结合婚姻关系"；三是瞿秋白、沈剑龙的启事，宣布二人自11月18日起"正式结合朋友的关系"。这件事在上海成为破天荒的新闻。特别是秋白与之华的启事，对许多被旧式婚姻困扰的青年是个巨大的鼓舞。这样，才导致了上述两则启事的同时发表。在苏联十月革命纪念日那天，瞿秋白与杨之华正式结为伉俪。瞿秋白亲自雕刻了一方"秋之白华"的印章，留作纪念。为了纪念他们的结合，瞿秋白在一枚金别针上刻上"赠我生命的伴侣"7个字送给杨之华。

沈剑龙很佩服瞿秋白的学问和人品，他赠给秋白一张六寸的半身照片。照片上的沈剑龙剃了个光头，身穿袈裟，手捧一束鲜花，旁题"鲜花献佛"四字。他视之华为鲜花，以高洁的献佛心情成全了秋白与之华的结合。当然之华也没有忘记他与剑龙之间那段夫妻关系，过了六七年后，当女儿独伊长到十几岁时，也特地拍了一张女儿的六寸照寄给剑龙，并在后面写着："龙弟，作阿爹的看了有何感想。"

历来人们都以为沈玄庐在这件事上相当开明，表面上并没有反对，不是说妇女解放么，婚姻自由么，这都是沈玄庐所提倡的，还有什么可说呢？其实，沈玄庐对瞿秋白是很矛盾的。公开场合他是得体开明，但私下里并不舒畅，骨子里还是十分恼怒的，而且越到后期，他们政治见解上的尖锐分歧就越泾渭分明。1925年初杨之华回到沈家想带走女儿，沈玄庐不仅千方百计地阻挠，而且还大骂党内有拆白党，大骂瞿秋白。后来瞿秋白批判"戴季陶主义"，更使沈玄庐犯恨，甚至想用武力来威胁瞿秋白。这件原本是家庭生活中的私事，终于成了沈玄庐叛党的理由之一，政治与生活有时就这样忽明忽暗地连在一起。

1925年1月，杨之华出席了中国共产党第四次全国代表大会，并当选为中央妇女部委员。1926年3月，在任中共上海区委妇女部主任时，曾参加上海纱厂工人罢工、五卅运动，1927年参加上海工人三次武装起义。1927年"四一二"反革命政变后，撤离上海去武汉参加中共第五次全国代表大会，当选为中央委员，担任中央妇女部长，并兼任中共上海地委妇女部长，当选为上海各界妇女联合会主任。同年12月创办《中国妇女》旬刊。

1927年大革命失败，中国革命进入低潮，在此情况下，中共开了"八七会议"，会上选举出以瞿秋白为首的临时中央政治局。1928年春，瞿秋白动身前往莫斯科，筹备中共六大。五月下旬，杨之华带着女儿瞿独伊也去了苏联。瞿秋白和杨之华一起出席了中共六大。1928年6月18日至7月10日，中共六大在莫斯科郊区的一座乡间别墅中召开。7岁的独伊也随父亲进入了"六大"驻地。此后直至1930年7月，他们夫妇共同在苏联工作和生活，留下了难以磨灭的回忆。

晚年的瞿独伊回忆起瞿秋白，说："在我模糊的记忆中，我的父亲瞿秋白话不多，很温和，戴着眼镜，很清瘦。母亲不让我简单地叫'爸爸'，让我叫'好爸爸'，我一直这样称呼的，而他就亲切地称我小独伊。在我的心目中，他就是我的慈父。"

这一切是杨之华一生中最美好的时光，森林、蘑菇、画图、雪车等场景相互交叉和重叠，构成了欢快的难忘画面，"笑声震荡在天空中，似乎四周的一切也都为我们的欢乐而喜气洋溢"。

瞿秋白牺牲之后，杨之华终生未再嫁，新中国成立后她担任过全国总工会主要领导人。

同时代，有一位江南越地女儿，一位未来神秘的中共红色女特工，诞生在浙西南小城临海小户人家城关的糕饼店里，和杭州却结下了永恒的不解之缘。

吴先清（1904—1938），是那种注定要去远方的女子，1917年，13岁的吴先清在台州女子师范附属小学毕业，便跟着哥哥吴全清赶到杭州，考进了浙江省立女子蚕业讲习所（蚕校）。1919年，新文化运动中的吴先清才15岁，就被选为校学生代表，成为蚕校五四运动的组织者之一，参加了杭州14所中等以上学校组成的联合救国会。那年5月12日，杭州各校学生3000余人，聚集在杭州西湖边游行示威。吴先清带领着一帮女同学，冲出校门就加入了游行队伍。

当年12月，俞秀松、宣中华、施存统等参与的省立一师"风潮"，成为全省新文化运动的中心。第二年3月29日，军警包围"一师"，强令学生回家，吴先清组织蚕校同学加入了杭州女子职业学校队伍，直接冲进了由军警把守的"一师"校门，将一筐筐的馒头往一墙之隔的"一师"校园里扔，校园内是热血沸腾的男生，校园外是激情澎湃的女生。"一师风潮"终于以学生胜利而结束。当局被迫收回训令，撤走军警。6月17日，齐耀珊狼狈下台离浙。

小女生吴先清因参与组织杭州的五四运动而声名大振，但学校一些守旧分子视其不守校规，罚她留校饲养春夏两季蚕，不让她按时毕业。吴先清干脆不养蚕了，她一个大转弯，竟然考入杭州私立美术学校，习画去了。

1921年秋，吴先清在西湖畔写生，一名青年站在她身后，吴先清的画笔往后一甩，水彩溅在青年衣裤上，他不由得"哎哟"叫了一声，先清回头，哈，宣中华——是早已认识的省暨杭州市学生联合会执行部理事长，"一师"学生宣中华。

西湖、美术、青春、热情、浪漫……那一年吴先清17岁，宣中华23岁，已经去过革命故乡苏联，加入了社会主义青年团，是一位坚定的共产主义信仰者了，他们共同的革命生涯，就此开始。

1922年暑假，吴先清随宣中华到上虞白马湖春晖学校，参加青年团组织的讲学会。当时的春晖中学，云集了一大批中国优秀的新文化运动精英，包括夏丏尊、朱自清、李叔同、何香凝、经亨颐等人。一群年轻的五四青年，紧紧地围绕着他们。吴先清和她的情人在这样的革命浪潮中，将她的青春染得赤红。

1924年，吴先清加入了中国共产党，下半年吴先清与宣中华结婚，即转上海从事工人运动和妇女运动。

1925年7月5日，已经身怀六甲的吴先清跟随宣中华赶到杭州萧山参加中国国民党临时浙江省执行委员会全体会议（衙前会议），那次可算是开了眼界，21岁的吴先清第一次目睹从前共产主义的信仰者是如何在她面前分道扬镳的。

"远东"1911年的辛亥革命，推动了1917年的俄国十月革命；而十月革命又推动了1919年的中国五四新文化运动，新文化运动又促进了1921年的中国共产党的诞生。1925年初冬，中共党组织决定派吴先清到苏联莫斯科东方劳动者共产主义大学（"东大"）学习。21岁的吴先清，就此放下了出生仅12天的女儿，乘船至海参崴（今俄罗斯符拉迪沃斯托克），年底抵达莫斯科。她不会想到，她那个刚刚出生的女儿，因无人照料，还未满月便夭折了。我们可以从时间上推算出，当宣中华声讨国民党右派背叛革命之时，也正是吴先清别夫离子，前往莫斯科之际。从此夫妻天人永隔，再不复见。

共产党人宣中华的就义可谓惊天地泣鬼神。1927年"四一二"政变时，他在国民党省党部工作的弟弟、共产党人宣中民便被捕，而宣中华遭通缉亦被捕，被押解至龙华荒郊遭乱刀砍杀，至今尸骨无存，时年29岁。两个月之后胞弟被枪杀于陆军监狱，27岁。其间校长经亨颐尚不知学生下落，常常带着凄惶的神色问："中华尚在人间吗？"宣氏兄弟既死，父亲无法承受打击，郁郁而死，家中惨状可想而知。有友欲为宣中华家筹款，此时白色恐怖人人自危，竟不能得。经亨颐先生解囊200银圆，方解宣家于水深火热之中。

如果不是另一个革命男儿进入吴先清生活，不知她的悲痛何时缓解，这位男儿就是大名鼎鼎的职业革命家刘鼎，神奇的是这位四川青年早年也在杭州求学。刘鼎与吴先清是同一拨到达莫斯科并就读于同一学校的同学。在吴先清最需要精神支撑的1927年,刘鼎和吴先清慢慢地走近了。他们本来就有共同在西子湖畔度过求学生涯的经历,又都是同一年入党,异国他乡见面自然更亲一层。1929年冬,刘鼎和吴先清奉调回国,他们把一岁的儿子送进苏联国际儿童保育院,然后夫妻俩经西伯利亚,于1930年初秘密回到上海,刘鼎出任中共中央特科二科(情报科)副科长。1930年夏,吴先清在刘鼎领导下负责地下交通工作,从此开始了她惊心动魄的红色特工生涯。1931年10月,刘鼎在一个公园内被捕,为营救刘鼎,吴先清竭尽全力,救夫出狱,继续革命。正是这一时期,刘鼎夫妇与浙江上虞人当代茶圣吴觉农夫妇之间建立了非凡的友情。

吴觉农夫妇都是在杭州学校毕业后去日本留学的学子,一在农校,一在蚕校。1933年,正在上海商检局从事茶叶工作的吴觉农,听妻子陈宣昭告诉他一个惊人消息:她在街头偶遇了吴先清夫妇。她俩曾是杭州蚕校时的同窗好友,5年前还是由吴觉农夫妇亲自送吴先清赴苏联上船的,此刻,正在躲避国民党追杀的他们无比幸运,在这茫茫人海的国际都市大上海中竟然不期相遇。吴觉农迅速做出了掩护他们的决定,当时吴家住在金神父路花园坊的2号,而3号、4号就是上海警察局局长闵鸿恩的寓所。吴觉农就是在敌人头子的眼皮子底下掩护了吴先清一家。

这偶然的相遇给处在万分危急之中的吴先清夫妇带来了重大转机。次日他们就搬进了吴觉农的家,而他们的孩子就生在吴家阁楼里。

1933年刘鼎去了苏区。吴先清则在潘汉年的领导下从事谍报工作,频繁往来于上海与日本,与共产国际著名特工佐尔格一起,搜集了日本准备发起对苏侵略战争的大量的政治、军事、经济情报。9月,党中央又派吴先清去苏联,启程前,吴先清住在上海女青年会,陈宣昭带着自己的小儿子去送吴先清。没想到这竟然是他们和吴先清的诀别,吴先清从此一去杳无音信。

许多年以后人们才知道,吴先清化名罗莎·拉库拉夫,进入莫斯科马列主义学院,却于1938年在苏联"肃反"扩大化中不幸遇难,年仅34岁。

这是一朵伟大而隐秘的主义之花,如果用紫罗兰的花语,有"小心翼翼守护的爱"的意思。那个时代隐蔽在地下的浙江进步青年们，与革命之间就建立起这样一种极其特殊的"小心翼翼守护的爱"的关系。就如一株不动声色的紫罗兰，在那遥远的不为人知的地方独自开放。

杭州皮市巷三号

1921年底，中共上海地方委员会成立，领导上海与江苏、浙江两省工作，作为浙江籍委员之一的徐梅坤负责此项工作后，立即着手杭州建党工作。

1922年9月初的一天，天气已冷了下来，灰蒙蒙的空中下着小雨。在杭州市皮市巷3号（现皮市巷敬业里1号）的一间屋子里，4位年轻的共产党员徐梅坤、于树德、金佛庄、沈干城围坐在一张方桌前，徐梅坤用低沉而庄重的声音说：现在，我宣布中国共产党杭州地方小组成立了……

徐梅坤曾是杭州印刷公司的一名排字工，创办过浙江最早的工人刊物《曲江工潮》，参加过衙前农民运动，在上海由陈独秀介绍入党，成为中共江浙地区第一个工人党员。1922年8月，徐梅坤来杭，首先把铁路工人运动领袖青年沈干城发展入党，发展的第二名党员是浙江东阳人金佛庄。与此同时，由李大钊亲自介绍入党的于树德，受组织指派到杭州，开展建党工作。

在中共上海地方兼区执行委员会的领导下，于树德、金佛庄、沈干城组成了中国共产党杭州小组，于树德担任组长。

杭州党小组是浙江地区建立的第一个党组织，这一颗星星之火，乘着革命的东风，不久即在整个江浙地区形成燎原之势。截至2019年底，浙江省已有中国共产党党员403.1万名。

徐梅坤（1893—1997）1927年8月被国民党政府逮捕，8年牢狱生活，失去组织联系而脱党，但始终保持共产党员的气节，1935年9月因重病保释出狱。新中国成立后历任中央人民政府政务院监察委员会参事、监察部参事、国务院参事。1997年在北京去世，享年104岁。

沈干城（1896—1934）1928年春被国民党特别法庭以"煽动工潮，图谋不轨"罪名，判处刑期11年。1934年9月22日因长期牢狱生活折磨死。1952年7月追认为革命烈士。

于树德（1894—1982）早年曾加入同盟会。1911年参加辛亥革命。1922年6月经李大钊介绍加入中国共产党，长期从事合作社工作，是我国近代信用合作运动的先驱者之一。

金佛庄（1897—1926），1922年秋，金佛庄从青年团员转为中国共产党党员。1924年春参加广州黄埔军校的创建工作。1926年7月，由蒋介石任命为国民革命军总司令部警卫团少将团长。北伐战争前期，金佛庄率警卫团主要负责保卫总司令部指挥机关和苏联军事顾问团的安全。1926年12月，金佛庄被孙传芳秘密杀害于雨花台，他是最早牺牲的中共党员身份的黄埔学生，也是首位牺牲在南京的中共烈士。

生在杭州的美国大使

司徒雷登（1876—1962），一个生在杭州的美国人。

想象一下这个高鼻子蓝眼睛却说着一口流利的杭州方言的洋人，应该是很有意思的。一百多年前他出生在杭州的天水桥边，幼年时就在杭州的培德中学读书，可以说是喝西湖水长大的。14岁他回美国读书，二十年后又回到中国杭州，在天水桥畔家门口的湖山堂传教，又在弘道女中和冯氏女中等教会中学教课。37岁那年，他到南京的金陵神学院当了院长。1919年，五四运动爆发的那一年，他积极筹办北京的燕京大学，出任校长。抗日战争中，他蹲过日本人的监狱。1946年，由于马歇尔的极力推荐，这位基督徒入了政坛，当了美国驻华大使。1949年8月，在一片"别了"声中，他离开中国。连头到尾，他在中国生活了五十年，后来，他写了一本回忆录，题目叫作《在华五十年》。

据我目前了解的情况看，司徒雷登还是很热爱杭州、把她作为自己的第二故乡的。回忆起杭州的地理环境，他曾这样说："杭州是中国历史最悠久、风景最美丽的城市之一。西湖山峦环抱，山上庙宇错落，十分令人喜爱，远处是以钱塘潮而著名的风景如画的钱塘江。杭州的这些郊野景色长期以来一直是中国文学艺术中著名的题材。"

因为他喜欢出生的地方，他甚至对此地的方言也有自己的认识："这一方言在整个中国是独特的，它是官场语言（普通话）和所有的吴语（江苏和浙北方言）混杂的一种语言，早在南宋王朝迁都杭州的时候就形成了。我对这种语言怀有偏爱心理，它好像具有其他方言所没有的轻快悦耳的音韵和丰富的表现力。"

司徒雷登也喜欢杭州的吃。一则杭州老人的回忆，说杭州城里当时盛行门板饭。那一般都是下里巴人吃饭的场所，但司徒雷登很喜欢，尤其垂青于王饭儿的门板饭，他每次回杭，都要去吃王饭儿的砂锅木朗豆腐，有时回家，手里还拎着一串件儿肉。

司徒雷登有个弟弟，很年轻时就死在杭州；1913年，他的父亲也死于杭州，父子相邻埋在九里松外国人坟山。1924年，司徒雷登的母亲在北京去世。关于母亲的后事，他是这样回忆的："由于我怀有中国人和西方人双重感情，我便按照中国人的习惯，将我母亲安葬在杭州我父亲和我的一个兄弟的墓前。那时正值内战，我们不得不取道天津，由海路走。政府友善地给我提供了一节原为慈禧太后而设计、带有几条大金龙浮雕、装饰豪华的私人车厢，一直送到天津。"

因为父母都葬在杭州，司徒雷登和杭州的关系就一直也没有断。1946年，司徒雷登又到杭州扫墓，当时的杭州市政府让他当了杭州市的荣誉市民，还送给他一把纯金制的象征杭州城的金钥匙。司徒雷登十分感动，专门在回忆录里记下一笔。

司徒雷登离开中国那年，是没有机会再来扫墓了。1949年4月24日，解放军渡江后进入他的房间。他昔日燕京大学的学生、后来中国的外交部部长黄华，还作为解放军的代表来看望他。8月，他从南京直接回了华盛顿，从此再也没有回到过中国。

像司徒雷登这样的一个历史人物，在他身上，汇集着东西方文明，东西方宗教，东西方政治、军事、教育等诸多综合点。他在中国度过的五十年，正是西方列强在中国经历的历史性的五十年。像司徒雷登这样的传教士，某一个层面上的西方知识分子，不能粗率地就把他们当作帝国主义和列强的化身。但他们进入中国之后，对输出西方文化所抱的一切良好的期待，在这片大地上，都事与愿违。殖民地文化和被殖民地的文化在这里展示为政治军事和经济的冲突，由此发生了势不两立的斗争。司徒雷登的作别中国，也是历史的必然。从这个意义上说，毛泽东的《别了，司徒雷登》，的确是一篇回肠荡气、扬眉吐气的政治宣言。这是一个非常值得挖掘的文化主题。

从雨巷走出的杭州文人

水淋淋的江南，酿出了一些水中的梦幻。想那千年等一回的白娘子，正是从峨眉山一直游到了西湖的断桥下的呢。而他的爱的劫难，不正是从游湖中遇雨借伞开始的吗？许是有了白娘子的伞，方有杭州人戴望舒的《雨巷》。

戴望舒（1905—1950），杭州人，中国现代著名诗人。1925年入上海震旦大学学习法文，开始受到法国象征派的影响。1926年参加共青团。1928年后成为水沫社和其后的《现代》杂志的作者之一，创作现代派诗歌。1932年后留学法国、西班牙。1938年赴香港，主编《星岛日报》副刊。1941年底香港沦陷，被日军以抗日罪名下狱，在狱中保持了民族气节，次年春被营救出狱。抗战胜利后回上海教书，1949年春北上至解放区。1950年因病逝世。诗集有《我底记忆》《望舒草》《望舒诗稿》和《灾难的岁月》。早期诗歌多写个人的孤寂心境，感伤气息较重，因受西方象征派的影响，意象朦胧、含蓄。后期诗歌表现了热爱祖国、憎恨侵略者的强烈感情和对美好未来的热烈向往，诗风显得明朗、沉挚。

《雨巷》是戴望舒早期的成名作和代表作。诗歌发表后产生了较大影响，诗人也因此被称为"雨巷诗人"。诗歌描绘了一幅梅雨时节江南小巷的阴沉图景，借此构成了一个富有浓重象征色彩的抒情意境。在这里，诗人把当时黑暗阴沉的社会现实暗喻为悠长狭窄而寂寥的"雨巷"，没有阳光，也没有生机和活气。而抒情主人公"我"就是在这样的雨巷中孤独地彳亍着的彷徨者。"我"在孤寂中仍怀着对美好理想和希望的憧憬与追求。诗中"丁香一样的姑娘"就是这种美好理想的象征。但是，这种美好的理想又是渺茫的、难以实现的。这种心态，正是大革命失败后一部分有所追求的青年知识分子在政治高压下因找不到出路而陷于惶惑迷惘心境的真实反映。在艺术上，本诗也鲜明地体现了戴望舒早期诗歌的创作特色。它既采用了象征派重暗示、重象征的手法，又有格律派对于音乐美的追求。诗中的"我""雨巷""姑娘"并不是对生活的具体写照，而是充满了象征意味的抒情形象。

全诗还回荡着一种流畅的节奏和旋律。旋律感主要来自诗韵，除每节大体在第3、6行押韵外，每节的诗行中选用了许多与韵脚呼应的音组。诗中重叠反复手法的运用也强化了音乐效果。正如叶圣陶所说，《雨巷》是"替新诗的音节开了一个新的纪元"。

大塔儿巷，一条幽静的小巷，它的两头分别和中河中路及皮市巷交接，平行于解放路，长百余米。据称宋朝时巷里有个"觉苑寺"，寺中有座"城心塔"，大概是位于郡城中心的意思，巷以塔名。原地铺清一色的青石板，曾有古人以"鹊冷难依明月树，燕归长恋故园草"的诗句，来描绘小巷的风情。戴望舒故居就位于巷内，建于民国初年，属粉墙黛瓦、泥壁木窗的中式里弄楼房，也是著名诗篇《雨巷》之"原型"。戴望舒1905年出生于杭州大塔儿巷11号，少年时代就是在这里度过的，当年他所就读的宗文中学在巷东面的皮市巷里，1935年前，他们一家一直住在大塔儿巷11号，而后从此地搬往上海居住；1927年23岁的诗人在这里写下了《雨巷》，1928年8月在《小说月报》上发表，不过现在诗中的意境已了无痕迹，离大塔儿巷东口约一百米远的皮市巷解放路口一座大厦的墙上，镶嵌着两块黑色大理石碑文，分别是中国共产党浙江省第一个地方组织杭州党小组建立旧址及中国社会主义青年团杭州支部建立旧址；在与它相邻的大塔儿巷也立有一块碑文，书有"戴望舒故居""《雨巷》诞生地"及《雨巷》的诗文，大塔儿巷戴宅今已不存。

425

《雨巷》

戴望舒

撑着油纸伞，独自
彷徨在悠长，悠长
又寂寥的雨巷，
我希望逢着
一个丁香一样的
结着愁怨的姑娘。
她是有
丁香一样的颜色，
丁香一样的芬芳，
丁香一样的忧愁，
在雨中哀怨，
哀怨又彷徨。

她彷徨在这寂寥的雨巷，
撑着油纸伞
像我一样，
像我一样地
默默彳亍着，
寒漠，凄清，又惆怅。

她默默地走近
走近，又投出太息一般的眼光，
她飘过
像梦一般的，
像梦一般的凄婉迷茫。

像梦中飘过
一枝丁香的，
我身旁飘过这女郎。
她静默地远了、远了，
到了颓圮的篱墙，
走尽这雨巷。

在雨的哀曲里，
消了她的颜色，
散了她的芬芳，
消散了，甚至她的
太息般的眼光，
丁香般的惆怅。

撑着油纸伞，独自
彷徨在悠长，悠长
又寂寥的雨巷，
我希望飘过
一个丁香一样的
结着愁怨的姑娘。

　　潘天寿（1897—1971），现代画家、教育家。浙江宁海人。1915年考入浙江省立第一师范学校，就读时，经亨颐和李叔同都还在学校里，一个当校长，一个当美术和音乐教师，他们对潘天寿的艺术生涯起着很关键的作用。其写意花鸟初学吴昌硕，后取法石涛、八大。从1928年开始，潘天寿就担任国立西湖艺术院国画系的教授，1949年以后，他历任中央美术学院华东公院的副院长、浙江美术学院院长、中国美术家协会副主席。

　　潘天寿对中国当代美术所作出的贡献——比如坚持了中国山水、人物和

427

花鸟画的分科教学；首倡并主办了中国历史上第一个书法篆刻专业；主张画中之气，主张画家的个性和创造力；等等，还有他的独特的指墨画艺术，以及他在诗歌、书法、篆刻等方面的巨大造诣。文化就是这样一种看不见的源远流长的东西。因为有了潘天寿纪念馆，南山路就不仅是一条杭州的风景如画的道路了，它也是一条通往美术圣殿的道路。

林风眠（1900—1991），与前两位却又有十分的不同。他那独特的国画与西洋画艺术的完美结合，是他独自开创、完善、完成的，他的美术作品中包含了极其尖锐的对立面，比如东方与西方，浓烈与雅淡，热情与冷静，色彩与笔墨，光感与质感，理智与情感，民族与世界……这样的大不同又以极其温柔的方式相互渗透。他让我想起了陈子昂的诗：前不见古人，后不见来者……他还让我想起了美国作家海明威，他们都属于这样的大师——把他们自己的艺术风格发展到了登峰造极的地步，以至于他们的风格往往只有他们一个人能完整地占有，他们的风格也只能在他们自己手里终结。

这位大师虽是广东人氏，但从法国留学归来之后，26岁就得了蔡元培先生的赏识和器重，被聘任为北京国立艺术专门学校的校长兼教授，而28岁之时，他来到了杭州，又受蔡元培先生之托，创立了西湖国立艺术院，出任院长兼教授，成为世界上最年轻的艺术院校校长。林风眠先生当年在杭州建艺术学院时，因为没有校址，蔡元培先生帮他用一块银圆的租金，象征性地租下了平湖秋月一带的一些别墅和祠庙建筑来作为校址。

林风眠与众不同的地方，在于他没有按照这条既定的道路走教育家和艺术家兼顾的轨道，他似乎是那种天生不能兼顾的人，他最后完全退缩到他的艺术天地里去了。用退缩这个词似乎不准确，换一句话说，他最后完全迸发到他的艺术天地里面去了。大概在1951年，他完全离开了公职，他杭州的住房也被征收，他对他艺术道路的追求日益清醒和坚定。老人终于在十年浩劫结束之后得以出国与家人团聚。于91岁高龄去世于香港，临终前他要人拿来笔，留下遗言：我要回家。

林风眠先生的故居在杭州玉泉一带。

最早引入《资本论》的国学大师

汤寿潜是国学大师马一浮的岳父，所以我们顺理成章地接下来说一说这个汤寿潜的女婿。马浮（1883—1967），字一浮，号湛翁，绍兴人，生于乡间而名扬天下，名扬天下而深居简出，深居简出而学贯中西，学贯中西而潜心国学，潜心国学而为一代大师。

马一浮本为绍兴人氏，怎么纳入杭州名人录？盖因其在杭州求学、教学及定居大半生，最终殁于西湖之畔，葬于南山之阳。

他曾多年来居住在他的学生为他提供的苏堤南头的蒋庄，也就是从前的小万柳堂。周总理陪苏联元帅伏罗希洛夫游湖，游着游着，就靠岸上了蒋庄，专门拜访大师。后来大师去北京开会，毛泽东在怀仁堂宴请他，周恩来和陈毅作陪。

说到马一浮的学问，人称浩浩海洋，广博无限，深邃莫测；其为人呢，又如巍巍山岳，沉稳踏实，笃厚安详。所谓道德风范，一时无二。

像这样的大师，儿时不可能不是神童。16岁那年才第一次离乡去县城考试，他头大身矮，是靠陪同把他架在脖子上才赶到考场的。谁知他一考就是个第一，与他同时考上的，还有鲁迅兄弟。

马一浮既然考了第一，便有人来招他做东床快婿。丈人者，即后来的浙江辛亥革命首任都督汤寿潜。马一浮17岁成婚，18岁去上海游习，19岁妻病重而殁。马一浮伤心欲绝，"人命危浅，真如朝露，生年欢爱，无几时也，一旦溘逝，一切皆成泡影……自此无再婚之意"。果然，马一浮从此孑然一身。

20岁的马一浮去了美国，后转去日本、德国。回国后，他把马克思的《资本论》给翻译出来，又到镇江海西庵读书一年。1905年，他来到杭州，在当时的孤山广化寺整整读了3年书，把《四库全书》全读了。

要问马一浮究竟读了多少书，有弘一法师评价为证。他说：假定一个人，生出来就读书，而且每天读两本，而且读了就会背诵，读到马先生的年纪，所读的也不及马先生之多。

马大师和林处士不一样。林和靖一生未官，马一浮却在蔡元培的力邀下当了不满三个星期的教育部秘书长,实在厌恶于官场的虚伪,他长叹一声说:"我这个人不会做官,只会读书,不如让我仍回西湖去读书吧。"从此,身居杭州陋巷,布衣终身。

说到马一浮对杭州人的贡献,起码两件事非提不可。一是杭州城站的由来,当时他的丈人汤寿潜在主持浙江铁路事务,铁路从嘉兴过来,原来地图上铁路线画到了拱宸桥的日租界。女婿看了地图坚决反对,以为这是把市场送到日本人那里去了,后来再改了图,把今日的城站做了杭州火车站。另一件是大学路的浙江图书馆。袁世凯送数千大洋给汤寿潜,想贿赂他拥护自己做皇帝,马一浮帮着出了个主意,把这笔钱作为公用,建造了一个图书馆。

1938年,抗日烽火燃遍中国大地。杭州失守后,浙大师生踏上"西迁"之路,其间,马一浮与竺可桢达成讲学之议,跟随浙大一路西行,沿途开办国学讲座,浙大西迁途中,竺可桢校长邀请马一浮撰写了这首大学校歌:

> 大不自多,海纳江河,
> 惟学无际,际于天地,
> 形上谓道兮 形下谓器,
> 礼主别异兮,乐主和同……

这古雅的文言歌词,竟然为大学校歌,全中国也就独此一家。

1949年,马一浮出任过浙江文史馆馆长,1967年85岁时去世。此前一年,红卫兵来蒋庄"破四旧"先是把他毕生收藏的古书古画在西湖边整整烧了一天,然后限期要他搬出蒋庄,住进安吉路一间斗室。闻说大师离别蒋庄前一晚,凭栏披衣,仰观星座,低凝湖面,长吁短叹,大师也遇到了怎么都想不通的事情。人们告诉他潘天寿挨斗之事,他连声叹曰:"斯文扫地,斯文扫地!"

大师是以诗的方式告别人世的,他靠在枕边,用欹斜的笔迹写下了他一生中最后一首《拟别告诸亲友》。我读过这首诗,并记住了其中两句:"沤灭全归梅,花开正满枝。"

首届西湖国际博览会

现在不知道西湖国际博览会（以下简称西博会、博览会）的人，几乎很少了。但西博会在很长一段时间里，是很少有人知道的。杭州一度对孤山到北山街之间的西湖湖面上要不要架一座桥，进行过多方的公开讨论。也就是在那次讨论上，许多人第一次听到了西湖国际博览会这个名称。因为这座桥并非新创意，当年国际博览会上，就架过这样一座桥。

1929年，也就是民国十八年的初夏，杭州西子湖畔，手摇留声机点缀着孤山黄金三角洲，到处都在放送这样一首歌：

> 熏风吹暖水云乡，货殖尽登场。南金东箭西湖宝，齐点缀，锦秀钱塘。
> 喧动六桥车马，欣看万里梯航。明湖此夕发华光，人物果丰穰。
> 湖山还我中原地，同消受，桂子荷香，奏遍鱼龙曼衍，原来根本农桑。

此乃西湖博览会会歌，中央大学教授、著名词曲家吴瞿安先生作。博览会会长张静江以指扣桌而吟再三，大笔一挥："送稿酬一千元"。平均13块大洋一个字。

西湖博览会，旷代之盛典，湖山之嘉会，中国近代史上的展览，此会规模最大，影响最远，又诞生了中国最早省级博物馆——浙江博物馆。此馆占尽了天时地利人和，位于今日中山公园及平湖秋月间，背靠孤山，面对西湖，占尽风流。

况不独此馆，浙江杭州，山山水水的秀色可餐之外，又有林林总总的博物馆可赏。须知山水要有人文来滋润，那山水方是沽山水，方进得去而又走得开。只把西湖周遭走马观花溜达一圈者，以为见了那山水奇石幽寺便是游了西湖，此大谬也；须知，奇秀险怪之自然美，西湖有之，黄山、桂林、洞庭湖、九寨沟有之，且又过之而无不及之处。何故人们偏对西湖情有独钟？无非东南名郡、三吴都会、人文风采、英雄史章、灿烂文化、悠久历史，集天地人之大气象罢了。

1400年前建立的都城杭州，是一座跌宕起伏的城市，它大起大落，大光辉之后大黯然，大黯然之后又放大异彩。都说杭州是个小桥流水的所在，诸位不知杭州在中国政治、经济、文化、科学发展的舞台上所唱之歌，有黄钟大吕之声。你想知道这一切吗？请进这湖光山色间那看不见的人文之门，从西湖国际博览会开始吧……

西湖国际博览会的历史背景，是在北伐战争结束，国民党中央政府政局相对稳定的时局下进行的。民国十七年秋，浙江省政府为纪念统一、奖励农业、振兴文化，决定筹办西湖博览会。这虽是一次地方政府的行为，但也是国民政府成立之后的第一次博览会。从90年后的今天来看，这不能不说是大手笔了。当时的浙江省政府主席为国民党元老、南浔巨商张静江，他本来就是江浙财团的领衔人物，搞经济是他的本行，开博览会自然也是他一手提议的了。当时美国的巴拿马万国博览会刚开过没几年，正好拿来作了参照。据史家研究者说，张静江希望通过这个举动，一方面实现他的实业救国的政治理想；另一方面，也表明他和蒋介石之间已经开始了微妙的政治分歧。

筹办会从半年前开始，由当时的建设厅总负责，还在国内的75个市县设立了筹备分会，又到东南亚一带设立了办事机构，筹备周刊，设计会旗、会徽、纪念章和纪念册，发行有奖游券和纪念明信片，会场甚至还设有了临时邮局，凡加盖"民国十八年西湖博览会纪念"戳记的明信片，可以免贴邮票，投递国内各地。

博览会还有一个明文规定：出品以国货为限，在海外者，则以侨资工厂为限。即便放到今天，对一次博览会能够进行这样的文化经济整合，也是非常成功的了。无怪今天浙江的经济增长那么快，我们的前辈就给我们打下过这样良好的、观念的、行动的基础啊！

博览会原定于1929年3月1日开幕，后延至4月1日，再延至6月6日，可见虽有准备，这个博览会的筹备工作还是大大超过了人们的预想。6日下午两点在杭召开了盛大的仪式，与会者到了10万人，这在当时，实在是一个了不起的数字了。

博览会期间还有许多绝招。当时文人下海的成功典范、杭州人、《申报·自由谈》的主笔、鸳鸯蝴蝶派的主打手天虚我生陈蝶仙，在博览会上大出风头。原来他当时经营的无敌牌牙粉一上市就打败了日货金刚牌牙粉，后来又经营化妆业，都获成功。这一次他又发挥了文人的超级想象力，干脆在西湖边做了一个喷泉，喷出来的却都是香水。这个广告能不把人们都震住了吗！博览会也前卫得可以，竟然调来了四架飞机，水上一架，环飞浙江大地，专门散发博览会宣传资料、刊物和传单。那陆上的三架则载着游客遨游在西湖上。可以说，博览会的组织者们也是挖空心思，门槛精得把天空也利用起来了。

博览会原定在10月10日结束，没想到游客踊跃，光是来参观的国内外代表团就有1000多个，竟然结束不了，最后不得不延长到20日。博览会如此前后128天，最后应该说是比较完满地落下了帷幕。

九十多年前的博览会之所以人气满满，乃是因为西湖博览会和西湖的人文景观挂起了钩，之所以挂起钩，乃是因为展馆就建立在西湖边的精华之处，以后也成为西湖人文景观的一部分，直到今天，依然发挥着作用。

话说那博物馆当时有八馆二所，三个特别陈列处，里西湖两侧尽在其中，在此一一简述。但之前要先说一说大门。大门在断桥边，上书"西湖博览会"五个大字，又有朱柱着地，悬天台山农字大如斗之对联一副，曰："地有湖山，集二十二省无上出品大观，全国精华，都归眼底；天然图画，开六月六日空前及时盛会，诸群毕行，早在胸中。"

八馆如下：

一、革命纪念馆。在今平湖秋月一带，当时草坪有浙军克复金陵将士墓，博览会又专门设立了总理纪念厅，今天的平湖秋月三间厅内，当时陈设了革命书籍阅览室。将士墓就是在那个时候被整修一新的，今移至南天竺。

二、博物馆，设孤山之放鹤亭一带，有标本模型4998件。分水产、植物、动物、昆虫、山、矿产等多个部与动物园，都是从各省征集来的。说它们就是今天浙江省自然博物馆和杭州动物园的雏形，当不为过吧。

三、艺术馆，设在孤山南麓，共有8个陈列室，展文物数千件，今天浙江博物馆的发端，至此开始。

四、农业馆，设今中山公园，今浙江博物馆处，面积大到近百余亩，分蚕桑、农业、农业社会三大部。

五、教育馆，设今省图书馆古籍部一带，馆门一副对联，为刘大白先生所撰。联曰："定教育的规模，要仗先知，做建设的工作，要仗后知，以先知觉后知，便非发展大、中、小学不可；办教育的经费，没有来路，受教育的人才，没有出路，从来路到出路，都得振兴农、工、商业才行。"刘大白先生为中国白话文诗歌的先行者，他的以《卖布谣》为代表作的白话新诗，在中国五四以来新文化运动史上是留有自己独特地位的。五四时期他曾在杭州第一师范学校任国文教师，是当时杭州新文化运动中的"四大金刚"之一。后来他一度主事浙江教育，这副对联，有期望也有针砭，直到今天还有深远意义，读来绝无过时之感。

六、卫生馆，设西泠印社俞楼等处。当时的科学观念已经很开放了，墙上赫然陈列着男女生殖器的模型，还有它们在特殊状态下的生理过程，也演化出来。70年前的杭州人很开化地拥在旁边，男男女女，看得津津有味。

七、丝绸馆，设今镜湖厅一带。今天的中国丝绸博物馆也在西湖边，不过是在南山脚下罢了。

八、工业馆，设今日葛岭中部山麓一带，划分98个陈列区。当时馆中最引人注目的是一口凿井机，它竟然能用六分钟时间打出一口井来，引得许多人围着观看。

所谓二所：一为特种陈列所，设今日保俶山下；二为参考陈列所，设在岳王庙内。另有三个特别处：一为铁路陈列所，设断桥北；二为交通部电信所陈列处，设今日新新饭店附近；三为航空陈列所，设葛岭南麓。

博览会带来什么样的既定效益和深远影响呢？

一年以后，西湖博览会这位母亲生下她的第一个孩子——浙江博物馆。今天矗立在孤山脚下的浙江博物馆，可说名副其"文物之邦"之实，有陈列馆、书画馆、陶艺馆、工艺馆、国际友谊馆和综合楼六大部分。藏品精美无双者，有双鸟朝阳象牙雕刻，河姆渡出土；有木胎漆碗，河姆渡出土；有兽面纹玉琮，良渚文化的典型器皿；有《富春山居图》，元黄公望所作，所藏者上半截；有松岳高秋图轴，明蓝瑛所作；有《吴兴赋》卷，元书法大家赵孟頫书；有邓石如草书七字联，上联为"开卷神游千载上"，下联为"垂帘心在万山中"。又有东晋之瓯窑牛形灯盏，唐之青瓷龙柄鸡首壶，北宋之彩塑菩萨像，南宋之龙泉窑船形砚滴，元代之龙泉窑贴花环耳瓶，明之金丝发罩，清以降职之吴昌硕，之黄宾虹，之丰子恺……洋洋洒洒，珍品十万件，定饱观者眼福。

又有江南皇家藏书楼文澜阁一座，隶属浙江博物馆。乾隆年间修之，藏《四库全书》一部，传丁家昆仲一段佳话。原来咸丰年间，战乱迭起，文澜阁藏书大量散失。幸有乡贤丁申丁丙抢救，丁丙乃杭州八千卷楼楼主，清四大藏书家之一。兄弟矢志补全缺书，费时7年，耗资5万，雇员百人，补至3396种34796册，尚缺1000余册，辛亥后再二再三补抄，终于齐全，置身藏书楼，书卷之气，扑鼻而来。

西湖博览会再结硕果乃经历一个甲子。有中国茶叶博物馆，位西郊双峰村山中。红瓦白墙，当是从当时的农业馆承继而来的吧。

有中国丝绸博物馆，位于长桥南，玉皇山脚当年的丝绸博物馆只在镜湖厅一带，哪里有今日占地70亩、面积7000多平方米，投资两亿元，展厅8个之气魄。

中国丝绸博物馆，所建西子湖头，自有道理。两汉时，杭州已有丝织，且东渡扶桑，为日本丝织物始祖。唐时有杭人大书法家褚遂良后人，被尊为杭州丝绸开山鼻祖。有人甚至给军队未婚者厚资，密令他们去北方娶那些巧手纺织姑娘来江南，以发展丝织技术。杭人又一直奉忠清巷褚遂良故居一带为丝绸中心。直到今天，丝绸市场亦建其中。其实，杭人在通圣庙里供得丝绸行业神褚载，乃是褚遂良的九世孙。看来杭人丝绸得益于褚家，倒是可以肯定的了，白居易诗曰："红袖织绫夸柿蒂，青旗沽酒趁梨花"。那时杭州的柿蒂绫，着实出色呢。

至于吴越时期，钱镠保境安民，公开宣言："世方喋血以事干戈，我且闭关而修蚕织。"结果是什么样呢？结果是上下千余年，江浙丝绸，为中国冠。

南宋杭州，丝织业全面繁荣，街坊里巷，真格是"竹窗轧轧，寒丝手拨，春风一夜,百花尽发"。中外学者已有南宁杭州乃可以萌生资本主义萌芽时期之说,到于明清,杭州专门设有织造府署和织造府,为宫廷服务,至今留下那五锦缎般的古迹,织造署、机神庙、绸业会馆。职工的神是黄帝,练染工的神则是葛洪。抱朴庐本色道家地,却又是练染工的朝拜地,这种联系倒也生趣。

中国丝绸博物馆,浸淫于如此丝绸文化氛围之间,人怎么能不大饱眼福呢。

接着要光顾的,便是江南药王胡庆余堂中药博物馆了。1928年的博览会上并没有专门的中药展览,而今天的国药博物馆也很有说法,在杭州的博物馆中,还没有哪一个馆如此密切地与一个杭州人的命运联系在一起呢。北有同仁堂,南有庆余堂,胡庆余堂乃胡雪岩盛时所建,位于今日吴山脚下大井巷口,去这里参观,是领略人,领略建筑,领略中药,须知胡庆余堂,可是独步海内的商业古建筑,国家级的重点文物保护单位,和其他博物馆,在这一点上就分出档次来了。

胡庆余堂好认,远远望去,有封护墙60米,高12米,上书"胡庆余堂国药号"。每个字大20平方米,章其炎书,亦为海内一绝。其建筑占地8亩,形如鹤状,细颈宽体,门楼上镌"庆余堂"三字,据传竟是秦桧手迹,不知确否。鹤颈长廊有丸牌38块,实乃撕不破的说明书。那楹联也作得切贴,曰:野山高丽东西洋参,暹罗宫燕毛角鹿茸。

营业大厅内宫灯高挂,古色古香,红木柜台高大,梁间雕龙刻凤,柜内百眼橱格。人进其前,肃心并气,唯虔唯诚,不敢张狂。中药的历史展览,便又是一部中国线装书浏览了。有中国药学史陈列,有药材陈列,还有制作中药的表演厅。还得感谢庆余堂的古建筑,创造了一个理解和认识中药在中华文明中地位的最佳氛围。

南宋馆窑博物馆位于玉皇山下,虽偏远一些,却也是个到了杭州就非去不可的地方。瓷,中国先民创造发明,是生活器皿,也是艺术载体。杭州湾南岸宁绍平原乃最早的瓷器发祥地。浙江瓷呈青色,史称"越窑青瓷",自东汉始,它发展了,提高了,冠极一时,然后便是无可奈何地衰落和神秘地消失,只在那层峦叠翠的浙南龙泉山中，封藏着它的一点余绪。而盛极一时的南宋官窑，则是在元人的铁蹄下烟消云散的，荒草、乱坟和杂树封杀了当年宋王宫的风采，官窑变得遥远朦胧。存世的藏品，因其不满三位数而备受宠爱，有宋一代郁郁乎统治阶级的学识教养，融汇在古瓷中青瓷系列最高工艺水平的南宋官窑上，给了后世一个仰视的美的高度。

薄胎厚釉、紫口铁足和釉面开片是官窑的特征，至于造型的纯粹、洗练、大气，又是其他时代难以匹敌的。宋人审美趣味在内涵隽永，故酷爱器皿之一色纯净，南宋官窑的粉青色瓷，正好与人眼对色光敏感的平均值相一致，故人见人爱。如此之极品的突然消亡，自然成了陶瓷界永恒的话题。1986年，南宋官窑的遗址被定为博物馆建地，已建成开放。你想知道中国China（china即瓷）吗？去南宋官窑博物馆吧。

当你跑完这四大博物馆，你将发现什么？茶叶、丝绸、中药、瓷器，你有否发现，它们是中国先民贡献于世界文明的又一组"四大发明"呢？而它们却又紧紧围绕着西子湖而存在着，这是一次多么高质量的精神会餐啊！

还有多少这样的精美的眼福心福呢？关于剪刀的，关于扇子的，关于民俗的，关于古建筑的，关于溶洞与古塔的，关于园林与庄园的。走进去多看一看吧，你就更爱这花前月下的湖光山色了，你在其间，就能品尝出这天地间的大格局大气象来了。

钱塘江大桥的传奇

都知道钱塘江是浙江省最大的河流，由西往东注入杭州湾，流东海。钱江涌潮为世界一大自然奇观，它是天体引力和地球自转的离心作用，加上杭州湾喇叭口的特殊地形所造成的特大涌潮。

每年农历八月十八，钱江涌潮最大，潮头可达数米。海潮来时，声如雷鸣，排山倒海，犹如万马奔腾，蔚为壮观。观潮始于汉魏，盛于唐宋，历经2000余年，已成为当地的习俗。

钱塘江上自古无桥，相传当年秦始皇欲去绍兴祭大禹，眼望波涛汹涌的钱塘江竟不敢登渡，只好上溯120里，选一最窄处过了江。唐代诗人施肩吾以"天堑茫茫连沃焦，秦皇何事不安桥"的诗句来形容钱塘江上架桥难。早在五代以前民间就有"钱塘江无底之说"，深达40米的流沙，经江水冲刷变迁无常。1904年清政府就意欲建桥，民国初时浙江省政府也有此意，皆因自然条件险恶，最后不了了之。

20世纪30年代，正在兴建中的浙赣铁路要与沪杭铁路衔接，需在钱塘江上架设一座大桥。1934年，时任钱塘江大桥桥工处处长的茅以升（1896—1989），受命主持这第一座由中国人自己修建的钢铁大桥工程。之前中国的大川大河上，虽已有一些大桥，但都是外国人造的：济南黄河大桥是德国人修的，蚌埠淮河大桥是美国人修的，哈尔滨松花江大桥是俄国人修的……可以想象，茅以升担负着一项前所未有的重任，他要用自己的智慧来证明中国人有能力建造现代化大桥。

在钱塘江上建桥，是人们千百年来的梦想。然而，真要在江上"安桥"又谈何容易，单从技术上来说就有两大难题：一是钱塘江江底的流沙有40米厚，随着水流冲刷，江底变迁莫测，因此，多少年来杭州民间就有"钱塘江无底"的传说；另一个当然是举世闻名的钱江潮了。因此在钱塘江上造桥，可谓难上加难。然而却有一个人不信邪，他就是当时浙江省建设厅厅长曾养甫。1923年毕业于北洋大学，旋赴美留学，1925年获匹茨堡大学工学学士学位。回国后曾辅佐国民党元老张静江，担任过南京政府建设委员会副委员长。

曾养甫（1898—1969）是1931年12月出任浙江省建设厅厅长的，根据浙江的实际，他决意知难而进，建造钱塘江大桥。历时6个月，收集了大量的水文、气象和地质资料，经过专家多次论证，通过了建桥的可行性报告。建桥经费起码要银圆500万元。这笔钱对于长期内战、财政窘迫的南京政府来说，已堪称一笔大负担，由浙江一省来承担就更难了。但曾养甫没有退却，毅然地担起了筹款的重任。

筹款有着落后，曾养甫立即着手物色人才。他决定聘请毕业于美国康奈尔大学桥梁系的茅以升博士来担任建桥主持人。为此，茅以升毅然辞去北洋大学教席，只身来到杭州。由他主持制定的建桥方案不但切实可行，而且比美国桥梁专家华德尔提出的方案减少投资约200万元，终于被当局采纳。1934年11月11日，钱塘江大桥开工兴建。39岁的茅以升受命担任钱塘江大桥的总设计师、总工程师。

钱塘江大桥无疑是我国东南的交通枢纽，有着极其重要的战略意义。而此时日寇正步步进逼，全面抗战一触即发。有鉴于此，曾养甫一再要求桥工处加快进度，缩短工期。造桥开始时步履维艰，谣言四起，曾养甫对茅以升说："我一切相信你，但是如果桥造不成，你得跳钱塘江，我也跟在你后头跳！"茅以升狠下决心，首次采用气压沉箱法掘泥打桩获得成功，为中国人民长了志气，使建桥工程得以顺利进行。

至1937年，大桥快要竣工之际，上海"八一三"战争爆发了！钱塘江大桥还未交付使用就先经受了抗日战火的洗礼。工程未完，战火已烧到了钱塘江边，此时江中的桥墩，还有一座未完工，墩上的两孔钢梁无法安装，在此后的40多天里，建桥的工人们同仇敌忾，以极大的爱国热情，冒着敌人炸弹爆炸的尘烟，夜以继日地加速赶工，1937年9月26日清晨，举世瞩目的大桥通过了第一列火车。当日，运送大批军火物资的列车就开始陆续从这座大桥上通过了。

大桥全长1453米，分引桥和正桥两个部分。正桥16孔，桥墩15座。下层铁路桥长1322.1米，单线行车；上层公路桥长1453米、宽6.1米，两侧人行道各1.5米，雄伟壮观。可建桥者却完全没有心情沉浸在修桥成功的喜悦中。上海的抗战形势一天比一天吃紧。同年11月16日下午，南京工兵学校的一位教官在桥工处找到茅以升，向他出示了一份南京政府绝密文件，要求炸毁钱江桥，炸桥所需炸药及爆炸器材已直接由南京运来，就在外边的汽车上。

集两年半心血建成的大桥，铁路刚刚通车，就要自己亲手去炸毁它，这真是一件痛心的事情，茅以升经历着一生中最痛苦的时刻。同工程技术人员商量和慎重考虑后，最后订下了炸桥方案。当天晚上，所有的炸药就都安放到了南岸第二个桥墩内和五孔钢梁的杆件上，100多根引线，从一个个引爆点连接到南岸的一所房子里，只等一声命令，就把大桥的五孔一墩全部炸毁。

11月17日凌晨，茅以升接到浙江省政府的命令，因大量难民涌入杭州，渡船根本不够用，钱塘江大桥公路部分必须于当天全面通车。等待过江的人太多，加上战事更紧，形势严重，迫不得已省政府才决定开放大桥。当日大桥全面通车，当第一辆汽车从大桥上驶过，两岸数十万群众使劲鼓掌，掌声经久不息。茅以升后来回忆说："所有这天过桥的10多万人，以及此后每天过桥的人，人人都要在炸药上面走过，火车也同样在炸药上风驰电掣而过。开桥的第一天，桥里就先有了炸药，这在古今中外的桥梁史上，要算是空前的了！"

12月22日，日军进攻武康，窥伺富阳，杭州危在旦夕。钱江大桥上南渡的行人更多，固不必说，而铁路方面，上海和南京之间已不能通车，钱塘江大桥成了撤退的唯一通道，据当时的铁路局估计，22日这一天有300多台机车和超过2000节客货车通过大桥。第二天，1937年12月23日，日军开始攻打杭州，当天下午1点多钟，茅以升终于接到命令：炸桥。下午3点，炸桥的准备工作全部就绪。茅以升站在桥头看着桥上黑压压涌过来的难民，心头涌起对日寇无比的愤怒。傍晚5时，日军骑兵扬起的尘烟已然隐隐可见，日军的先头部队已隐约可见，人群被强行拦阻，茅以升命令关闭大桥，禁止通行，实施爆破！所有的引线都点燃了。随着一声巨响，钱塘江大桥的两座桥墩被毁坏，五孔钢梁折断落入江中。这条总长1453米、历经925个日日夜夜、耗资160万美元的大桥，通车仅89天，却为支援淞沪抗战、输送军需物资、撤退候渡百姓作出巨大贡献，使100万人免于战火。日军士兵友永河夫在硝烟弥漫中，拍下了炸毁后的钱塘江大桥。几十年后，友永河夫来到北京，带着对战争的忏悔，将他拍摄的这张照片亲手交到了茅以升的手中。

当天晚上，茅以升在书桌前写下8个字："抗战必胜，此桥必复"；并赋诗一首，"斗地风云突变色，炸桥挥泪断通途。五行缺火真来火，不复原桥不丈夫"。

抗日战争胜利后，茅以升又受命组织修复大桥，1948年3月，全部修复工程结束，钱塘江大桥又重新飞跨在钱塘江的波涛之上。至此，茅以升主持的钱塘江大桥工程，前后14年，经历了建桥、炸桥、修桥三个时期，这是古今中外建桥史上从未有先例的事情，在世界和中国桥梁史上具有里程碑式的象征意义。

西湖上空的战鹰

八一四空战，是抗日战争期间中国空军抗击日军飞机空袭杭州笕桥的作战，又称"笕桥空战"。

日本海军第三舰队开进上海时，司令官长谷川清认为：要置中国于死地，最重要的就是控制住上海、南京这条线，并覆灭掉中国空军。而中国空军的作战计划也与之针锋相对——主动进攻，消灭盘踞上海的日本陆军和海军及其基地。

1937年8月14日，淞沪会战爆发后的第二天，日军海军航空队18架九六式陆上攻击机，于14时50分由台北松山机场起飞，轰炸大陆沿海机场，其中9架飞临杭州笕桥机场上空，因乌云密布，能见度极差，投弹命中率不高。而中国空军第4航空大队在高志航大队长率领下，驾驶霍克-3战斗机腾空迎战，紧紧咬住日机，短暂的空战，高志航等人共击落日机3架，击伤1架，而中方仅有1架战斗机轻伤，首创中国空军抗战中空战3比0的光辉战绩。

要知道，当时的中国空军还处于初创阶段，抗战爆发前只拥有9个大队31个中队，装备各类飞机300多架，主要机型比较繁杂，有美国生产的霍克1、2、3等型号，还装备着来自德国、意大利、法国等国家并不先进的活塞式飞机。而人员有的来自中央军系统，有的则是陈济棠的旧部，还有便是东北军在"九一八"后撤到关内的。早在张作霖时代，便投入巨资打造了东北空军部分飞行员，高志航便是其中之一。故而，这样的战绩是十分鼓舞人心的。

其实，13日下午2点，位于南京小营的中国空军指挥部，就在12个小时内连发两道作战命令：令驻扎在华北地区的中国空军各大队南下参加淞沪会战；14日凌晨2点，令中国空军各轰炸大队对敌在上海及附近水域的重要目标据点实施连续轰炸。

1937年8月14日凌晨，华东沿海一带正值台风过境，长江中下游及苏浙两省笼罩在一个巨大的低气压下，暴风雨区域达300公里，风速达每秒22米。正是在这样的天气里，淞沪会战日军指挥官在5点30分取消了6个半小时以前发出的空袭令，命令"在天气好转之前，暂停空袭"。

就在前一天，中日军队在上海闸北已发生交火，长谷川清曾计划在14日空袭杭州、南昌、虹桥等几个中国机场，一举覆灭中国军队的航空兵力。但他没有想到，中国空军却在暴风雨中准备出击，凌晨2点命令一下达，不到1个小时，中国空军最早出发的一批战机就起飞了。

凌晨2点30分，第二十四中队中队长刘粹刚率领9架霍克-3型战斗机，从扬州机场起飞，击中敌舰尾部，这一天，中国空军共出动飞机76架次，分9批集中轰炸了日军司令部、弹药库、登陆码头等重要军事目标。年轻的中国空军成为"正式开战"的揭幕者。

老天爷这时也来助中国人之威，强台风使得九州的航空队和航空母舰上的飞机都不能起飞。只有驻台北的18架"九六式"陆上攻击机全部出动。他们分成两队，一队空袭杭州笕桥机场，一队空袭广德机场。

14时50分，日军飞机从台北出发，18时10分，杭州发出空袭警报。此时，中国空军第4大队机群已由河南周家口飞抵杭州。在日机来袭前几分钟，第4大队第21中队的9架飞机刚降落，因油料所剩无多正准备加油，第22和23中队的飞机尚在空中。此时刚从南京赶到的高志航大队长接到空袭警报，立即下令："飞机不要停机，一半起飞警戒，一半加油待机出击。"

18时30分，日军飞机发现了笕桥机场，在500米高空开始投弹，炸中一些机场设施和加油车。紧急升空至4000米高空的中国空军第4大队，穿云下降，发现敌机正在杭州湾上空疏散队形，搜索轰炸目标，等于自行解除了轰炸机群强大的空中交叉掩护火力，显露出日军无视中国空军的狂傲心态，这给第4大队对其各个击破提供了良机。

大队长高志航穿云下降时，发现一架身涂迷彩的日军轰炸机。日机也发现了高志航，高志航当机立断按下机枪按钮，击中日机右翼上的主油箱。一时间，火光四射，日机像个火球坠落了下去，落在钱塘江畔。高志航首开纪录，这也是中国飞行员在空战中击落的第一架日机。

第23中队队员梁添成不甘示弱，击落第二架敌机。第4大队第22中队在广德上空与来袭的另外一队日机机群相遇，中队长郑少愚追敌至钱塘江上空，又击落1架敌机。日军慌神纷纷逃散。八一四空战不到30分钟就结束了。

八一四首战告捷，打破了"日本空军不可战胜"的神话，中国空军备受鼓舞。1937年8月15日，在南京、上海、杭州等地，中日空军再次展开了大规模空战。中国空军全面出击，扛住了日机60余架的袭击，击落敌机17架。1937年8月16日，华东地区的台风影响基本消除，日本航空母舰上的飞机大批参战，中国空军遇到更大挑战。这一天，中国空军第3、第4、第5驱逐机大队再接再厉，击落敌机8架。年轻的中国空军，竟然将木更津、鹿屋两个闻名于世的日军主力航空队装备最新式的轰炸机消灭过半，在日本引起震惊，联队长石井义剖腹自杀。日本报纸惊叹："中国已非昔日之支那。"日本军部承认，中国空军是最为出色的航空兵力。

高志航（1907—1937）非我浙江人，乃吉林通化人，但他在杭州上空首开中国空军之威，是一位真正的民族英雄，值得我们在这里大书一笔。他原名高铭久，1924年考入东北陆军军官学校，被选送法国莫拉若高等航空学校学习，为此改名为志航，后转入法国伊斯特陆军航空战斗学校学习飞行。1926年回国，被任命为东北航空处少校（陆军衔）驾驶员。1931年"九一八"事变时，向东北军司令部请战不允，乃愤而去职赴上海，参加抗日救亡宣传运动。1932年，经同学介绍到杭州笕桥空军总校。在一次有英、德、意等国飞行员参加的空中表演中，因技术高超受蒋介石赏识，不久，相继升任航校驱逐机队队长、航空第六队队长。1935年9月，奉命赴意大利购买飞机，因拒绝意方重贿，转去美国购回霍克式驱逐机100架，同年晋升为第四航空大队大队长。1937年8月13日，淞沪会争爆发，于8月14日空战中首开纪录，在此后的数日空战中，又击落敌机数架，无一次空还。因屡建奇功，被晋升为空军上校驱逐司令，直辖3个驱逐大队，第4航空大队亦被命名为"志航大队"。1937年10月在周家口机场驻防时，遭日军轰炸机偷袭，于座机中壮烈殉国，时年30岁。

抗日战争时期，中国空军的胜利，粉碎了日本军队不可战胜的神话，鼓舞了中国军民抗战必胜的信心。为纪念首次空战胜利，国民政府特别将8月14日这一天定为"空军节"。

浙江大学的抗日远征

1937年8月13日,中日淞沪会战打响,浙江大学在国民政府的指示下,从1937年11月开始从杭州往内地西迁。先后经浙、赣、湘、粤、桂、黔等六省,于1940年初,到达贵州遵义的湄潭,并在那里坚持办学长达7年之久。浙大西迁历时两年多,行程近2600公里,行经的路线正好与三年前中央红军长征的上段路线基本吻合,而抵达的终点又正好是召开了对中国革命具有转折意义的"遵义会议"的历史名城遵义,因而人们把浙江大学西迁流亡办学称为中国的"文军"长征。

此次长征,共分为四个阶段,简述如下。

初迁浙江建德(1937.9.21—1937.12.24)

淞沪会战之后,敌机侵袭杭州,浙大师生已无法正常上课。浙江大学成立"特种教育执行委员会",绍兴籍的气象学家竺可桢(1890—1974)校长担任主席。委员会下设总务、警卫、消防、救护、工程、防毒、研究、宣传、课程9股,全体学生必须参加其中一项工作。

1937年9月,竺可桢和西天目禅源寺商定租借寺院余屋,作为年度新生的教学和生活用房。一年级新生始迁至天目山,27日起上课。师生朝夕相处,学校的"导师制"在这里首推,此举为国内教育界首创。

11月5日,日寇在距离杭州120公里的金山卫登陆,浙大决定迁校至杭州西南约240公里的建德。从11月11日开始,分三批出发,在江干码头乘船,于15日全部到达建德。自11月底起,天目山师生经五天奔波,也全部到达建德,临时校舍分散在城内各处。师生员工加上家属不下千余人,建德一时成了学校城。

11月20日,南京国民政府迁移重庆,苏州陷落,日寇南侵,逼近嘉兴,建德也不再安全,学校考虑再次搬迁。竺校长亲赴江西,江西省政府同意把吉安县青原山及泰和县大原书院旧址给浙大,特种教育委员会决定提早迁赴吉安,以防不测。

二迁江西吉安与泰和（1937.12.24—1938.8.13）

1937年12月24日，师生开始赴赣。学生分若干队，有导师率领，兰溪、金华、常山、玉山、南昌、樟树、吉安等地各设接待站，师生及眷属分三批在建德上民船到兰溪，有的步行，有的舟行，溯梅溪而抵金华。

12月26日，金华遭到日寇重型轰炸机狂炸，浙赣铁路因军运关系，客货车停开，而人民逃难如潮。浙大部分教职员工和学生，集结在金华的几个临时处所。柴米难得，空腹多时，四壁萧条，饥肠辘辘，时值寒冬，冻坐终夜。浙大师生没有消沉，几经周折，搭车的，乘船的，步行的，先先后后，陆陆续续，全体人员终于平安汇集到江西玉山——当时浙赣铁路总局所在地。

有700多箱图书仪器，装了30多艘民船，停泊在金华铁路车站西面不远的河面上。浙大负责押运的教师、职工，四处奔波设法，并亲自动手，将物件分装在兵车、煤车和货车上，1938年1月6日夜间，所有滞留的校产，全部运送到达江西玉山。

小雪断续，北风劲吹，竺校长在玉山停留11天，四处奔波，托人求情，联系车辆，直到1月7日铁路局才同意拨10余节车皮给浙大使用。又过两天，总算在贵溪联系到一辆低钩车头，将浙大师生和图书仪器运往江西樟树镇。而另外乘在一列客车上的师生却不知下落，经竺校长再三查询，方知该车厢竟被甩在江西乡间的向塘，这些师生饱尝困顿，一星期后才抵樟树镇。

从1937年12月24日到次年1月20日，浙大师生从浙江建德出发，经金华、玉山、樟树，转抵江西吉安，行程752公里。饱受风霜之苦，经受考验锻炼，但人员物资无损，平安到达目的地。

吉安，在江西中部，赣江及支流禾水汇合处，欧阳修和文天祥的故乡。中国第一个农村革命根据地井冈山就在吉安。此时，教职员工住乡村师范，眷属租用当地居民住房，学生则全部入住白鹭洲的吉安中学。利用乡村师范和吉安中学放寒假期间，学校借屋上课，以结束一学期的课程。学生上课两周，期末考试，休息一周，便准备南行40公里，深入泰和乡间。

2月中旬，浙大师生即由水路赣江和陆路赣粤国道迁移泰和。千里赣江自南往北穿越而去,赣粤国道沿江而行。临时校址就在泰和上田村。该村古时有两座书院:大原书院和华阳书院,还有趣园和遐观楼(藏书楼),远道学子负笈来学,文风颇盛,不下白鹭洲书院。

师生稍事安顿便继续教学,学生黎明即起,朝阳之下漫山遍野朗诵默读,又复三更灯火,埋头苦习。为补足搬迁期间所受到的影响,科学研究也未停顿,各学院课程和实验,都比以前增多,工作和学习都自觉延长。于天目山开始实行的导师制在这里继续贯彻,大局势如此纷乱急迫,小环境却如此有条不紊,教育部派人到全国各地巡视,认为浙大是所有西迁大学中教学秩序和教学质量坚持得最好的一所。

浙大组织了情报委员会,从建德起就出版《浙大日报》。利用自备的无线电收音机,夜间收听记录新闻消息,予以摘编,先是用壁报形式张贴,接着在建德铅印20多期,到泰和后,没有铅印条件,改为油印发行。每期由晚上9时起,到次日上午9时止,分别由勤工俭读学生和职员收听和记录,上午10时编好,接着刻印,12时左右发行,并由工读学生上街叫卖,颇受当地群众欢迎。内容除国内外新闻外,并酌登校闻、论著、通讯。

浙大的师生还多次进行救亡宣传,十几里外的村民都赶来观看;还到泰和、吉安乃至赣州宣传演出,募集救护伤兵的捐款;浙大教授组织前线慰劳队,赴汉口转到前线慰劳,节约自己的膳食费作为捐款。学生自治会发起给前方将士捐献棉背心,竺可桢拨出两间房子作缝制场所,带头捐献以供制作费用,并常和夫人到制作场鼓励,夫人张侠魂更多次到现场指导。以后学生自治会又发起募捐活动,竺可桢夫妇率先捐献了他们的结婚戒指。夫人张侠魂还发起在1938年7月7日举行"七七卢沟桥抗战一周年纪念"活动,并亲自撰文以志纪念,同仇敌忾之气一时激荡赣江上游各地。

在泰和,浙大师生为当地人民做了三件好事:一是修筑防洪大堤,二是创办澄江学校,三是协助开辟沙村垦殖场。还做了一件意义重大、有利于保存民族文化瑰宝、免遭战火之灾的大事——协助浙江省搬运文澜阁的《四库全书》共36000多册到安全处所。这套国宝,在淞沪会战前由浙江图书馆装成140箱运到富阳乡下存放;日军进逼,省图书馆想把它运至建德,但省里不发经费，竺可桢得知后马上派校车帮忙运到建德。以后省图书馆又把它运到龙泉乡下。浙大迁到江西后，竺校长认为在龙泉也不安全，特地致电教育部，指出《四库全书》应及早迁到内地，并表示浙大愿意派人协助。教育部复电同意竺校长的意见，准备迁到贵阳，要求浙大协助迁运。竺校长即指派一位教师回到浙江，与有关部门商议，几经周折，终于会同浙江图书馆启运，途经5省，历程2500余公里，全部安全运抵贵阳附近的地母洞存放。终使这一文化瑰宝得以安全度过抗战时期，战后运回杭州。

1938年6月26日，浙江大学有一批毕业生即将走向社会，这也是浙大在抗战中的第一批毕业生。竺校长在当天举行的毕业典礼上，发表了《大学毕业生应有的认识与努力》的富有哲理、充满激情的讲话。他勉励学生要日日新，又日新，以天下为己任，使中华成为不可灭亡的民族。他希望同学们"不求地位之高，不谋报酬之厚，不惮地方的遥远和困苦，凡是吾人分内所应该做的事就得去做"。竺校长在结束讲话时说："现在救国的责任，已在诸君身上，希望大家能担当起来。"

西迁途中，一些同学满怀悲愤投笔从戎，上前线杀日寇。竺可桢对同学们的爱国热情大加赞赏，以战国时代赵氏孤儿的故事教导同学：当今临敌之际，年轻人有两种途径可以报国：一是赴前线杀敌，此举需要勇气和胆量，如程婴所为；一是在校刻苦学习，以后从事建设工作，此举需要毅力与恒心，如公孙杵臼所为。竺校长的讲演，对学生们是鼓励和鞭策。

1938年7月23日，在桂林考察的竺可桢接到夫人张侠魂患了痢疾的电报，竺可桢返回泰和，在浙大长堤上见到等候在那里的大女儿竺梅，得知幼子已经没了，眼泪簌簌流下，回家后又看到夫人病卧在床，奄奄一息。由于战争医疗条件太差，8月3日上午张侠魂不幸逝世。半月之内，接连丧妻失子，竺可桢痛苦异常，在日记中写下《挽侠魂》等诗多首，其中有依陆游《沈园》诗原韵吟成的悼亡诗：

生别可哀死更哀，何堪凤去只留台。
西风萧瑟湘江渡，昔日双飞今独来。

结发相从二十年，澄江话别意缠绵。

岂知一病竟难起，客舍梦回又泫然。

三迁广西宜山（1938.8.13—1939.12.13）

时局多变，6月下旬、7月初，江西北部的马当、彭泽相继失守，泰和已不是安全之地。浙大不得不再次筹划西迁。学校再次组成迁校委员会，竺校长亲自出马，经长沙赴广西，到各地考察，寻找合适的地点，确定先到广西宜山。

迁校委员会确定了入桂路线：图书仪器沿赣粤间水路入桂，师生则循赣湘公路、湘桂铁路西行去宜山，这样安排在时间上比较经济。由于路远，学校在赣州、大庚、南雄、曲江、茶陵、衡阳、桂林设立运输站。对于人员分组、出发日期、图书仪器运输、车船调度、房屋准备，以及医疗保健等，事先都做了详细的规划并明确分工，紧迫中不忙乱，患难中同舟共济。

从1938年8月13日起至10月底，所有师生，除押运图书仪器等物资尚在途中的以外，均先后安抵宜山，以原工读学校为总办公室，以文庙、湖广会馆为礼堂、教室，并在东门外标营搭盖草屋，为临时教室和学生宿舍，教师们分散居住在城内各处。学校于11月1日开学上课。

宜山昔称"蛮烟瘴雨"之乡，"宜山宜水不宜人"。师生首先遇到的是疟疾的威胁，竺可桢校长在日记中写道："自浙大来此后患疟疾者已达三分之一，其数惊人。"教职工"每一家中几乎必有疟病之人"。其次是日本侵略军飞机的空袭，1939年2月5日，日寇以浙大为目标，进行猛烈轰炸，18架敌机投放燃烧弹、爆裂弹118枚，炸毁浙大标营东宿舍8间、大礼堂一幢、教室14间等，幸人员无恙，学生除随身衣物外，已一无所有。在浙大任教的丰子恺在日记中记载，有时一天就遇到空袭三次，找隐蔽地躲避，连饭都吃不上，"但大部分学生并不离校，皆卧倒在沟壑中"。

数学家苏步青，为避轰炸，在山洞里为学生举办数学讨论班。他说："山洞虽小，但数学的天地是广阔的。"

西迁至广西宜山期间，竺可桢又送走了一位浙大校友——蒋百里。中午还在长谈，晚上心脏病突发而逝，战时从简，这位中国近代军事学的开创者被就地瘗葬。1947年迁葬杭州，竺校长扶棺大哭："百里，百里，有所待乎？我今告你，我国战胜矣！"

终迁贵州遵义、湄潭（1940.1—1946.9）

1939年11月25日，广西南宁陷落，宜山已不安全，学校决定迁校，并派人去贵州遵义和云南建水等地勘察校址。1939年2月，竺可桢校长来到贵阳，与当时的贵州省主席吴鼎昌商议，准备把浙大迁到云南的建水或贵州的安顺，商议过程中，恰遇湄潭在贵阳做事的陈世贤、宋麟生两人，他们力劝竺校长迁往湄潭，因为湄潭山清水秀、价廉物美，人民感情淳朴。竺校长听了两人的介绍后，遂来湄潭考察。时任湄潭县县长的严溥泉在江苏任过职，亲自召集各界人士组织了21个团体，对竺校长的到来表示隆重的欢迎，并表示要把湄潭最好的房舍供浙大师生选用，竺校长赴湄考察后在日记中写道：湄潭风景优美，民风淳朴，物美价廉。遂决定将浙大迁到湄潭。

12月13日晨，第一批船载仪器启运，至12月23日，已有405箱图书仪器运走。时值隆冬，雪松冰凌，桂黔之间，山峦重叠，又缺车辆，搬迁极为困难。浙大师生一路顶风冒雨，协助学校搬运图书仪器，经过艰苦的努力，于1940年1月迁到贵州。

1940年1月16日，竺可桢从贵阳抵遵义，受到全城绅士的欢迎。因遵义至湄潭的公路还有部分路面和桥梁未竣工，迁到遵义的浙大只好临时安排房舍复课，决定学校总部、文学院、工学院和师范学院文科在遵义办学，同时派理学院院长胡刚复、农学院院长蔡邦华到湄潭筹划迁校事宜，理学院、农学院和师范学院理科在湄潭办学，一年级学生暂时在贵阳南面30多公里的青岩居住和上课，称为青岩分校。2月9日，青岩分校一年级和先修班学生361人开始上课。2月22日，二、三、四年级学生在遵义开始上课。6月，浙大农学院师生陆续迁到湄潭，6月10日正式开学上课。9月22日，竺校长偕胡刚复、费巩教授来湄，次日到城北20公里的永兴场，察看了江西会馆、三楚会馆、四川会馆、南华宫等处，决定将滞留在贵阳青岩的一年级迁到永兴，理学院及师院理科速迁湄潭县城，至此，浙江大学结束了两年多颠沛流离的西迁之路，在贵州黔北找到了一方适于教学科研的净土,并在这里扎根成长、开花、结果。

战时法币贬值,物价飞涨,浙大学生因多来自沦陷区,经济来源断绝,靠公费、工读维持生计,教职工一家数口开支大,艰难度日。西迁至贵州湄潭后,为了增加口粮,苏步青开了半亩荒地,每天光脚挑粪施肥,人称"菜农教授"。同事王淦昌,一家7口人,见此景也开始饲养奶羊,每天从家把奶羊牵出,拴在双修寺外草地上,然后走进设在寺内的物理实验室,做完一天的实验,再牵着羊回家。1941年,"羊倌教授"王淦昌,在国际权威杂志《物理评论》上,发表《关于探测中微子的建议》,由于战乱,没有条件用实验来证明中微子的存在。美国物理学家艾伦据此开展了实验,名为"王淦昌—艾伦",美国科学家莱茵斯和考恩"接棒"后,获得了诺贝尔物理学奖。

虽印刷条件和纸张极其困难,但学术期刊比战前还多。逢著名科学家诞辰或有意义的节日,即有学术报告会。在破旧不堪的唐家祠堂里,谈家桢建起了生物实验室,没有自来水,没有电灯,竹管作导管、瓦盆做蒸发皿,挖地窖代替冰箱,只有在作显微镜观察标本和染色体时,才得用一用煤油灯,提高分辨率。这样的条件下,他在国际权威杂志《遗传学》上发表论文《异色瓢虫色斑嵌镶显性遗传理论》,引起极大震动。

本着"读书不忘救国",浙大开展各种抗日活动,有黑白文艺社、拓荒社、塔外画社、铁犁剧团等。1943年成立"湄江吟社",由钱琢如、苏步青发起,结伴游览,吟咏颇多,或忧国忧民,或歌颂壮丽河山。

同时,体育操练亦生生不息,各处空地都已成为运动场。浙大附中与湄潭中学合并,浙大对当地学风产生重要影响,当地青年往常以经商和做官为前途,自此读书风气日浓。

生活、学习条件如此艰苦,但浙大西迁培养的1300多名学生中,涌现了不少如李政道、程开甲、谷超豪、施雅风、叶笃正等精英。据不完全统计,在当年浙大任教和求学的师生中,后来有50人当选两院院士。李政道曾说,一年的"求是"校风熏陶,发端了他几十年细推物理之乐,给了他攀登世界高峰的中华文化底蕴。

湄潭办学7年,被称为浙大历史上最光辉的7年,最重要的发展期。在湄工作和学习过的两院院士达45位，其中有一大批中国知识分子的精英，竺可桢、苏步青、王淦昌、谈家桢、贝时璋、卢鹤绂、陈建功等世界著名科学家的主要论文在湄潭成稿，他们在十分简陋的条件下，潜心研究，孜孜以求，成就赫然，不仅为我国科学事业作出卓越的贡献，还为贵州黔北以及湄潭政治、文化、经济的发展起到巨大的影响和推动作用。

英国著名学者、世界著名科学家李约瑟博士在1944年10月来湄潭讲学，被浙大师生在艰苦的环境下浓厚的学术氛围和诸多的论文所吸引。回英后，在《自然周刊》上发表文章：在重庆与贵阳之间叫遵义的小城里，可以找到浙江大学，是中国最好的4所大学之一。他甚至把浙大与他的母校剑桥大学相提并论。

在湄潭可以看到科学活动一片繁忙紧张的情景。苏步青的微分几何、陈建功的三角函数、王淦昌的中微子研究、谈家桢的遗传学研究、贝时璋的细胞重建研究，都处于当时的科学前沿。李约瑟博士还描述道："生物系正在进行着腔肠动物生殖作用的诱导现象和昆虫的内分泌素等研究……在物理方面，因为限于仪器，工作侧重于理论的研究，如原子核物理学、几何光学等，水平显然是很高的。这里还有一个杰出的数学研究所……具有广大实验场地的农科研究所，也正在进行着很多工作。"

浙大在贵州遵义、湄潭办学七年，治学风气浓厚，教师关心学生，学生积极进步。李政道先生在回忆湄潭时期的学习经历时，提到正是因为王淦昌、束星北两位老师的启蒙，才使他走上物理学的研究道路。在当时的浙大教师中，政治经济学教授费巩先生受竺可桢校长之聘担任训导长，他爱生如子，申言"担任训导长不是做警察局长和侦探长，而是要做学生的顾问、学生的保姆"。他就职后积极推行导师制，支持学生创办《生活壁报》，积极改善学生的学习生活条件。为解决学生自修照明困难，费巩用自己的薪水制作植物油灯800多盏分送给学生。学生誉称之为"费巩灯"。

西迁之前，浙江大学是一所只有3个学院16个系的地区性大学，至抗战胜利后1946年回迁杭州时，浙江大学已发展成为6个学院27个系的全国著名大学，不少专业在全国享有盛名，尤以文、理学科有长足发展，并创建了数学、生物、化学、农经、史地5个研究所，教授也从70余名增加到201名，学生则从600多名发展到2100多名。

1945年8月抗战胜利。1946年5月，湄潭、永兴师生集中遵义，后取道贵阳、长沙、汉口、上海回到杭州。这支"文军"，在大江以南的浙西、赣中、桂北、黔北农村和山区，既坚持了教学和科学研究，又促进了这些地区的开发。"文军"的长征是播种机，在大西南半壁江山播下了科学文化的种子；"文军"的长征是宣传队，传播了现代科学知识，弘扬了中华民族不可战胜的精神。同时，浙江大学的学生来源地也从原来以东南地区，即苏、浙、皖、赣为主，扩大到苏、浙、皖、赣、闽、湘、粤、桂、黔、蜀诸省，以致招收全国各地（包括东北各省）的流亡学生，发展成为一所全国性的大学。

浙大的"文军"长征，是中华民族伟大精神的体现，是浙江古往今来的精神遗产浙东学派"卧薪尝胆""经世致用""知行合一""道载于器"的体现。这种精神保留发展至今，是所有莘莘学子的自豪和辉煌传统。

The Biography of HangZhou

杭州传

第十四章 人间天堂美丽家园

中华人民共和国建设时期（1949—当下）

杭州科技城

抗战胜利后，中国人民迎来的不是和平安宁，而是三年内战。1949年初，国民党一面拖延时间，继续与共产党进行胶着的政治谈判，一面在军事上积极布防，做背水一战。而北京已于1月22日和平解放，解放军开进了北京城。国民党只能是将南京、上海、杭州一带的重要工厂、学校、科研机构迁往台湾和华南，并破坏重要设施，阻止共产党的进军和接管。作为浙江省会的杭州，自然是敌人搬迁和破坏的重点之一。

1949年1月底，中共中央上海局发出《京沪一般形势的特点及当前的基本方针和我们的具体工作》的指示，要求杭州地下党组织密切注意和有力制止敌人撤退前对工厂、铁路、桥梁的破坏，特别要保护好钱塘江大桥。

作为南北交通枢纽，因其重要的战略地位，钱塘江大桥再次成为双方争夺的要点。国民党行政院长何应钦匆匆飞至杭州，密谋炸毁钱塘江大桥。但历史已经不会再回到十年前，茅以升也绝不会再拧动第二次炸桥按钮，确保钱塘江大桥这一重要枢纽的安全，被中共放在了最重要的位置。

1949年5月2日，中国人民解放军7兵团第21军到达余杭县城，兵临杭城，5月3日16时30分，占领国民党浙江省政府，杭州解放，解放军在群众热烈的夹道欢迎下，列队进入杭州市区。

5月7日，坚持在浙南斗争的中共浙南地委、浙南游击纵队，争取到国民党第五区行政督察专员兼保安司令叶芳起义，浙南游击纵队于5月7日顺利接管温州。

5月16日，21军向浙江南部挺进，一路势如破竹，锐不可当，蒋介石的老家浙江奉化溪口指日可下。炮声隆隆可闻，蒋介石（1887—1975年）却还在溪口没走。蒋经国暗示他的父亲，身边最亲近的要员都随军舰走了，老蒋却反问：中共过鄞县了吗？

得到的消息确定，蒋介石不得不走了。全家来到老家祖坟蒋母墓前，武岭山烟雾弥漫，蒋介石潸然泪下，长跪泣哭，此一别，今生再难相见了。

此别并非蒋介石最后离开大陆。1949年9月12日，蒋介石以国民党总裁身份，从台湾几经辗转飞到成都，在成都停留了5天，扫墓、重大的人事安排、接见官兵、抚慰遗属、出席茶会、演说。蒋介石真正离开成都的时间，是1949年12月13日夜11时。自此直至1975年4月5日在台北病逝，蒋介石再也没有踏上大陆。

从旧中国到新中国，一个崭新的伟大时代启动，时间开始了！

春风杨柳万千条

1949年10月，一位激情澎湃的中国诗人，站在天安门广场，开始大声地歌颂：时间开始了／毛泽东／他站到了主席台底正中间／他屹立着像一尊塑像……／掌声和呼声静下来了／这会场／静下来了／好像是风浪停息了的海／……时间！时间！／你一跃地站了起来……

是的，时间开始了，中华人民共和国成立了！新中国的笑脸绽放了，我们的故乡浙江，那崭新的一页开始书写了！

红雨随心翻作浪

新中国成立了，一切是新的。南下的北方老革命脱下军装，与本土的知识分子、工农干部紧握双手，开始了从未经历过的使命担当——1949年5月，在省城杭州，中共浙江省委成立；1949年7月，浙江省人民政府的建立。接管城市、确立政权、剿匪反霸、减租减息、征粮救灾、土地改革、抗美援朝、镇压反革命、恢复国民经济、开展社会民主改革……此时的浙江人民在浙江省委省政府领导下，进行了艰苦卓绝的国民经济恢复工作，主要包括：没收官僚资本和建立社会主义国有经济；开展稳定市场和平抑物价的斗争；开展"三反""五反"运动和调整工商业；开展城乡物资的交流等。

新中国首位居委会主任

1949年10月11日,杭州市政府举行了一次联席会议,商讨取消旧社会的"保甲制度",建立新政权的基层组织"居民委员会"。10月23日晚,新中国第一个居委会和新中国同龄,诞生在杭州上城区上羊市街。当时的西牌楼小学会场,来了200多名居民,代表上城区上羊市街2000多位居民参与投票,拉黄包车出身的杭州小伙子陈福林,当选为新中国第一位居委会主任;上羊市街居民委员会,是新中国基层群众自治的一个起点。

"其实许多人我不认识,但大家还是选我。"陈福林生前曾这样说,"那时我年轻,有力气,肯帮忙。办喜事,我帮着敲锣开道;办丧事,帮人抬棺材,给钱都不要。有年冬夜,一家酱园着火,我穿着单衣,拎了两桶60斤重的水第一个跑去救火,差点被烟熏倒……"1950年3月,杭州全市基本取消了旧中国的保甲制、建立了居民委员会。

抗美援朝保家卫国

父老乡亲岸边住,大好河山一望中,朋友来了有好酒,敌人来了有猎枪。1950年6月,离浙江直线距离1000多公里远的朝鲜,战争爆发。抗美援朝保家卫国,成为全中国热血青年的口号。10月19日,彭德怀率领中国人民志愿军雄赳赳气昂昂地跨过鸭绿江,行进的队伍中,依然闪耀着杭州儿女的身影。建校钱塘江畔的浙江大学,选举出了由校长马寅初等39人组成的浙大抗美援朝保家卫国委员会,杭州云集100多万人报名参军,750多名医务工作者、铁路员工和汽车司机等奔赴战场。

新中国"五四宪法"的诞生地

1953年1月13日,中央人民政府委员会举行第二十次会议,讨论召开全国人民代表大会会议和制定宪法的问题,成立了以毛泽东为主席的宪法起草委员会。1953年12月28日至1954年3月14日,毛主席率领宪法起草小组成员到杭州,在北山街84号大院30号楼度过了77个日夜,历时两个多月,起草了宪法草案初稿,史称"西湖稿",为1954年宪法的正式诞生奠定了重要基础。1954年9月15日,第一届全国人民代表大会第一次会议在北京中南海怀仁堂隆重召开。9月20日,在会上一致通过第一部《中华人民共和国宪法》。

1953年,第一个五年计划开始。1956年,农业、手工业和资本主义工商业的社会主义改造基本完成,以此为标志,社会主义制度在浙江杭州建立起来,这是一个伟大的历史性胜利。1957年底,杭州第一个五年计划胜利完成。

一定要消灭血吸虫病

人民是新中国的主人,为人民服务,是中国共产党的宗旨。1955年仲夏,正当农忙时节,毛泽东主席来到杭州,要求随同者去了解杭州郊区农民的生活情况。他们到了郊区余杭,调研了农民群众的血吸虫病情况,报告毛主席,致使主席寝食难安。卫士李家骥曾回忆说:毛主席对我说,我睡不着。那么多孩子,那么多年轻人,那么多上了岁数的老人,都得了血吸虫病,我们工作没有做好啊。……我们要想办法,及早治这个病,根除这个病还要想办法。当年下半年,党中央在杭州召开专门会议,毛主席发出号召:"一定要消灭血吸虫病!"

新中国时期的毛主席,对人民群众的国际民生问题充分重视,1958年1月5日亲临杭州小营巷,视察了42号、56号和61号墙门,对居民区卫生工作给予很高的评价。"小营巷人"备受鼓舞,多年来,走出了从环境综合整治到全民健康教育这样一条特色鲜明的社区卫生发展之路,至今还是全国典范。

而半年以后的1958年6月30日,《人民日报》报道了江西省余江县首先消灭了血吸虫病的喜讯。身在杭州的毛泽东读后感慨万千,提笔写下了《七律二首·送瘟神》,并赋予序言:读6月30日人民日报,余江县消灭了血吸虫。浮想联翩,夜不能寐。微风拂煦,旭日临窗。遥望南天,欣然命笔。

《七律二首·送瘟神》

其一

绿水青山枉自多,华佗无奈小虫何!
千村薜荔人遗矢,万户萧疏鬼唱歌。
坐地日行八万里,巡天遥看一千河。
牛郎欲问瘟神事,一样悲欢逐逝波。

其二

春风杨柳万千条，六亿神州尽舜尧。

红雨随心翻作浪，青山着意化为桥。

天连五岭银锄落，地动三河铁臂摇。

借问瘟君欲何往，纸船明烛照天烧。

1960年，由上海电影制片厂摄制的电影《枯木逢春》，专门以杭嘉湖水乡为故事发生地描述此事，说的是浙江双塔乡的苦妹子与未婚夫冬哥失散，为生活所迫另嫁丈夫，不料丈夫又死于血吸虫病，苦妹子也染上同病。新中国成立后冬哥成了拖拉机手，巧遇苦妹子，在政府关怀下治愈了苦妹子的病，并与冬哥结了婚，还生了一对白白胖胖的双胞胎。影片成功地将江南农村彻底消灭血吸虫病这个震惊世界的奇迹再现于银幕，通过苦妹子一家的悲欢离合以及在新旧社会的不同命运，表现了党和政府对人民群众健康的重视和关怀。

周总理五上梅家坞

新中国成立后的五六十年代，国家领导人来浙江很多，周总理五上杭州郊区的梅家坞，国家内外大事伴随着他的足迹，就这样镌刻在浙江大地上。

总理五上梅家坞，其中三次是陪贵宾来参观，分别是苏联最高苏维埃主席团主席伏罗希洛夫、柬埔寨西哈努克亲王、锡兰总理班达拉奈克夫人。另两次来梅家坞，则是因为农村合作社的茶人茶事。

1957年4月，总理陪伏罗希洛夫主席第一次来到梅家坞，亲切地和群众聊天，参观炒茶，甚至亲自上山采起茶来。这次美好的经历，给总理留下了深刻印象。

就在这一年，中共中央做出一个决定，要求每位中央领导要联系一两个农业合作社，对合作社这个新生事物搞调查研究。1958年元旦刚过，周总理就带了一个秘书，悄悄来到梅家坞。一到梅家坞，就直奔合作社办公室。不料村干部们都去劳动了，只有会计在值班。周恩来坐定后，一边喝茶，一边问道："这里有没有下放干部？"

"没有。"会计回答。

周恩来说："这里太好了,我下放到这里来好不好?"

会计惊讶地睁大了眼睛,望着周恩来,不知道该说什么。此时村支书卢正浩飞也似的跑了回来,详细地向总理汇报了新近的打算。总理听后说:"茶园本身是绿化,它是灌木树嘛!山上面绿化,山下面开荒。这样也绿化了,也保持了水土。"第二天下午,总理再次来到梅家坞,和梅家坞干部群众进行了座谈,整整聊了4个多小时。他笑着对大家说:"我要和你们做朋友了,以后要经常到梅家坞来。"

建设新安江水电站

1957年,位于杭州建德的新安江水电站开始兴建。新安江为钱塘江上游,李白的《清溪行/宣州清溪》曾这样歌颂它:

清溪清我心,水色异诸水。借问新安江,见底何如此。
人行明镜中,鸟度屏风里。向晚猩猩啼,空悲远游子。

如今,向晚猩猩啼、空悲游子的往事早已一去不复返了。新中国成立,工农业发展迅速,华东地区需电殷切,开发利用钱塘江水能资源就被提上议事日程。1954年,有关方面进行各种方案的技术经济研究比较,于当年完成《技术经济报告》上报。经过审慎的权衡比较,主管部门审查批准,这座距杭州市区170公里的大型水电站,于1956年8月开始施工准备,主体工程于1957年4月正式施工。

新安江水电站是中国第一座自行设计、自制设备、自己施工建造的大型水力发电站,被人们誉为"长江三峡的试验田",社会主义制度集中力量办大事的范例,是中国水利电力事业史上的一座丰碑、中国人民勤劳智慧的杰作。

工程按千年一遇洪水设计、万年一遇洪水校核,在拦河坝上游形成一个面积为580平方千米、总库容为220亿立方米、有效库容为144.3亿立方米、具有多年调节性能的巨型水库。除可满足发电需水流量外,还具有防洪、改善航运条件、发展渔业、调节补偿下游电站所需发电流量以及发展旅游事业等综合利用效益。在当时经验缺乏、施工设备不齐全的情况下,坚持"独立自主、自力更生"的方针，电站建设者，同心协力，日夜奋战，克服种种困难。1959年9月，大坝比计划提前15个月封堵最后一个导流底孔，水库开始蓄水。1960年4月第一台机组即投产发电。

新安江水电站的建设，为国家建设大型水电站积累了宝贵经验，也为国内多座大中型水电站输送了大量人才。以两院院士、中国工程院副院长潘家铮为代表的杰出水电专家们，就是在新安江水电站经过锻炼，攀登在科技高峰上的。

建大家，舍小家，淳安、遂安两县人民作出了重大牺牲。淳安县境内的13个村于1957年3月10日开始首批移民，至1971年6月，淳安、遂安两县共淹没49个乡镇、1377个自然村，移民累计29.15万人，他们分别安置于县内、省内桐庐、富阳、德清、金华、常山、兰溪等14个县，省外江西、安徽等地。

2019年4月，新安江水电站入选"中国工业遗产保护名录"，主要遗存有"拦河大坝、发电厂房、升压开关站、设计资料、图纸、周总理题词"等。

李白若再世而行江上，见如此长坝水泄，不知又能写出怎么样的绝世诗篇？

导弹之父的归国故事

现在我们要来重点说一说钱学森（1911—2009）的故事了，因为他是中华之子，和我们祖国及我们的时代有着密不可分的关系，他是世界上最著名的科学家之一、空气动力学家、中国载人航天奠基人、中国科学院及中国工程院院士、中国两弹一星功勋奖章获得者，被誉为"中国航天之父""中国导弹之父""中国自动化控制之父""火箭之王"。

钱学森祖籍浙江杭州，吴越王钱镠第33世孙，故居就位于上城区马市街方谷园2号。其父钱均夫曾在南京国民政府教育部任职多年，还担任过浙江省教育厅厅长。钱学森从小就受到了良好的教育，是个不折不扣的学霸，毕业于国立交通大学。考取清华大学第七届庚款留美学生，于1935年9月进入美国麻省理工学院航空系学习，第二年获得麻省理工学院航空工程硕士学位，后又转入加州理工学院航空系学习，成为著名科学家冯·卡门的学生。此后，便长期在美国任教,曾担任加州理工学院喷气推进中心主任、教授。

1949年,新中国成立,钱学森夫妇计划回国。遭美国当局阻挠。他们以怀疑钱学森是间谍为由,吊销了他参加机密研究的证书。钱学森以此为由,明确提出要回到中国。美方坚决不让。

为什么要阻拦一个科学家回到他的祖国呢?美国海军次长丹尼·金布尔说出了著名理由:"钱学森无论走到哪里,都抵得上5个师的兵力。"

1950年,美国移民局抄了钱学森的家,钱学森长期被软禁起来。直到1954年4月,中、美、英、苏、法五国在日内瓦召开讨论朝鲜问题的国际会议,周总理指示中美沟通,以释放美方在华拘禁军事人员为由,换取中国在美的优秀科学家。为表诚意,中国先释放了4位被中国军队俘虏的美国飞行员,谁知美国人却坚持其他人可以谈,钱学森不能谈。经过多次谈判才最终达成协议,中国把在朝鲜战场上俘虏的另外11名飞行员一并释放,以换取钱学森等一批科学家回国。

1955年8月4日,钱学森终于收到美国移民局允许他回国的通知。9月17日,钱学森携带妻子蒋英和一双儿女,登上了"克利夫兰总统号"轮船。一个月后,他们终于回到了魂牵梦绕的祖国。

美国人万万没有想到,钱学森回国后不但培养了一大批科学家,而且在原子弹、导弹等军事科学领域取得了辉煌成绩,让中国导弹、原子弹的发射向前推进了至少20年。1964年10月16日,中国自行制造的第一颗原子弹在新疆罗布泊爆炸成功,从此打破了超级大国的核垄断、核讹诈政策,为中华人民共和国作出了巨大贡献。

中美在西湖边共签"上海公报"

整整七年之后的1971年10月,第26届联合国大会通过决议,恢复中华人民共和国在联合国的一切合法权利,并立即把国民党集团的代表从联合国及其所属一切机构中驱逐出去,中国在联合国的合法席位终得恢复。

仅仅4个月之后,1972年2月,美利坚合众国总统尼克松应邀访问中国,就中美关系正常化问题与中国领导人进行谈判。26日上午,尼克松在周恩来总理的陪同下乘专机抵达杭州,入住西湖国宾馆。下午,在周恩来等人的陪同下游览西湖。27日上午，周恩来与尼克松在刘庄湖边的八角亭草签了《中华人民共和国和美利坚合众国联合公报》。当天下午尼克松总统和周恩来总理在上海正式签署了这份公报，故称"上海公报"。

按照美国惯例，每届新任总统，都要在白宫种植纪念树。尼克松就任总统时，在白宫院子里就种了红杉树。这次访华，尼克松作为礼品向中国赠送四棵红杉树苗，周总理决定全部种在杭州。树苗由专机提前运到上海。树苗高46英尺，每棵重100磅。为了让尼克松看到树苗在中国土地上种植的情景，周总理亲自指导了种树苗的位置，移栽在公园大草坪中间。

至今，这些红杉树郁郁葱葱，在中国浙江杭州西子湖畔，依旧茁壮成长。

春天里的故事

说了城市市民，再说说乡村农民。浙江山多田少，农民历来就有边务农边干杂行的传统，改革开放之前这只能算是副业，一不小心也会当作投机倒把分子的。后来渐渐放开，浙江的乡镇企业就如雨后春笋般生长。

坐在拖拉机上追梦的农民工

浙江萧山大名鼎鼎的万向集团算是敢为天下先者。公司始创于1969年，当初也就是个打铁铺子，鲁冠球是他们的领头人，生产的镰刀、锄头、铁锹等铁器农具。打铁要有铁块，铁块要到国营钢铁厂去进，但国有企业是不能给乡镇企业原料的，只能是原料多余了，乡镇企业又和国有企业关系处得好，生产的产品又合格，才能侥幸买到一些原材料，回头做了成品再送回去，挣点打铁劳动费。

许多年来，鲁冠球就扮演和国有企业打交道的角色，嬉笑怒骂面不改色，农民伯伯整天琢磨一件事情：如何向工人阶级学习。有一次他拿着镰刀成品去企业，对方看也不看就说不要。中午，鲁冠球趁办公室无人，悄悄在科长桌子底下放了一包镰刀，下午再去看，镰刀不见了！显然，企业认可了他们的产品质量。

鲁冠球心里高兴，他决定像城里人一样坐一次轿车，以庆祝胜利。他弄来一辆拖拉机，后面拉着个小车厢，车厢上绑一张竹藤椅。他威风凛凛坐在椅子上，司机一个急转弯，回头一看，椅子没了，人也没了，都被甩到田里去了。

这是个真实的象征，那时的乡镇企业就是这样前进发展的。

1978年到1983年，乡镇企业迎来第一个发展高峰期。鲁冠球开始带着农民弟兄们生产万向节。可这些农民伯伯连万向节长什么样也不知道，只知道是汽车零件。他们只能土法上马，派出各路人马，夜宿汽车旅馆，和司机交朋友，请他们吃饭，让他们休息，向他们讨教，最后让他们把车借给自己研究。一夜夜趴在车下找万向节，好不容易找到了再画下来，就这样他们一笔一笔地拿下了万向节制造图，又在全球寻找可供合作的万向节厂。

1984年，拥有世界上最多万向节专利的美国舍勒公司代表在广交会上"相中"万向，定下3万套订单，万向产品第一次卖到了美国！1985年，鲁冠球应邀以"第一个到访美国的农民企业家"身份参观美国舍勒公司。回国不久，舍勒公司便向鲁冠球提出：万向产品由舍勒公司包销。鲁冠球回绝了这个提议，中国人不能失去国际市场上的决定权。

舍勒公司愤怒了，转而寻找了一家印度企业，结果因质量问题，舍勒公司不得不再次硬着头皮要求与万向集团续签合同，并赠给鲁冠球一只铜鹰，誉其坚强不屈的品质。

他们怎么会知道当时的中国与印度的区别：鲁冠球曾一次性处理掉3万件次品，那些一路啃着甘蔗吐着渣皮从家门到厂门的农民工们，看着熔化的熊熊火焰，从此知道了现代化工业和农耕种田有什么区别，开始了从传统农民到现代化工人的转型，并成功地完成了伟大的转折。

今天的万向集团公司，经历了从主业为汽车零件到部件，再到系统模块供应的发展轨迹。2016年8月，在2016中国企业500强中排名第125位；2019年，入选2019中国品牌强国盛典榜样100品牌；2020年，位列中国民营企业500强榜单第35位；2020年，入选中国汽车工业零部件30强企业名单第3位；2020年11月，入选2020中国新经济企业500强榜单第59位。

崛起的道路，只有走过的人看见沿途风景，短短几十年的行程，超过了发达国家的数百年。有谁能想到，2000年10月，曾经来收购杭州万向节厂零件的美国舍勒兄弟公司，因经营不善濒临倒闭，而收购舍勒公司的正是万向集团。舍勒公司总裁杰克感慨地对鲁冠球说："您是成功者。"这是多么伟大而又惊人的反转！

小鱼吃掉了大鱼

时代的成功者也诞生在街道里弄中。老话说"大鱼吃小鱼，小鱼吃虾米"，以大治小、弱肉强食，乃自然界基本生存规律，就此组成了错综复杂的生命之网。然而，有时候，"大鱼吃小鱼"的基本生存规律，在特殊的条件下却会被打破。自然界出现了一种前所未有的新景象，原本一直被大鱼吃食的小鱼，竟然反过来将大鱼吃掉了。比如"娃哈哈集团公司"兼并了"杭州罐头厂"。

当年，"娃哈哈"只是一家有1000多平方米厂房的区校办工厂，而"杭罐"是有100多亩地厂房、上千职工的国营大厂。只不过四年前还头戴破草帽、脚蹬平板车，走街串巷卖营养液的宗庆后，此时已是杭州经济界风头正劲的人物。因为产品"娃哈哈儿童营养液"供不应求，生产严重受到场地限制，他以为，如果现在不尽快扩大生产能力，很快娃哈哈就会败下阵来，让别人占了先机。

1991年8月，"娃哈哈"兼并"杭罐"方案提出，顿时震得两家厂天摇地动，人心浮动。新旧体制、新老观念的碰撞日趋激烈。如果让"娃哈哈"兼并"杭罐"，"杭罐"空闲的100亩地立刻发挥作用，并摆脱产品积压、资不抵债的困境。看起来是小鱼吃掉了大鱼，其实是大鱼在兼并中得到了重生，小鱼在兼并中得到了壮大。

可是，要让一家成立才4年的校办小厂，去兼并一家庞大的国营大厂，这行得通吗？小鱼和大鱼都担心。小鱼担心兼并后企业会被拖累，职工收入受影响；大鱼更激烈，国有企业一张面皮不要了，有人甚至提出"与企业共存亡"。

但"小鱼"还是吃了"大鱼"。兼并不但让"娃哈哈"获得了高速发展的生产平台，更借助杭州罐头食品厂这顶"红帽子"，让"娃哈哈"从市场、信誉、融资、税收等方面一举突破了过去"校办工厂"的局限。宗庆后声名鹊起，成为国内外知名企业家，"娃哈哈"则成为中国一张响当当的民族品牌。

"小鱼吃大鱼"，打破旧的生态平衡，建立起企业间新生态秩序，为中国的经济体制改革，注入新的思路和观念。

杭州的数字技术新科技

阿里巴巴，代表着杭州人民向世界打开的互联网世界。阿里巴巴集团由曾在杭州师范大学担任英语教师的马云与其他来自不同背景的伙伴共18人，于1999年在中国杭州创立。从一开始，所有创始人就深信互联网能够创造公平的环境，让小企业通过创新与科技拓展业务，并更有效地参与中国及国际市场竞争。自推出让中国中小企业接触全球买家的首个网站以来，阿里巴巴集团不断成长，成为一个涵盖中国商业、国际商业、本地生活服务、菜鸟、云、数字媒体及娱乐、创新业务及其他的生态体系。

阿里巴巴集团经营多项业务，另外也从关联公司的业务和服务中取得经营商业生态系统上的支援。业务和关联公司的业务包括淘宝网、天猫、聚划算、全球速卖通、阿里巴巴国际交易市场、1688、阿里妈妈、阿里云、蚂蚁金服、菜鸟网络等。

2014年9月19日，阿里巴巴集团在纽约证券交易所正式挂牌上市，股票代码"BABA"。2019年2月19日，阿里巴巴集团完成对中金公司的入股，持有中金公司港股约2.03亿股，占其港股的11.74%和总已发行股份的4.84%。3月，阿里巴巴投资46.6亿元，入股申通快递控股股东公司。7月，发布2019《财富》世界500强：位列182位。9月，20亿美元收购网易考拉。9月10日，马云卸任阿里巴巴集团董事局主席，将接力棒交给现任CEO张勇。11月13日，阿里巴巴在香港进行路演，11月15日接受认购，11月20日定价，11月26日在港敲钟，共发行5亿普通股。11月26日在港交所主板正式上市，股票代码"9988"。

2020年2月13日晚间，阿里巴巴发布了一份超预期的财报。2020财年第三财季，阿里巴巴营收为人民币1614.56亿元，同比增长38%。净利润为人民币501.32亿元，与上年同期的人民币309.64亿元相比增长62%。此外，2019

年12月，阿里巴巴中国零售市场移动月活用户破8亿。2020年1月11日，鼠年春晚首次联排当日，阿里巴巴宣布其成为独家电商合作伙伴，并提供电商补贴。

在这次抗击疫情的斗争中，以"90后"为代表的年轻一代挺身而出，担当奉献，充分展现了新时代中国青年的精神风貌。医护人员中相当一部分还是"95后"甚至"00后"。青年人的投入给抗疫加入了新科技大数据的创新，标志性符号是健康码的诞生。

数字科技大规模应用于公共卫生事件的治理，是一个新现象，也是我国近年来积累的数字科技力量的一次演练。疫情中诞生的新生事物"健康码"，在浙江杭州率先上线，数字技术展现出反应速度和精准度的优势，大数据、人工智能、区块链等技术帮助有关部门提升疫情预警能力，为识别人员健康状况提供了一个有益的辅助工具，很快得到有关部门的认可，并在全国推广。

撸起袖子加油干

"撸起袖子加油干"！这句由国家主席习近平在电视直播中宣读的2017年新年贺词，让在电视机前看直播的中国人民热血沸腾，恨不得当场撸起袖子就冲上战场。当年，这句话即入选"2017年度中国媒体十大流行语"。

为什么要撸起袖子加油干？因为早在1963年，毛泽东主席就曾在《满江红》一词中这样教导过人民："天地转，光阴迫，一万年太久，只争朝夕。"而近在2020年春节，习近平主席再次宣告："时间不等人！历史不等人！时间属于奋进者！历史属于奋进者！为了实现中华民族伟大复兴的中国梦，我们必须同时间赛跑，同历史并进。"

正所谓豪情迸发，活力四射，不负韶华，天道酬勤。让我们数点一番，看一看今天的中国共产党，撸起袖子，究竟又做下了怎么样的丰功伟业。

"八八战略"的具体举措

东海之滨的"八八战略"就在以上这样的历史大背景下提出。

2003年7月，在中共浙江省委举行的第十一届四次全体（扩大）会议上，当时的省委书记习近平提出面向未来发展的八项举措，即进一步发挥八个方面的优势、推进八个方面的举措，史称"八八战略"。

一、进一步发挥浙江的体制机制优势，大力推动以公有制为主体的多种所有制经济共同发展，不断完善社会主义市场经济体制。

二、进一步发挥浙江的区位优势，主动接轨上海，积极参与长江三角洲地区交流与合作，不断提高对内对外开放水平。

三、进一步发挥浙江的块状特色产业优势，加快先进制造业基地建设，走新型工业化道路。

四、进一步发挥浙江的城乡协调发展优势，统筹城乡经济社会发展，加快推进城乡一体化。

五、进一步发挥浙江的生态优势，创建生态省，打造"绿色浙江"。

六、进一步发挥浙江的山海资源优势，大力发展海洋经济，推动欠发达地区跨越式发展，努力使海洋经济和欠发达地区的发展成为我省经济新的增长点。

七、进一步发挥浙江的环境优势，积极推进基础设施建设，切实加强法治建设、信用建设和机关效能建设。

八、进一步发挥浙江的人文优势，积极推进科教兴省、人才强省，加快建设文化大省。

"八八战略"虽是一个省域层面的战略，但主政者具有世界眼光和战略思维，具有总揽全局能力，放眼全局谋一域，把握形势谋大事。

"八八战略"蕴含的价值观，就是坚持以人民为中心的发展思想。蕴含的实践观，是一切发展必须从实际出发。习近平同志特别强调，"只有干在实处，才能走在前列"。蕴含的辩证观，是善于把握优势、让劣势转化为优势，把先发优势变成可持续的优势。蕴含的整体观，是全面协调可持续发展。蕴含的政绩观，是"功成不必在我"，立足长远谋发展。蕴含的使命观，是秉持浙江精神，干在实处、走在前列、勇立潮头。干在实处永无止境，走在前列要谋新篇，勇立潮头方显担当。

"八八战略"开辟了中国特色社会主义在浙江生动实践的新境界，成为引领浙江发展的总纲领。

随着"八八战略"的宣告，杭州湾跨海大桥于同年奠基建设；它北起嘉兴市海盐枢纽，上跨杭州湾海域，南至宁波市庵东枢纽立交；线路全长36千米，桥梁总长35.7千米，桥面为双向六车道高速公路，设计速度100千米/小时，是中国浙江省境内连接嘉兴市和宁波市的跨海大桥，沈阳至海口高速公路组成部分之一，也是浙江省东北部的城市快速路重要构成部分。

大桥于2007年6月26日完成合龙工程，全线贯通，2008年5月1日通车运营。

城乡一体化的先锋阵容：

消灭贫穷，让人民过上好日子，是中国共产党人最基本的准则，而精准扶贫，是解决扶贫而不脱贫顽疾的有力法宝；深化东西部的扶贫协作，有助于打破地区间的发展界限，增强我国区域发展的协调性和平衡性，实现优势互补、协作共赢；而城乡互补，面向未来，文化扶贫是乡村跨越式发展点石成金的秘诀。城乡一体化是中国现代化和城市化发展的一个新阶段，杭州城市是走在一体化道路上的先锋队。城乡一体化就是要把工业与农业、城市与乡村、城镇居民与农村村民作为一个整体，统筹谋划、综合研究，通过体制改革和政策调整，促进城乡在规划建设、产业发展、市场信息、政策措施、生态环境保护、社会事业发展的一体化，改变长期形成的城乡二元经济结构，实现城乡在政策上的平等、产业发展上的互补、国民待遇上的一致，让农民享受到与城镇居民同样的文明和实惠，使整个城乡经济社会全面、协调、可持续发展。

关于精准扶贫的发起，我们只要讲几个故事，即如一滴水般照射出太阳的全部光辉。以海引陆，以陆促海，海陆联动，共建共享，所以这可不是一般意义上的"富帮穷"哦。2018年6月，靠近钱塘江出海口的杭州萧山与西南浙江最高峰的龙泉，正式签订《飞地经济产业园合作协议》，共同推进总量150亩的飞地项目建设。"山"这边的资源、劳动力、生态等优势，与"海"那边的资金、技术、人才等优势有机结合，促进了山区加快发展，飞地概念，形成一个有竞争力的产业集群。

鲜花怒放的精神家园

越念越有底气的"山海经"

山海协作工程，是习近平在浙江工作期间，为促进全省区域协调发展而做出的重大战略决策，旨在统筹城乡，消灭贫困。以海引陆，以陆促海，海陆联动，共建共享，为此在杭州提出的具体战略目标：浙江以100个贫困乡镇为扶持对象，实施百乡扶贫攻坚计划，将收入低于"4600元以下"的21万户农户建档立卡，推行"一户一策一干部"帮扶位。2015年始，浙江终于全面消除家庭人均年收入4600元以下贫困现象，成为全国第一个完成脱贫攻坚任务的省份！

千村示范，万村整治

2003年的浙江，经济高速发展，浙江省委、省政府做出重大决策：坚定不移实施"千村示范万村整治"工程。具体目标为：2003年至2007年，建成"全面小康建设示范村"1000个以上、完成村庄整治10000个左右；2008年至2012年，以垃圾收集、污水治理等为重点，从源头上推进农村环境综合整治；2013年到2015年，全省70%的县达到"美丽乡村"目标。

这是一场有关美丽的接力，薪火相传，生生不息。纽约时间2018年9月26日上午，联合国的最高环境荣誉——"地球卫士"颁奖典礼在美国纽约联合国总部举行。浙江省"千村示范、万村整治"工程被联合国授予"地球卫士奖"中的"激励与行动奖"。

民族的凝聚力首先是文化凝聚力，文化的认同是最深层的认同。诚如习近平总书记强调："在历史长河中，中华民族形成了伟大民族精神和优秀传统文化，这是中华民族生生不息、长盛不衰的文化基因，也是实现中华民族伟大复兴的精神力量，要结合新的实际发扬光大。"

长期以来，中华文明同世界其他文明互通有无、交流借鉴，向世界贡献了深刻的思想体系、丰富的科技文化艺术成果、独特的制度创造。从全球来看，良渚使中国国家和社会的起源达到与埃及、美索不达米亚以及印度文明相同的水平。杭州有西湖、运河与良渚三个联合国文化遗产项目，这功绩的确辉煌。

良渚古城遗址申遗成功

2019年7月6日下午，在阿塞拜疆首都巴库举行的联合国教科文组织第43届世界遗产委员会会议上，随着大会主席阿布法斯·加拉耶夫落槌，位于浙江杭州的"良渚古城遗址"成功列入《世界遗产名录》。至此，中国世界遗产总数达到55处，位居世界第一。

良渚古城遗址，位于中国东南沿海长江三角洲杭州的良渚古城遗址（约公元前3300—前2300年）向人们展示了新石器时代晚期一个以稻作农业为支撑、具有统一信仰的早期区域性国家。该遗址由4个部分组成：瑶山遗址区、谷口高坝区、平原低坝区和城址区。通过大型土质建筑、城市规划、水利系统以及不同墓葬形式所体现的社会等级制度，这些遗址成为早期城市文明的杰出范例。

国际古迹遗址理事会指出：该遗址被视为五千多年前中国及东亚史前稻作文明的卓越成就，是早期城市文明的杰出范例。

是的，以良渚古城为核心的良渚遗址是良渚文明的中心，良渚文化距今5300—4300年，是中国长江下游环太湖流域一支重要的考古学文化，良渚古城是良渚文化的权力和信仰中心，是目前已发现的中国乃至世界上，距今五千年同时拥有城墙和水利系统的规模最大、保存最好的都邑遗址，标志着良渚文化已进入早期国家阶段。

遗存类型丰富，遗址格局完整，揭示了中华文明国家起源的基本特征，为中华五千多年文明史提供了最完整、最重要的考古学物证。同时，良渚遗址的申遗成功，也标志着中国的考古工作已经进入了黄金时代。

四条诗路的"浙"里文脉

2019年12月，《浙江省诗路文化带发展规划》发布，浙江再一次在全国率先打造"四路五带"，串联文化精华，勾勒诗画山水中的先哲论学、文人诗游，凝聚"美丽浙江"大花园建设的诗意魂魄，其中每条诗路都与杭州有关。

《规划》梳理了浙江的文化地理版图，勾勒形成了"四条诗路"，即浙东唐诗之路、大运河诗路、钱塘江诗路、瓯江山水诗路；从空中鸟瞰，形似金文字形的"文"字，这"一文四路"，大部分于杭州出发，与现代杭州交通体系相吻合，构成文化强省建设的4条"金丝带"，在浙江大地上镌刻出文化浙江的形象语言和具象标识。诗路文化空间形态，是历史留给浙江的宝贵财富，是浙江人民生生不息的精神动力，前人的精神遗产和文化之魂，就这样深深携刻在浙江大地上。

浙东唐诗之路以文化名山名人名景名岛等为主要载体，展现"兰亭流觞，天姥留别"的文化印象。

大运河诗路以世界文化遗产和江南水乡名城古镇为主要载体，展现"千年古韵，江南丝路"的文化印象。

钱塘江诗路以名城名学名江名湖和沿江风光、海潮为主要载体，展现"风雅钱塘，百里画廊"的文化印象。

瓯江山水诗路以自然生态山水、文化古村和非遗技艺为主要载体，展现"山水诗源，东南秘境"的文化印象。

《规划》提出了"五带"的发展定位：传颂浙学深厚底蕴的魅力人文带；串联浙江诗画山水的黄金旅游带；树立"两山"实践标杆的美丽生态带；聚焦高质量发展的富民经济带；推动国际文化交流的合作开放带。

数字诗路E站是我省诗路数字化平台工程的重要内容，利用影像、VR/AR、3D全息投影等数字技术手段，整合开发诗路沿线地区的诗词、景点、历史遗存和非遗传说等IP资源，构建虚实结合的浙江诗路数字化平台，包括诗路信息的保存和发布，进行诗路全书、丛书、文献集成、研究报告、通史、辞典的"6+1"系列理论研究，推进诗路IP产业研发及诗路文化产品开发等，勾勒出浙江诗路文化的诗人行迹图、水系交通图、遗产风物图、名城古镇图和浙学学脉图等"五幅地图"，串点成链，打造诗路文化IP平台。

山水生态合村有礼

有一句格言说得好——出我幽谷，上我乔木，要有"会当凌绝顶，一览众山小"的气魄智慧，杭州合村乡的"爆款式"脱贫致富途径，正是走的这一高招。

今天的杭州桐庐合村，已成全县唯一的5A级乡镇景区。生仙里景区有民俗展馆，竹林机车、集装箱民宿，激流闯滩，空中滑翔，高山滑雪……高峰期时人山人海，小车、大车停得一眼望不到边，村委会主任流着激动的眼泪，盘算着哪里还有地方挤出块地来建造停车场。2020年，合村乡农民人均所得23400元，比2015年同比增长64%；2020年村集体总收入532万元，比2015年同比增长718%。2021年1月，合村乡被评为省消除集体经济薄弱村工作成绩突出集体。

实际上合村乡并没有什么特殊优势，位于桐庐县西北偏远山区，九山半水半分田，总面积100多平方公里，常住人口不足5000人，典型的"空心乡村"。因为移民多，乡村文化积存又很难挖掘，做旅游也没资金撬动。这样一个非典型意义的普通小乡村，究竟靠什么异峰突起呢？

从"合村"到"生仙里"，靠的是解放思想，改变观念，是人的思想选择了思路，思路选择着文化——当合村人真正从文化的视野打量村庄时，原生态的山、原生态的水和原生态的雾，溪谷纵横，清嶂叠翠，奇石古树，水石相依，深幽绝尘，扑面而来……站点一高，就望远胆豪，平时不敢想的事情现在敢做敢当。比如闯滩项目，原本是给别处的，在别人犹豫的缝隙当中，合村乡主动对接，抓住了百年机遇；民俗馆建设，原本只是个常规动作，但抓住乡贤进行深度合作，终于打造成了文化金名片；溪流浅滩本来平白无奇，但借助与杭商旅合作的东风，"草根众筹"成立旅游开发有限公司，从此宁静的乡村也有沸腾的篝火之夜；高山滑雪原本困难重重，因为紧紧依靠党的对口组织，下定决心不怕牺牲排除万难去争取胜利，2020年国际滑雪场的正式营业，接待游客6万人次，营收达1250万元；夏季热点项目雅鲁激流探险，营收6282万元；与浙江安厨大数据技术有限公司建立政企合作模式，以"生仙里青梅酒""生仙里布鞋"等区域品牌产品为依托，尝试合作推动开发农优产品；撬动全域旅游效应,合村乡3200余人家门口创业,从事民宿、餐饮、旅游服务接待。

想象力也是生产力。2021年3月,生仙里首届"汉服节"在省级非遗民俗街合村昭德水街如期举行。汉服巡游、品青梅酒、看竹马戏……在网红景区"竹溪乐园"安排了"竹溪情缘""梯台秀姿"汉服打卡秀,网红小火车、婚恋草坪、高空秋千、摄影打卡……演绎一场穿越千年的合村邂逅之旅。

换个角度审视家园,发现脚下就有金矿,只不过从前没有深挖;手中捧着金饭碗,只不过被岁月遮蔽了光芒;人家做到的,我们也可以做到;"农文旅融合样板、乡村振兴示范、社会治理标杆"的幸福乡村示范区,就这样建设起来了。

让世界在中国"窗口"杭州停眸

今天的中国,国民生产总值稳居世界第二,人均GDP站上1万美元的新台阶。2018年,中国对世界经济增长的贡献率为27.5%。14亿多人口的巨大国内市场,为世界各国拓展商机提供了重要机遇。作为世界第二大经济体,有多少事物是可以让走过中国"窗口"的人们停驻而凝神的呢,让我们自己不妨先浏览一番。

共建"一带一路"重大国际合作倡议

2012年,习近平主席首次提出人类命运共同体理念;2013年,发出共建"一带一路"倡议;2015年,北京发布《推动共建丝绸之路经济带和21世纪海上丝绸之路的愿景与行动》宣言;同年9月,习近平主席在第七十届联合国大会上发表的《携手构建合作共赢新伙伴 同心打造人类命运共同体》讲话,系统阐述了人类命运共同体的深刻内涵以及实现路径。2017年,"一带一路"国际合作高峰论坛成功举办,人类命运共同体理念与共建"一带一路"倡议逐渐为国际社会接纳,促进各国合作,实现共赢共享发展,成为实现这一宏伟目标的中国方案。

"一带一路"（The Belt and Road）是"丝绸之路经济带"和"21世纪海上丝绸之路"的简称，2013年9月和10月由中国国家主席习近平分别提出建设"新丝绸之路经济带"和"21世纪海上丝绸之路"的合作倡议。依靠中国与有关国家既有的双多边机制，借助既有的、行之有效的区域合作平台，"一带一路"旨在借用古代丝绸之路的历史符号，高举和平发展的旗帜，积极发展与沿线国家的经济合作伙伴关系，共同打造政治互信、经济融合、文化包容的利益共同体、命运共同体和责任共同体。截至2020年11月，中国已经与138个国家、31个国际组织签署201份共建"一带一路"合作文件。

2018年秋，习近平总书记在推进"一带一路"建设工作5周年座谈会上对推动共建"一带一路"走深走实提出明确要求。这时的共建"一带一路"倡议已开始为世界经济发展注入新动能，形成新格局。

2019年4月，第二届"一带一路"国际合作高峰论坛上，习近平总书记将高质量共建"一带一路"确立为未来合作的主线，共建"一带一路"倡议进入新阶段，实践的发展也开始"走深走实"，共建"一带一路"倡议及其核心理念已写入联合国、二十国集团、亚太经合组织以及其他区域组织等有关文件中。构建人类命运共同体的内涵，体现在设施联通方面；贸易畅通方面；资金融通方面；在民心相通方面，中国专门设立"丝绸之路"中国政府奖学金项目，至2020年，已与54个"一带一路"国家签署高等教育学历学位互认协议。

2020年新冠肺炎疫情发生以来，中国在"一带一路"国际合作框架下不断与相关国家展开抗疫合作，除分享中国在防疫、治疗、组织、管理等方面的经验之外，还利用中国防疫物资产能优势，与相关国家在"一带一路"框架下组织生产线进行口罩、防护服等物资的生产，加强疫苗和抗疫药物的联合研制，拓展了"一带一路"国际合作领域，推进了健康丝路的发展，为携手推动构建人类命运共同体提供了实践样本。

2020年3月20日凌晨，装载着经"中欧""渝甬"班列一路接力运至宁波舟山港的4标准箱波兰外贸货物的"新明州20"轮缓缓驶离大榭港区，驶往目的地韩国仁川港。这是浙江省海港集团、宁波舟山港集团（简称"浙江海港")参与"一带一路"建设、助力中东欧至东亚过境出口通道建设的新剪影。

大名鼎鼎的宁波舟山港，2019年完成年货物吞吐量11.2亿吨，连续11年位居全球第一；完成年集装箱吞吐量2753.5万标准箱，连续两年位居世界前三强，通过海丝港口国际合作论坛等平台，浙江海港持续加强与"一带一路"沿线国家和地区港口的合作，全球"朋友圈"越来越大。2019年7月，第五届海丝论坛在宁波举行，来自"一带一路"沿线以及美洲的43个国家和地区的近400位港口、航运、物流界嘉宾济济一堂，围绕"一带一路"倡议开展广泛交流，推动各方合作。

依托海丝论坛，舟山港与德国汉堡港等港口签订了友好合作协议，与东北亚的韩国釜山港、蔚山港，东南亚的马来西亚巴生港、印尼雅加达丹戎不碌港，欧洲的比利时安特卫普港、西班牙阿尔西拉斯港，非洲的埃及塞得港等30多个港口构筑起了合作共赢、互联互通的全球网络。目前，宁波舟山港"一带一路"相关航线总数已超90条，全年航班升至近5000班，完成年箱量超1000万标准箱，占集装箱总吞吐量的四成。

浙江海港表示，将参与"一带一路"建设作为最大使命、最大机遇、最大平台，在推进海外项目合作落地、义甬舟开放大通道建设、义新欧班列发展以及协同打造"四港"联动发展样板工程等方面主动出击，着力打造世界一流强港建设新标杆，全面开启"开放强港"新征程，力争成为浙江省"一带一路"建设企业市场化运作的"排头兵"。

世界互联网大会永久落户乌镇

2014年11月14日，距离世界互联网大会召开还有5天，大会举办地、与杭州近在咫尺的乌镇，平均每天接待2万余名游客的景区依然游人如织，他们走过的青石板路、烟雨长廊，几天后将迎来世界各地千余宾客，浙江嘉兴乌镇，正在为这场中国举办的规模最大、层次最高的互联网大会作最后准备。11月19日至21日，首届世界互联网大会将在此召开，并永久落户乌镇。

此前，众多中外专家和互联网企业纷纷建议，中国作为世界上网民最多的国家，应该举办一个世界上还没有举办过的世界互联网大会，体现中国是一个负责任的大国。国家网信办高度认可，组织专家组在全国寻找会址。其要求,第一是互联网经济比较发达;第二最好能找一个像达沃斯那样的小镇,赋予它互联网的魅力;第三能代表中国几千年的传统文化。反复比较后,专家们一致认为乌镇是举办世界互联网大会的最佳选择,国家网信办最终确定乌镇作为永久会址。

世界互联网大会在浙江乌镇举行,是中国举办的规模最大、层次最高的互联网大会,也是世界互联网领域盛况空前的高峰会议。来自近100个国家和地区的1000多人、包括政要、国际组织代表、著名企业高管、网络精英、专家学者参加,国际嘉宾占比达一半。大会以"互联互通 共享共治"为主题,议题聚焦在具有全球关注度与中国代表性的8个领域,涵盖了国际互联网治理、互联网新媒体、跨境电子商务、网络安全、打击网络恐怖主义等共性问题、关键问题和重大问题,以期在争议中求共识、在共识中谋合作、在合作中创共赢。

2016中国杭州G20峰会

二十国集团(G20)是一个国际经济合作论坛,属于非正式对话的一种机制,于1999年9月25日由八国集团(G8)的财长在德国柏林成立,G8包括了美国、英国、德国、法国、日本、意大利、加拿大及俄罗斯的联盟,G20则由阿根廷、澳大利亚、巴西、加拿大、中国、法国、德国、印度、印度尼西亚、意大利、日本、韩国、墨西哥、俄罗斯、沙特阿拉伯、南非、土耳其、英国、美国以及欧盟20方组成。

2016中国杭州的G20峰会,是由20国集团领导人参加的第十一次峰会,9月4日至5日在浙江省杭州市举行。应中国国家主席习近平邀请,阿根廷总统马克里、巴西代总统特梅尔、法国总统奥朗德、印度尼西亚总统佐科、韩国总统朴槿惠、墨西哥总统培尼亚、俄罗斯总统普京、南非总统祖马、土耳其总统埃尔多安、美国总统奥巴马、澳大利亚总理特恩布尔、加拿大总理特鲁多、德国总理默克尔、印度总理莫迪、意大利总理伦齐、日本首相安倍晋三、英国首相特蕾莎·梅、欧洲理事会主席图斯克、欧盟委员会主席容克、沙特阿拉伯王储继承人兼第二副首相、国防大臣穆罕默德等20国集团成员领导人,乍得总统代比、埃及总统塞西、哈萨克斯坦总统纳扎尔巴耶夫、老挝国家主席本扬、塞内加尔总统萨勒、新加坡总理李显龙、西班牙首相拉霍伊、泰国总理巴育等嘉宾国领导人，以及时任联合国秘书长潘基文、世界银行行长金墉、国际货币基金组织总裁拉加德、世界贸易组织总干事阿泽维多、国际劳工组织总干事莱德、金融稳定理事会主席卡尼、经济合作与发展组织秘书长古里亚等有关国际组织负责人与会出席。

G20杭州峰会会标设计寓意：由20根线条构筑桥梁，代表20个不同国家紧密相连。构架起的国际化桥梁。寓意G20已成为全球经济增长之桥、国际社会合作之桥、面向未来的共赢之桥。同时，桥梁线条形似光纤，寓意信息时代的互联互通。图案中G20的"O"体现了各国团结协作精神。中文印章彰显中国传统文化内涵，与英文CHINA相呼应，用浅细的英文字体突出与石桥的完美结合，在加入中国古代印记中突出中国文化。典雅又有现代感，显示了杭州是一座历史名城，也是一座创新之城，既充满浓郁的中华文化韵味，也拥有面向世界的宽广视野。

杭州G20峰会的意义，对中国来说是深远而深刻的。峰会"构建创新、活力、联动、包容的世界经济"的主题，抓住了当前世界经济的要求，不仅是对世界经济未来发展的一种指导，也是促进未来五到十年世界经济增长比较务实的路线图。在世界经济发展乏力的情况下，中国经济保持着较快的经济增长，中国经济的成功经验，有利于提升人们对世界经济的信心。有利于促进科技创新的发展。杭州G20峰会充分展现了中国自信、中国风范，进一步提高了中国的国际形象和国际地位，加强了各国之间的交流合作，共同推进了世界经济的发展。

2023杭州亚运会

第19届亚洲运动会将于2023年在中国浙江省杭州市举行。北京曾于1990年举办第11届亚运会，广州曾于2010年举办第16届亚运会。截至目前，杭州亚运会拟设比赛项目40项，其中包括31个奥运项目和9个非奥运项目。2023年杭州亚运会按照"中国新时代·杭州新亚运"定位以及"中国特色、浙江风采、杭州韵味、精彩纷呈"目标，秉持"绿色、智能、节俭、文明"的办会理念,坚持"以杭州为主,全省共享"的办赛原则,高质量推进亚运会筹办工作。

杭州2023年第19届亚运会会徽"潮涌"的主体图形由扇面、钱塘江、钱江潮头、赛道、互联网符号及象征亚奥理事会的太阳图形六个元素组成,下方是主办城市名称与举办年份的印鉴,两者共同构成了完整的杭州亚运会会徽。扇面造型反映江南人文意蕴,赛道代表体育竞技,互联网符号契合杭州城市特色,太阳图形是亚奥理事会的象征符号。钱塘江和钱江潮头是会徽的形象核心,绿水青山展示了浙江杭州山水城市的自然特征,江潮奔涌表达了浙江儿女勇立潮头的精神气质,整个会徽形象象征着新时代中国特色社会主义大潮的涌动和发展,也象征亚奥理事会大家庭团结携手,紧密相拥,永远向前。

尾声：诗意地栖居在大地上

《人，诗意地栖居》，是德国19世纪浪漫派诗人荷尔德林的一首诗，后经海德格尔的哲学阐发，"诗意地栖居在大地上"，就成为几乎所有人的共同向往。其实，荷尔德林写这首诗时，贫病交加，居无定所，只是以一个诗人的直觉与敏锐，意识到工业文明将使人日渐异化，因此呼唤人们寻找回家之路。他在《远景》一诗中写道："当人的栖居生活通向远方，在那里，在那遥远的地方，葡萄闪闪发光。那也是夏日空旷的田野，森林显现，带着幽深的形象。自然充满着时光的形象，自然栖留，而时光飞速滑行。这一切都来自完美。于是，高空的光芒照耀人类，如同树旁花朵锦绣……"如今这诗意正在中国960万平方公里的大地上实现。

浙江有山有水、有江有海、有河有湖、有岛有滩、有林有田、有花有草，本身就是个大花园。而绿水青山、蓝天白云，更是浙江自然环境的历史标志，也是我们建设大花园的生态基础。2003年7月，时任浙江省委书记的习近平同志就提出打造"绿色浙江"。2005年8月，他在浙江安吉余村首次提出"绿水青山就是金山银山"理念。党的十八大以来，党中央把生态文明建设作为治国理政的重要内容，推动美丽中国建设取得历史性成就。

建设浙江大花园，要人人成园丁，处处成花园，各美其美，美美与共。

大花园的本质是人与自然和谐共生，而空间形态是"国家公园＋美丽乡村＋美丽城市＋美丽河湖＋美丽田园＋美丽园区＋美丽海岛"。

如此蓝图中的家园浙江杭州，会是一个怎样心旷神怡的精神栖息地呢。毫无疑问，她一定将是一个最美丽的大花园中最美的鲜花。浙江所有的山峦水域，都将是绿水青山，都将是金山银山。从2020年开始，浙江省就明确了浙江大花园建设抓手——创建30个大花园示范县。其中衢州、丽水是全省大花园建设核心区，大花园建设的重中之重。衢州将全线建成投用"衢州有礼"诗画风光带省级绿道主干网，丽水将加快瓯江绿道建设，三年建成2617公里瓯江绿道计划。浙江将合力打造一批重大平台——以"四条诗路"、海岛公园、名山公园、5A级景区创建、百河综治、珍贵彩色森林等十大标志性工程为重点，串珠成玉链，盆景为风景，绘出大花园美丽形态。浙江还将深入推进绿色发展。推进循环经济发展，加快21个资源循环利用示范城市（基地）建设，省级工业园区实现循环化改造全省全覆盖。

大花园不仅属于浙江，也属于长三角乃至全中国。绿色是浙江的自然优势，浙江的自然风光与人文景观交相辉映。杭州是"人间天堂"，义乌是"购物天堂"，舟山是"东方明珠"，国家级风景名胜区、中国优秀旅游城市数量均居全国首位，4A、5A级景区数量居全国第二位。构建现代综合交通体系，建成省域1小时交通圈、市域1小时交通圈、城区1小时交通圈，串联起"诗画浙江"大花园，使之成为共享大花园建设成果的普惠线。

江南忆，最忆是杭州。杭州是谢灵运"池塘生春草、园柳变鸣禽"的江南，杭州是李白"我欲因之梦吴越、一夜飞渡镜湖月"的江南，杭州是白居易"日出江花红胜火、春来江水绿如蓝"的江南，杭州是苏东坡"欲把西湖比西子、淡妆浓抹总相宜"的江南，杭州是陆游"山重水复疑无路、柳暗花明又一村"的江南。想一想，当人们在青山绿水的闲适中涤荡心灵，在江南风韵的遨游中体味人生；当人们徐徐打开这样一幅现代版的"富春山居图"，有谁的目光，会愿意移开这样的锦绣江南画图，有谁舍得在这样的美丽窗口移步，又有谁不会全身心为自己的家园挥汗奋斗！

  绿色美丽和谐幸福的现代化大花园，已经为我们张开了臂膀，等待着我们与她再一次深情地拥抱。

王旭烽 2022 年 9 月初稿
2023 年 2 月修订

后记：今朝故国家园

这部作品并非一气呵成，其中内容，说是写了几十年也不为过。因为从小就在杭州居住，若面对西湖，则左边岳王路，乃南宋岳飞故居；右边孩儿巷，是陆游"小楼一夜听春雨，深巷明朝卖杏花"的所在。正前方是南宋时的大理寺，岳飞被害的风波亭就在其后。再往后，便是从前的昭庆寺、断桥和白堤了。

一个历史专业出身、浸润在这吴越国府、南宋朝廷华土之上的写作者，怎么可能对此家园没有生死相依的深情呢。

故许多年来，断断续续地一直写着杭州，主要以随笔的方式。直到写《茶人》长篇时，因场景发生在杭州，所以又全部梳理一遍，添以往之不足，删多余之笔墨，追溯史前，延续当下，以历史长河为头尾，朝代顺序为章节，重大事件为契机，重要人物为抓手，遂成此作。

称之为传，实在只可说是勉为其难。若将"传"作为自《史记》以降的一种史家文体，这部以随笔为主的读物，多少缺乏在中华大格局坐标中的政治经济文化的定位，更缺少类似"太史公曰"这样的史评。但若以杭州古往今来林林总总的叙述簇集，并以浅显易懂的文字进行表达，以求得深入浅出，老少咸宜，对杭州这座城市的传播，本人还是做了一番努力的。

我自从杭州大学（今浙江大学人文学院）毕业之后，虽未曾专业从事史学工作，但对地域文化的书写从未停止。年轻时不知天高地厚，曾暗下决心，要像巴尔扎克的《人间喜剧》一样，写出一个"纸上的杭州"，至今回望，依然只在起步。而此作今蒙中国外文局副局长陆彩荣和新星出版社社长马汝军及责任编辑以宁耐心等待和督促，细致编考，终究使这部本人曾因身体原因一度想谢绝的专著得以出版，没有他们的催马扬鞭是绝不可能的，谢谢。

关于杭州的写作时间特别漫长，许许多多帮助过我的人铭记在心，奈何帮助者太多，无法一一记录。几位德高望重之辈，在此是要一述的。我的大学老师毛昭晰、杨招棣、倪士毅、仓修良教授等，今均已驾鹤西归，他们给我的专业指导和人格熏陶，铸成我的历史学养基础；杭州史专家杭师大的林正秋教授，陪我一起去南宋宫廷废墟和孤山梅妻鹤子访古，至今历历在目。浙大中文系教授骆寒超先生向我推荐了苏州大学范伯群教授，其时他正在受台湾出版方邀请出版一套地方文化丛书，由此，我在二十世纪九十年代初，写成集杭州景观的第一部读物《绝色杭州》，并在台湾出版，从此开始了对杭州地域文化的挖掘。

杭州与西湖常复合在一起，其实毕竟还是两个叙述领域。我自感对杭州的了解比西湖还少，此次写撰，虽然弥补一些，终究是远远不够的。期盼各位方家的指点纠错。

王旭烽

2023 年 2 月 13 日星期一

参考文献

滕复、叶建华等编著.《浙江文化史》.浙江人民出版社.1992

张荷.《吴越文化》.辽宁教育出版社.1995

董楚平、金永平等.《中华文化通志·吴越文化志》.上海人民出版社.1998

陈桥驿编写.《浙江地理简志》.浙江人民出版社.1985

浙江民俗学会编.《浙江风俗简志》.浙江人民出版社.1986

陈桥驿.《吴越文化论丛》.中华书局.1999

方杰主编.《越国文化》.上海社会科学院出版社.1998

董贻安主编.《浙东文化论从》.中央编译出版社.1995

陈金川主编.《地缘中国》.中国档案出版社.1998

陈国灿、奚建华.《浙江古代城镇史》.安徽大学出版社.2003

浙江人民出版社编.《浙江风物志》.浙江人民出版社.1985

王凤贤、丁国顺.《浙东学派研究》.浙江人民出版社.1993

魏桥、王志邦、俞佳萍、王永太.《浙江方志源流》.浙江人民出版社.1988

仓修良主编.《中国史学名著评介》(第一—三卷).山东教育出版社.1990

洪焕椿编著.《浙江文献丛考》.浙江人民出版社.1983

倪士毅.《浙江古代史》.浙江人民出版社.1985

余德余.《浙江文化简史》.人民出版社.2006

吴光、曹锦炎、邵鸿烈、王福和编著.《浙江文化简览》.浙江人民出版社.2018

吴光主编.《中国地域文化通览·浙江卷》.中华书局.2014

陈华文等.《浙江民俗史》.杭州出版社.2008

叶朗、费振刚、王天有主编.《中国文化导读》.生活·读书·新知三联书店2007

姜彬主编.《稻作文化与江南民俗》.上海文艺出版社.1996

周膺、吴晶.《中国5000年文明第一证.良渚文化与良渚古国》.浙江大学出版社.2004

刘恒武.《良渚文化综合研究》.科学出版社.2008

金普森、陈剩勇主编.《浙江通史》（共十二卷）.浙江人民出版社.2005

中国人民政治协商会议全国委员会文史资料研究委员会编.《辛亥革命回忆录》（第一集）.中华书局.1961

[东汉]袁康、吴平辑录.《越绝书》.上海古籍出版社.1985

中共浙江省委党史研究室编.《毛泽东与浙江》.中共党史出版社.1993

[美]司徒雷登.《在华五十年——司徒雷登回忆录》（英文版）中央编译出版社.2011

楼宇烈、张志刚主编.《中外宗教交流史》.湖南教育出版社.1998

王伯敏.《中国绘画通史》（上下册）.生活·读书·新知三联书店.2018

王国维著.李梦生译评.《人间词话全译释评》.中华书局.2018

夏承焘、吴熊和.《读词常识》.中华书局.1981

周一良主编.《中外文化交流史》.河南人民出版社.1987

侯外庐、邱汉生、张岂之主编.《宋明理学史》.人民出版社.1997

朱仁夫.《中国古代书法史》.北京大学出版社.1992

萧涤非、程千帆、马茂元、周汝昌、周振甫、霍松林等.《唐诗鉴赏辞典》.上海辞书出版社.1983

杜继文、魏道儒.《中国禅宗通史》.江苏人民出版社.2008

任继愈主编.《中国道教史》.上海人民出版社.1990

[南朝宋]刘义庆撰.[梁]刘孝标注.杨勇校笺.《世说新语校笺(修订本)》(全四册).中华书局.2006

张大可.《史记研究》.商务印书馆.2011

中共浙江省委党史研究室.《中国共产党浙江历史》第二卷(1949—1978)上册.中共党史出版社.2011

徐斌主编.王祖强、曾林平副主编.《光荣与艰辛——1949—2009浙江要事录》.人民出版社.2009

《浙江改革开放史》课题组.《浙江改革开放史》.中共党史出版社.2006。

中共浙江省委党校编著.《浙40年》.浙江人民出版社.2018

图书在版编目（CIP）数据

杭州传：住在天堂 / 王旭烽著 .—— 北京：新星出版社，2023.4
（丝路百城传）
ISBN 978-7-5133-5182-9
Ⅰ.①杭… Ⅱ.①王… Ⅲ.①文化史－研究－杭州 Ⅳ.① K295.51
中国国家版本馆 CIP 数据核字（2023）第 025085 号

出版指导：陆彩荣
出版策划：马汝军　简以宁

杭州传：住在天堂

王旭烽　著

责任编辑：简以宁
责任校对：刘　义
责任印制：李珊珊
装帧设计：冷暖儿
内文排版：魏　丹

出版发行：新星出版社
出 版 人：马汝军
社　　址：北京市西城区车公庄大街丙3号楼　　100044
网　　址：www.newstarpress.com
电　　话：010-88310888
传　　真：010-65270449
法律顾问：北京市岳成律师事务所

读者服务：010-88310811　service@newstarpress.com
邮购地址：北京市西城区车公庄大街丙3号楼　　100044

印　　刷：天津图文方嘉印刷有限公司
开　　本：660mm×970mm　1/16
印　　张：32
字　　数：488千字
版　　次：2023年4月第一版　2023年4月第一次印刷
书　　号：ISBN 978-7-5133-5182-9
定　　价：89.00元

版权专有，侵权必究；如有质量问题，请与印刷厂联系调换。